KB108097

사상가 김대중

그의 철학과 사상

사상가 김대중_그의 철학과 사상

제1판 1쇄 인쇄 2023. 12. 28.
제1판 1쇄 발행 2024. 1. 6.

기   획   백학순
책임편집   황태연
지 은 이   호프 엘리자베스 메이, 황태연, 한상진, 노명환, 김귀옥, 이영재
펴 낸 이   김경희
펴 낸 곳   (주)지식산업사
           본사 • 10881, 경기도 파주시 광인사길 53
           전화 (031)955-4226~7 팩스 (031)955-4228
           서울사무소 • 03044, 서울특별시 종로구 자하문로6길 18-7
           전화 (02)734-1978 팩스 (02)720-7900
           한글문패   지식산업사
           영문문패   www.jisik.co.kr
           전자우편   jsp@jisik.co.kr
           등록번호   1-363
           등록날짜   1969. 5. 8.

책값은 뒤표지에 있습니다.

ISBN 89-423-9124-0 93990

이 책을 읽고 저자에게 문의하고자 하는 이는
지식산업사 전자우편으로 연락 바랍니다.

사상가 김대중

그의 철학과 사상

황태연 책임편집

호프 엘리자베스 메이, 황태연, 한상진, 노명환, 김귀옥, 이영재 지음

기획의 말씀

백학순 (김대중학술원 원장)

《사상가 김대중: 그의 철학과 사상》을 김대중 탄생 100주년을 맞아 세상에 내어놓는다. 본 연구서의 기획자로서 가슴 설렘과 기쁨을 고백한다.

김대중은 대한민국의 15대 대통령(1998년 2월~2023년 2월)이자 2000년 노벨 평화상을 수상한 정치지도자이다. 그는 보통의 정치인들과 달리, 자신의 철학과 사상을 세우고 그것을 정책으로 실천한 현대판 '철인치자哲人治者(philosopher-ruler)', '사상가 지도자'였다. 한마디로, 김대중은 사상과 실천을 겸비한 지도자였다.

그동안 많은 사람이 김대중의 철학과 사상에 대해 이야기했고, 우리가 김대중 철학과 사상을 배워야 한다고 강조해왔다. 그러나 허다한 경우, 김대중 철학과 사상은 그것을 말하는 사람들의 김대중과의 특정 시점과 특정 환경에서의 만남, 교류와 경험에 바탕을 둔 부분적이고 단편적인 것이었다. 그리고 그의 철학과 사상에 대한 연구도 본격적인 학문적 연구를 통해 체계화되어 세상에 나오지 못했다.

자료는 충분했다. 그의 자서전과 옥중서신, 육필일기, 수많은 저서가 나와 있고, 또 그의 방대한 연설과 기고, 논문 등 저술은 연세대학교 김대중도서관이 출간한 《김대중 전집 1~30》(연세대학교출판문화원, 2015, 2019)에 집대성되어 있다. 아직도 수많은 영상자료와 기타 자료들이 제대로 된 아카이빙 작업을 하지 못한 채 쌓여 있다.

김대중 철학과 사상에 대한 연구의 단편성을 극복하고 학문적·체계적인 김대중 연구를 시작하기 위해 '김대중평화회의'(2021년 창립, 전라남도 주최, 김대중평화센터 주관)는 회의부문 외에 연구부문을 마련했다. 연구부문은 국내외로부터 70여 명의 김대중 관련 연구 학자들이 모여 있는 '김대중학술원'이 실질적인 기획과 책임을 맡아, 2023년 연구사업으로서 《사상가 김대중: 그의 철학과 사상》, 《김대중정부 시대의 민주주의와 인권》, 《김대중과 문화민주주의》를 기획하고 진행해 왔다. 오늘 그 첫 권인 《사상가 김대중: 그의 철학과 사상》을 내어놓게 된 것이다.

김대중은 '내가 해봐서 안다'는 식의 말을 하는 사람들과는 달리, 자기 자신의 지식과 경험의 한계를 겸허히 인정했다. 그는 우리 나라, 우리 겨레, 우리 인류가 직면했던 핵심 문제들에 대한 고민과 함께 '우리는 과연 누구인가?', '인류는 과연 어떤 경험을 통해 어떤 지식과 지혜를 남겼는가?'에 대한 답을 찾기 위해 치열하게 사유하고 독서했다.

그렇게 함으로써 김대중은 민주주의, 인권, 평화, 용서와 화해, 통합과 배려, 자연의 생명권과 자연-인간의 평화공존, '지식 헤게모니'의 관점에서 인류 역사의 해석 등 자신의 철학과 사상을 확립했다. 그의 철학과 사상은 김대중이라는 특정 개인이나 한반도라는 특정한 지역의 경험, 지식과 지혜를 넘어서서 동서고금을 통해 축적된 인류 보편적인 지식과 지혜에 연결되어 있었다. 그리고 김대중은 집권하여서는 그것을 전략과 정책으로 실천했다.

결국, 김대중의 전략과 정책은 그가 정치인으로서 수십 년 동안 갈고 다듬어 온 것인데다가, 시민과 민족, 인류의 안녕과 행복을 위한 자신의 철학과 사상, 확신, 의지가 뒷받침된 것이어서 어떤 어려움이 닥친다고 해서 쉽게 바뀌거나 폐기되는 성격의 것이 아니었다. 김대중이 우리 나라와 우리 민족 사이에서뿐만 아니라 세계 사람들로부터 존경

받아온 이유이다.

김대중의 정책은 대한민국의 민주주의, 인권, 평화, 정치, 성평등, 노동, 복지, 남북관계와 민족문제, 외교 및 안보, 경제, 과학기술, 문화 등 모든 분야에서 질적인 변화를 가져옴으로써 완전히 새로운 대한민국을 탄생시켰고, 세계적으로 우리 나라의 품격과 위상을 드높였다. 해방 후 우리 나라 역사는 '김대중정부의 이전'과 '김대중정부 이후'로 나뉘었다. 그리고 세계는 인류를 위한 그의 민주주의, 인권, 평화, 용서와 화해의 노력과 성과를 인정하고 치하하여 노벨평화상을 수여했다.

본 연구서는 김대중이 어떤 철학과 사상을 갖고 있었고, 또 어떻게 그의 정치, 정책, 리더십이 그의 철학과 사상을 바탕으로 형성되고 행사됐는지에 대한 대답을 하고 있다. 그러나 본 연구서가 김대중의 철학과 사상에 대해 갖고 있는 독자들의 의문과 궁금증에 대해 충분히 만족스러운 답을 주지 못할 수도 있고, 심지어 선뜻 동의하기 어려운 부분이 있을지도 모른다. 집필자들마다 생각이 다를 수 있기 때문이다. 그럼에도 본 연구서는 김대중의 철학과 사상의 전체적인 모습을 보여주기 위한 첫 학문적·체계적 시도이며, 본 연구서를 시작으로 앞으로 김대중의 철학과 사상에 대해 더 많은 연구가 뒤를 잇게 될 것으로 생각한다.

본 연구서의 기획자로서, 독자들이 본 연구서를 통해 김대중의 철학과 사상에 대해 좀 더 정확히 이해하고 자신의 분야에서 그의 철학과 사상을 실천함으로써 이 사회와 나라, 민족, 전 인류의 안녕과 행복의 증진에 모두 함께 힘을 합하기를 기대하여 마지않는다.

본 연구서는 많은 분들의 참여와 수고로 이뤄졌다. 무엇보다도 책임편집을 맡아주신 황태연 교수님과 집필자로 참여한 호프 엘리자베스 메이(Hope Elizabeth May, 미국 센트럴 미시건대 철학·인류학·종교학부 교수), 황태연(동국대 정치외교학과 명예교수), 한상진(서울대 사회학과 명예교수), 노명환(한국외국어대 사학과 교수), 김귀옥(한성대 교양학부 교수), 이영재(한양대 제3섹터연구소 학술연구교수) 교수님께 깊이 감사드린다.

위에서 이미 언급했지만, 본 연구서는 전라남도가 주최하고 김대중평화센터가 주관한 김대중평화회의의 지원 덕분에 기획·연구·출판이 가능했다. 2021년에 김대중평화회의를 창립한 김영록 전라남도 지사님과 김대중평화센터 김홍업 이사장님, 김성재 상임이사님에게 특별한 감사를 드린다. 2023년 김대중평화회의에는 전라남도 외에 목포시, 신안군이 함께 힘을 합했다. 박홍률 목포시장님, 박우량 신안군수님께도 특별한 감사를 드린다. 전라남도 의회, 목포시 의회, 신안군 의회에게도 마찬가지로 감사드린다.

김대중평화회의의 성공을 위해 애쓰신 김대중평화회의 조직위원회와 집행위원회 여러분, 전라남도, 목포시, 신안군 관계자 여러분, 김대중평화센터 박한수 기획실장님과 직원 여러분, 김대중학술원의 조은영(서울대 정치외교학부 박사과정)과 이민정(서울대 정치외교학부 박사과정) 조교 연구원들에게도 깊이 감사드린다.

마지막으로, 본 연구서의 출판을 맡아주신 지식산업사의 김경희 사장님, 문영준 국장님, 권민서 편집자님께 깊은 고마움을 표한다.

2024년 1월

김대중학술원 원장
김대중평화회의 집행위원장
백학순 지識

책머리에

책임편집자 황태연 (동국대 명예교수)

대한민국과 세계를 위해 엄청난 정치적 위업을 이룩한 노벨 평화상 수상자 김대중 전 대한민국 대통령은 위대한 민주투사이자 정치가였다. 동시에 그는 두 번의 고통스러운 감옥생활을 '대학'으로 삼아 인간과 정치에 대해 깊이 사색한 위대한 철학자이자 정치사상가였다. 그럼에도 그간 이런 '인간 김대중', '사상가 김대중'의 창조적 철학사상과 '정치가 김대중'의 성공적 정책들을 전면적·포괄적으로 연구한 서적들은 흔치 않았다. 그리하여 김대중을 사랑하는 우리 국민과 세계인들은 그간 '위인의 어깨' 위에서 세계와 미래를 내다볼 기회를 누릴 수 없었다.

이에 2022년 10월 1일 출범한 김대중학술원은 최우선 사업으로 이 공백과 결손을 메우기 위해 사상가 김대중, 민주주의자 김대중, 문화정책가 김대중에 관한 총 3부작 전 3권의 책을 집필·출판할 계획을 수립했다. '사상가 김대중의 철학과 정치사상'에 관한 본서는 김대중학술원이 '김대중 탄신 100주년 기념식'(2024년 1월 6일)에 즈음해 내놓는 3부작의 제1탄이다. 이 책은 국내외 유수의 학자 6인이 열정을 모아 1년간 집필했다.

필진은 호프 엘리자베스 메이(Hope Elisabeth May, 미국 센트럴미시건대 철학·인류학·종교학부 철학교수), 황태연(동국대 정치외교학과 명예교수), 한상진(서울대 사회학과 명예교수), 노명환(외국어대 사학과 교수), 김귀옥(한성대 교양학부 교수), 이영재(한양대 제3섹터연구소 학술연구교수) 등이다. 편집자를 비롯한 이 6인은 그간 '김대중 철학사상'의 완결성을 복원·재생하기 위해 수차례 집담회를 갖고 의견을 교환했다. 필진은 이 책의 집필을 위임받을 것을 영광으로 느끼면서도 다른 한편으로는 역량 부족으로 말미암아 혹시나 '김대중의 위대한 철학사상'에 누가 되지 않을까 마냥 두려워하는 마음으로 집필작업에 임했다.

이 책의 첫 번째 논문은 호프 엘리자베스 메이가 쓴 〈김대중, 행동하는 양심이 되다〉이다. 이 글에서 그는 '사상가 김대중'의 인생을 소년 시절부터 시대순으로 따라가면서 그의 철학과 정치사상의 거의 모든 내용을 '이야기'하듯이 약술한다. 그는 김대중이 11살 때 〈춘향가〉의 슬픈 대목을 읊조리던 아버지의 노래를 귀기울여 들었던 일을 회상하는 이야기부터 시작한다. 그리고 이 장면을 1935년 미국의 신학자·민권운동 지도자 하워드 서먼(Howard W. Thurman, 1899–1981)이 "Good News for the Underprivileged"라는 설교를 영창詠唱하던 장면과 겹쳐 보여준다. 이 설교에서 서먼은 "기독교는 폐적廢嫡당한 사람들의 생존 기술이다"고 강론한 데 이어 1949년 마틴 루터 킹을 비롯한 미국 민권운동가들의 필독서가 된 *Jesus and the Disinherited*(예수와 폐적당한 자들)에서 이 논지를 다시 상론한 바 있다.

메이는 일단 김대중의 종교관에 초점을 맞춘다. 그는 김대중이 32세(1956)에 장면張勉을 대부代父로 모시고 가톨릭 세례를 받은 사실을 부각시킨다. 하지만 그는 김대중의 종교관이 기독교에 머물거나 사로잡히지 않고 동서양의 종교사상을 융합하려 했다는 점에 유의하면서 그가 "기독교를 초월하는 기독교인"이었다고 강조한다. 김대중의 원칙은 기독교와 동양사상, 이 양측면으로부터 영향을 받아 형성되었다는 것이다.

기독교의 수용과 이해에 관해 메이는 그가 기독교를 한 순간에, 즉 단 한 번의 공현公顯(epiphany)을 통해서가 아니라 '과정(process)'을 통해 받아들였다고 밝힌다. 그것은 박정희와 전두환의 박해 시기(1970년대와 1980년대)에 기독교적 가르침과 사고방식을 일치시키는 '과정'을 통해서였다. 그리고 그는 김대중이 "광범한 종교관"을 가진 정치인이었음을 강조한다. 김대중은 가톨릭이 "신의 진리의 가장 완벽한 계시"라고 믿지만, 그의 기독교는 "배타적이지 않았다"는 것이다. 김대중은 기독교를 넘어 "신의 모습은 모든 종교에서 보일 수 있다"고 생각했다, 불교와 천도교만이 아니라 심지어 샤머니즘(무속신앙) 안에서도 신은 나타난다는 것이다. 메이는 김대중의 이런 "광범한 종교관"이 함석헌의 영향이라고 해석한다. 김대중은 함석헌처럼 기독교를 초월했다는 것이다. 메이는 그가 함석헌을 "기독교를 초월하는 기독교도"라 불렀음(1987)을 상기시키면서 김대중도 함석헌처럼 '기독교를 초월한 기독교인'으로 본다. 그는 김대중이 세례를 받은 이후 긴 세월 속에서 동서양의 지혜가 융합되어 평화와 민주주의를 위한 그의 투쟁에 영감을 주고 고취했다고 본다.

메이는 김대중의 영적 삶에서 이희호 여사의 비중을 "영원한 동반자(Eternal Companion)"로 중시하면서 1973년 납치사건에서 죽음의 고비를 넘은 경험을 통해 정신세계를 "재조정"하고 그의 생활체험 속에 더 많은 기독교적 "의미의 틀"을 집어넣어 통합시키게 되었다고 본다. 그리고 메이는 이 정신적 재조정과 관련해 김대중이 두 번의 감옥(1976년 3·1절 날 명동성당 반유신 '민주구국선언'으로 말미암은 투옥과 전두환 시절의 투옥)을 '대학'으로 묘사한 것을 중시한다.

메이는 이 정신적 "재조정" 과정에서 김대중이 "폐적당한 사람"으로서 기독교를 "생존 기술"로 체득해가면서 '박해자에 대한 용서'의 의미를 깨달았다는 것이다. 김대중은 1970년대 수감생활과 가택 연금 상태에서 공포·불안 등과 같은 "내면적 혼란"을 제거하는 "기독교적 의미 관점(Christian meaning-perspectives)"을 적용함으로써 역경에 대처하는 방법을 배웠다. 메이는 김대중이 1976년 재판의 최후진술에서 "나는 하느님이 그들을 용서하기 때문에 아무도 증오하지 않는다"고 하면서 이희호 여사가 보여준 바울의〈로마서〉12장 14절 "너를 박해하는 자를 축복하라, 그들을 축복하되, 저주하지 말라"는 구절을 인용한 사실을 상기시킨다. 이것이 1970년대 그의 종교적·영적 지혜였다는 것이다. 그의 일상적 행위는 "해석적 행위"이고, 기독교적 가르침을 통해 보는 상이한 방식을 제공해 준 "상이한 의미 관점"이었고, 그는 이런 식으로 기독교를 사용하는 것을 배워 그것을 "생존 기술"로 만들었다는 것이다. 메이는 "나는 나쁜 정치를 용서할 수 없지만 나쁜 정치를 한 위반자를 용서할 수 있다"고 한 김대중의 어록을 인용하면서 "용서는 인간의 권리가 아니라 인간의 의무이고", 그러므로 "용서하는 것의 덕성의 크기보다 용서하지 않는 것의 잘못의 크기가 더 크다"고 한 그의 말을 덧붙인다. 그리고 메이는 이 대목의 설명을 김대중의 유명한 말, "용서할 수 있는 것을 용서하는 것은 진정한 용서가 아니다, 용서할 수 없는 것을 용서하는 것이 진정한 용서이고 지극한 인간승리다"라는 말로 끝맺는다.

메이에 따르면, 김대중은 그가 '대학'으로 여긴 감옥에서 '의미 관점의 변화' 속에 커다란 '거듭남의 능력'이 들어있다는,《역경易經》과 스토아철학이 가르치는 전제적 교훈(meta-lesson)도 배웠다. 이어서 메이는 그가 함석헌 식으로 감옥에서 불경도 읽고, 노자와 장자도 읽었고, 이런 독서와 깊은 탐색을 통해 그가 "모든 종교는 궁극적으로 분석해보면 하나다"는 확신에 도달했다는 사실을 상기시킨다.

메이는 김대중이 감옥에서 율곡·실학·동학을 공부했고 그의 아버지가 읊조리던 〈춘향가〉로부터도 한국의 전통적 교훈을 얻었다고 밝힌다. 김대중은 〈춘향가〉를 인권 · 여권 · 민주주의 · 평화에 관한 한국적 지혜의 중요한 원천으로 간주했다는 것이다. 나아가 그는 김대중이 1983년 광주민주항쟁 기념연설에서 〈춘향가〉에 담긴 이야기들이 한민족의 '한恨'을 풀 수 있는 화합과 용서의 중요성을 말해준다고 갈파한 사실을 지적했다. 그리고 "내가 공자 · 맹자의 동양고전과 한국의 독창적 실학의 깊은 맛과 폭넓은 이해를 처음 얻게 된 것은 감옥이었다"라고 밝힌 김대중의 회상을 인용한다. 또 "나는 공자의 《논어》, 《맹자》, 《사기》, 원효 · 율곡의 저서들, 실학 서적과 같은 아시아 고전들로부터 아주 많이 배웠다"고 회상한 그의 1996년 어록도 보여준다. 이를 통해 김대중은 실학에서 "실사구시"의 정신과 방법을 배워서 그의 또 다른 모토로 삼았다는 것이다.

　나아가 메이는 새로운 시작을 창조하고 실패 후에 새 출발을 할 능력이 김대중에게 "절대적으로" 중요했다고 지적한다. 그는 "다시 그리고 또 다시 시작하는 견인불발성"이 계획이 좌초되었을 때 앞으로 전진하는 올바른 길이라고 생각했다는 것이다. 메이는 "용기 (courage)"가 아니라 "끈기(tenacity)"를 정확히 "불굴의 의지 (fortitude)"의 덕목으로 해석한다. 이 "불굴의 용기"는 단순히 "두려워하는 것을 하는 것"이 아니라 실패 후에도 스프링처럼 되튕겨 일어나 거듭거듭 다시 시작할 능력이라는 것이다.

　메이는 이어서 독일 통일의 경험으로부터 배워 많이 손질된 김대중의 통일론과 햇볕정책을 설명하고 현실에 발 디딘 실용적 정치론을 기술한다. 하지만 김대중은 실용주의자지만 도덕문제에서는 강경파라는 점을 강조한다. 김대중은 원칙과 현실이 충돌할 때 결과가 어떻게 되더라도 원칙을 견지해야 한다고 주장했다는 것이다. "어떻게 사느냐가 내가 누구냐보다 더 중요하고", "역사는 원칙을 지키는 것이 생명을 앗아간다고 가르쳐주지만 나는 원칙에 따라 사는 것을 고집스럽게 주장해 왔다"는 그의 말로 저 주장을 뒷받침했다. 여기로 부터 메이는 "행동하는 양심"이라는 그의 별명이자 좌우명이 나왔다 고 설명한다.

그리고 메이는 김대중이 동학으로부터 배운 "인내천人乃天" 사상 을 자세히 설명한다. 김대중은 동학을 "반反기득권적 · 민족주의적 · 자율추구적 저항종교"요, "피압박 백성의 종교", "농민층의 종교"로 높이 평가했고 최제우와 최시형을 인용하며 동학의 "사람이 곧 하늘 이다"는 '인내천' 사상을 한국적 민주사상의 원천으로 평했다는 것이 다. 김대중은 "민주정신의 뿌리는 동학의 가르침 속에서도 명백하 다"고 말하고 "이 가르침의 총화는 하늘이 우리와 더불어 있다는 것 을 우리에게 상기시켜주는 것이다"고 설명했다. 메이는 이를 두고 "김대중의 정치철학은 동학의 인내천 사상에 따라 특징지어진다"고 결론짓는다. "사람이 곧 하늘"이므로 백성을 착취하는 어떤 체제든 "하늘에 반하고", 따라서 "하느님에 반한다".

또 메이는 김대중이 유교적 충효忠孝 사상의 재해석을 통해 백성에 대한 배려적 관심을 뒷받침했다고 해설한다. 그는 유교를 민주주의와 양립할 수 없는 태고적 프레임워크로 배격한 것이 아니라 유교를 민주 개혁 사상으로 재해석하는 또 하나의 "사고방식의 변혁"을 요구했다 는 것이다. 김대중의 경제정책도 국가가 "하늘" 같은 백성에게 봉사할 의무가 있다는 그의 유교사상에 따라 특징지어진다. 메이는 김대중의 '대중참여경제론'도 이 유교사상의 표현으로 해석한다.

메이는 김대중 사상을 총망라하는 의미에서 나무 · 풀 · 동물 · 물 고기 · 새 · 공기 · 땅의 존재와 공영 권리를 인정하고 인간과 만물의 공존을 요구하는 생태민주주의를 뜻하는 그의 '지구적 민주주의 (global democracy)'도 거론한다. 그리고 마지막으로 메이는 그의 "행 동하는 하늘", "행동하는 양심" 개념을 부연한다. 인간의 "행동하는 양심"은 인간이 하늘이므로 실은 "행동하는 하늘"이다. 김대중은 양심을 만인의 가슴속에 들어있는 하느님의 목소리로 간주한다. 김대중의 눈에 각자의 "양심"은 "우리 마음의 가장 은밀한 골방이며, 우리가 하느님과 단독으로 대하는 지성소"다.

이 "행동하는 양심" 테제에서 '행동'은 '양심'만큼 중요하다. 여기에다 메이는 "행동하지 않는 양심은 악의 편에 서는 것이다"라는 김대중의 유명한 테제를 들이댄다. "히틀러의 나치즘은 처음부터 모든 권력을 장악했기 때문에 승리한 것이 아니다. 그것은 오히려 파시즘이 초기에 취약했을 때 양심의 가책을 느끼고도 행동하지 않고 그것이 악이라는 것을 알면서도 침묵한 많은 사람들 때문에 승리했다." 메이는 이 어록의 인용으로 김대중의 철학과 사상을 전측면적으로 규명하려는 자신의 야심찬 논의를 종결한다. 이 책에서 메이의 논문은 마치 총론처럼 읽힌다.

황태연이 집필한 두 번째 논문 〈김대중의 중도정치와 창조적 중도개혁주의〉는 지금까지 학자들과 언론인들이 눈여겨보지 않은, 그리고 메이의 총론격 논문에서도 터치되지 않은 김대중의 중도주의 정치철학을 심도 있게 논함으로써 앞 논문을 보완한다. 대한민국 임시정부는 독립운동을 전개하면서 줄곧 소련·중국공산당을 추종하는 공산주의자들의 '극좌 독립노선'과 숭미崇美독립외교만을 고집하는 이승만계열의 '극우 독립노선' 사이에서 '중도' 노선을 걸었다. 청년 김대중은 초기에 좌우로 흔들렸지만 이 임정의 중도노선을 계승해 중도주의 철학을 확고히 하고 임정요인들이 주도한 '1955년 민주당'에 참여함으로써 '창조적' 중도정치철학을 발전시켜나갔다.

'창조적 중도개혁주의'는 양극단을 잇는 직선에서 중간 지점에 해당하는 산술적·기계적 중도도 물론 아니지만, 극단으로 치우친 상황을 상쇄하기 위해 이 '치우침'만큼 반대편으로 기울어진 이른바 '동적動的 중도'도 아니다. 그것은 굳이 기하학적으로 설명하자면 양극단을 잇는 직선으로부터 위로 이격된 한 지점을 꼭짓점으로 삼고 양극단을 잇는 직선을 밑변으로 삼는 삼각형을 그릴 때 이 꼭짓점을 중도로 택하는 것이다. 이 경우의 중도는 꼭짓점 위치를 좌우로 이동시킬 수 있어서 꼭짓점 위치의 이 '가변성'만큼 '다양하고', 꼭짓점 위치를 더 높게 잡을 수 있는 만큼 꼭짓점의 이 '높이'만큼 '창조적'이다. 이것을 '창조적 중도'라 한다.

사상가 김대중의 대중참여경제론, '1동맹3친선'외교론, 민주주의 · 시장경제 · 생산적 복지 병행발전론, 소득세 · 법인세 동시감세 정책 등 거의 모든 개혁정책은 이 '창조적 중도개혁 원칙'에 입각했다. 그리고 중도의 위치에서 '온건한 진보와 합리적 보수를 아우르는' 세 차례의 중도정당 창당과 '서민과 중산층의 정당'에서 '중산층과 서민의 정당'으로의 당색黨色 재조정도 이 '창조적 중도개혁 원칙'에 입각했다.

김대중의 이 창조적 중도노선은 평생 그를 따라다니던 극우 · 군사독재세력들의 용공容共조작과 색깔시비에 가려졌었다. 그러나 김대중이 야당지도자로서 반독재 · 민주화투쟁을 승리로 이끌고 최초의 수평적 정권교체를 통해 이 땅에 민주주의를 착근시킨 데 이어 대통령으로서 시장경제 · 민주주의 · 복지제도를 선진국 수준으로 정립鼎立하고 한국을 세계적 지식정보 · 문화강국으로 전변시킨 위업은 모두 창조적 중도개혁주의에 근거한 것이다. 황태연은 김대중의 중도정치와 창조적 중도개혁주의를 1919년 대한민국 임시정부로부터 '국민의 정부'와 새천년민주당에 이르는 한국 중도정치 전통 속에서 통시적으로 고찰하고, 아울러 1950년대 독일사민당의 '제3의 길' 및 1990년대 이후의 미국 민주당과 서구 진보정당들의 '제3의 길'과의 국제적 연관 속에서 공시적으로도 분석한다. 그리고 그의 중도노선

을 대한민국의 정치사와 사상가 김대중의 개인적 정치사를 상호 교
차 · 연결해 종합적으로 기술한다.

한상진의 세 번째 논문 〈제2근대의 선구자 김대중〉은 김대중을
이 땅에 '제2근대'를 개창한 정치가로 자리매김하고, 이 관점에서 김
대중의 역사적 위상을 탐색한다. '제1근대'의 기점을 식민지시대로
볼 것이냐, 식민지근대화론 비판가들이 말하는 바와 같이 대한제국
기로 볼 것이냐, 아니면 박정희 독재시대로 볼 것이냐에 따라 논란이
많겠으나 한상진은 '근대'와 구별되는 '제2근대', '근대성'과 구별되는
'제2근대성'의 관점에서 김대중의 사상과 정치철학을 논한다. 제2근
대 전환은 "돌진적 근대화"의 의도치 않은 부산물인 파국적 위험사회
현실에서 시작한다. 김대중은 대통령에 당선될 당시에 직면한 외환
위기를 필두로 하여 전대미문의 국가위기를 극복하는 과정에서 사실
상 제2근대 전환을 선도했다는 것이다. 그는 '제2근대'를 이끄는 핵
심 원리는 '국민과의 대화' 등과 같은 정책의 실행으로 나타난 "의사
소통의 합리성"으로서 이것은 근대를 이끈 목적 – 수단 합리성과는
확연히 구별된다고 설명한다. 김대중은 의사소통 합리성을 체화한
인물로서 자본주의적 상품화에 따른 물질문명의 팽배로부터 전통문
화의 재再창안으로, 민족중심에서 지구적 보편주의로, 정경유착에
따른 외환위기로부터 정보혁명으로, 가부장주의에 따른 젠더 불평등
에서 남녀평등으로, 관료적 권위주의의 따른 정치적 양극화로부터
국민화합과 통합으로, 경쟁적 시장경제에 따른 빈부격차로부터 생산
적 복지로, 냉전과 분단에 따른 남북대립에서 남북교류협력으로 가
는 제2근대 전환의 길을 열었다는 것이다.

한상진은 "제2근대 전환"이 김대중의 삶과 실천에 녹아 있었으나,
그가 개념화한 것은 아니라고 밝힌다. 그러나 그는 이 개념을 구성하
고 체계화해 김대중을 과거의 인물에 그치는 것이 아니라 위험에 싸

인 우리의 삶을 이끄는 나침판 같은 역할을 하는 미래를 위한 인물로 재조명하려는 포부를 표명한다.

　노명환이 집필한 네 번째 논문 〈김대중과 동서 융합의 민주주의 사상〉은 호프 메이의 첫 번째 논문에서 잠시 다룬 주제, 즉 동서양의 지혜가 융합되어 이룩된 김대중의 평화와 민주주의 사상을 심도 있게 논한다. 노명환은 김대중이 민주주의를 통해 인간이 더불어 행복하게 살 수 있도록 인간이 할 수 있는 가장 생산적인 최선의 방법이 만들어지기 때문에 인류의 사회적 삶에서 민주주의를 가장 중요한 자산이고 큰 힘으로 간주했다고 밝힌다. 그는 김대중이 서양의 앞서 간 사상과 제도 그리고 심원한 동양의 사상적 기반을 가지고 융합해 내고자 그 어떤 민주주의를 규명하고자 한다. 그는 김대중의 이 '그 어떤 민주주의'가 바로 온전한 지구민주주의, '보편적 세계주의', '신명 나는 민주주의'였다고 말한다. 그런데 이 민주주의는 변증법적으로 계속 만들어지는 과정에 있었다. 노명환은 이것이 그의 핵심 사상인 '모순과 대립 속에 조화 발전하는 변증법적 통일', 다시 말해 '창조적이고 변증법적인 통일의 철학'이 끊임없이 실현되는 과정을 의미했다고 풀이한다. 그리고 이러한 동서융합의 민주주의 실현을 위해 디지털 시대는 중대한 의미를 갖게 되었다고 말한다. 인류가 그 문제점들을 잘 극복해 내고 이 기회를 잘 활용할 수 있어야 했다는 것이다.

　노명환은 민주주의 사상만이 아니라 김대중의 모든 사상의 핵심이 근본적으로 "융합"을 이루었고, 동시에 그것은 지속적 상호작용과 상호구성을 내포하는 융합의 과정 가운데 있었다고 지적한다. 그는 김대중이 민주주의가 이러한 융합을 가능하게 했고, 그러면서 또한 민주주의가 이러한 융합의 지속과정에서 계속 변증법적으로 발전해 갔다고 생각했다고 설명한다.

　김귀옥의 다섯 번째 논문 〈김대중 평화사상의 형성과 실천〉은 김대중의 민주주의사상과 긴밀히 결부된 평화사상을 논한다. 그는 20년 전 김대중이 대통령으로서 노벨 평화상을 수상했다는 사실을 환기하고 그가 한반도 분단 이후 처음으로 남북정상회담을 성사시켰고 전쟁 없는 한반도를 만들기 위해 노력한 공로를 주지의 사실로 확인하면서 논의를 개시한다. 동시에 그는 일부 사람들이 김대중의 과격성이나 위험성에 대해 문제제기를 해왔다는 사실을 지적한다. 그리고 그는 "과연 김대중의 평화사상은 정치적 수사인가?", 그리고 "평화사상의 내용과 평화적 실천은 무엇인가?" 자문하고 이 물음의 규명에 착수한다.

이를 위해 김귀옥은 우선 김대중의 평화주의 사상이 어떻게 형성되었는지를 추적한다. 그리고 이어서 김대중의 정치적 트레이드마크이다시피 했던 평화통일론의 강세가 통일론에서 평화론으로 옮겨가게 된 과정을 살펴보고 있다. 다음으로 김대중의 정치인생과 함께했던 호남에 대한 지역차별주의 문제를 살펴보면서 차별이라는 폭력을 평화로 극복하는 노력을 논한다. 그리고 마지막으로 시민사회를 사회구조적 폭력으로서의 계급차별과 성차별 문제에 대한 지향적 관심과 함께 평화운동을 위한 주체로서 형성해 나가는 과정에서 김대중의 역할을 압축적으로 조명한다.

이영재의 여섯 번째 논문 〈김대중의 여성주의 정치이념〉은 앞의 논문들에서 언급되지 않은 김대중의 여성주의 철학을 논한다. 이영재는 사상가 김대중의 여성주의 정치이념을 이해하기 위해 두 가지 전제가 필요하다고 말한다. 김대중의 여성주의 정치이념은 첫째, 반민주적 전통을 청산하고 인권과 평등의 가치에 기반을 둔 민주주의의 정착을 위한 시대적 지향성을 갖는다. 둘째, 그의 여성주의 정치이념은 단순한 남성/여성의 대립 차원이 아니라 인도주의와 인권, 민주화라는 보편적 지평 위에서 정립되었다는 것이다. 그는 인도주의, 인권, 민주주의가 사상가 김대중에게 비타협적 정치목표였고, 여성주의 정치이념은 이 목표를 구현하기 위한 중요한 정치적 과제였다고 논한다.

이영재는 '김대중 정치'에서 여성주의 정치이념이 그의 정치철학에 붙어있는 부록이 아니라 한국정치에서 실현되어야 할 우선순위의 이념이었다고 본다. 이 점은 메이가 첫 번째 논문에서 환기하듯이 김대중이 〈춘향가〉속에 "인권·여권·민주주의·평화에 관한 한국적 지혜"가 다 들어있다고 해석한 것과도 유관하다. 그리하여 그는 사상가 김대중의 여성주의 정치이념의 형성 배경을 동학사상에 기초한 만민평등원리와 인도주의 차원에서, 그리고 민주화와 여성해방의 차원에서 고찰한다. 아울러 김대중의 여성주의 정치이념이 차지하는 위치를 한국 여성운동과 여성주의의 논의 속에서 살피고, 가족법 개정 과정에서 김대중의 역할과 여성주의 정치이념의 함의를 고찰하고 있다. 끝으로, 그는 국민의 정부에 투영된 여성주의 정치이념을 통해 김대중이 평생 고수했던 여성주의 정치이념의 내용과 의미를 종합적으로 기술한다.

현실정치인과 정치이론가, 그리고 정책입안자들에게 도움이 되고 한국의 미래를 열어줄 만한 '사상가 김대중'의 어록은 주지하다시피 무수하다. 몇 가지만 들어보면, 제일 먼저 생각나는 것은 다음 어록이다. "국민의 손을 잡고 반걸음만 앞서 나가라, 그렇지 않고 민심보다 앞서 뛰거나 뒤처져 낙오해서도 아니 된다. 국민으로부터 고립된 뜀박질은 실패를 향한 돌진에 다름 아니다." 이어지는 정치철학적 어록은 "원칙과 현실이 충돌할 때는 위험이 따르더라도 원칙을 지켜라"라는 말씀이다. 또 생각나는 것은 "행동하는 양심이어야 하고 행동하지 않는 양심은 악의 편에 선 것이다"라는 유명한 테제다. 나아가 김대중은 "온건한 진보와 합리적 보수를 아우르는 중도정치"도

수없이 언급했다. 또한 우리는 "정치를 하려면 서생적 문제의식과 상인적 현실감각을 둘 다 가져야 한다"는 그의 어록도 우리는 즐겨 인용한다. 그리고 외교와 관련해서 사상가 김대중은 "외교는 우리나라의 운명을 좌우한다", 그리고 "한반도는 기회의 땅이자 위기의 땅이다. 도랑에 든 소가 되어 양쪽의 풀을 뜯어먹을 것인지, 열강의 먹이로 전락할 것인지는 전적으로 우리에게 달렸다"고 강조했다.

이 여섯 편의 논문이 김대중을 사랑하고 존경하는 독자, 또는 지금 김대중을 연구하고 있는 독자, 나아가 김대중을 새로이 알고 싶은 독자의 관심에 부응할 수 있기를 바랄 따름이다. 이 책의 주제들을 설정하고 구성한 책임편집자로서 본서가 대한민국이 낳은 세계적 위인의 철학과 사상을 올바로 파악해 압축적으로 집대성集大成하고 핵심을 꿰어 일이관지一以貫之했기를 기대한다. 그러나 미진하고 부정확한 부분이 전무하다고 생각하지 않는다. 편집자는 집필진을 대표하여 겸허한 마음으로 독자의 질정을 구한다.

동시에 책임편집자로서 이 책이 독자에게 위대한 사상가 김대중의 '어깨 위'에서 대한민국의 먼 미래와 5대양 6대주의 넓은 세계를 볼 수 있는 '천리안'이 되기를 감히 바라는 욕심도 없지 않다. 복잡다단한 여러 원고로 이루어진 원고를 흔쾌히 수락해서 시한에 맞춰 책으로 만들어준 김경희 지식산업사 대표와 권민서 편지부장을 비롯한 관계자 선생님들께 깊은 감사를 표하면서 사족이 될까 봐 이것으로 글을 마친다.

2024년 1월

필진을 대표하여 책임편집자
황태연 지識

차 례

I 김대중, 행동하는 양심이 되다[*]

호프 엘리자베스 메이(미국 센트럴미시건대 철학교수)

"꽃 하나 피는 과정도 힘드는 것 느낍니다."

  – 이희호가 김대중에게 쓴 편지 가운데 (1981년 4월 29일)

[*] 호프 엘리자베스 메이(Hope Elizabeth May)가 쓴 이 글은 원래 영문논문 "Kim Dae Jung: Becoming Conscience in Action"이다. 안 마리아는 이 글을 국역했고, 메이 교수는 이 번역자에게 깊은 감사를 표했다. 책임편집자 황태연은 안 마리아의 국역문을 다시 다듬고 윤문했다.

1. 대부代父

　지구 한편에서 아버지의 슬픈 춘향가 곡조를 11세 소년 김대중이 듣고 있는 동안, 지구 반대편에서는 아프리카계 미국인인 하워드 서먼(Howard Thurman, 1899-1981) 목사가 "차별받는 이들을 위한 기쁜 소식"이라는 제목으로 설교를 하고 있었다.[1] 서먼 목사는 공명하는 강력한 목소리로 청중을 향해 "기독교는 역사적 믿음이고, 역사 속에 위치한 한 개인에 의해 이윽고 시작된 운동의 결과물"이라 말했다. 그는 예수가 가난한 소수 인종으로서 "차별받고 대부분 폐적廢嫡 당한" 인물이었다는 점에 초점을 맞추도록 권유했다.[2] 이 점을 기억해야 기독교가 "폐적당한 이들의 생존 기술"이라는 사실을 잘 이해할 수 있기 때문이다.[3]

　김대중이 서먼의 기독교 해석을 접했더라면 그를 진지한 성경 공부로 설득할 살아있는 모범인사를 만날 필요가 없었을 것이다. 첫 번째 부인 차용애가[4] 천주교 신자였고 함께 미사에 참석하기도 했지만, 그는 여전히 신앙에 대한 확신을 갖지 못하고 있었다.[5] 동시에

---

1)　서먼 목사의 1935년 설교는 그의 1949년 저서인 예수와 상속받지 못한 자들이라는 책의 핵심 내용을 담고 있다. 이 책은 미국의 시민권운동에 있어 중요한 자료가 되며, 마틴 루터 킹 주니어에게 방향과 영감을 준 책으로 알려져 있다.
　　　Lerone Bennett, *What Manner of Man: A Biography of Martin Luther King, Jr.* (Chicago: Johnson Publishing Company, 1992), 74쪽.

2) Howard Thurman, "Good News for the Underprivileged", *Religion in Life* (4)(3), 1935), 403쪽.

3)　Thurman, "Good News…", 404쪽.

4)　김대중과 차용애는 1945년 4월 9일 결혼했다. 같은 날 미국은 일본 나가사키에 핵폭탄을 투하했다. 김대중 전기에 따르면 차용애는 가슴앓이를 앓다가 합병증으로 비극적인 죽음을 맞았다고 한다. 이들은 1946년에 홍일과 1950년 홍업 두 아들을 낳았다.

5)　Kim Dae Jung, *A New Beginning: A Collection of Essays*, edited by George Oakley Totten Ⅲ, translated by Young Jack Lee, Yong Mok Kim (Los Angeles: The Center for Multiethnic and Transnational Studies, 1996), 137쪽.

청년 김대중은 고난에 친숙했다. 차용애와의 결혼 후 5년 만에 한국
전쟁을 겪었고, 인공치하에서 투옥당하는 등 이 비극적 시기 동안
죽음을 가까스로 면했다.6) 천주교 신자인 부인과 처가, 그리고 다양
한 고난에도 불구하고 김대중이 참 기독교 신앙을 갖기까지는 다른
만남들이 선행되어야 했다. 김대중은 바로 그 만남을 장면 박사(서양
에서는 John M. Chang로 알려져 있음)라는 모범인사에게서 찾았다. "훌
륭하고 품위 있는 민주적 태도"의 장면 박사는 김대중에게 교회 예배
참석과 교리 공부에 마음을 열도록 고취한 감탄할 만한 인물이었
다.7) 김대중보다 25살 많은 장면 박사는 미국에서 교육받았고, 그곳
에서 자유와 민주주의에 대한 미각을 개발하고 종교적 원칙과 행동
과의 긴밀한 결합에 필요한 기율을 배웠다.8) 원칙과 행동의 그 결합
은 향후 몇십 년 동안 "행동하는 양심"이라는 좌우명과 별명을 달게
될 김대중에게 심대한 영향을 미쳤을 것이다.9)

　장면은 대한민국 최초의 미국·유엔주재 한국대사를 역임했다.
그는 1948년 대한민국의 대통령으로 당선된 이승만에게 임명되었으
나 후에는 이승만과 갈라져 민주당의 "새로운 당파" 또는 "신파"의
지도자가 되게 된다. 1955년에 창당된 민주당은 이승만의 권위주의
적 지배에 대한 저항에 초점을 맞췄다.10) 김대중은 후에 이 당에

6) Kim Dae Jung, *Conscience in Action: The Autobiography of Kim Dae Jung*, translated by Jeon Sung-hee (Singapore: Palgrave Macmillan, 2019), 31-32쪽; Choi Woon Sang and Hahn Hwa Gap, *Kim Dae Jung Conscience in Action* (Seoul: Chungdo Publishing Co, 1988), 49쪽.
7) Kim Dae Jung, *A New Beginning*, 137쪽. 장면 박사는 1961년 박정희 군부 쿠데타로 말미암아 민주정부가 해산되기 전까지 국무총리를 역임했다.
8) 장면, 회고록, Unsuk Memorial Foundation (1967), (https://web.archive.org/web/20071026102304/http:/unsuk.kyunghee.ac.kr/memoirs/1-2.htm).
9) Kim Dae Jung, *Conscience in Action*, 314, 403, 711쪽.
10) 1954년 한국의 헌법 "개정"은 임기 제한이 없는 이승만과 그의 자유당이 원하는 정치적 목적에 따라 민주적 절차를 "수정"할 때만 이루어졌다. Han Sung Joo, "The

입당했는데, 그보다 먼저 천주교 신자가 되었다는 사실에 주목할 필요가 있다. 1956년, 야당 창당에도 불구하고 이승만이 재선에 성공한 직후 김대중은 32세의 나이로 세례를 받았다.11) 그의 세례명은 '토마스 모어'였다. 김철규 신부는 이 이름을 그에게 수여하면서 "순교할 생각으로 정치를 해야 한다"고 말해 주었다.12) 몇 달 후 김대중은 장면 박사에 대한 존경심에 이끌려 민주당에 입당했다.13) 이후 수십 년 동안 김대중을 기다리고 있을 운명을 예고하기라도 한 듯, 장면은 생명을 노린 암살미수 사건을 겪게 된다.14) 다행히 장 박사는 살았고, 김대중은 이 야당 지도자이자 천주교도로부터 신앙과 정치에서 감명을 받게 된다. 김대중은 그의 멘토 장면에 대해 "그는 종교에서만 아니라 정치에서도 나의 대부였다"고 썼다.15)

장면의 발자취를 따라 김대중은 주지하다시피 주요한 야당 인사로서 성장하게 된다. 김대중은 2000년 그에게 노벨 평화상을 안겨준 "햇볕정책"을 통한 대북 포용정책으로 주로 기억되고 있다. 그러나 "대중참여경제론"과 지속가능한 발전 공약과 같은 그의 국내정책도 그의 다른 중요한 유산이다. 김대중은 그의 사상을 어떤 가르침들로부터 고안해냈을까? 그를 이끌었던 철학은 무엇이었을까? 확실히,

Chang Myôn Government (1960–1961) in South Korea: A Case Study in Failure of Political Democracy" (Ph.D. dissertation: University of California at Berkeley, 1970), 44쪽. 이는 "헌법의 친구들"의 분노를 샀으며, 이 가운데 이승만과 자유당의 독재에 반대하고자 장면를 선두로 하는 민주당이 창설됐다.

Han Sung Joo, "The Chang Myôn Government…", 67–70쪽; Kim Dae Jung, *Conscience in Action*, 42쪽.

11) 김대중 자서전에 따르면 1956년에 세례를 받은 것으로 적혀 있는데(Kim Dae Jung, *Conscience in Action*, 878쪽), 1996년 저서 《새로운 시작을 위하여》에는 1957년이라 기록되어 있다. Kim Dae Jung, *A New Beginning*, 137쪽.

12) 김대중, 《김대중 자서전(2)》, (서울: 도서출판 삼인, 2010), 601쪽.

13) Kim Dae Jung, *Conscience in Action*, 42쪽.

14) 장면 박사의 암살 시도 사건은 김대중이 민주당에 가입한 사흘 후에 일어났다.

15) 김대중, 《김대중 자서전(1)》, 182쪽.

장면은 그에게 종교와 정치 양 측면에서 중요한 교훈을 주었다. 그런데 김대중은 장면 박사에게 최대 스승의 영예를 부여하지 않고 그 대신 예수 그리스도에게 이 영예를 부여한다.[16] 그런데 중요한 것은 이 인정이 1956년 세례, 그리고 1962년 두 번째 아내 이희호와의 결혼 후, 그것도 김대중의 다른 영향력 있는 몇몇 "스승들"의 교훈을 포함한 긴 과정 후에야 주어졌다는 점이다. 즉, 한편으로 수난, 다른 한편으로 방대한 독서가 있은 후의 인정이다. 실로 지도적 야당정치인으로서 활동으로 말미암아 김대중은 여러 번 감옥에 갇혔는데, 70-80년대에 서울·진주·청주에서 얼마간씩 그가 복역하는 동안 한국 감옥은 그의 이 영향력 있는 두 스승을 대형 "강의실"의 단 하나의 "마스터 클래스"로 통합해주었다. "사실 오늘의 김대중의 지적, 인격적 성숙에는 그 상당 부분이 감옥 생활에서 만들어진 것입니다. 그곳이야말로 나의 대학이었습니다"라고 그는 말한다.[17]

2. 기독교를 뛰어넘은 기독교인

개인적 영역과 정치적 영역에서 김대중을 이끈 원칙은 의심할 바 없이 기독교 신앙의 영향이었다. 이것은 분명 장면의 영향이었다. 장면 박사는 자신의 회고록을 "하나님을 따르지 않는다면 아무도 좋은 정치인이 될 수 없다"는 주장으로 끝맺고 있다.[18] 그러나 김대중이 박식한

---

16) Kim Dae Jung, *A New Beginning*, 154쪽.
17) 김대중, 《다시, 새로운 시작을 위하여》(서울: 김영사, 1993), 91쪽.
18) Chang, Myon, *Memoirs* (1967).
   https://web.archive.org/web/20071026102304/http://unsuk.kyunghee.ac.kr/memoirs/1-2.htm1967
   https://web.archive.org/web/20071026102549/http://unsuk.kyunghee.ac.kr/memoirs/4-4.htm

정보를 바탕으로 신앙에 접근한 것에 대해서는 두 가지 중요한 단서가 있다. 첫째, 김대중이 기독교를 받아들인 것은 한순간, 돌연한 공현公顯이 아니었다. 오히려 그것은 '과정'이었다. 1956년 명동성당에서 시작된 박정희의 "구舊군부" 독재(1970년대)와 전두환의 "신군부" 독재(1980년대)라는 수난과 곤경을 통해 김대중의 기독교 믿음은 깊어졌을 것이다. 김대중의 두 번째 아내인 이희호 여사는 이 고난의 시기를 거치며 그가 기독교적 원리를 행동과 결합하도록, 그리고, 더 근본적으로는, 본인이 택한 서술 프레임과 결합하도록 도왔을 것이다. 김대중이 기독교를 품어 안은 것은 기독교적 가르침을 세월이 흐르면서 성숙한 마인드세트 및 사고방식(mindset and way of thinking)과 합치시키는 과정이었다. 김대중은 기독교적 사고방식이 진정으로 폐적당한 사람들을 위한 "생존 기술"이었다는 하워드 서면의 통찰을 이해하게 되었을 것이다.

김대중이 종교적 영감에 접근한 것에 대한 두 번째 단서는 그의 기독교 신앙이 "배타적"이지 않았다는 사실이다. 진심으로 김대중은 천주교 교리가 하나님 진리의 "가장 완벽한" 계시라 생각했지만, 동시에 "불교나 천도교나 유교, 우리의 고유종교인 샤머니즘 등 모든 종교 가운데에도 하느님은 자기 모습을 보이고 계신다"고 믿었다.[19] 그의 종교적 마인드세트가 성숙해감에 따라, 김대중은 다양한 종교나 "전통적 지혜"에서 하나의 관통하는 선을 발견하게 된다. 김대중의 이 광교적廣敎的 종교관은 민주주의와 평화통일을 위한 비폭력 투쟁의 "현장"에 있던 또 다른 민주주의·평화활동가 함석헌으로부터 영향받은 것으로 보인다. 다작多作 작가 함석헌은 1970년대에 김대중과 함께 유죄 판결을 받은 인물이다. 그의 종교관은 광교적이었고 동서양 철학을 넘나들었으며, 김대중은 "함 선생은 기독교인이면서

---

19) 김대중, 《다시, 새로운 시작을 위하여》, 246쪽.

도 기독교를 뛰어넘은" 인물로 언급했다.[20] 김대중도 함석헌처럼 기독교를 초월했다. 김대중은 기독교 세례를 받은 뒤의 세월 속에서 동서양의 지혜가 어떻게 평화와 민주주의를 위한 투쟁을 알려주고 고취할 수 있는지를 보게 된다.

3. 이희호: 영원한 동반자

장면 박사의 본보기가 김대중의 영적 마인드세트에 씨앗을 심었다면, 두 번째 아내 이희호는 그 씨앗에 물을 주었다. 김대중과 이희호는 1962년에 결혼했는데, 당시 김대중은 정치적 야당 인사이자 그 결과로서 1961년 박정희의 쿠데타로 "실업당한 무직자"였다.[21] 이희호도 기독교인이었지만 천주교 신자는 아니었으며, 결혼 당시에는 기독교여자청년회 YWCA의 총무로 일하고 있었다.[22] 당시 김대중은 민주당 대표였다.[23] 처음 만났을 때 이희호는 김대중이 지혜를 사랑하고 사상을 삶 속에 불어넣는 열정에 끌렸다.

> 그런데 나는 여하간 마음이 끌렸다. 그는 그때에도 촌음을 아껴가며 많은 독서를 하고 있었는데, 거기서 얻은 지식을 단지 관념이나 추상적인 상태에 머물게 하지 않고 실생활에 구체적으로 적응하려는 실천적 의지와 성실성을 가지고 있었다.[24]

---

20) 김대중, 《옥중서신1 : 김대중이 이희호에게》(서울: 시대의창, 2009), 380쪽.
21) Lee Hee Ho, *My Love, My Country*, translated by Rhee Tong-chin (Los Angeles: The Center for Multiethnic and Transnational Studies, 1997), 24쪽.
22) Lee Hee Ho, *My Love* …, 13쪽.
23) Lee Hee Ho, *My Love* …, xxi쪽.
24) 이희호, 《나의 사랑, 나의 조국》(서울: 도서출판 명림당, 1992), 36-37쪽.

김대중의 학구적 성향에 대한 이희호의 매력은 김대중의 영적 발전에 중요한 동력이 된다. 복음에 대한 그녀의 열정도 역시 그런 동력이 된다. 이 두 가지 열정은 그녀가 김대중의 투옥 기간 동안 남편을 보필할 수 있도록 붙잡아 주었다. 이희호는 고난을 소화하는 데 도움이 되는 관련 성경 구절을 상기시키기도 하고, 종교적 용어로 그의 고난을 표현한 격려와 지원의 편지를 보내기도 했으며, 동양과 서양 사상을 담은 약 600권의 책을 구해 보내기도 했다.25) 물론 이 책들을 읽은 사람은 김대중이었다. 그러나 남편의 영성과 지성에 대한 이희호의 존경과 관심, 그리고 돌봄이 없었다면, 김대중의 "감옥 대학"은 훨씬 덜 풍성했을 것이다. 이희호는 그 자신도 지성의 개발을 소중히 여기는 "생각하는 여성"이었다. 김대중과 결혼하기 전에 그녀는 사회학 학사와 석사학위를 받기 위해 미국으로 유학을 떠나 영어를 "밤샘"으로 공부했다.26) 그리고 그녀도 독서가였으며, 김대중에게 안이숙(김에스더)의 《죽으면 죽으리라》와 같은 책을 추천하기도 했다.27)

어려운 세월 동안 이희호는 읽고 기도하고 기독교 찬송가를 부르며 지냈다. 이 관행이 어떻게 고난에서 도움이 되는지를 목도하면서, 그녀는 남편을 그의 지혜로 돕기 위해 이 지혜를 남편과 공유했다. 그녀는 어려운 시간과 어떻게 싸웠는지에 대해 기술한다.

나는 그 시련의 참뜻을 알기 위해 쉼 없이 기도했다. 나라의 장래와 고난 당하는 사람들, 특히 우리로 인하여 고난받는 분들을 위해서도 쉬지 않고

---

25) Kim Dae Jung, *Conscience in Action*, 280쪽.
김대중과 이희호의 《옥중서신》에서 언급한 도서 목록은 다음을 참조: Lee Hee Ho, *Praying for Tomorrow*, translated by Rhee Tong-chin (Los Angeles: USC Korea Project, 2000), 339-344쪽.
26) 이희호, 《나의 사랑, 나의 조국》, 32쪽.
27) Lee Hee Ho, *My Love* …, 62쪽.

기도했다. 그리고 마음의 평안을 얻었다. 주위의 분위기가 살벌해서 집안에서조차 마음 놓고 찬송가를 부를 용기는 없었지만, 그때 내가 마음속으로 부르면서 큰 힘과 위로를 받은 찬송이 있다.[28]

김대중과 이희호는 야당이었던 민주당 안에서의 그의 지위 때문에 결혼 초장부터 도전에 직면한 한편, 이 부부에게 가장 힘든 시기는 1972년 10월 박정희가 유신체제를 강행했을 때 시작되었다. 이는 김대중과 이희호의 결혼생활 20년 차였다. 그리고 이희호에게 "그것은 그렇게도 외로웠고 잊혀진 곳에 있었던 시절"로[29] 기록되는 순간이었으며, 이 시기는 그녀에게 "정치가 얼마나 무상한 것인가"[30] 느끼게 한 시기였다.[31] 신앙과 정치에서 김대중의 대부인 장면 박사는 박정희의 유신체제가 시작되기 5년 전 사망한 상태였다. 이제 김대중 곁에는 기독교를 독실하게 믿는 이희호가 있었던 반면, 정치에 대한 그녀의 환멸감은 계속해서 커져 갔다.

4. 죽음을 상상하다가 예수를 보다

1972년 10월 17일 박정희가 유신계엄령을 선포했을 때, 김대중은 일본에서 치료 중이었다.[32] 이희호는 남편에게 "어떤 경우에도 귀국하시는 일은 없으시길 바랍니다"라며 부탁했다.[33] 1971년 대통

---

28) 이희호, 《나의 사랑, 나의 조국》, 44쪽.
29) 이희호, 《나의 사랑, 나의 조국》, 19쪽.
30) 이희호, 《나의 사랑, 나의 조국》, 99쪽.
31) Lee Hee Ho, *My Love* …, xxii쪽 및 91쪽.
32) Lee Hee Ho, *My Love* …, 22-23쪽.
33) 김대중, 《김대중 자서전1》, 306쪽.

령 선거에서 박정희에 맞선 김대중을 가장 강력한 장애물로 보는 세력이 있었기 때문이다. 결과적으로 박정희의 계엄령 이전부터 김대중과 그의 지지자들은 계속해서 괴롭힘을 당했으며, 1972년 10월 17일 이후 야당에 대한 탄압은 더욱 심해져 갔다. 김대중은 아내의 청에 따라 귀국 대신 일본에 남아 망명을 선택했다. 그로부터 몇 달 후 김대중은 대한민국 중앙정보부(KCIA)에 의한 납치·암살미수 사건의 희생양이 된다. 중앙정보부 요원들은 1973년 8월 그가 묵던 도쿄의 호텔방에서 김대중을 납치해, 그를 묶고 입을 막아 배에 싣고, 바다에 빠뜨려 익사시키려는 의도로 배에 태워 이동했다. 이희호는 이 소름끼치는 경험을 다음과 같이 묘사한다.

> 납치범들은 남편이 바다 속으로 빨리 가라앉도록 하기 위해 남편의 양팔과 다리에 30-40킬로 쯤 되는 추를 매달았다. 남편의 입은 재갈을 물리고 테이프로 봉한 다음, 기다란 나무판자를 남편의 등에 대고 끈으로 꽁꽁 묶었다. 그들은 남편을 바다에 던질 준비를 하고 있었다.[34]

이 살인미수 사건으로부터 2년 전, 김대중은 박정희에 맞서 선거 운동을 하다 당한 미스터리한 교통사고 때문에 부상을 입었었다.[35] 1971년의 사고는 "눈 깜짝할 사이"에 일어났으며, 김대중은 팔과 다리에 부상을 입은 채 깨어났다고 한다.[36] 이로 말미암아 김대중은 신경통을 앓게 되었고, 바로 이 때문에 1972년 10월에 일본에서 치료를 받고 있었던 것이다.[37] 1971년에 김대중이 겪은 폭력과 1973

---

34) 이희호, 《나의 사랑, 나의 조국》, 63-64쪽.
35) Kim Dae Jung, *Conscience in Action*, 151-152쪽.
36) 김대중, 《김대중 자서전1》, 259쪽.
37) Lee Hee Ho, *"My Love …"*, 75쪽.

년 8월에 겪은 폭력 사이를 관통하는, 박정희와의 섬뜩한 연결선이 있다.

1971년 교통사고와는 달리, 1973년 그가 죽을 뻔한 경험은 "눈 깜짝할 사이"는 아니었다. 김대중은 묶여 입에 재갈이 물리고, 납치범들이 그를 바다에 던지기 위해 논의하면서 "상어"라는 말을 쓰는 것을 들으며, 그는 이런 식으로 사라지는 것을 상상하기 시작했다. 김대중은 자신이 배 밖으로 던져질 것이라고 예상하는 순간에 그가 어떻게 죽음을 상상했는지 묘사한다.

> 나는 마지막 순간이 왔다고 생각했다. 나는 크리스천이다. 매일 기도를 올렸고, 납치되어 이동 중에도 하느님을 찾았다. 그런데 이 마지막 순간에는 기도할 생각이 나지 않았다. 기도할 생각보다는 바다 속에서 맞이할 최후의 모습이 어른거렸다.

그때 예수가 나타났고, 김대중은 살려달라고 간청했다.

> 그런 생각을 하며 팔목에 힘을 주었다. 하지만 양 손목을 묶고 있는 밧줄은 꼼짝도 하지 않았다. 모든 것이 소용없었다. 눈앞이 깜깜했다. 그때, 바로 그때 예수님이 나타나셨다. 나는 기도드릴 엄두도 못 내고 죽음 앞에 떨고 있는데 예수님이 바로 앞에 서 계셨다. 아, 예수님! 성당에서 봤던 모습 그대로였고, 표정도 그대로였다. 옷도 똑같았다. 나는 예수님의 긴 옷소매를 붙들었다. "살려 주십시오. 아직 제게는 할 일이 남아 있습니다. 우리 국민들을 위해 해야 할 일들이 있습니다. 저를 구해 주십시오."[38]

---

38) 김대중, 《김대중 자서전1》, 312-313쪽.

김대중은 미국 정보요원들이 결정적인 순간에 개입했기 때문에 기적적으로 살아났다. 정보요원들은 모든 의도와 목적에서 사실상 공식적 경로를 벗어나 행동하고 있었다.[39] 남편이 예수를 보고 있을 때, 이희호는 그때 그가 납치되었다는 것밖에 알지 못했다. 1973년 8월 8일 저녁에 전화로 납치 소식을 들은 후, 며칠 동안 남편의 행방을 알아내기 위해 필사적으로 애쓰고 있었다.[40] 8월 13일 저녁 9시 30분 김대중이 거실로 걸어 들어왔을 때, 이희호는 완전히 깜짝 놀라 말을 잃을 수밖에 없었다.[41] 둘만 남게 되자 김대중이 말한 첫 문장은 "하느님께서 살아 역사하심을 체험했다"였다.[42] 김대중은 그녀에게 바다에서 겪은 고난 중 죽음을 준비하면서 예수님을 보았다고 설명했다.

사실 김대중은 예수를 본 것이 환각인지 실제인지 확신하지 못했다.

> 나는 내가 예수님을 만난 것이 실제로 일어난 사건인지, 아니면 내가 절체절명의 순간에 정신이 혼미해진 상태에서 단순히 환상을 본 것인지를 자신할 수 없었습니다.[43]

김대중은 이에 대해 서울 대주교인 김수환 추기경(스티븐 김)의 조언을 구하고자 했고, 김 추기경은 그가 예수를 본 것일 수도 있고, 환상일 수도 있지만, 궁극적으로 이는 믿음의 문제라 답했다.[44] 이

---

39) Donald A. Ranard, "Kim Dae Jung's Close Call: A Tale of Three Dissidents," *Washington Post*, February 23, 2003.
40) Lee Hee Ho, *My Love* …, 38–41쪽.
41) 이희호, 《나의 사랑, 나의 조국》, 62쪽.
42) 이희호, 《나의 사랑, 나의 조국》, 62쪽.
43) 김대중, 《다시, 새로운 시작을 위하여》, 243쪽.
44) Kim Dae Jung, *A New Beginning*, 136–137쪽.

사건으로 말미암아 김대중은 이 경험을 어떻게 해석해야 할지에 대한 딜레마에 빠졌다. 바다에서의 경험을 믿음의 시각에서 이해할 것인지, 아니면 그 경험을 더 "이성적인" 시각, 즉 예수님의 이미지가 환각이었다고 이해할 것인지에 대한 문제였다. 기독교 원리와 김대중 자신의 마인드세트 간의 합치 과정은 1973년 또 한 번의 근사近死 경험과 그로 말미암은 딜레마 때문에 중단되었다.

5. 어리둥절하게 하는 딜레마

1973년 죽을 뻔한 근사경험에서 시작된 김대중의 딜레마는 학습론에서 "어리둥절하게 하는 딜레마"라 부르는 과정이었다고 할 수 있다. 전환학습(Transformative Learning)이론에[45] 따르면 어리둥절하게 하는 딜레마는 한 개인이 자신의 경험을 해석하는 기준, 즉 "의미 - 관점"을 변화시킨다. 이는 소크라테스적 방법(elenchos)과 극단적 혼돈(aporia)의 특징적 산물과 다르지 않게 "어리둥절하게 하는 딜레마"는 현재의 의미 - 관점과 경험 사이에 불일치를 드러낸다.[46] 기존 우리의 의미 - 관점이 "더 이상 맞지 않다"며 재조정이 필요함을 드러낸다.[47] 김대중의 경우, 1973년 근사경험은 그의 경험을 어떻게 해석해야 하는가에 대한 질문을 제기했다. 예수를 정말로 보았는가, 아니면 환각을 본 것인가? 이 물음에 대한 답이 무엇이든, 수정

---

45) 이 이론을 소개해준 로이 타마시로 박사에게 감사를 표한다.
46) Jack Mezirow, *Transformative Dimensions of Adult Learning* (San Francisco: Jossey Bass, 1991), 177쪽.
47) 토마스 칼라일의 1831년 철학 소설 《사르토르 리사르투스(다시 재단된 재단사)》의 주요 메시지며, 이 소설은 "의상 철학"을 사용하여 문화가 발전해가며 기존의 의미의 틀에 더 이상 맞지 않게 되는 경우를 이야기한다.

이 일어나야 할 단계로 보였다. 김 추기경의 조언에 따르자면, 예수를 본 것을 믿지 않는다면 이것은 김대중에게 그의 신앙이 전체적이지 않았다는 것을 의미한다. 나아가 김대중의 시련 해석은 명백한 종교적 의미가 없을 것이다. 그러나 김대중이 예수님을 보았다고 "믿는다"면, 그의 시련들은 예수를 보았다는 것에 대한 어떤 의구심도 박멸할 정도로 전체적인 믿음의 렌즈를 통해 해석될 것이다. 김대중의 1973년 근사경험으로부터 그의 영적 세계관을 "재조정"하고 그의 생활체험 속으로 더 기독교적인 "의미 프레임"을 집어넣는 과정이 시작됐다. 기독교적 가르침과 김대중의 의미 관점 사이를 더 크게 합치시키는 과정을 촉진한 것은 이 근사경험이다. 그리고 앞으로 살펴보듯이 이 합치시키는 과정은 김대중의 긴 수감생활 때문에 빨라졌다. 그리고 이 과정은 이희호에 의해 안내되었다.

6. 첫 감옥대학

1956년 세례 후 첫 장기투옥은 김대중이 1976년 3월 1일 '명동선언'이라 알려진 "민주구국선언"에 연루되었기 때문이었다. '명동선언'은 김대중이 20년 전에 세례를 받은 명동성당에서 일어났다. 1976년 3월 1일, 기독교 여권주의자인 이우정 교수는 3·1운동 57주년을 기념하는 미사에서 반유신 '명동선언문'을 큰소리로 낭독했다. 이날은 일본의 식민 지배에 대한 전국적 비폭력 선언을 기록하는 만큼 한국인들에게 성스러운 날이었다.[48] 1976년 명동선언문은 그

---

48) 1919년 3월 1일, 통일된 한국은 일본의 식민 통치에 대항하여 전국적인 비폭력 운동을 펼친다. 보복을 거부하고 화해를 추구하는 선언문 내용으로 독립을 선언했다. '법을 통한 국제평화' 역사의 중요한 한 부분이다. 관련 내용 참조: Hope Elizabeth May, "The March First Movement and the Red Thread of International Peace

중요한 역사를 인정할 뿐만 아니라 그 정신을 활용했다. 유신체제를 비판하는 이 선언은 대중을 돕는 내정개혁을 촉구하고 평화통일의 긴급한 과업에 주목했다.49)

　김대중은 앞서 언급한 함석헌을 비롯해 정일형, 이문영, 문익환, 이우정 등의 민주주의 활동가들과 함께 '명동선언문'에 서명했다. '명동선언'은 유신체제에 대한 비판이나 반대를 금지하고 위반자는 최소 1년의 징역형으로 처벌한다는 박정희의 "긴급조치 제9호"를 위반한 것이다.50) 따라서 '명동선언문'에 서명한 인물들은 구금될 것을 예상하고 있었다. 김대중은 사전에 김수환 추기경을 방문해 교도소에 가 고통을 감내하기로 했다는 결심을 전했다.51) 상기하자면 김 추기경은 1973년 납치사건 당시 예수를 본 것이 환각인지 아닌지 고민하던 중에 조언을 구했던 바로 그 사람이었다.52) 김대중은 명동선언문의 "주요 공모자" 혐의로 체포·기소된 결과 징역형을 선고받았다.53) 물론 만인은 이 "재판"이 형식적 의례에 불과하다는 것을 알고 있었다.54) 김대중은 원래 사건에 가담했다는 이유로 8년 형을 선고받았지만, 항소심에서 선고는 5년 형으로 줄었다. 1977년 4월 14일, 김대중은 서울에서 약 300마일 떨어진 진주 교도소로 보내졌다.55)

History", *Korea Observer* (2019 50-2), 207-233쪽.

49) 1976년 3월 1일 낭독한 명동선언문 본문은 다음 참조: Lee Hee Ho, *My Love* …, 63-69쪽.

50) Kim Dae Jung, *Conscience in Action,* 212쪽; Choi Woon Sang and Hwa Gap Hahn, *Kim Dae Jung* …, 56쪽.

51) Kim Dae Jung, *Kim Dae Jung Conscience in Action,* 217-218쪽.

52) Kim Dae Jung, *A New Beginning,* 136쪽.

53) Cho, Woon Sang and Hwa Gap Hahn, *Kim Dae Jung Conscience in Action,* 57쪽.

54) Lee Hee Ho, *My Love* …, 77쪽.

55) Lee Hee Ho, *My Love* …, 90, 95쪽.

7. 감사의 반응

재판과정의 최후변론에서 몇몇 이른바 "양심수"들은 진짜로 그 시련에 대해 감사를 표했다. 가령 고려대학교의 이문영 교수는 감옥이 예수 그리스도의 고난에 동참하는 것을 허용해주었기 때문에 그가 수감되어서 행복하다 말했다.56) 문익환 목사도 민주주의를 위한 투쟁 속에서 동료와 함께 구금될 수 있게 된 것에 감사함을 표했다.57) 김대중도 1976년 12월 20일에 한 최후변론에서 그의 체험에 대해 감사를 표했다.

> 나는 가톨릭에 입신한 지 20년이 됩니다. 그러나 이 옥중 10개월만큼 기독교 신자가 된 기쁨을 느끼고, 하느님께 감사한 적이 없었습니다. 이 같이 매일 하느님께 기도를 드리고 하느님과 대화를 한 적이 없었어요. 하느님께서 저를 감옥에 보내주신 데 대해서 감사하고 있습니다. 나는 내 경험과 양심으로 보아 마땅히 올 장소에 와 있습니다.58)

김대중을 포함한 양심수들은 재판절차를 조롱했던 것인가, 아니면 진심으로 감사하고 있었을까? 둘 다가 아닐까. 김대중은 당시 상황에 대해 "법정은 시대의 양심을 일깨우는 민주주의 강의실"이 되었다고 했다.59) 풍자를 통해 교육이 이루어지기도 하니 말이다. 예를 들어 함석헌은 민주주의의 죽음을 표현하기 위해 재판에 장례 의복

---

56) 김대중도 1980년대 전두환 정권 시기에 감옥에서 같은 감정을 표현했다. Kim Dae Jung, *Prison Writings*, translated by Choi Sung-il and David R. McCann (Berkley: University of California Press, 1987), 21, 25쪽.

57) Kim Dae Jung, *Conscience in Action*, 221-222쪽.

58) 김대중, 《김대중 자서전1》, 356쪽.

59) 김대중, 《김대중 자서전1》, 354쪽.

을 입고 출석했으며, 다른 사람들은 인권의 상실에 대한 비애를 표하기 위해 법정에서 통곡하기도 했다.[60] 어떤 쪽이든, 김대중이 명동선언문에 참여한 것과 그로 말미암은 고난에 감사한 것은 분명하다. 그는 가족에게 쓴 편지에서뿐 아니라 공개 석상에서도 여러 차례 이를 밝혔다.[61]

　　앞서 언급한 양심수들의 표현에 집중해 보자. 고난을 통해 김대중이 얻은 지혜의 본질을 더 잘 이해할 수 있기 때문이다. 먼저 김대중이 최후변론에서 언급한 "하나님과의 폭넓은 대화"는 그가 느낀 감정과는 차별된다. 김대중의 "폭넓은 대화"는 종교적인 내적 대화의 한 형태이며, 그 활동으로부터 기인한 감사의 감정은 그 활동 자체와는 구별된다. 또한, 김대중의 "하나님과의 폭넓은 대화"에서 시작한 감사는 수감생활을 '수단'으로 이해하고 해석함으로써 느끼는 감사와는 다르다. 예를 들어 이문영 교수는 자신의 수감생활을 예수의 고난을 함께할 수 있는 수단, 도구로 이해하고 해석했다. 이러한 해석의 결과물로서 감사의 감정을 느낀 것이다. 마찬가지로 문익환 목사는 민주주의를 위한 투쟁에서 친구들과 함께 하는 방법으로서 자신의 구금을 이해하고 해석했으며, 그 결과로 감사를 느꼈다. 따라서 양심수들이 묘사한 여러 가지 활동들은 각각 다른 종류의 감사와 연관된다. 이러한 차이점은 다음과 같이 간단한 차트로 정리할 수 있다.

---

60) 김대중, 《김대중 자서전1》, 354쪽.
61) Kim Dae Jung, *Prison Writings*, 323쪽; Kim Dae Jung, *A New Beginning*, 41-42쪽; 김대중, 《옥중서신1: 김대중이 이희호에게》, 24-25쪽; Kim Dae Jung, *Conscience in Action*, 222-224쪽.

	활동	감사
김대중	내적 대화/하나님과 폭넓은 대화	예
이문영	투옥 생활을 예수의 고난에 동참하는 방법으로 해석함	예
문익환	투옥 생활을 민주주의를 위한 투쟁 중 동료들과 함께할 수 있는 방법으로 해석함	예

이문영과 문익환의 사례를 통해, 개인의 해석 또는 마음가짐이 위로의 원천이 된다는 중요한 사실을 알 수 있다. 다시 말해, 한 사람의 의미–관점이 평온의 원천이 될 수 있다는 것을 보여준다. 김대중은 후에 이 교훈을 이해하게 되고, 이는 그의 인생철학의 핵심요소가 된다. 그는 또한 그 전부터 알던 빅터 프랭클의 가르침을 '명동선언' 이후 수감생활 중에 비로소 실천하게 됐다. 즉, "어떤 상황에서든 자신의 태도를 선택하고, 자신의 길을 선택할 수 있는 자유가 있다"는 것을 실제로 실천하기 시작한 것이다.62) 동료 수감자들과 그들의 변론도 김대중이 계속해서 이를 연습하도록 도왔다. 김대중은《역경 易經》을 통해서도 해석의 힘에 대해 깨달았다:

> 우리의 인생을 가만히 살펴보면,《주역》의 가르침에 공감할 수 있습니다. 도저히 헤쳐 나갈 수 없어 보이는 역경도, 지나고 나면 그렇게 힘든 것만은 아니었다는 것을 알게 됩니다. 그리고 대응 여하에 따라서는 오히려 그것이 큰 이득을 가져오는 경우도 많습니다.63)

여기서 가르침은 고난에 대한 개인의 대응, 즉 개인의 의미–관점

---

62) Viktor Frankl, *Man's Search for Meaning*, translated by Ilse Lasch (New York: Simon and Schuster, 1959), 104쪽; Kim Dae Jung, *A New Beginning*, 159쪽.
63) 김대중,《다시, 새로운 시작을 위하여》, 92쪽.

이 고난을 변환시킬 수 있다는 것이다. 이 교훈은 동서양 전통에서 모두 찾아볼 수 있다. 로마 황제 마르쿠스 아우렐리우스(121-180)는 고대그리스 철학 전통의 스토아주의를 받아들여 로마를 통치하는 동시에, 자신의 해석적 프레임의 중요성도 알았다. 마르쿠스 아우렐리우스에 따르면, 우리를 괴롭히는 것은 우리 자신의 의견, 판단 및 해석이지, 타인의 행동이 아니다. 따라서 해석과 의미-관점을 변화시킴으로써 괴로움을 없앨 수 있다.[64]

8. '생존 기술'의 연마

김대중은 1970년대의 구금과 수감 중에 주로 기독교적 의미-관점을 적용해 공포·무서움·불안 등과 같은 "내적 장애"를 없애는 방법을 터득했다. 그리고 이희호는 편지로 본인이 어떻게 신앙적으로 역경을 해석하고 힘을 얻는지 전했다. 김대중은 《자서전》에서 이희호의 편지를 인용해 항상 그에게 힘과 용기를 주었다고 적었다.

> 당신 때문에, 특히 겪고 계신 그 어려움 때문에 내 생이 더 값지고 더 뜻있으며, 많은 사람을 참된 사랑으로 대할 수 있으며, 긍지와 소망으로 내일의 새 빛을 바라보면서 심의深意의 가시밭길을 뒤따라 나갈 수 있는 행복마저 느낍니다.[65]

이희호의 편지는 김대중에게 건강한 '의미-관점'을 제공했다. 김

---

64) Marcus Aurelius, *Meditations*, translated by A.S.L. Farquharson (London: J.M. Dent & Sons, 1961), 76-77쪽.
65) 김대중, 《김대중 자서전1》, 361쪽.

대중의 고통이 헛된 것이 아니라, 그 아내에게 깊은 의미와 성장을 가능케 하는 것이라는 관점이었다. 또 증오를 내려놓음으로써 김대중은 평온을 찾았다고 한다. 예를 들어, 1976년 재판에서 최후변론 중 김대중은 이희호가 그에게 상기하도록 해준 사도 바울의 〈로마서〉 메시지를 전한다.

> 나는 그 누구도 증오하지 않습니다. 그것은 제가 믿는 하느님께서 금지하고 있습니다. 면회하러 온 제 안사람이 〈로마인들에게 보낸 편지〉 제12장 제14절을 보여주었습니다. 거긴 "여러분을 박해하는 사람들을 축복하십시오. 저주하지 말고 복을 빌어 주십시오"라고 적혀 있었습니다.[66]

그로부터 수년 후 전두환에게 투옥된 김대중은 막내아들 홍걸에게 1976년 '명동선언'으로 말미암은 수감생활이 어떻게 그에게 용서의 중요성을 가르쳐주었는지를 설명했다:

> 사랑하는 홍걸아! 아버지는 누구도 원망하지 않고 누구도 미워하지 않는다. 아버지가 이러한 마음의 변화를 갖게 된 것은 지난번 3년 간의 감옥생활 당시에 하느님의 가르침에 대한 많은 책을 읽고 예수님의 말씀과 행동을 묵상하여 내 것으로 받아들이는 가운데 내가 참으로 예수님의 제자가 되려면 그 길밖에 없다는 것을 깨달았기 때문이다. 그뿐 아니라 아버지는 나 자신이 일생 동안 저지른 잘못 그리고 품었던 사악한 마음을 남은 몰라도 스스로는 알고 있다. 그러한 나의 죄를 스크린에 비치듯이 주님 앞에서 하나하나 열거해갈 때 과연 내가 누구를 심판하며 누구를 단죄할 수 있겠는가 하는 것을 뼈저리게 느끼는 것이다. 우리는 우리가 죄인이기 때문에 남을, 원수조차 용서해야 한다. 용서는 하느님 앞에 가

---

66) 김대중, 《김대중 자서전1》, 357쪽.

장 강한 사람만이 할 수 있으며 용서는 모든 사람과의 평화와 화해의 길
이기 때문에 기쁜 마음으로 해야 한다.[67]

　1970년대 후반 김대중의 첫 장기 투옥은 후에 그가 기독교적 원칙
과 마음가짐을 통합시키는 데 있어 중요한 힌트를 제공했다. 1973년
의 위기가 촉발한 "어리둥절하게 하는 딜레마"는 그가 자신의 의미 –
관점을 재조정하게 했으며, 이어진 수감생활은 더욱 견고한 기독교
적 기준틀을 실천하게 했다. 그가 변론했듯이 이러한 '의미 – 관점'은
김대중이 역경을 감사한 일로 전환해 바라보도록 했다. 1970년대
수감생활 중에 김대중이 가장 많이 본 책은 역사·철학서적보다는
종교서적이었다. 한번은 아내에게 편지에 "요즘 딱딱한 책은 읽어지
지 아니한다. 종교소설 같은 것을 넣어달라"고[68] 부탁했다. 종교서
적을 읽으며 이희호가 매력이라 느낀 그 활동, 즉 그가 읽은 것에서
얻은 지혜를 "실생활에 구체적으로 적용하려는"[69] 능력을 갈고닦은
것이다. 1970년대에는 이것이 주로 종교적이고 영적인 지혜였으며,
그의 "일상적인 행동"은 주로 해석적 행동이었다. 김대중은 기독교
를 사용하는 법을 배우며, 이를 "생존 기술"로 연마하고 있었다. 동
시에 '변혁적 의미 – 관점'에는 큰 재생력이 있다는 고대철학 《주역》
과 스토아 철학의 전제적 교훈(meta-lesson)도 학습하고 있었다.

　1976년 '명동선언' 이후 김대중이 학습한 의미 – 관점 중 하나는
감옥을 "대학"으로 보는 시각이었다. 이것은 투옥 경험이 더 많은
다른 민주주의 투쟁가들에게 영감을 받았을 수도 있다. 많은 이들이
감옥을 "대학"으로 표현한 바 있었다. "기독교를 초월한 기독교인"

67) 김대중, 《옥중서신1: 김대중이 이희호에게》, 174–175쪽.
68) 이희호, 《나의 사랑, 나의 조국》, 204쪽.
69) 이희호, 《나의 사랑, 나의 조국》, 36쪽.

함석헌도 역시 앞서 언급한 것처럼 명동선언에 참여한 인물 중 하나다. 함석헌은 박정희의 쿠데타에 대해 처음부터 공개적으로 비판했으며, "5·16사태를 어떻게 생각해야 하는가?"라는 1961년 에세이에서 독재는 어떤 형태든 실패할 운명이라고 경고했다.[70] 박정희의 "긴급조치"가 끝나기까지는 그 후로 몇 년이 더 걸렸기에, 그동안 함석헌은 민주주의 수호자로서 감옥과 친숙한 인물로 알려지게 되었다. 1976년 이전 함석헌은 이미 김대중을 고문으로 한 민주회복국민회의를 창설하기도 했었다.[71] 1974년에 창립된 국민회의는 재야인사들의 연합으로, 정치적 공식통로를 우회해 박정희의 유신체제 아래서 민주주의를 회복하고자 했다.[72] 이전에도 함석헌은《생각하는 백성이라야 산다》라는 에세이에서 이승만 정권을 비판하다가 1958년에 투옥된 적이 있다.[73] 따라서 함석헌은 "권력에 진실로 맞서는" 것이 무엇을 의미하는지를 알았으며, 수감생활을 자신의 영혼을 보존하고 강화하는 방식으로 해석하는 법을 알고 있었다. 함석헌은 의미-관점의 중요성을 명확히 이해하고 있었으며, 말 그대로 한국의 역사를 재해석하는《뜻으로 본 한국역사》를 저술하기도 했다.[74] 결

---

70) Song Seok Choong, *"Ham Sok Hon: A Biographical Sketch."* The Acorn. 5(1) (1990), 13쪽.

71) George Katsiaficas, *Asia's Unknown Uprisings*, Vol.1: *South Korean Social Movements in the 20th Century* (2012), 148쪽; Kim Dae Jung, *Conscience in Action,* 209쪽.
이 단체는 민주회복국민협회, 민주회복국민의회, 민주회복국민회의 등 다양한 이름으로 불렸다.

72) Park, Myung Lim, "The Chaeya" In Kim, Byung-Kook and Ezra F. Vogel, *The Park Chung-hee Era: The Transformation of South Korea* (Cambridge: Harvard University Press, 2011), 373-374쪽.

73) Song, Seok Choong, *Ham Sok Hon…*, 13쪽.
송석중 (1990)은 함석헌 (1958)의 작품 제목을 "생각하는 사람은 산다 (The People Who Think Will Live)"로 번역했다. 이 에세이는 영어로 출판된 적이 없지만, 2018년 저자의 요청으로 에세이를 번역한 전범선은 에세이 제목을 "생각하는 사람들만이 살아남을 것이다 (Only the Thinking People Will Survive)"로 번역했다.

국 그는 "감옥에 가는 것"이 "직업"인 사람으로 알려지기까지 했
다.75) 1969년 수필 《하나님의 발길에 채여서》 중에 그는 감옥을 '대
학'이라 표현한다.

> 나는 감옥을 인생대학으로 여긴다. 학교나 사회에서 배울 수 없는 많은
> 것들이 그곳에서 발견된다. 참된 스승은 타인이 아니라 자신 안에 있기
> 때문이다. 나는 감옥 경험이 많은데, 매번 내가 내 신념을 꺾지 않았기
> 때문에 간 것이었다. 네 번째 감옥 생활이 그중 가장 의미 있는 시간이었
> 다. 여기서 나는 불교 경전을 공부하고, 노자와 장자를 더 많이 읽었다.
> 그중에 신비한 경험이 더해져, 결국 모든 종교가 궁극적으로 하나라는
> 확신을 얻게 되었다.76)

김대중은 "신념에 충실하라"는 함석헌의 주장에 동의했고, 후에
"행동하는 양심"이라 불리게 된다. 함석헌은 교도소에서 동양고전을
읽으며 "감옥생활을 하는 방법"의 본을 보였다.77) 김대중도 함석헌
을 따라 그 곳이 심층학습을 할 수 있는 장소라는 의미 – 관점을 받아
들였다. 실제로 1980년 전두환에 의해 투옥된 가운데 김대중은 함석

---

74) 함석헌 저서의 영문번역본 제목은 *Queen of Suffering* (《고난의 여왕》)이다. 원제는
《성서적 입장에서 본 조선역사》이며 1945년에 처음 나왔다. 함석헌은 한국전쟁 후
내러티브를 수정한 뒤 제목을 《뜻으로 본 한국역사》로 바꾸었다.

75) Ham Sok Hon, *Kicked by God*, translated by David E. Ross (Baltimore: The
Wider Quaker Fellowship/Press of Harry S. Scott, 1969), 16쪽.

76) Ham Sok Hon, *Kicked by God*, 15쪽.

77) Ham Sok Hon, *Kicked by God*, 18쪽.
함석헌은 평화와 자유를 위해 싸운 또 다른 인물인 남강 이승훈으로부터 영감을 받았
으며, 이승훈은 일본에 의한 여러 차례의 구금 기간 동안 반복해서 성경을 읽었다고
한다. 함석헌의 1987년 3월 1일 연설은 다음 링크에서 확인할 수 있다:
http://ssialsori.net/bbs/board.php?bo_table=0205&wr_id=177
(저자가 참고한 영어 번역본) 남강 이승훈은 오산학교의 설립자며, 함석헌은 그곳에서
중국고전과 토마스 칼라일의 "사르토르 리사르투스" 등 서양 학문을 공부하기 시작했
다.

헌이 1982년 지은 동양종교서적인 《하늘 땅에 바른 숨 있어》를 읽었다고 한다.[78] 감옥을 대학으로 보는 함석헌의 의미 – 관점 뿐 아니라, 함석헌의 글을 교육과정의 일부로 취한 것이다.

김대중은 '진주 감옥대학'에서 약 8개월 동안 공부하다가 건강 문제 때문에 서울대학교병원으로 이송되었다. 김대중은 이 병원 내 구금 기간이 진주교도소보다 훨씬 더 끔찍했다며, "특별한 지옥"[79], "고문실"[80], "산 채로 관에 들어간 듯했다"[81] 등이라 묘사했다.[82] 서울대학교병원에서는 심지어 신문을 읽거나 글을 쓸 수도 없는 학습이 불가능한 장소였기 때문에 "내게 주어진 하루하루가 너무 힘겨웠다"고 한다.[83] 실로 그가 병상에 갇혀 있을 때 "창의적 해석" 능력이 극도로 요구됐을 것이다. 김대중은 '진주 감옥대학'으로의 복귀를 요청했고, 이 요청이 거부되자 단식투쟁을 시작했다. 결국 당국은 나머지 형기 동안 가택 연금을 선고했다. 이는 1978년, 즉 복역 기간이 약 3년 남은 시점이었다. 1979년 10월 26일 박정희 암살과 이어진 박정희 긴급조치 9호의 해제로 말미암아 그는 3년이 아니라 226일 만에 석방됐다. 이후 군사쿠데타로 정국을 장악한 전두환 장군이 김대중의 다음 적이 되었다.

---

78) Kim Dae Jung, *Prison Writings*, 206쪽.
79) 김대중, 《김대중 자서전1》, 363쪽.
80) 김대중, 《김대중 자서전1》, 364쪽.
81) 김대중, 《김대중 자서전1》, 367쪽.
82) 김대중, 《김대중 자서전1》, 365쪽.
83) 김대중, 《김대중 자서전1》, 365쪽.

9. 후기 감옥대학: 고급학습 과정

전두환정권에서 김대중은 반란음모, 선동, 계엄령 위반 등 수많은 혐의를 뒤집어썼다.[84] 군사법정은 김대중에 사형을 선고했지만, 국제사회의 압력 때문에 무기징역으로 감형되었고, 그 후 추가로 20년형으로 감형되었다.[85] 1970년대 복역기간 동안 그가 주로 종교서적을 읽었다면, 1980년대의 전두환 정권 아래 투옥 중에는 동서양 철학·신학·역사 등을 포함한 다양한 분야를 섭렵했다. 예상대로 그는 이 저작들이 실천적으로 쓰이는 것을 확실히 하는 그의 관습적 방식으로 이 저작들을 읽었다. 특히 동양 경전을 읽은 것은 김대중의 정치철학에 특별한 영감을 주었다. 그 안에는 《공자》, 《맹자》 같은 고전뿐만 아니라, 이율곡(1536-1584)과 같은 한국 사상가들, 그리고 실학자나 성리학자들의 저서도 포함했다.

김대중은 지혜의 모든 전통에 대해 열려 있었지만, 그는 실학과 한국의 토착종교인 동학, 그리고 한국 전통의 음악적 이야기 '판소리'를 굉장히 중시했다. 그가 실학과 동학의 이해를 어떻게 심화시켰는지를 논하기 전에 판소리가 어떻게 그에게 영감을 고취했는지에 대해 먼저 짧게 한마디 하자. 김대중의 이 예술의 감상은 음악적 재능을 가진 아버지의 큰 덕택이었고, 김대중은 감옥 안에서 마음의 평온을 얻기 위해 판소리를 불렀다.[86] 그는 이 논고의 서두에서 언급한 〈춘향가〉로부터도 중요한 교훈을 얻었다. 김대중은 판소리 〈춘향가〉를 한국인의 인권·여권·민주주의 및 평화의 중요성에 대한 한국적 지혜의 중요한 원천으로 보았다.[87] 예를 들어 1983년 광주의 비극을

---

84) Kim Dae Jung, *Conscience in Action*, 262쪽.
85) Kim Dae Jung, *Conscience in Action*, 270, 274, 286쪽.
86) 김대중, 《김대중 자서전1》, 365쪽.

추모하는 연설에서 그는 〈춘향가〉가 한국인들의 깊은 슬픔인 "한"을 푸는 방법으로서 화해와 용서의 중요성을 말해 준다고 했다.[88]

실학 · 동학 · 판소리와 같은 한국의 지혜전통은 한국의 독특하고 독창적인 사고를, 김대중이 "창조적 모방"으로 간주한 것을 표현하고, 그 자체로서 그 전통은 민주주의 · 인권 · 정의와 평화에 대한 한국적 관점의 접점으로 남았다.[89] 김대중은 특히 실학에서 많은 영감을 얻었고, 우리에게 이 철학의 이해를 발전시킨 곳은 감옥이었다고 말한다.

> 공자, 맹자 등 동양의 고전과 우리나라의 실학사상도 감옥에서 비로소 그 맛과 깊이를 느낄 수 있었습니다.[90] …《논어》,《맹자》,《사기》 등 동양고전과 원효와 율곡에 대한 저서, 그리고 조선 말기의 실학관계 서적에서 많은 것을 배웠던 것입니다.[91]

"실제적 학문", 또는 진리에 기초한 학파로 알려진 '실학'은 학문을 "실재적 · 실제적인 일들"로 확장하고 철학 · 과학 · 종교에 대한 서양적 접근에 대해 개방적이어서 "유학을 본질적으로 자유화했다".[92][93] 김대중은 지혜를 얻는 적절한 방법이 "구체적 증거에 기초해

---

87) Kim Dae Jung, *Prison Writings*, 102쪽; Kim Dae Jung, *A New Beginning*, 149–155쪽.
88) 미국 필라델피아 템플대학교에서의 연설이다. 한국어 연설이었으며, 다음 링크에서 볼 수 있다.
 https://kdjlibrary.org/info/kor_libNews/view/40298?page=1
89) 김대중, 《다시, 새로운 시작을 위하여》, 273쪽.
90) 김대중, 《다시, 새로운 시작을 위하여》, 90쪽.
91) 김대중, 《다시, 새로운 시작을 위하여》, 195쪽.
 김대중은 실학파를 중요하게 여겼으나, 한글 대신 한자로 쓰인 책들이 대중으로 하여금 쉽게 접근하지 못하게 한다는 사실을 안타깝게 여겼다. 대중에 대한 이러한 관심부족을 "반진보적"이라 보았으며, 이것이 결국 한국인들의 세계관과 지향성을 편협하게 만드는 데 일조했다고 보았다. Kim Dae Jung, *Prison Writings*, 83쪽.

진리를 탐구하는 것", 즉 "사실을 통해 진리를 탐구하는 것"(實事求是)
에 있다는 실학의 가르침을 받아들였다. 사실, "실사구시實事求是"는
그의 다른 모토가 되었다. 김대중은 심지어 이 구절을 붓글씨로 써서
여러 개인 및 1989년의 북경대학교를 포함한 여러 기관에 선물했다.
북경대학교는 김대중이 10년 뒤 중국에서 마지막 대중연설을 하는
장소다.94)

10. 실사구시

  실학의 신조인 "실사구시"는 무엇을 뜻하는? 먼저 "진리"는 "도덕
적 진리"일 수도 있고, "서술적 진리" 또는 "과학적 진리"와 같이 "가
치가 더 적게 실린" 진리일 수도 있다는 것을 염두에 두는 것이 중요
한다. 이러한 분류가 철학적으로 문제가 있을 수 있으나 적어도 이
분류를 유용한 발견론적 방법으로 받아들이자. 김대중은 "도덕적 진
리"도 "구체적 증거"로부터 얻어질 수 있다고 믿었을까? 아주 확실
히 그렇다. 이것을 알아보기 위해 1970년대 수감생활 중에 그가 완
벽화하기 시작했던 활동, 기독교적 의미 – 관점을 통해 역경을 재해
석한 활동을 고찰해보자. 김대중은 이 재해석 활동을 통해 그는 기독
교적 의미 – 관점이 색다른 감정적 경험, 더 평온한 감정적 경험을

92) Michael C. Kalton, "*An Introduction to Silhak*", *Korea Journal* 15(5)
    (1975), 32–36쪽.
93) 경희대학교 평화복지대학원 원장 권기붕 박사와 서울대학교 종교학과 석사과정 학생
    유주영에게 실학과 김대중의 "실사구시" 원칙 과의 연관성을 이해하는 데 도움을 주신
    것에 깊은 감사를 표한다.
94) Han Sang Jin (ed), *Asian Tradition and Cosmopolitan Politics: Dialogue with
    Kim Dae Jung* (Lanham: Lexington Books, 2018), 336쪽; Kim Dae Jung,
    Conscience in Action, 495, 886쪽; Han Sang Jin (ed), *Asian Tradition⋯*,
    335–337쪽.

할 수 있었다는 것을 알 수 있었다. 그러나 또한 그는 이 "재구성" 활동이 또 다른 능력의 중대한 요소, 즉 'fortitude(불굴의 의지)'라는[95] 것을 깨닫기도 했다. 플라톤의 이교철학과 뒤이은 토마스 아퀴나스의 기독교 철학, 이 두 철학에서 논하는 "대덕"의 하나인 '불굴의 의지'는 종종 "용기"로 기술된다. 그러나 이 정의는 김대중이 분명히 자각하고 있었던 불굴의 의지의 중요한 요소, 즉 패배 후에 "신선한 정열을 가지고" "다시 시작할 수 있는 능력"을 빼먹고 있는 만큼[96] 너무 협소하다.

11. 불굴의 의지, 용서, '새로운 시작'의 중요성

실패 후에 "새로운 시작"을 하고 "신선한 출발을 할" 수 있는 능력은 김대중에게 절대적으로 중요했다. 그는 1980년 감옥에서 가족에게 쓴 편지 가운데 1976년 '명동선언' 후에 '다시 시작하는 방법'에 대해 중요한 교훈을 얻었다고 한다.

우리가 공부를 하거나 무슨 계획을 세웠어도 흔히 중단됩니다. 우리는 이런 데 실망하고 그 계획을 포기해버리기 쉽습니다. 나도 과거에 많은 실패의 경험을 가지고 있습니다. 그러나 지난번(76년 3월) 이래 생각을 바꿔서 무슨 계획을 세웠다 중단되어도 개의치 않고 다시 계속하고 그

---

95) '포티튜드(fortitude)'는 번역 대신 외국어 그대로 쓰는 방식을 택했다. 이유는 이 개념이 서양의 네 가지 "기본 덕목" 중 하나로, 풍부한 문화적 유산을 갖는 특별한 개념이기 때문이다. 지혜, 정의, 용기, 중용이라 알려진 4원덕은 서양 고전 철학에서 자주 등장한다. 이들은 서양의 윤리와 번영에 기초가 되는 개념이며, 플라톤의 "국가"나 단테의 "신곡"과 같은 고전에서도 언급된다. 라파엘의 바티칸 벽화, 보티첼리의 "불굴의 정신" (피렌체 우피치 미술관) 등과 같은 고전 서양 예술과 건축물에서 역시 원덕을 상징하는 다양한 표현을 찾아볼 수 있다.
96) 김대중, 《옥중서신1: 김대중이 이희호에게》, 204쪽.

다음 중단되면 다시 계속하는 습관을 들이기 시작했습니다. 그래서 책 읽는 것, 어학 공부하는 것, 매일 조석으로 체조하는 것 등에 새로운 습관을 들여서 꾸준히 다시 시작하고 다시 시작하는 되풀이의 끈기를 체득하려 합니다.[97]

계획이 어그러졌을 때 앞으로 나아갈 수 있는 방법은 '이어서 다시 시작하는 끈기'를 발휘하는 것이다. 바로 이러한 '끈기(tenacity)'가 '용기'보다 더 정확히 '불굴의 의지(fortitude)'를 묘사한다고 볼 수 있겠다. '포티튜드'는 단순히 '두려운 일을 하는 것'이 아니라, 좌절 후에도 '탄력적 회복하고' 거듭거듭 다시 시작할 수 있는 능력을 가리킨다. 그렇다면 '거듭 다시 시작하는 끈기'는 무엇에 있는가? 일정한 종류의 의미-관점을 단조鍛造해 낼 수 있는 상상의 행위에 있다. '거듭 다시 시작하기' 위해 자신의 궁경을 재구성한다. 1980년 전두환의 군사법정에서 선고받은 뒤 죽음을 두려워할 때 김대중은 20년 이상 신앙인인 사실에도 불구하고 신의 존재에 대해 "강한 의구심"을 품었다.[98] 그러나 그가 말하는 바에 따르면 그는 그때 "내일 일을 위하여 염려하지 말라, 한 날의 괴로움은 그 날로 족하니라"라는 산상수훈의 성경 구절을 기억해냈다. 그리고 김대중은 이 성경을 그의 당시 궁경에 연결하는 데 그의 상상력을 써서 이 성경구절을 기억해 냄으로써 새로운 의미-관점을 단조해 낼 수 있었다. 그의 말대로 "저는 제 정신을 새롭게 했습니다. 저는 다시 하느님을 찬양했습니다."[99] 김대중은 의미-관점을 바꾸는 것이 "새로운 시작을 하는"

---

97) 김대중, 《옥중서신1: 김대중이 이희호에게》, 256쪽.

98) 김대중, 《다시, 새로운 시작을 위하여》, 237쪽.

99) 김대중, "My Agony – the Existence of God and the Trials of this World", 기독교교회협의회 연설 (1984년 2월 21일)
https://kdjlibrary.org/president/activity/view/42233

길이라는 것을 이해한 것이다.

위의 관찰의 도움으로 우리는 김대중이 어떻게 "도덕적 진리"의 "구체적인 증거"를 얻었는지를, 즉 자기의 의미 – 관점을 바꾸는 것과 "다시 시작할" 능력이 둘 다 역경과 패배를 정복하는 데 비할 데 없는 가치를 가진다는 사실을 알게 되었다. 이것은 물론 생애의 말엽에 김대중이 평화통일 계획과 비핵화가 2003년 북한의 핵확산금지조약(NPT) 탈퇴와 같은 심각한 실패에 봉착한 뒤에도 북한과의 대화로 되돌아갈 것을 촉구했는지를 설명해 준다. 평화통일론과 비핵화가 실패에 봉착했어도 햇볕정책을 고수하고 "새로운 열정"으로 그 정책으로 거듭거듭 되돌아가는 것이 중요했다.

김대중이 "구체적인 증거"를 찾은 또 다른 "도덕적 진실"은 "다시 시작할 수 있는" 능력이 용서와 화해를 실천하는 중요한 요소라는 사실이었다. 김대중의 기독교적 마인드세트에 뿌리박은 용서와 화해의 가치는 그의 정치철학에 활기를 불어넣었다. 김대중은 1976년 재판에서 〈로마서〉를 인용할 때 자신을 박해한 자들을 용서했을 뿐 아니라, 그 이후에도 여러 해에 걸쳐 행동을 통해 용서를 실천했다. 가령 김대중은 1992년 박정희 묘지를 방문했고, 2004년에는 박정희의 딸과 함께 박정희 기념관을 건설하는 일을 했다. 분노한 군중에 의한 전두환의 체포에 반대하기도 했다[100]. 용서에 대해 그는 다음과 같이 썼다.

> 1992년 박정희 씨의 무덤을 찾아갔을 때, 나는 미루어 둔 숙제를 푼 것 같은 홀가분함을 느꼈습니다. 나를 가두고 사형선고를 한 80년대의 신군부 세력들에 대해서도 진상을 밝힐 것과 회개할 것을 촉구할 뿐, 그 밖의

---

100) Kim Dae Jung, *Conscience in Action*, 241쪽; Kim Dae Jung, *A New Beginning*, 51–52쪽.

어떤 보복도 요구하지 않았습니다. 그것은 나의 성격만이 아니라 본질적으로 나의 정치철학이 용서와 화해의 원칙에 서 있기 때문입니다. '나쁜 정치'는 용서할 수 없으나, 그 '나쁜 정치'를 한 사람은 용서할 수 있다는 것이 나의 생각입니다.[101]

용서하는 것은 인간의 권리가 아니라 의무입니다. 그러므로 용서가 큰 미덕이라기보다는 용서하지 않는 것이 큰 잘못입니다. 사실 용서할 수 있는 사람을 용서하는 것은 진정한 용서가 아닙니다. 용서할 수 없는 것을 용서하는 것이 참용서요, 인간 승리의 극치입니다. 용서하는 삶, 그 삶은 바로 용서받는 삶이요, 마음의 평화를 누리는 삶입니다.[102]

용서하는 삶이 "마음의 평화를 누리는 삶"이라는 그의 고백으로 유추하건대 김대중은 용서라는 행위가 용서를 하는 사람에게 실제적 효용이 있다는 것을 발견했을 것이다. 용서가 "진리"라는 "구체적인 증거"를 찾은 것이다. 그는 또한 "새로운 시작"과 용서의 "진리"가 관련 있음을 깨달았다. '탄생(natality)'의 개념, "뭔가를 새로 시작할 능력"의 개념을 용서에 연결한 철학자 한나 아렌트는 다음과 같이 밝힌다.

하지만 침범은 새로운 관계를 지속적으로 형성하는 본성에 내재한 일상의 사건이며, 이를 계속해서 용서하고 무시함으로써 사람들이 인지하지 못하고 행한 것들로부터 해방시켜야만 삶이 지속될 수 있다. 우리의 행동으로부터 서로를 계속적으로 놓아주어야만 우리가 자유 주체로 남을 수 있으며, 자신의 마음을 새롭게 하고 다시 시작할 의지를 가진 사람만이

---

101) 김대중, 《다시, 새로운 시작을 위하여》, 108쪽.
102) 김대중, 《다시, 새로운 시작을 위하여》, 116쪽.

새로운 것을 시작하는 큰 힘을 행사할 수 있다.[103]

한나 아렌트의 탄생 개념의 본질은 "새로이 뭔가를 시작하는 것이고 자신의 마음을 바꿀 용의가 늘 있는 것이다. 분명, 용서하기 위해서는 의미－관점을 비난에 대한 초점에서 가해자의 마인드세트에 대한 초점으로 바꿔야 한다. 비난에서 가행자의 관점을 이해하는 것으로 자기의 초점을 이동시켜야 한다. 김대중은 이것을 이해했고, 대화와 소통이 이 과정에 중요하다는 것을 이해했다. 김대중은 전두환 치하에서 수감생활 동안 가족에게 다음과 같이 편지를 썼다:

> 사랑하려면 먼저 용서해야 합니다. 용서하려면 상대의 처지와 심정을 이해해야 합니다. 이해하려면 상대방의 처지와 심정을 알기 위한 대화가 필요합니다. 대화도 이해도 없는 가운데 곡해와 무지가 쌓여 있으면 용서도 사랑도 있기 어렵습니다.[104]

용서하기 위해서는 잘못을 범한 자의 마인드세트를 이해해야 하고, 이 이해는 오직 소통과 대화를 통해서만 얻어질 수 있다. 김대중이 상상하는 종류의 대화와 소통은 먼저 무어보다도 경청을 뜻한다. 그는 다음과 같이 말한다.

> 경청이야말로 최고의 대화인 것입니다. … 대화의 요체는 수사학에 있는 것이 아니라 상대의 말을 잘 경청하는 심리학에 있습니다. 소크라테스는 "상대방의 말을 경청할 때 비로소 대화가 가능하다"고 말했습니다. 남의 말에 귀를 기울일 줄 모르는 사람은 대화의 실격자요, 인생의 실격자입니다.[105]

---

103) Hannah Arendt, *The Human Condition* (Chicago: University of Chicago Press, 1989), 240쪽.
104) 김대중, 《옥중서신1: 김대중이 이희호에게》, 307-308쪽.

가해자의 이야기를 진정으로 경청해 듣지 않으면, 가해자의 의미
-관점을 진정으로 이해하지 않으면 용서는 있을 수 없다. 함석헌도
이와 관련해 "용서하는 마음과 심정이 없다면 진정한 대화가 없다"고
말했다.106) 그렇다면 용서는 탄생, 소통, 경청과 공감을 포함한 다
면적 역량이다. 1976년 재판에서 한 최후변론 중 사도 바울의 로마
서를 언급하던 김대중은 비난의 의미-관점에서 막 벗어나고 있었
다. 전두환 치하의 수감생활 동안 이 과정은 심화되었고, 그래서 그
가 "용서는 대화가 필요하며" "최고의 대화는 경청이다"이라는 진리
를 말한 것이다.107)

12. 현실에 발 디딘 정치

용서와 같은 '도덕적 진리'에 대한 "구체적 진리"에 더해 이제 김대
중이 "실사구시"라는 실학의 가르침을 다른 진리들, 가령 정치를 어
떻게 하는가에 대한 진리들에도 적용했는가? 정말 그렇다. 김대중은
정치를 "이념을 구현하는 행동의 과학"으로 여겼다.108) 그러나 이념
의 구현은 현실에 기초해야 했다. 그는 다음과 같이 쓴다.

> 정치인이란 현실을 살펴 미래를 향한 진리를 구하는 것이지, 진리만 붙들
> 고 현실을 도외시하면 안 된다는 것이 정치인으로서의 내 생각이다.109)

105) Kim Dae Jung, *A New Beginning*, 164-165쪽; 김대중, 《옥중서신1》, 375쪽;
    김대중, 《새로운 시작을 위하여》, 295-297쪽.
106) Ham Sok Hon, *Dialogue* (1970),
    http://www.ssialsori.org/bbs/board.php?bo_table=banner&wr_id=331
107) Kim Dae Jung, *Prison Writings*, 137, 202쪽.
108) 김대중, 《옥중서신1: 김대중이 이희호에게》, 386쪽.
109) 김대중, 《김대중 자서전1》, 68쪽.

그는 정치와 철학이 모두 현실에 기반해야 한다는 필요성도 인식했다. "철학이 있는 정치, 현실에 바탕을 둔 철학 – 이러한 상황이 하루속히 이루어져야 한다고 믿습니다."110)

김대중이 철학과 현실, 이 둘 다에 기반을 둔 정치적 비전을 실현한 본보기는 한반도 통일에 대한 그의 접근방법에서 잘 드러난다. 1976년에 그가 서명한 '명동선언문'은 통일을 "오늘 이 겨레가 짊어진 최대의 과업"으로 축해야 한다는 민주한국의 비전을 표명하고 있었다. 한국의 분단은 남북으로 하여금 군사적 대립에 많은 자원을 낭비하게 했으며, 국민의 번영을 위해 동원되어야 하는 정신적·지적 및 물질적 자원에 허비하게 만들었다.111) 이에 김대중은 (1)국가연합, (2)연방, (3)통일이라는 3단계 접근 방식을 제안했다.112) 1990년 동서독통일 이후 김대중은 독일을 여러 차례 방문하면서 이 접근방법을 보완했다. 그는 빌리 브란트, 리하르트 폰 바이츠제커 등 독일정부 관계자들과 소통했다. 결과적으로 그는 독일통일 과정에서 "마스터 클래스"를 추적했고, 마침내 그 안에 포함된 정치적·경제적·사회적 차원과 같은 다양한 차원에 대한 더 깊은 이해에 도달했다. 이 "구체적인 경험"을 통해 김대중은 한국의 통일에 대한 접근을 더 많이 알게 해주는 독일 경험에 대한 아주 구체적인 "진리"를 이해할 수 있게 됐다. 그는 "흡수"를 통한 급속한 통일은 사회문제와 경제문제를 일으킬 수 있으므로 회피해야 할 것이었다.113) 이것은 김대중의 점진주의적 통일, 즉 3단계 접근법을 입증해주었다. 나아가 김

---

110) 김대중, 〈김광수 교수와의 대담〉, 철학과 현실, 1993년 겨울호 (1993년 11월 28일). https://kdjlibrary.org/president/activity/view/41685

111) Lee Hee Ho, *My Love* …, 68–69쪽.

112) Kim Dae Jung, *Conscience in Action*, 161쪽; Kim Dae Jung, *A New Beginning*, 22쪽.

113) Kim Dae Jung, *A New Beginning*, 18–21쪽.

대중은 독일통일에서 상당한 교훈을 얻는 한편, 한국 경험이 독특하
다는 것을 깨달았다. 특히 한국전쟁은 상대에 대한 불신과 적대감을
야기했고, 따라서 한국은 이런 점에서 독일과 달랐다.[114] 김대중은
전쟁 경험이 없었어도 독일은 통일 후에 국내적 분단을 겪고 있다고
논평했다. 동독과 서독은 같은 언어를 사용했으나 사고방식이 달랐
다.[115] 통일된 독일에 대한 김대중의 경험과 관찰은 그에게 정교한
한국통일론을 위해 기초가 되는 "구체적 증거"를 제공해 주었다. 그
는 다음과 같이 썼다.

> 통일 독일의 이러한 문제들은 같은 입장에 있는 우리에게 좋은 가르침을
> 줍니다. 고故 빌 브란트 전 수상도 90년 가을에 내가 독일을 방문했을
> 때 "한국은 우리 독일이 범한 정책적 과오에서 소중한 교훈을 배워야 한
> 다. 내가 생각할 때 한국이 우리보다 늦게 통일하게 되는 것은 한국인에
> 게는 다행스러운 일이다.
>
> 독일처럼 조급해서도 안 되고, 독일처럼 흡수통합을 지향해서도 안 된다는
> 것, 이것이 내가 독일로부터 얻은 가장 큰 교훈이자 지혜입니다. 어떻게든
> 통일만 이룬다고 능사가 아닙니다. 어떻게 통일하는가가 중요합니다.[116]

김대중은 독일로부터 통일 매커니즘에 관한 실제적 교훈을 배웠
다. 이것은 평화통일의 철학과 나란히 가는 "현실에 기반을 둔 정치"
였다.

---

114) Kim Dae Jung, "Korean Reunification: A Rejoinder," *Security Dialogue*
    24(4) (1993), 410쪽.
115) Kim Dae Jung, *A New Beginning*, 20쪽.
116) 김대중, 《다시, 새로운 시작을 위하여》, 47쪽.

13. 도덕적 강경파

대북포용을 강조하는 김대중의 "햇볕정책"이 "실사구시"의 실용적 접근법의 한 본보기가 될 수 있을까? 중요한 것은 김대중이 실용주의자였을지라도 일정한 일에서, 특히 도덕적 가치에 관한 일어서는 강경파였다. 사실 그는 원칙과 현실이 충돌할 때 결과가 어찌되든 자기의 원칙을 고수해야 한다고 주장했다:

> 나는 가장 현실적인 정치인이면서 가장 비현실적인 원칙을 가지고 있습니다. 그것은 원칙과 현실을 합쳐서 현실적으로 성공하는 것을 최선으로 생각하고, 둘 중에 하나를 버릴 때는 현실을 버리고 원칙을 지킨다는 것입니다.117)

"행동하는 양심"이라는 별명과 모토를 가진 인물로서 김대중이 일정한 사안에 대해 비타협적이었다는 것은 물론 의미 있는 일이다. 위의 인용문에서 김대중은 그의 인생을 이끈 '도덕원칙들'을 언급하고 있다. 평화통일과 한반도의 비핵화에 대한 확고한 공약을 "어떤 일이 있어도" 견지했고, 이 공약은 다분히 그의 기독교관에 뿌리박고 있었다. 그러나 문제는 이것을 어떻게 달성할 것인가였다. 우리가 알다시피 개방·교류·대화를 강조하는 그의 "햇볕정책"은 비폭력적 방식이었다. 혹자는 "햇볕정책"을 이상주의적이고 심지어 해로운 것이라 비판했지만,118) 김대중은 이 정책의 기반을 비폭력 철학과 현실의 결합에 두었다. "햇볕정책"의 실제적 실행은 긴 역사를 가지지 못했다. 2000년 김정일과의 역사적 남북정상회담에 뒤따라 2001

---

117) h#ps://kdjlibrary.org/president/ac8vity/view/41685
118) Kirk, *Don, Korea Betrayed* (New York: Palgrave Macmillan, 2009)

년 새로운 미국 행정부가 들어서고 부시 대통령이 잘 알려져 있듯이 북한을 "악의 축"의 일원으로 지칭한 2001년 9월 11일 미국 테러 사건이 일어났다. 그러자 북한 2003년 1월 핵확산금지조약(NPT)을 탈퇴했다. 김대중의 대통령 임기는 딱 한 달 뒤 종식되었다. 차기 대통령인 노무현이 햇볕정책을 계속 실행하고자 했으나, 여전히 이 정책은 초기 단계에 머물렀다. 강도가 세지는 지정학적 도전들의 한복판에서 이 정책을 어떻게 실행할지를 배우는 것은 시간이 더 필요했다. 김 대통령은 대화와 외교를 통한 평화통일과 한반도 비핵화에 대한 절대공약을 달성하기 위해 창조적 방법들에 개방적이었다. 항구적 제도로서 6자회담은 대화의 용이화를 보장할 것이다. 그리고 대화는 일이 어려움에 처했을 때, 그리고 북한이 도전의 강경책을 채택했을 때에도, 아니 특히 이런 때에 추구되어야 할 일이었다. 이러한 강경책은 물리력·분노·보복이 아니라 신사다움, 이해, 더 깊은 형태의 경청을 포함한 비폭력적 소통으로 대응해야 할 일이었다.

> 북한이 고자세를 취하며 엄포를 놓는 것도 약자의 강박 관념이다. 설득하고 다독이고 쓰다듬어야 한다. 북한의 자존심을 건들이지 말아야 한다. 설령 그들이 삿대질과 투정을 해도 가만 가만 달랠 일이다.[119]

김 대통령은 가치들, 그 가운데서도 평화와 비폭력의 가치를 대할 때 절대주의자였다. 그리고 그는 최선의 실행방법을 찾을 때 "실사구시"의 실학철학을 적용했다. 전술에서 실용주의자였지만 그가 결과가 어찌되든 신념으로 고수하는 일정한 가치들에 관한 한 그는 절대주의자였다. 비폭력 다음으로 김 대통령이 절대적 신념으로 고수한

---

119) 김대중, 《김대중 자서전2》, 599쪽.

가치들 가운데 또 하나는 한국민의 강녕康寧(the good)이었다.

14. 사람이 하늘이다

앞에서 언급했듯이, 김대중의 종교관은 배타적이지 않았고, 그의 신 관념은 불교·천도교와 같은 타종교를 포괄하는 관념이었다.[120] 김대중은 이 전통종교들, 특히 한국의 토착종교 '천도교'와 이것의 초창기 구현태 '동학'을 민주주의 원칙을 표현하는 것으로 보았다. 동학은 1800년대 조선후기 한국 농민들을 위해 더 나은 삶을 추구한 종교이자 사회의식이었다. 최제우(1824-1864)에 의해 설립된 이 한국적 지혜 전통은[121] 유교·불교·도교·무속신앙을 융합한 것이었다.[122] 일부는 동학이 "반외세, 반反계몽 운동"이라고 기술하기도 하지만,[123] 김대중은 이를 "농민을 위한 눌린 자의 종교였으며 반체

---

120) Kim Dae Jung, *A New Beginning*, 138쪽.

121) 최제우의 호는 최수운이다.

122) George Kallander, *Finding the Heavenly Way: Ch'oe Che-u, Tonghak and Religion in Late Choson Korea* (2006), 2쪽; Kim Dae Jung, *A New Beginning*, 152쪽. 동학이 발전하던 시기에는 유교 외의 모든 것이 위협으로 여겨지던 때다. 때문에 최제우는 핍박과 처형을 받고 동학은 국가적 억압을 받았다(Kallander, George, *Finding the* …, 153쪽). 최제우의 처형 이후 오랜 시간이 지난 1894년, 동학의 가르침은 수천 명의 농민들이 봉기를 일으켰다. 농민 계급을 희생시키며 봉건과 외세를 우선시하던 체제의 개혁을 촉구한 반란이었다. Kim Dae Jung, *A New Beginning*, 89쪽. 동학은 결국 조선 고유의 종교인 천도교로 재탄생했으며, 이는 1919년 3월 1일 운동에서 중요한 요소였다. Frank Prentiss Baldwin, *The March First Movement: Korean Challenge and Japanese Response* (Ph.D. dissertation, Columbia University, 1969), 50-77쪽. 이 장에서 앞서 언급했듯, 3·1운동의 정신은 비폭력과 화해의 정신이었으며, 이는 1919년 3월 1일 선언문 내용에 드러나 있다. Hope Elizabeth May, "The March First Movement and the Red Thread of International Peace History." *Korea Observer* 50-2 (2019).

123) Kallander, *Finding the* …, 197쪽.

제적이고, 민족적이고, 주체적이고 저항적인 종교"였다 표현한
다.[124) 김대중은 동학의 원칙으로부터 많은 것을 끌어왔고 최제우를
자신의 영향력 있는 스승으로 인용했다.[125) 김대중은 동학에서 민주
주의 사상에 대한 한국적 기여, 즉 "사람이 곧 하늘이다(人乃天)"의
개념을 보았다.

> 우리 동학에도 민주주의의 뿌리가 있었습니다. 최제우는 '인내천人乃天',
> 즉 "사람이 곧 하늘이다"라고 말했지요. 동학의 2대 교주인 해월 최시형
> 선생은 '사인여천事人如天', 즉 "사람 섬기는 것을 하늘 섬기듯 하라"고
> 말했습니다. 사람이 곧 하늘이다, 바로 이것입니다.[126)

  김대중의 정치철학은 "인내천人乃天"의 동학 원리에 근거했다. "사
람이 곧 하늘"이라면, 사람을 착취하는 체제는 "하늘에 반하는", 즉
하나님에게 저항하는 것이다. 김대중은 유교의 효 또는 충성 개념을
재해석하여 사람을 위하는 신념으로 발전시켰다. 민주주의와 양립할
수 없는 구시대 틀로서 유교를 배척하는 대신, 민주주의 개혁을 고취
할 수 있도록 유교에 대한 "마인드세트의 변화"를 요청했다.[127) 충
성이라는 유교 가치에 새롭게 접근함으로써 "충성의 정당한 대상은
사람들 또는 시민들이 되어야 한다"고 주장했다. 사람은 백성에 대한
충성 의무가 있다는 유교적 개념과 결부된 동학의 "인내천" 개념은
민주주의와 정치에 대한 김대중의 접근법을 활성화하고 고취했
다.[128)

---

124) 김대중, 《옥중서신1: 김대중이 이희호에게》, 275쪽.
125) Kim Dae Jung, *A New Beginning*, 154쪽.
126) 김대중, 〈아시아 민주주의와 인권〉, 연설문 (1997년 9월 26일),
     (https://kdjlibrary.org/president/activity/view/42207).
127) Han Sang Jin (ed), *Asian Tradition*…, 226, 231쪽.

64

김대중의 경제정책은 "하늘"인 사람들을 섬길 의무가 있다는 그의
견해에 기초했다. 중산층 지원을 중심으로 하는 그의 정책들은 종교
와 정치에서 그의 대부인 장면 박사의 영향이기도 하다. 특수계층과
대도시를 특권화하는 "선호적 우대경제"를 비판하던 장면내각의 경
제계획은 농민과 농촌지역, 대학 졸업자 및 학생들을 포함하는 등
더 민주적이었다.129) 1969년과 같이 이른 시기부터 발전된 김대중
의 "대중참여경제론"은 장면내각 정책들의 민주정신을 수용한 것이
었다. 본질적으로 김대중은 박정희정권이 취한 "선호적 우대" 정책
보다 "서민"이 경제성장에 참여하는 정책을 요청했다.130)

중요한 사실은 김대중이 장면 박사에 대한 존경이나 동학과 유교
적 개념에 기반을 두었을 뿐만 아니라 과거 관찰과 경험으로부터 얻
은 "구체적 증거"에 기초해서 경제정책을 구상했다는 것이다.131) 그
의 견지에서 대중의 참여가 없는 고삐 풀린 경제성장은 완전히 위험
하고, 한국을 덮친 아파트 단지와 백화점의 붕괴 사건이 증명하듯이
죽음을 부르는 부패를 야기했다.132) 대중의 참여가 없는 성장은 또
한 민중의 불만과, 따라서 점점 더 커지는 사회적 불안정을 야기하기
때문에 위험한 것이다.133) 마지막으로, 한국민들은 1998년 IMF 위
기 중 금모으기 운동을 통해 국가의 안녕에 대한 그들의 신념에 의해
증명한 것처럼 백성은 중시될 수 있다.134) 김대중은 백성과 국가,

128) Han Sang Jin (ed), *Asian Tradition* …, 226쪽.
129) Kim Dae Jung, *Conscience in Action*, 67-68쪽.
130) Kim Dae Jung, *Conscience in Action*, 127쪽.
131) 김대중, 《김대중 자서전1》, 220쪽.
132) Kim Dae Jung, *Conscience in Action*, 128쪽.
133) Kim Dae Jung, "Christianity, Human Rights, and Democracy in Korea,"
     March 1, Box: 4, Folder: 16. *Rethinking Human Rights symposium records*,
     Series No. 59. Emory University Archives (1983), 3쪽.
134) Kim Dae Jung, *Conscience in Action*, 466쪽.

세계에 이로운 것이기 때문에 보통사람들이 경제성장에 참여해야 한다고 생각했다. 그리하여 그는 특정계급만 특권화하는 것이 아니라 "대중에 의한, 대중을 위한, 대중의 경제"로서 대중참여적 "다이아몬드 모양의 경제"를 제안했다.135) 민주주의와 시장경제라는 쌍둥이 제도만이 "모든 사람들의 창의적인 삶과 경제 복지에 대한 열망을 충족시킬 수 있다".136) 민주주의와 시장경제의 쌍대 체제만이 올바로 백성을 "하늘"로 영예롭게 할 수 있을 것이다.

15. 자연은 신성하다

김대중은 사람이 하늘이라고 믿었지만, 민주주의를 사람에게만 국한하지 않았다. 지구가 하나님의 피조물이라 믿고, 만물을 위한 "천하태평天下泰平"이라는 아시아적 개념을 받아들였다.137) 그는 식물과 동물을 포함한 지구상의 모든 존재자들이 함께 번영하는 "지구적 민주주의(global democracy)"를 꿈꿨다:

> 지구상에 존재하는 모든 존재들, 나무와 풀과 동물과 물고기와 날짐승과 공기와 흙의 생존권이 보장돼야 합니다… 아무튼 이제 민주주의는 하느님이 창조한 이 지상의 모든 존재와 같이 각기 그들의 주권과 생존권을 보장하는 가운데, 같이 살고 같이 번영해 나가는 한 차원 높은 민주주의로 발전해 나가야 할 것입니다.138)

---

135) Kim Dae Jung, *Conscience in Action*, 126, 239쪽; 김대중, 《김대중 자서전1》, 220쪽.
136) Han Sang Jin (ed), *Asian Tradition* …, 517쪽.
137) 김대중, 《김대중 자서전2, 53쪽.
138) 김대중, 《다시, 새로운 시작을 위하여》, 128쪽.

따라서 식물과 동물을 성실히 돌보고 특히 꽃들을 "친구"로 여기며 사랑할 뿐만 아니라,[139] 희귀 생태계의 보금자리 지역에서의 개발을 막는 것과 같은 자연보호 정책을 촉구했다.[140] 자연을 신성하게 여기며 식물·물(水)·동물을 "형제자매"로 보는 동시에, 경제 발전이 지상至上가치로 여기지 않았다.[141] 이는 경제력이 최고라는 관념을 배격한 1976년 '명동선언문'에서도 표명된 정서였다.[142] 인간이 야기한 광포한 환경파괴가 벌어진 상태에서 환경을 희생하며 경제발전을 특권화하는 정책은 더 이상 유지될 수 없었다. 그는 "개발이라면 지상명령으로 받들고 환경을 얘기하면 사치라고 눈을 흘기던 그런 시대는 지나갔다"고 쓰고 있다.[143] 따라서 김대중은 자연의 신성함과 존엄을 받드는 지속가능한 발전을 촉구했다.[144]

16. 행동하는 하늘, 행동하는 양심

지금까지 우리는 김대중이 1980년대 감옥 안에서 수행한 광범위한 독서가 어떻게 그를 그의 정치철학에 생명을 불어넣은 가르침으로 이끌어주었는지 살펴보았다. 그리고 우리는 춘향가·실학·동학과 같은 독특하게 한국적인 가르침들이 어떻게 김대중의 국내외 정책에 영감을 주었다는 점도 알아보았다. 글을 맺는 이 절에서는 "양심"이라는 개념과 김대중의 별명이자 좌우명인 "행동하는 양심"에

---

139) Kim Dae Jung, *A New Beginning*, 83, 111-112쪽.
140) Kim Dae Jung, *Conscience in Action*, 578쪽.
141) Kim Dae Jung, *A New Beginning*, xvⅢ쪽; Kim Dae Jung, *Conscience in Action*, 727쪽.
142) Lee Hee Ho, *My Love* …, 66-68쪽.
143) 김대중, 《김대중 자서전 2, 199쪽.
144) Kim Dae Jung, *Conscience in Action*, 649, 727쪽.

대해 한 마디 얘기되어야 할 것이다. 김대중은 "하늘은 사람 안에 있다"이라는 동학의 가르침을 다듬으면서 "양심"을 만인 속에 들어 있는 신의 목소리로 이해했다. 그는 만인이 하나님을 "단독으로 대하는 내면의 지성소"를 가지고 있다고 했다.145) 이 "은밀한 골방"에서 개인은 잘못된 행동에 대한 경고를 받기도 하고 옳은 행동으로 이끄는 권고를 받기도 한다. 그는 이것을 다음과 같이 잘 설명한다.

> 양심은 우리 마음의 가장 은밀한 골방이며, 우리가 하느님과 단독으로 대하는 지성소입니다. 이와 같이 양심은 소중한 것이지만 우리로 하여금 죄를 사함 받도록 해줄 수는 없습니다.146)

신이 사람의 외부에 존재하는 것이 아니라, 우리 내면에서 양심을 움직이며 옳고 그름을 선포한다는 것이다. 우리는 이와 유사한 개념을 임마누엘 칸트(1724-1804)의 철학에서 찾을 수 있는데, 칸트철학은 김대중이 교도소에서 책으로 접한 내용 중 하나다.147) 칸트에 따르면, 인간의 품성에 내재된 "양심"은 실은 "마음의 법정"으로서 "내적 검사"와 "내적 변호인"이 행동의 옳고 그름을 논쟁하며 그에 따라 "권위체"가 판정을 내리는 곳이다.148) 이 권위체가 바로 "양심"이며, 칸트는 인간이 이 "내적 판사"를 자신과는 다른, 더 권위 있는 존재로 인식해야 한다고 말한다. 본인이 자기 자신에 대해 판단을 내리는 것은 의미가 없기 때문이다.149) 따라서 각 개인은 "이중인

---

145) 김대중, 《옥중서신1: 김대중이 이희호에게》, 200쪽.
146) 김대중, 《옥중서신1: 김대중이 이희호에게》, 200쪽.
147) Kim Dae Jung, *Prison Writings*, 28, 248쪽; Kim 1996, 242쪽; Kim Dae Jung, *Conscience in Action,* 271쪽; Han Sang Jin (ed), *Asian Tradition* …, 272쪽.
148) Immanuel Kant, *The Metaphysics of Morals*, translated and edited by Mary Gregor (New York: Cambridge, 1996), 190쪽.

격"을 가지며, 둘 중 더 높고 권위 있는 자신이 상대적으로 낮은 자신
에 대해 판단을 내리게 된다.[150] 김대중은 이 더 높고 권위 있는
부분을 신, 즉 우리 내면의 "하늘"로 인식한 것이다.

김대중은 "내면의 하늘"에 따라 행동하는 것이 반드시 고통을 수
반하지만, 양심에 따른 삶만이 성공적인 삶이라고 믿었다.[151] 얼핏
고통은 행복과 배타적이라 보일 수 있지만, 김대중은 "고난의 길이
반드시 불행은 아니다"고 말했다.[152] 양심의 지시에 유의하는 삶은
고통을 수반하지만, 김대중은 그럼에도 불구하고 그 고통이 의미
(meaning)를 부여받기 때문에 그러한 삶이 성공적이라 믿었다. 김대
중은 고난과 의미 사이의 연관을 본 빅터 프랭클(Viktor Frankl)의 가
르침을 알았다. 프랭클에 따르면, 자신의 고통에 따른 의미를 보게
되면, 그것은 견딜 만한 것이 된다.[153] 김대중은 이 가르침을 알았고
이것을 양심의 지시를 따르는 삶과 연결시켰다. 그렇다, 양심의 지시
에 따라 산다면 우리는 고난을 겪겠지만, 이 고난은 의미를 부여받
고, 그러므로 견딜 만한 것이 된다. 김대중은 다음과 같이 설명한다.

> 빅터 프랭클은 유태인 수용소의 경우를 예로 들면서 "살아야 할 이유와
> 의미를 가지고 있었던 사람은 대체로 죽지 않았다."고 말했습니다. 사람
> 은 살아야 할 의미를 갖지 못하면 참을 수 없기 때문에 죽는 것이지 고통

---

149) Kant, *The Metaphysics* …; 189쪽.
150) Kant, *The Metaphysics* …; 189쪽. 한나 아렌트도 이 "이중인격"을 "하나 안의
  둘"이라 표현하며, 이것이 인간이 사고하는 데 필수적이라 언급한다. "나 자신과 자신
  의 이중성 때문에 사고는 진정한 활동이 된다. 나는 질문자이기도 하고 답하는 사람이
  기도 하다." Arendt, Hannah, *The Life of the Mind* (New York: Harcourt,
  1978), 185쪽. 플라톤은《국가론》에서 소크라테스라는 인물을 통해 이중성을 다룬
  다. 참조: 공화국 Book IV, 439b-e.
151) Kim Dae Jung, *Prison Writings*, 288쪽
152) 김대중,《김대중 자서전1》, 467쪽.
153) Frankl, *Man's Search* …; 178-179쪽.

그 자체 때문에 죽지는 않는다는 것입니다. 그의 의미 요법은 자신의 수용소 체험에서 나온 것이어서 한층 호소력이 있습니다. 그의 발언에 기대어 나는 "사람은 참아야 할 분명한 이유와 의미를 가지고 있으면 결코 고통 때문에 포기하지는 않는다"고 말하고 싶습니다.[154]

> 양심에 따라 충실하게 산다는 것은 성공적인 인생을 사는 유일한 길이다. 양심을 따라 사는 생만이 인생에 있어서의 성공의 진실한 가치를 보장하며, 설사 실패했다 하더라도 우리의 삶을 의미 있게 해준다.[155]

김대중은 "행동하는 양심이 되는 것"이 성공한 인생이기 때문에, 우리에게 "행동하는 양심"이 될 것을 촉구한다. 그것이 단지 의미 있기 때문만이 아니라, 이러한 삶을 통해서만 우리 만인 안에 살고 계신 "내면의 타자"인 하나님을 섬길 수 있기 때문이다. 달리 말해 "사람이 하늘이기" 때문에 성공적인 삶은 이 진리를 행동으로 인정하는 삶인 것이다.

중대한 점은 김대중의 모토가 "행동하는 양심"이었고 "행동" 요소가 "양심" 요소와 똑같이 중요했다는 사실이다. 왜냐하면 김대중은 "내면의 타자"의 목소리를 듣고도 행하지 않는 것은 사실상 악 편의 세력과 결탁하는 것이라 생각했기 때문이다. "방관하는 것도 악의 편이다."[156] 그는 이 생각을 아래 문장에서 다 다듬는다.

> 히틀러의 나치즘이 승리할 수 있었던 것은 그것이 무슨 대단한 힘을 가지고 있어서가 아니었습니다. 나치즘이 나쁜 줄 알면서도 히틀러 앞에서 입을 다물어 버린 행동하지 않는 양심 때문이었습니다.[157]

---

154) 김대중, 《다시, 새로운 시작을 위하여》, 285–286쪽.
155) 김대중, 《옥중서신1: 김대중이 이희호에게》, 439쪽.
156) Kim Dae Jung, *A New Beginning*, 168쪽.

저는 여러분께 말씀드립니다. 자유로운 나라가 되려면 양심을 지키십시오. 진정 평화롭고 정의롭게 사는 나라가 되려면 행동하는 양심이 되어야합니다. 방관하는 것도 악의 편입니다. 독재자에게 고개 숙이고, 아부하고, 벼슬하고 이런 것은 말할 것도 없습니다. 우리나라가 자유로운 민주주의, 정의로운 경제, 남북간 화해협력을 이룩하는 모든 조건은 우리의마음에 있는 양심의 소리에 순종해서 표현하고 행동하는 것입니다.[158]

김대중이 2009년 6월에 가진 마지막 연설의 제목이 "행동하는 양심이 됩시다"였다는 사실은 정곡을 찌른다.[159] 2009년 8월 18일에사망하기 약 2개월 전 마지막으로 남긴 이 연설에서 그는 대부분의사람들이 "행동하는 양심"이 되지 못하고 기생충들처럼 "생동하는양심"에 기대어 살기 때문에 "집단적인 방심" 속에 살고 있는 점을지적했다.

행동하는 양심!! 행동할 때, 누구든지 사람은 마음속에 양심이 있습니다.그러나 행동하면 그것이 옳은 줄 알면서도 무서우니까, 손해보니까, 시끄러우니까 이렇게 해서 양심을 잠재우거나 도피합니다. 그런 국민의 태도때문에, 의롭게 싸운 사람들이 죄 없이 이 세상을 뜨고 여러 가지 수난을맞이합니다. 그러면서 그 의롭게 싸운 사람들이 이룩한 민주주의는 향유합니다. 우리가 … 이것이 과연 우리 양심에 합당한 일인가?[160]

김대중이 이 말을 하기 300년 전 임마누엘 칸트는 양심의 목소리

157) 김대중, 《다시, 새로운 시작을 위하여》, 303쪽.
158) 김대중, 《김대중 자서전2》, 594쪽.
159) Kim Dae Jung, *Conscience in Action*, 886쪽. 이 연설은 김일성과의 남북 정상회담에서 나온 6월 15일 공동성명을 기념하는 행사에서 발표되었다.
160) Han Sang Jin (ed), *Asian Tradition* …, 303쪽.

를 무시하는 상태를 "비양심성(unconscientiousness)"이라 표현했
다.[161] 칸트는 또한 인류의 "대규모 비양심성"의 현실을 관찰하고,
이 현실을 깨닫게 되면 인간 종족에 대한 "광적인 경멸"이 드는 것이
자연스러운 반응이라고 했다.[162] 동시에 인간은 "내면의 타자"의 목
소리를 따르고 그에게 '복종할' 능력과 자유를 가지고 있다는 사실에
서 위안을 얻을 수 있다고 했다. 인간이 김대중에 의해 하느님이라
불리고 칸트에 의해 "우리의 인격 속의 인간성"이라 불린 자신의 "내
면의 권위"와 "마음의 감찰자"에 순종할 능력이 있다는 사실은 중요
한 사실이다.

　김대중은 사람들이 자기 "내면의 타자"를 무시하는 경향이 있다는
사실에 초점을 맞추기보다 차라리 "우리 인격 속의 인간성"과 "내면
의 하늘"이 결국 존재한다는 사실에 초점을 맞췄다. 사람들은 "행동
하는 양심"으로 살 수 있고 또 살고 있다. 김대중이 실제로 이런 삶을
살아내기까지 도움이 된 사상들과 실천들을 자신의 고난에 의미를
부여하는 마인드세트를 택한 것으로부터 강격한 도덕철학에 기초한
특별한 정책들을 구현하는 데 그에게 도움을 준 동서철학 서적들의
방대한 독서에까지 살펴보았다.

　글을 맺으면서 마지막으로, 우리는 김대중이 역사를 고난의 이야
기이라기보다 "행동하는 양심"으로 살아간 사람들의 이야기에 초점
을 맞추는 식으로 봤다는 점을 상기해야 한다. 그는 "이러한 인생관
은 하느님과 역사에 대한 신앙에서 연유한다"고 썼다.[163] 김대중은
역사를 "행동하는 양심"의 패배가 아닌 승리의 이야기로 보았기 때문
에 역사를 믿었다. 분명, 그는 노근리 학살이나 광주봉기와 같은,

---

161) Kant, *The Metaphysics* …, 160-161쪽.
162) Kant, *The Metaphysics* …, 191쪽.
163) 김대중, 《다시, 새로운 시작을 위하여》, 77쪽.

한국민이 겪은 불의에 대해 잘 알면서도 그의 초점은 이 불의들에 대한 비난이나 보복에 있지 않았다. 정말이지, 이런 접근법은 아무것도 해결하지 못했다.164) 대신 그는 이러한 사건들을 대부분의 사람들이 행동하는 양심에 살고 있지 않다는 더 깊은 문제의 증후군으로 이해했다. 그러나 이 문제는 역사 속에서 전개되고 진화하는 더 깨인 인간적 양심의 출현을 통해 천천히 해결되는 중이었다.

> 그리하여 이 세상은 지금 완성을 위한 그분의 역사적 과정에 있다. 이 때문에 이 세상에는 완성 과정에서 일어나는 마찰 현상이 있는 것이다. 그것이 질병이요, 인간의 범죄요, 사회적 불의 등이다.165)

마침내 정의가 승리한다는 것을 김대중은 역사적 사실로 여겼다.166) 역사는 진보하고, 또 김대중은 "마지막까지" 역사를 믿었다.167)

인생은 아름답고, 역사는 발전한다.168) 그러나 그 도정에 많은 불의와 마찰이 존재한다. 진보의 노선은 곧지 않다.169) 그렇다, 불가피한 난관은 존재하지만 김대중은 우리에게 그 사실로부터 초점을

---

164) Kim Dae Jung, *A New Beginning*, 124쪽.
165) 김대중, 《다시, 새로운 시작을 위하여》, 249쪽.
166) Kim Dae Jung, *Conscience in Action*, 718쪽.
167) 김대중, 《김대중 자서전2》, 603쪽.
168) "인생은 아름답고 역사는 발전한다"는 김대중이 부인 이희호에게 쓴 마지막 일기 제목이다.
169) 작가이고 교육자이자 평화활동가인 베르타 폰 주트너(1843-1914)는 자신의 회고록과 반전 베스트셀러 '무기를 내려놓으라!'에서 진보가 직선적이지 않다는 점을 조명한다. Bertha von Suttner, *Memoirs of Bertha von Suttner: The Records of an Eventful Life*, Vol.2., translated by Nathan Haskell Dole (London: Ginn & Co, 1910), 348쪽; Bertha von Suttner, *Lay Down Your Arms! The Autobiography of Martha von Tilling*, translated by T. Homes (New York: Longmans, Green & Co., 1908), 201쪽.

이동시키라고 가르친다. "노선이 굽음을 보지 말라, 대신 양심이 행동할 수 있고 또 행동하고 있고, 결국 이긴다는 것을 역사가 보여준다는 사실을 보라." 이것이 역사에 대한 정확한 의미 – 관점이다. 김대중의 탄신 100주년을 맞아 우리는 김대중 자신의 삶과 본보기가 그가 잘 이해했던 사실을, 즉 주변의 물이 진흙탕이라도 결국 연꽃은 핀다는 사실을 증명하고 있음을 깨달아야 한다.[170]

---

170) 김대중, 〈새로운 시작을 위하여: 정치는 예술이다〉,
  (https://kdjlibrary.org/president/activity/view/44263).

74

【참고문헌】

[김대중 문헌]

김대중. 《다시, 새로운 시작을 위하여》. 서울: 김영사, 1993.

김대중. 《옥중서신 1: 김대중이 이희호에게》. 서울: 시대의창, 2009.

김대중. 《김대중 자서전 1》. 서울: 도서출판 삼인, 2010.

김대중. 《김대중 자서전2. 서울: 도서출판 삼인, 2010

이희호. 《나의 사랑 나의 조국》. 서울: 도서출판 명림당, 1992

이희호. 《옥중서신 2: 이희호가 김대중에게》. 서울: 시대의창, 2009

[영문문헌]

Arendt, Hannah. *The Life of the Mind*. New York: Harcourt. 1978.

Arendt, Hannah. *The Human Condition*. Chicago: University of
Chicago Press. 1989.

Aurelius, Marcus. *Meditations* (translated by A.S.L. Farquharson).
London: J.M. Dent & Sons. 1961.

Baldwin, Frank Prentiss. "The March First Movement: Korean
Challenge and Japanese Response." Ph.D. diss., Columbia
University. 1969.

Baker, Edward J. "Kim Dae Jung's Role in the Democratization of
South Korea". Education About Asia. 19(1). 66-71. 2014.

Chang, Myon. *Memoirs*. 1967.
https://web.archive.org/web/20071026102304/
http://unsuk.kyunghee.ac.kr/memoirs/1-2.htm

Ching, Julia. "Yi Yulgok on the Four Beginnings and Seven Emotions"
in The Rise of Neo-Confucianism in Korea (edited by Wm.
Theodore de Bary and Ja Hyun Kim Haboush) New York
Columbia University Press. 303-322. 1985.

Choi, Jungmin. "Gandhi in South Korea: Books and Social

Movements". Gandhi Marg Quarterly. 45(1). pp. 7-26. 2023.

Choi. Yearn H. "Failure of Democracy in Legislative Processes: The Case of South Korea, 1960". World Affairs. Vol 140(4). pp. 331-340. 1978.

Choi, Woon Sang and Hwa Gap Hahn. *Kim Dae Jung Conscience in Action*. Seoul: Chungdo Publishing Co. 1988.

Frankl, Viktor. *Man's Search for Meaning* (translated by Ilse Lasch). New York: Simon and Schuster. 1959.

Ham, Sok Hon. *Kicked by God* (translated by David E. Ross). Baltimore: The Wider Quaker Fellowship/Press of Harry S. Scott. 1969.

Ham, Sok Hon. *Dialogue*. 1970. http://www.ssialsori.org/bbs/board.php?bo_table=banner&wr_id=331

Han, Sang Jin (ed). *Asian Tradition and Cosmopolitan Politics: Dialogue with Kim Dae Jung*. Lanham: Lexington Books. 2018.

Han, Sung Joo. "The Chang Myôn Government (1960-1961) in South Korea: A Case Study in Failure of Political Democracy" (Doctoral dissertation: University of California at Berkeley). 1970.

Han, Sung Joo. *The Failure of Democracy in South Korea*. Berkeley: University of California Press. 1974.

Kallander, George. "Finding the Heavenly Way: Ch'oe Che-u, Tonghak and Religion in Late Choson Korea." 2006.

Kallander, George. *Salvation through Dissent: Tonghak Heterodoxy and Early Modern Korea*. Honolulu: University of Hawaii Press. (Doctoral dissertation: Columbia University). 2013.

Kalton, Michael C. "An Introduction to Silhak." Korea Journal 15(5). 29-46. 1975.

Kant, Immanuel. *The Metaphysics of Morals* (translated and edited by Mary Gregor). New York: Cambridge. 1996.

Katsiaficas, George. Asia's Unknown Uprisings Volume 1: South Korean Social Movements in the 20th Century. 2012.

Kim Dae Jung. "Christianity, Human Rights, and Democracy in Korea," March 1. Box: 4, Folder: 16. Rethinking Human Rights symposium records, Series No. 59. Emory University Archives. 1983.

Kim Dae Jung. *Prison Writings*. Translated by Choi Sung-il and David R. McCann. Berkley: University of California Press. 1987.

Kim Dae Jung. "Korean Reunification: A Rejoinder." Security Dialogue. 24(4). 409-414. 1993.

Kim Dae Jung. *A New Beginning: A Collection of Essays* (edited by George Oakley Totten III, translated by Young Jack Lee, Yong Mok Kim.) Los Angeles: The Center for Multiethnic and Transnational Studies. 1996.

Kim Dae Jung. *Prison Writings*, Volume 1 (옥중 서신: 편지로 새긴 사랑, 자유, 민주주의/ Okchung sŏsin : p'yŏnji ro saegin sarang, charyu, minjujuŭi), Seoul: Sidae ŭi Ch'ang, Sŏul-si. 2009.

Kim Dae Jung. *Conscience in Action: The Autobiography of Kim Dae Jung* (Translated by Jeon Sung-hee). Singapore: Palgrave Macmillan. 2019.

Kim Dae Jung. "Is Culture Destiny?" Foreign Affairs. November/December 189-194. 1994.

Kirk, Don. *Korea Betrayed*. New York: Palgrave Macmillan. 2009.

Lee, Hee Ho. *My Love, My Country* (translated by Rhee Tong-chin). Los Angeles: The Center for Multiethnic and Transnational Studies. 1997.

Lee, Hee Ho. *Praying for Tomorrow* (translated by Rhee Tong-chin). Los Angeles: USC Korea Project. 2000.

May, Hope Elizabeth. "The March First Movement and the Red Thread of International Peace History." Korea Observer 50(2), 207-233, 2019.

Mezirow, Jack. *Transformative Dimensions of Adult Learning*. San Francisco: Jossey Bass, 1991.

Mezirow, Jack. "An Overview of Transformative Learning" in Cotemporary Theories of Learning (edited by Kund Illeris). Routledge: 90-105, 2009.

Oh, John K.C. "South Korea 1975: A Permanent Emergency". Asian Survey, Vol, 16(2), pp. 72-81, 1976.

Park, Myung Lim. "The Chaeya" In Kim, Byung-Kook and Ezra F. Vogel, 2011. The Park Chung-hee Era: The Transformation of South Korea. Cambridge: Harvard University Press, 373-402, 2011.

Pieper, Josef. *The Four Cardinal Virtues*. New York: Harcourt, Brace & World, 1965.

Plato, *The Republic* (translated by Desmond Lee). New York: Penguin, 1987.

Ranard, Donald A. "Kim Dae Jung's Close Call: A Tale of Three Dissidents," Washington Post, February 23, 2003.

Schaap, Andrew. "Political Grounds for Forgiveness". Contemporary Political Theory, 2, 77-87, 2003.

Song, Seok Choong. "Ham Sok Hon: A Biographical Sketch." The Acorn, 5(1), 11-14, 1990.

Suttner, Bertha von. *Lay Down Your Arms! The Autobiography of Martha von Tilling* (translated by T. Homes). New York: Longmans, Green & Co. 1908.

Suttner, Bertha von. *Memoirs of Bertha von Suttner: The Records of an Eventful Life* (translated by Nathan Haskell Dole). Vol. 2. London: Ginn & Co. 1910.

Thurman, Howard. "Good News for the Underprivileged". Religion in
    Life (4)(3). 403-409. 1935.

Thurman, Howard. *Jesus and the Disinherited*. Boston: Beacon Press.
    1976.

[자료 및 사료]

김대중, 〈아시아 민주주의와 인권〉, 연설문 (1997년 9월 26일),
        (https://kdjlibrary.org/president/activity/view/42207).

김대중, 〈새로운 시작을 위하여: 정치는 예술이다〉.
        https://kdjlibrary.org/president/activity/view/44263

김대중, 〈My Agony – the Existence of God and the Trials of this
        World〉, 기독교교회협의회 연설 (1984년 2월 21일).
        https://kdjlibrary.org/president/activity/view/42233

김대중, 〈김광수 교수와의 대담〉, 철학과 현실, 1993년 겨울호 (1993년 11월
        28일).
        https://kdjlibrary.org/president/activity/view/41685

장면, 회고록, Unsuk Memorial Foundation.
        https://web.archive.org/web/20071026102304/http:/unsuk.
        kyunghee.ac.kr/memoirs/1-2.htm

Ⅱ 김대중의 중도정치와 창조적 중도개혁주의

황태연 (동국대 정치외교학과 명예교수)

들어가기

한국의 정치적 중도노선은 상해·중경 대한민국 임시정부의 민족혁명노선으로까지 거슬러 올라가는 긴 전사前史를 가진다. 임시정부는 극좌·극우세력을 제외하고 온건좌파 민족세력으로부터 건전보수 민족계열까지 모든 민족혁명적 독립운동세력을 망라하는 '중도적·국민적' 정부로 탄생해서 우여곡절을 뚫고 그 성격을 끝까지 유지했다. 그리고 귀국 후에도 중도적 민족혁명 노선을 견지했다. 청년 김대중은 1945년 해방 당시 여운형이 수립한 건국준비위원회의 전남 목표지부에 가입해 활동함으로써 정치에 첫발을 디뎠다. 창설 당시 건준은 공산좌익도 아니고 숭미崇美·친일 극우세력도 아닌 중도세력들의 집결체였다. 그리고 단독정부론과 통일정부론으로 여론이 첨예하게 갈리던 1948년 정국에서 김대중은 통일정부를 지향하는 중도정당 '민주독립당'에 가입함으로써 다시 중도정치 노선을 선택했다.

6·25 전쟁을 겪은 뒤 청년 김대중은 1955년 임정요인들이 중도노선을 내걸고 창당한 '민주당'에 입당함으로써 본격적으로 정당인으로서의 정치활동을 시작했다. 이 민주당이 여러 형태로 변모해서 신민당에 이르렀을 때 '40대 기수' 김대중은 박정희독재와 맞서는 '대통령후보'로 우뚝 섰다. 그러나 이후 야당의 큰 정치인으로서 3선개헌, 유신개헌 등을 저지하는 정치투쟁 과정에서 박정희독재의 탄압과 박해를 집중적으로 받고 대중의 레드컴플렉스를 이용한 반공주의적 용공조작과 수차례의 살해기도를 겪었다. 그럼에도 불구하고 그는 '통일지향적 중도노선'을 끝까지 견지했다.

이후 김대중은 평화민주당과 통일민주당을 거쳐 정계복귀 후 온갖 야유와 비난을 뚫고 성공리에 "중도적 국민정당"인 '새정치국민회의'

를 창당해 유일야당으로서 1955년 민주당의 중도적 법통을 단독으로 확보했다. 그리고 모두 알다시피 그는 1997년 12월 18일 목요일에 실시된 제15대 대통령선거에서 대통령에 당선되어 1998년 2월 24일 '국민의 정부'를 수립했다. 그리고 그는 마침내 새천년을 맞아 세계사적 진운을 수용해 2000년 1월 20일 '시장경제 · 민주주의 · 생산적 복지의 병행발전'을 위한 새로운 집권당 '새천년민주당'을 창당했다. 1990년대부터 일어난 미국 민주당과 서구 진보정당들의 중도적 변화에 발맞춰 집권당 '새정치국민회의'를 발전적으로 해체하면서 창당된 새천년민주당은 정당강령에 '중도개혁주의'를 명문화하고 "온건한 진보세력으로부터 건전한 보수세력까지" 모든 정치세력을 총망라한 창조적 중도노선의 국민정당이었다. 김대중은 이 새천년민주당과 함께 '국민의 정부'를 이끌어 중도개혁노선으로 수많은 개혁과제를 완수하고 중도정치를 마감했다.

김대중의 파란만장한 58년 정치역정 속에서 그를 끝까지 일관되게 정치인으로서 유지시켜 준 정치노선은 전통과 창의에 바탕을 둔 통일지향적 · 개혁적 중도노선이었다. 따라서 사상가 김대중과 중도정치는 불가분의 관계에 있는 것이다. 김대중이 곧 한국의 중도정치이고, 한국의 중도정치가 곧 김대중이기 때문이다.

1. 한국 중도주의의 전사前史: 임시정부의 중도노선

우리나라 역사를 돌아보면, 한국 현대사에서 중도노선은 항일독립운동 시대로까지 거슬러 올라가는 장구한 전사前史를 갖는다. 최초의 중도세력은 김구 주석이 이끈 대한민국 임시정부였다. 임시정부는 대한제국 장교 출신 이동휘 · 지청천 · 노백린 · 조성환 · 황학수,

개신유학자 이동녕·박은식·이상룡, 3·1운동 전후에 형성된 민족
혁명세력에 속하는 김구·조소앙·김규식·신익희·신규식·조병
옥(국내 신간회총무) 등 이른바 민족계열인사들이 주도했다. 그러나 민
족계열 정치세력은 임정을 (연안파·소련파 극좌공산주의를 제외한 온건한
좌파세력으로부터 탄핵당한 이승만의 숭미崇美 극우노선을 제외한 건전한 보수
세력까지 모든 정치세력을 아우르는) 무지개 스펙트럼의 중도적 정부로
운영했다. 임정은 극좌 공산주의와 극우 숭미주의 사이의 중도정치
노선을 견지하며 일본제국주의와 싸운 것이다.

　3·1운동 열기 속에서 좌우 구분 없는 전全민족의 정부로 출발
한 임시정부는 1920–1921년 초창기에 당시로서는 유일하게 약소
민족 지원의사를 표명한 레닌의 소비에트연방공화국과 협력하는
노선을 취했다.[1] 당시로서는 유일하게 소련만이 극동 약소민족을
지원하는 의사를 공개적으로 표명했기 때문이었다.[2] 임시정부는
레닌이 보내준 혁명자금 횡령사건이 나기 전까지 소비에트러시아
와 우호관계를 유지했다. 그러나 이 횡령사건 이후 소비에트러시
아와의 외교관계는 완전히 단절되었다.[3] 그리고 임시정부는 점차
한민족의 독자적 독립운동을 인정치 않는 소련공산당과 중국공산
당, 그리고 친소파와 연안파 공산주의자들의 극좌 공산혁명·민족
해방노선을 멀리하기 시작했고, 이승만 대통령 탄핵(1925. 3. 21.)
이후에는 무장투쟁을 배격하는 극우적 숭미崇美 독립외교노선과도

---

[1] 　신주백, 〈독립전쟁과 1921년 6월의 자유시 참변〉, 《지식의 지평》 (1921년 6월), 6–7
　　쪽.
[2] 　1918년 1월 8일 미국 하원에 제출된 월슨의 연두교서의 18개항은 '유럽' 영토문제의
　　전후 처리원칙을 밝힌 것이다. 따라서 이 교서는 극동 약소민족들의 광복을 지원하는
　　것과 본질적으로 아무 관계가 없는 것이었다. 그러나 극동의 약소민족들은 이를 확대
　　해석해서 '민족자결주의 선언'으로 오해했다. 참조: 황태연, 《갑진왜란과 국민전쟁》
　　(파주: 청계, 2017), 487–488쪽.
[3] 　김구(도진순 탈초·교감), 《정본定本 백범일지》 (파주: 돌베개, 2016·2019), 390
　　쪽.

거리를 두게 되었다. 공산주의자로 변신한 임시정부 국무총리 이동휘는 임정의 공산당식 조직개편과 이승만 탄핵을 주장하다가 여의치 않자 1921년 1월 임정을 탈퇴하고[4] '고려공산당'(이른바 '상해파 고려공산당')을 조직하고 임정의 '개조'를 주장했다. 그러나 코민테른 동방지부의 지원을 받은 이르쿠츠크의 한인 공산주의자들은 같은 당명의 '고려공산당'(이른바 '이르쿠츠크파 고려공산당')을 급조해서 상해파와 맞섰다. (이 과정에서 '자유시사변'이 터졌다.) '이르쿠츠크파 고려공산당'은 1923년 1‒6월에 상해에서 소집된 '국민대표회의'에서 임정해체·신新정부 '창조'를 주장했다.[5] 특히 1924년 레닌 사망 이후 소련공산당에 조직적으로 편입된 모든 공산계열의 정치세력들은 대한인大韓人의 독자적 독립운동과 상해 임시정부를 부정하고 모든 독립운동을 소련 공산당과 소련군 휘하에 편입시켰고, 나중에 생겨난 연안파 공산주의자들은 중국공산당과 팔로군 휘하에 편입시켰다. 이와 달리, 이승만을 위시한 숭미崇美독립외교론자들은 독립군들의 무장투쟁을 '무익하고 위험한 것'으로 보고

---

4) 주미희, 〈자유시참변 1주년 논쟁에 대한 고찰〉, 《역사연구》, 43권(2022), 235쪽; 신주백, 〈독립전쟁과 1921년 6월의 자유시 참변〉, 8쪽. 그러나 김구는 이동휘가 레닌에 의해 임정에 공여된 혁명자금 횡령사건으로 임정 국무회의에서 문죄問罪당하자 국무총리직을 사직하고 러시아로 도주한 것으로 기술하고 있다. 임정은 소비에트 러시아에 파견하는 임정의 공식대표로 여운형·안공근·한형권을 결정하고 여비를 지급했다. 그러자 이동휘 총리는 심복 한형권을 비밀리에 모스크바에 먼저 보내 레닌으로부터 혁명자금(40만 루블, 40만 원)을 수령하게 했고, 다시 자기의 비서 김립을 밀파해 이 자금을 입수하게 했다. 그런데 김립은 이 돈으로 북간도의 자기 가족에게 땅을 사주고, 몇몇 공산주의자들에게도 이 돈을 조금씩 나눠주고, 상해에 잠입한 뒤 첩을 얻어 향락하면서 이 공금을 다 사적으로 유용해버렸다. 이동휘는 국무원 회의석상에서 이 일련의 문제로 문죄를 당한 것이다. 그러자 그는 임정을 탈퇴해 러시아로 달아나 버렸다는 것이다. 김구(도진순 탈초·교감), 《정본定本 백범일지》, 387‒389쪽. 그러나 김립의 횡령사건은 '뜬소문'이었다는 평가(반평률)도 있으나, 이런 평가가 오히려 고려공산당 측의 변명에 근거한 것이 아닐지 의심스럽다.
5) 김구(도진순 탈초·교감), 《정본定本 백범일지》, 390쪽; 주미희, 〈자유시참변 1주년 논쟁에 대한 고찰〉, 237쪽.

독립전쟁론을 부정했다.

임정을 해체하려는 공산주의자들의 기만적 통합운동("유일독립당촉성운동")의 소동과 곡절을 겪은 뒤 1930년 1월 이동녕·안창호·조완구·이유필·차리석·김명준·김구·송병조 등 민족주의자 중심의 한국독립당이 조직되면서 임정은 공산주의운동세력과 완전히 조직적으로 결별했다.6) 그리하여 임시정부는 어쩔 수 없이 극좌 공산혁명세력과 조직적으로 분리되었다. 그리고 이승만을 추종하며 반反나치·반파쇼 미·영·불·소 연합항전 시기에도 시대착오적으로 '반공反共'을 주장하는 극우 숭미세력과도 결별했다.7) 그리하여 극좌·극우의 양극단세력은 대한민국 임정의 대오에서 배제되었다. 그러나 임시정부는 대한민국 임정의 독립운동 노선을 부정하지 않는 모든 세력, 즉 김원봉의 의열단 등 좌경세력으로부터 미주의 온건한 우익 친미세력들까지 아우르고, 정책적으로 독립전쟁파로부터 실력양성파(안창호)를 거쳐 대미對美독립외교파까지 망라하는 광범한 중도적 국민정부로 발전했다.

그리고 1941년 6월 4일 김구 주석은 임정 내부인사들의 반발에도 불구하고 '주미외교위원부'를 설치해 1925년 3월에 탄핵당했던 전 대통령 이승만까지도 재활용하기 위해 1941년 6월 6일 그를 주미외교위원장으로 임명하는 방식으로 재영입했다. 김구는 임정 '주미외교위원부'의 대외명칭을 이승만이 3·1운동 때 등장한 '한성정부'에 의해 추대된 집정관 자격으로 1919년 8월 설치한 '구미주차한국위

---

6) 김구(도진순 탈초·교감), 《정본定本 백범일지》, 391쪽.
7) 영·미·불·소련이 연합해 히틀러 독일·이탈리아·일제와 싸우던 1940년대 초 김구는 "나는 결코 程朱學說을 신봉하는 자가 아니고, 馬克思(마르크스)와 레닌주의 排斥者가 아니다"라고 밝히고, 동시에 "程朱가 오줌을 싸도 香臭라고 주장한다고 非笑하던 그 口吻로 레닌의 방귀는 甘物이라 할 듯한" 당시 한국 공산주의자들의 주체성 없는 소련 종속주의를 비판하고 있다. 김구(도진순 탈초·교감), 《정본定本 백범일지》, 423쪽.

원회(Korean Commission in America and Europe)'의 영문명칭 'Korean Commission'을 그대로 사용토록 허용함으로써 이승만의 위신과 대미외교의 연속성을 살렸다.[8] 그리고 우여곡절 끝에 비非공산주의 좌경세력 김원봉과 그 군사조직을 영입해 광복군 창설을 완료했다. 김구는 임시정부에 대한 김원봉의 적대행위와 전력을 잘 알고 있어 개인적으로 그를 좋아하지 않았다. 그러나 그는 일단 개인감정을 접고 대의를 위해 김원봉을 끌어안은 것이다.

1932년경 김원봉은 그의 극렬한 임정해체활동을 전개했었다. 이 때문에 김구는 그에 대해 아주 비판적이었다. 《백범일지》의 1932년 기록에 따르면, 당시 중국내 항일세력들 안에서는 임정을 끌어들여 전선을 통일하려는 운동이 일어나고 있었는데, 김구는 이 통일동맹에 참가하는 제諸세력의 '동상이몽'을 들어 참가를 거부했다.

---

[8] 그러나 이승만은 구미외교위원부의 위원장에 임명된 뒤에도 극우적 실책과 반공주의적 일탈을 연달아 범했다. 미·영·소가 연합관계에 있는 당시 상황에서 그는 미국과 접촉할 때면 반소反蘇 언동을 했고, 소련은 이 사실을 접하고 미국에 항의를 하는 일이 발생했다. 1943년 이 외교분쟁에 임정 외무부 산하 외교연구원회 위원 김성숙(1982년 건국공로훈장 국민장 추서)은 이승만을 면직시켜야 한다는 의견을 냈다. 이승만은 1945년 해방 직전까지도 반소설화를 계속 일으켰다. 1945년 2월 이승만은 미국 국무부에 OSS 합동군사훈련을 제의하고 한국의 독립을 승인해줄 것을 요청하면서 소련이 적화야욕을 드러내며 한반도를 강제로 삼킬 것이라고 발언했다. 이승만은 이 발언이 중국으로 전해지고 나서 김성숙으로부터 비판·항의 전보를 받았다. 5월 이승만은 유엔 창립총회에 참석하려는 한국인들에게 중국의 외교부장 송자문이 좌우합작을 주장한 데 대해 맹렬히 반대하는 성명을 발표했다. 또 5월 샌프란시스코에서 열린 유엔창립총회에서 이승만은 프랭클린 루스벨트가 얄타에서 한반도를 소련에 양도해 주었다는 정보를 접한 뒤 소련을 맹공격하는 선전을 하였다. 이때 이승만이 돌린 반소 전단지가 소련측 대표들의 수중에도 들어가게 되어 소련 외상이자 소련 수석대표인 몰로토프(Vyacheslav M. Molotov)는 임시정부와 이승만을 극도로 적대시하게 되었다. 김성숙은 이에 임정 국무위원회 석상에서 이승만을 주미외교위원장직에서 해임하고 임정은 소련에 공식 해명과 사과를 해야 된다고 다시 주장했다. 그러나 김구 주재하의 국무위원회는 이 제안을 받아들이지 않았다. 임정의 '주미외교부'는 1948년 8월 15일 대한민국 정부가 수립되면서 '주미한국대사관'으로 바뀌었다.

이때 우리 사회에서 또다시 통일 바람이 일어나 대일對日전선통일동맹의 발동으로 의론이 분분했다. 하루는 의열단장 김원봉이 특별면회를 청하기에 난징 친화이의 하반(강둑)에서 비밀히 만났다. 김군이 말했다. "저는 지금 발동되는 통일운동에 부득불 참가하겠으니 선생도 동참하는 것이 어떻습니까?" 김구는 〈내 소견으로는 통일의 대체는 동일하나 동상이몽으로 보이오. 군의 소견은 어떻소?"라고 되물었다. 이에 그는 "제가 통일운동에 참가하는 주요 목적은 중국인들에게 공산당이란 혐의를 면하고자 함이올시다"라고 답했다. 나는 "그렇게 목적이 각각 다른 통일운동에는 참가하고 싶지 않다"고 말했다. 이후 이른바 5당 통일운동이 개최되니 의열단, 신한독립당, 조선혁명당, 한국독립당, 미주대한인독립단이 통합해 '조선민족혁명당'으로 나타나게 되었다. (1935년 7월)[9]

"제가 통일운동에 참가하는 주요 목적은 중국인들에게 공산당이란 혐의를 면하고자 함이올시다"라는 김원봉 자신의 답변에 의거할 때, 김원봉이 공산주의자가 아님은 분명했다. 그러나 이승만의 영향을 받은 미국과 하와이 독립운동단체들은 1939년 즈음에도 김원봉을 공산주의자로 간주하고 거부하는 입장을 표명했다. [10]

그런데 김구의 임시정부가 '조선민족혁명당' 참여를 거부하자 김원봉은 김두봉을 따라서 임정을 해체하는 운동을 벌이기 시작했다.

5당 통일 시에 임시정부를 눈엣가시로 생각하던 의열단원 가운데 김두봉·김원봉 등이 임시정부 취소운동을 극렬히 벌였다. 당시 김

---

9) 김구, 《백범일지白凡逸志》 (파주: 돌베개, 1997·2012), 1932년조 기록.

10) 미국과 하와이 독립운동단체들은 한국국민당이 김원봉의 조선민족혁명당·한국독립당과 3당 통일을 추구하는 중에 김구에게 이렇게 편지를 써 보냈다. "김약산은 공산주의자니 선생이 공산당과 합작하여 통일하는 날 우리 미국교포와는 입장상 인연과 관계가 끊어지는 줄 알고 통일운동을 하려면 하라." 김구(도진순 탈초·교감), 《정본定本 백범일지》, 444쪽.

규식·조소앙·최동오·송병조·차리석·양기탁·유동열 등 7인 국무위원 중에서 김규식·조소앙·최동오·양기탁·유동열 5인이 통일에 심취했으나 임시정부의 파괴에는 동조하지 않았다. 이를 본 김두봉은 임정의 임시 소재지인 항저우로 가서 송병조·차리석 두 사람에게 "5당 통일이 되는 이때에 명패만 남은 임시정부를 존재케 할 필요가 없으니 취소해 버리자"고 강경히 주장했으나 송병조·차리석 두 사람은 강경하게 반대했다.[11]

《백범일지》의 이 기록에 따르면, "통일에 심취했던" 김규식·조소앙·최동오·양기탁·유동열도, 그리고 송병조·차리석도 "임시정부의 파괴"에 동조하지 않아서 다행히도 김두봉과 김원봉의 임정해체 공작은 불발로 끝났다. 하지만 임정파괴분자 김원봉에 대한 김구의 개인감정은 좋을 수가 없었다.

그러나 김원봉은 비록 임정을 해체하는 운동에 앞장섰을지라도 공산주의자가 아니었다. 그는 대의를 위해서라면 임정이 안아야 하는 '온건좌파'였다. 그런데 6년 뒤 김원봉세력은 국민당정부의 지원을 얻는 데 성공해서 1938년 10월 200여 명의 조선독립군을 수습해 '조선의용대'의 명칭을 달고 막강한 군사조직으로 거듭났다. 박효삼이 지휘하는 조선의용대의 제1지구대(이른바 '화북지대')는 호남·강서 등 화북지대에 주둔했고, 이익봉이 지휘하는 제2지구대는 안휘·낙양에 주둔했다. 1940년 초 조선의용대는 314명으로까지 증강되었다. 김원봉은 이 조선의용대의 총사령관이었다.

임시정부는 1940년 9월 중국 전역의 동포사회에 지청천을 총사령관으로 하는 광복군 창설을 선포하고 징집과 조직에 나서면서 김원봉과 접촉했다. 그러나 그의 태도는 싸늘했다. 그러자 조선의용대

---

11) 김구, 《백범일지白凡逸志》, 1932년조 기록.

대원들은 미온적 지도부를 버리고 삼삼오오 부대를 이탈해 광복군으로 넘어오기 시작했다. 그리하여 1941년 5월 190여 명이었던 제2지대가 절반(81명) 미만으로 축소되어 부대해체 지경에 이르렀다. 이로 말미암아 김원봉은 조선의용대 지휘권을 사실상 다 잃을 처지가 되고 말았다. 게다가 중국 국민당군도 화북지대가 비밀리에 연안의 중국공산당과 연합해 조선의용대를 이탈하자 김원봉에 압력을 가해 광복군과 통합할 것을 종용했다. 이렇게 되고서야 김원봉은 하릴없이 광복군 참여로 돌아섰다.[12] 이때 김구와 임정은 김원봉을 받아들여 1942년 4월 20일 잔류 조선의용대를 광복군에 편입할 것을 결의했다. 조선의용대에서 넘어온 병력은 1942년 5월 18일 자로 광복군 제1지대로 편성되었고, 김원봉에게 광복군 부사령관 겸 제1지대장의 직책을 보장해 주었다.

그러나 조선의용대 제1지대(화북지대)의 이탈은 큰 사고였다. 화북지대는 1942년 7월 이미 연안파 공산당 지도자 김두봉의 조선독립동맹의 지휘에 따라 극비리에 조선의용대를 이탈해서 '조선의용군'으로 개칭하고 완전히 중국공산당의 팔로군으로 넘어가버린 상태였다. 이 사건의 후환은 심대했다. 중국군은 '화북지대'가 팔로군으로 넘어가자 사상적으로 나머지 광복군 장병들까지 의심하면서 광복군을 중국군의 일부로 편입시켜 중국군 사령부의 작전명령을 따르게 하는 것을 골자로 하는 이른바 '9개항 준승準承'을 요구한 것이다. 임정은 광복군 출범을 늦출 수 없어 이 요구를 받아들였다. 임정은 갖은 협상 끝에 3년 뒤인 1945년 4월 4일에야 뒤늦게 '한국광복군'의 자립적 지위를 되찾았다.[13] 그러나 광복군은 군사적 독립성의 이 때늦은 회복으로 말미암아 미국 OSS(Office of Strategic Service; CIA 전신)와

---

12) 참조: 한시준, 《韓國光復軍硏究》 (서울: 일조각, 1993·1997), 162–166쪽.
13) 참조: 한시준, 《韓國光復軍硏究》, 109–115쪽 및 124–138쪽.

한미연합 국내진공작전을 1845년 8월 8일에야 지각 합의했다. 이로 말미암아 1주일 뒤 일제가 항복함으로써 광복군의 국내진공이 불발로 그치고 말았다.

김구는 한국광복군과 OSS부대의 국내진공 연합작전이 좌절된 것을 누구보다도 통탄해 마지않았다. 그럼에도 불구하고 그는 김원봉과 그 세력을 임정으로부터 추방하지 않고 대의를 위해 끝까지 임정의 품에 안았다. 이렇듯 중국에 체류한 26년 동안 대한민국 임시정부는 공산주의세력을 제외한 온건좌파로부터 대미對美 독립외교를 중시하는 용미적用美的 보수우파 민족계열까지 아우르는 범국민적 포괄정당으로서 민족혁명과 광복을 위해 중도적 위상을 견지했다. 임정의 이 민족혁명적 중도노선은 해방공간에서 남북 양측의 단독정부노선을 비판하는 통일지향적 · 개혁적 중도노선을 확산시키는 촉매가 되었다.

2. 해방정국과 청년 김대중의 통일지향적 중도노선

임정의 법통을 잇는 중도정치세력은 임정세력을 중심으로 해방공간에 친소親蘇 · 반미反美노선의 공산세력들과 대결하고 반소 · 숭미 성향의 친일親日우익세력들과 싸우면서 상해 임시정부의 중도적 항일독립정신을 계승한 반反독재 · 반일 · 용미用美 노선의 여러 '중간세력들'로 형성되었다. 미군정의 분류에 따르면, 이들은 김구의 '한국독립당'과 홍명희 · 이극로 등의 '민주독립당'을 비롯한 14개 중도정당(중간우익 5, 중간 4, 중간좌익 5)이었다.[14]

---

14) 도진순, 《한국민족주의와 남북관계》(서울: 서울대학교출판부, 1997), 188쪽.

청년 김대중은 1944년 봄 목포공립상업학교(현재의 목포상업고등학교)를 졸업한 뒤 일제의 징집을 피하기 위해 바로 목포상선회사에 경리사원으로 입사했다.[15] 1945년 해방이 되자 김대중은 종업원 대표로 추대되어 종업원단체가 조직한 목포상선경영위원회 위원장에 선출되었다. 그리고 그는 해방과 동시에 등장한 건국준비위원회의 전남도 목포지부에 참여해 선전부원으로 활동했다. '건준'은 당시로서 공산당과 (김성수·송진우·장덕수 등 지주세력의) 한민당을 제외한 중도세력들의 총집결체였다. 청년 김대중은 건준의 선전책 임영춘의 추천으로 건준 목포시 지부의 선전책을 맡게 되었고, 목포청년동맹에도 가담했다. 하지만 1945년 9월 건준은 미군의 불승인으로 해체되고 말았다. 그러나 건준은 이후에도 얼마간 불법적으로 단체활동을 지속했는데, 김대중은 1945년 9-11월경 동생 김대의와 함께 건준 명의의 벽보를 붙이다가 포고령 위반이라는 이유로 미군정 경찰에 체포되어 이틀간 구금되었다가 석방되는 일도 겪는다.

1946년 초 김대중은 이채현의 추천으로 '독립군들의 정당'으로 알려진 '조선신민당'에 입당했다. 그러나 '조선신민당'은 연안파 지도자 김두봉이 1946년 2월에 연안파 공산주의자들을 중심으로 친중국 공산세력들을 모아 창당한 공산주의 정당이었다. (나중에 신민당과 조선공산당이 합당해서 조선노동당이 탄생한다.) 그는 이 정당의 정체를 모르고 약 5개월 동안 조직부장으로 활동했다.[16] 그러나 그는 곧 노선갈등을 겪었고 갈등과정에서 '조선신민당'의 주축이 중국공산당 추종세력이라는 것을 알게 되면서 1946년 여름 탈당을 결행했다.[17]

---

15) 《중앙일보》, 〈가택 연금 55회, 투옥 6년, 망명, 사형선고〉(2009년 8월 19일자 기사).
16) 《월간조선》, 〈미공개 자료를 中心으로 쓰는 김대중 연구(6): 좌익 행동대원 출신의 대한민국觀〉 2002년 10월호
17) 참조: 김대중, 《경천애인》 (서울: 맑은물, 2002).

이 무렵 김대중은 자신이 관리를 맡고 있던 선박회사문제를 해결하려고 했으나 1946년 말 좌익동맹 선원들의 자치주장을 이기지 못하고 회사를 그만두었다. 그런데 10월 1일 터진 대구폭동이 목포에도 확산해 31일 파출소 습격사건이 발생했다. 김대중은 이 사건의 배후조종 혐의로 20일 동안 구속되었으나 혐의가 없어 풀려났다. 석방조건으로 한민당 목포지구당 부위원장이던 그의 장인 차보륜이 신원보증을 했다.[18] 1947년 초 김대중은 신원보증을 해준 장인의 강권에 따라 한민당 전남도 목포지부에 당무위원으로 입당해 목포지역 지구당 상무위원직을 맡아 수개월 활동한 것으로 보인다.

당시 국내 이슈는 이승만의 남한단독선거·단독정부론과 (조선인민군을 창설하고 단독정부 수립을 은밀히 준비하면서도[19] 통일선거·통일정부론을 간판으로 내건) 북한노동당의 북한단독선거·단독정부론이었다. 이때 한국독립당과 민주독립당을 비롯한 14개 중간파세력들은 통일선거·통일정부론을 주창했다. 이 노선은 겉으로 북한의 선전용 노선과 합치되는 것처럼 보였지만, 중간파 본류의 입장에서는 북한 노동당의 '통일선거·통일정부' 구호를 믿지 않았다. 김일성이 1948년 3월 이미 조선인민군을 창설하고 4–5월경에는 '조선민주주의인민

---

18) 《월간조선》, 〈미공개 자료를 中心으로 쓰는 김대중 연구(6): 좌익 행동대원 출신의 대한민국觀〉 2002년 10월호. 그러나 1987년 안기부가 대선을 위해 조작한 김대중 조사기록부는 김대중이 민주청년동맹 부위원장의 지위로 배후 조종한 혐의를 받고 10일 동안 구속되어 조사를 받던 도중 한민당 당무위원 겸 당당 전남도 목포지역지구당 위원회 부위원장이던 장인 차보륜의 신원보증으로 다시는 좌익관련 단체에 관여하지 않겠다는 서약서를 쓰고 훈계 방면된 것으로 기록하고, 해방 후 좌익에서 전향한 자들이 의무적으로 가입해야 했던 보도연맹에도 가입해 운영위원으로 활동했다고 날조하고 있다.

19) 북측의 '조선인민위원회'는 1948년 3월 이미 '조선인민군'의 조직을 완료했다. 참조: 북조선국립영화촬영소 제작 영상, 〈인민군대〉 (평양: 1848. 3.). 이 기록영상에서 행사장 연단 뒤에는 '민족의 영도자 김일성 장군 만세!'라는 쓴 플래카드가 좌우로 길게 쳐져 있고, 연단 옆에는 대형 태극기가 세워져 있고, 도로변 시민들도 간간히 태극기를 손에 들고 있는데, 올드랭사인 곡에 맞춘 옛 애국가가 울려 퍼지고, 마지막 장면에서는 정율성의 인민군행진곡이 흘러나온다.

공화국' 국호를 공공연하게 연호하고 있었기 때문이다.

하지만 김구는 당시 상황을 분단을 막을 최후의 기회로 보고 북측에 '남북사회단체연석회의'를 제안하고 북측이 수락하자, 북으로 가면 김일성의 들러리로 이용만 당할 것이라는 중간파단체들의 충언과 만류에도 불구하고 1948년 4월 18일 경교장을 뒷문으로 몰래 빠져나가 북행길에 오르고 말았다. 이 일로 말미암아 남한에서 김구의 인기가 급락했다. 그렇지 않아도 김구는 1948년 3월 장덕수 암살사건(1947.12.2.)과 관련해 재판을 받았고, 이후에도 그 배후로 지목받으면서 우익세력의 신뢰를 많이 잃고 있었다. 김구는 1948년 5월 15일 평양에서 귀경했다. 이로 말미암아 김구와 한국독립당에 대한 국민의 지지는 당분간 회복할 수 없이 추락했다.

그러나 1848년 5월 10일 실시된 국회의원 총선거에 따라 5월 31일 국회가 소집되고 7월 국회의 대통령 선출이 예정되었다. 이 대통령 선출을 앞두고 있는 5월 정국에서 중간파세력들은 인기가 급락한 김구를 대통령후보로 내세우는 것을 조용히 마음속에서 포기했다. 그리고 그들은 김구(당시 72세)도 아니고 이승만(73세)도 아닌 '제3의 인물'을 대통령후보로 찾기 시작해서 이승만보다 더 노쇠한 서재필(84세)을 '울며 겨자 먹기'식의 대안후보로 내세우려는 움직임을 보였다. 그리하여 불특정의 중도세력들은 〈서재필박사 대통령출마 촉구 요청서〉 연판장을 돌려 정치인들의 서명을 받는 운동을 시작했다.

중도노선(건준)에서 좌(조선신민당)로 갔다가 다시 우(한민당)로 갔다가 우왕좌왕하던 청년 김대중은 이 제3의 통일지향적 중도정당운동을 기점으로 '중도'에 확고하게 착근했다. 그는 한민당의 활동을 그만 둔 뒤 1948년 초 어느 시점에 '민주독립당'에 입당한 것이다. 청년 김대중은 '민주독립당' 당원 신분으로 〈서재필박사 대통령출마 촉구 요청서〉에 1948년 5월 25일 날짜로 서명하고 있다. 청년 김대중이 친필로 "소속정당단체 민주독립당民主獨立黨 김대중"라고 서명한 이 현존 문서는 그의 중도노선 선택을 보여주는 중요한 사료다.[20]

그러나 '민주독립당'은 1947년 10월 19-20일 중간파 세력들이 결성한 정당이었다. 민주독립당은 신한국민당, 민중동맹, 신진당, 건민회健民會, 민주통일당 등 5개 정당이 해체·통합해 창설되었다.[21] 당대표는 홍명희였고 상무중앙집행위원은 홍명희·박용희朴容羲·이극로·오화영·김평·김원용·이순탁李順鐸이었다. 이 민주독립당은 이승만의 단선·단정론을 반대하고 김구·김규식의 남북협상론을 지지했지만, 1948년 4월 남북사회단체연석회의 이후 양김파와 친북파로 분열하고 당대표 홍명희의 북한 잔류로 말미암아 몇차례의 대량탈당 사태 끝에 친북군소정당으로 전락했다가 1949년 10월 18일 존립 2주년을 1-2일 앞두고 소멸하고 말았다.

민주독립당은 1948년 1-4월 당시 단독선거·단독정부를 반대하고 남북협상 참가를 지지했다. 1월 13일 민주독립당은 남한단선안單選案을 반대하는 당의 견해를 천명했다. "일부에서 소련의 비협력으로 남북통일 완전독립이 불가능할 때에는 남부만의 단선에 의한 정부 수립을 적극 주장하는 편도 있으나 이 결과는 우리 독립을 포기하

---

20) 〈서재필 박사 대통령 출마 촉구 요청서〉, 연세대학교 김대중도서관 편, 《김대중 전집 (Ⅱ)》 제1권 (서울: 연세대학교 대학출판문화원, 2019), 1쪽. 요청서의 내용은 이렇다. "삼천만의 우리 겨레가 가장 존경하는 老大革命家이신 徐載弼 선생에 건강을 축복하옵고 兼하야 선생에게 우리의 간곡한 요청을 드리나이다. 선생은 근대조선의 선각자로서 조국에 대개혁운동을 추진식히든 赫赫한 경력자이시라. 이제 조국 강토가 美蘇에 의하야 분단되고 민족이 三八線에 의하야 분열되었으며 인생의 고난이 극심할 뿐 안이라 무의미한 분쟁으로 동포간의 相殘이 日甚하야 도처에서 유혈극을 보는 이 때이니 위대하신 선생이 조선민족의 최고지도자로 나서시지 않고서는 민족 금일의 혼란과 慘憺을 수습할 수 없을가 하나이다. 바라건대 저들 連名者들의 微衷을 저바림이 없으사 위대한 결의로써 大指導에 역량을 조속히 발휘해주심을 바라나이다. 오직 애국애족의 일념으로서 선생을 추대하옵고 선생의 뒤를 따르고저 맹세하나이다." 그 다음에 이런 서명이 붙어있다. 〈단기 4281년 5월 25일. 소속정당단체 民主獨立黨 김대중. 徐載弼 박사 道下.〉

21) 〈민주통일당 결성대회에서 중앙집행위원 및 감찰위원 선출〉, 《한국사데이터베이스》.

94

는 것이고 우리 민족을 멸망의 구렁이로 몰아놓는 것 이외에 아무 소득이 없다는 것을 명백히 지적한다."22) 그러나 12일 뒤 "소련의 비협력으로 남북통일 완전독립이 불가능할 때에는 남부만의 단선에 의한 정부 수립을 적극 주장하는" 선전부장 엄우룡嚴雨龍과 상무위원 이순탁이 당과의 노선 불합치를 이유로 민주독립당을 탈당했다.23) 그러나 1948년 2월 3일 민주독립당의 홍명희 지도부는 남북양측의 단선·단정 위험을 저지하기 위해 김구의 남북협상론을 지지하는 담화를 발표하고,24) 3월 9일에는 남한총선거 불참을 결의했다.25) 그리고 3월 13일 한국독립당·민족자주연맹·민주독립당은 남북협상을 위한 행동통일을 모색하고,26) 3월 30일 민주독립당은 민족자결원칙에 의한 남북협상 추진을 천명했다.27) 이에 따라 4월 20일 당대표 홍명희와 30여 명의 민주독립당 일행은 김구 일행과 별도로 북행길에 올라 '전숫조선정당단체대표자회의'라 명명된 '남북사회단체연석회의'에 참석했다.28) 그리고 1948년 5월 4일 민주독립당은 남북협상 결과에 대해 다음과 같이 발표했다. "1)'전숫조선정당단체대표자회의'에서 결정된 결정서와 미소 양국에 제출한 요청서는 민족자결원칙에 따라 완전 자주독립을 달성하자는 본당의 기본노선과 합치함을 확인한다. 2)본당이 금번 회의의 결정을 지지하는 것은 어느

22) 〈민주독립당의 구 민중동맹계 집단 탈당〉(1948. 1. 13.).《한국사데이터베이스》.
23) 〈민주독립당 상무위원 엄우룡과 이순탁 탈당〉(1948. 1. 25.).《한국사데이터베이스》.
24) 〈민주독립당과 민의, 김구의 對조선의견서에 대해 담화 발표〉(1948. 2. 3.).《한국사데이터베이스》.
25) 〈민주독립당, 남한총선거 불참 결의〉(1948. 3. 9.).《한국사데이터베이스》.
26) 〈한독당·민족자주연맹·민주독립당, 행동통일 모색〉(1948. 3. 13.).《한국사데이터베이스》.
27) 〈민주독립당, 민족자결원칙에 의한 남북협상 추진 천명〉(1948. 3. 30.).《한국사데이터베이스》.
28) 〈민주독립당위원장 홍명희 등 30여명 북행〉(1948. 4. 20.).《한국사데이터베이스》.

나라의 제안을 지지하거나 어느 나라를 반대키 위한 것이 아니라 오직 우리 민족의 진정한 이해를 위해 행동하는 것뿐이다."[29]

그러나 1948년 5월 10일 제헌의회 선거는 UN한국임시위원단(UNTCOK; United Nations Temporary Commission on Korea)의 감시 아래 실시되었다. 이에 따라 민주독립당 지도부는 정치적 궁지로 내몰리기 시작했다. 그리하여 5월 14일 민주독립당 선전부는 선거무효론을 들고 나왔다. "1) 금반 실시한 선거(제헌 국회의원 선거)는 공포와 불안에 떨면서 강요당한 강제투표였으므로 당연히 무효를 주장한다. 2) 금반 선거를 토대로 조직되는 단정은 우리 민족이 인정하지 않을 것이므로 본당은 자주적 통일정부수립에 매진할 것을 재강조한다."[30] 이런 뒷북치기 때문에 민주독립당 지도부는 지도력을 상실하고 말았다. 게다가 당대표 홍명희와 대표단의 일부 인사의 북한 잔류는 당의 권위를 무너뜨렸고, 당은 북한잔류를 지지하는 친북파와 이에 반대하고 귀경한 김구·김규식 지지파로 분열되었다.

바로 이 무렵 김구·홍명희·이승만을 셋 다 배제한 〈서재필박사 대통령출마 촉구요청서〉를 연판장 형식으로 돌려 서명을 받는 운동을 주도한 세력은 당지도부의 북한잔류에 반대하는 당내 세력이었던 것으로 보인다. 이에 청년 김대중은 '민주독립당' 당원 신분으로 〈출마촉구요청서〉에 1948년 5월 25일 날짜로 서명한 것이다.

이후 민주독립당은 집단탈당 사태가 이어졌다. 일개 청년당원에 지나지 않던 김대중은 이 광경을 그냥 지켜볼 수밖에 없었을 것이다. 1948년 6월 23일 구舊민중동맹 계열 200여 명이 탈당했다. 청년 김대중도 이때쯤 동반 탈당했을 것으로 보인다. 그리고 1948년

---

29) 〈민주독립당, 남북협상에 관한 담화〉(1948. 5. 4.),《한국사데이터베이스》.
30) 〈민주독립당 선전부, 당면문제에 대해 담화 발표〉(1948. 5. 14.),《한국사데이터베이스》.

8월 12일에는 정치부장 유석현劉錫鉉이 탈당하고, 1948년 9월 23일에는 친북파에 밀린 노선견지파 간부 374명이 집단 탈당했다. 이로 말미암아 민주독립당은 사실상 와해되었다. 홍명희·이극로 등 북한 잔류파를 지지하는 친북파만 남은 민주독립당은 1949년 10월 18일 등록취소 처분을 당했다.[31] 민주독립당은 창당 2년 만에 해산당한 것이다.

이후 한동안 김대중의 정치행적은 보이지 않는다. 1947년 김대중은 앞서 일했던 선박회사에서의 경험을 살려 연안을 운행하는 화물선 동양해운이라는 회사를 차리고 해운업을 시작했었다. 그리고 그는 1948년 10월《목포일보》를 인수해 1950년 10월까지 2년간 사장을 역임했다. 김대중의 자서전에 따르면 1949년에 조직된 대한청년단 목포해상단에 부단장으로 참여했다. 이때 해운사업도 번창했다.

한편, 14개 중도정당과 기타 사회단체 등 여러 중간파세력들, 김규식 주도의 '민족자주연맹'(1947) 잔류파, 상해임정 각료출신 신익희 주도의 '대한국민회', 광복군총사령관 지청천 주도의 '대동청년단' 등 중간세력은 총결집해 1949년 '민주국민당'을 창당하는 데 성공했다.[32] 이것이 전쟁 직전 중도세력이 취한 마지막 움직임이었다. 이 '민주국민당'에 청년 김대중이 참여했다는 기록은 보이지 않는다. 그러나 '민주국민당'은 6·25전쟁과 사사오입개헌을 막지 못해 전후 와해되고 만다.

---

31) 〈李哲源 공보처장, 정당·단체 정리와 관련된 담화 발표와 등록취소 처분 내용〉 (1949. 10. 18.),《한국사데이터베이스》.
32) 참조: 도진순,《한국민족주의와 남북관계》, 188쪽.

3. 1955년 민주당의 중도노선과 김대중

1951년 3월 김대중은 목포해운회사(현 흥국해운) 사장에 취임했고, 같은 해 전남해운조합 회장, 한국조선조합 이사로 선임되었다. 한국 전쟁이 끝나고 1954년 김대중은 3대 국회의원 선거에 무소속으로 목포시 국회의원 선거에 출마했으나 낙선했다. 그는 낙선 후 해운회 사를 처분하고 상경해 정치잡지《태양》을 발행하면서 웅변학원을 운 영했고, 1955년 10월에는 당시 대한민국에서 상당한 영향력을 발휘 하던《사상계》에 〈한국노동운동의 진로〉 등 여러 편의 노동문제 논 고를 기고했다.

동시에 김대중은 김철 등 정치인들과 교류를 맺고 장택상 전 총리 와도 만나 그의 참모로 잠깐 활동하며 점차 정치계 활동을 넓혀나갔 다. 그러다가 1955년 소설가 박화성의 소개로 박순천·조재천 등과 같은 야당 인사들을 알게 되었다. 그는 박순천의 권유로 '민주당'에 입당했다.[33]

민주당은 김대중의 정치인생에서 중요한 전환점이었다. 1955년 민주당은 현 민주당의 전신이다. 따라서 이 당의 노선과 성격을 상론 할 필요가 있다. '민주당'은 1955년 9월 18일 신익희·지청천·조병 옥·곽상훈 등 임정세력이 전후 사분오열로 지리멸렬하던 여러 중간 세력들을 모아 창당된 중도주의 정당이었다. 신익희는 임시정부의 내무·법무·문교·외무부장을 두루 역임한 임정요인이었고, 지청 천은 광복군총사령관이었고,[34] 조병옥 박사는 임정을 지원하기 위해

---

[33]《월간조선》,〈미공개 자료를 中心으로 쓰는 김대중 연구(6): 좌익 행동대원 출신의 대한민국觀〉 2002년 10월호.

[34] 지청천은 1955년 9월 18일 당시 70세 고령으로 1957년 1월 급서했다. 따라서 그는 민주당 창당당시 명의와 광복군출신 자파세력만 제공하고 당 활동은 하지 못했다.

조직된 임정 국내조직 '신간회'의 전 총무로 8년의 옥고를 치르고 해방과 동시에 석방된 국내파 임정요인이었고, 곽상훈은 신간회 회원으로 독립운동을 하다가 옥고를 치른 인물이었다. 이 임정요인들은 무력화된 '민주국민당'을 중심으로 6·25 전쟁과정에서 흩어진 중간세력을 다시 모으고 무소속의원들을 흡수해 '민주당'을 창당함으로써 이승만 친일극우 독재에 맞서 임정의 적통을 잇는 '대한민국 정통세력'으로서 한국 중도정당의 초석을 놓았다.35) 민주당은 사사오입 개헌에 반발하는 모든 반대세력이 총집결한 의미도 있었다. 따라서 민주당은 흥사단 등의 반反이승만세력과, 사사오입 개헌에 반대한 자유당탈당 세력들까지도36) 영입했다. 그럼에도 '1955년 민주당'은 신익희·지청천·조병옥·곽상훈 등 임정세력이 임정의 법통을 계승해 창당한 유일정통 중도정당이라는 의미가 더 근본적이었다.

신익희·지청천·조병옥·곽상훈의 '1955년 민주당'은 〈창당선언문〉에서 김구의 정치이념에 따라 "공산독재는 물론, 여하한 형태의 독재도 배격한다"고 천명하고, "자유경쟁 원칙에 의한 생산성의 증강"과 동시에 "분배의 공정"을 기할 것을 선언하고, 이승만대통령의 '북진통일론'이 연호되는 전후戰後상황에서 대담하게 "자유와 민주의 통일"을 주창했다. 〈정강〉은 공산주의와 자본주의 사이의 중도를 뜻하는 당시 독일사민당의 '제3의 길'을 비롯한 서구 진보정당들의 정책노선을 수용한 것으로 보이는 이 중도노선을 표방했다. 〈정강〉은 "일체의 독재를 배격하고 민주주의의 발전"을 기하고, "자유경제 원칙하에 생산을 증강하고 사회주의에 입각해 공정한 분배"를 기하고, "근로대중의 복지향상", "국토통일과 국제주의의 확립"을

---

35) 황태연, 《창조적 중도개혁주의》 (서울: 생각굽기, 2024), 72-73쪽; 이진복, 《민주당의 역사와 정치철학》 (서울: 더불어민주당 민주연구원, 2023), 2쪽.
36) 김영삼 전 대통령이 대표적 인물이다.

기한다고 명시했다. 나아가 〈정책〉에서는 시대를 앞질러 "국민기본 생활 보장", "중소상공업의 적극적 보호육성", "사회보장제도의 확립과 의료의 기회균등" 등 선진적 정책항목들을 열거하고 있다.[37]

'1955년 민주당'의 이 정강정책은 오늘날에도 얼마간 적실성을 가진 정책노선이라고 할 만큼 담대한 진취적 중도노선을 담고 있다. "자유와 민주의 통일" 정책은 당시 상황에서 당연시되던 급진적 무력통일('북진통일'이나 '적화통일')과 분단고착화 사이의 중도中道를 걷는 통일, 즉 비폭력적 · 평화적 방법에 따라 주민의 자유로운 선택에 의한 '자유 · 민주적 통일'로 이해된다.

이것은 오늘날 남북교류를 통해 평화를 정착시켜 현행헌법 4조의 "자유민주적 기본질서에 입각한 평화적 통일"을 이룩하려는 김대중의 대북 햇볕정책 또는 대북교류 · 협력정책과 맥을 같이 하는 것이다. 따라서 현행헌법상의 "자유민주적 기본질서"는 이 노선의 기원적 관점에서 볼 때 (공산주의가 세계적으로 몰락해버린 오늘날 동시에 '시대착오'가 되어버린) '자유민주주의(liberal democracy)'라는 반공 이데올로기를 뜻하는 것이 아니라, '자유'와 '민주주의'의 합성이념이라는 것을 알 수 있다.

한편, "자유경제 원칙하에 생산을 증강하고 사회주의에 입각해 공정한 분배"를 기한다는 과감한 주장은 기업가 위주의 '자본주의'와 근로자 위주의 '사회주의'('사회민주주의'의 50년대 용어)의 대립 속에서 경제성장과 공정분배를 동시에 중시하는 '제3의 길'로서 단호한 중도노선을 표현하는 것이다. 이 주장은 시장경제의 토대 위에서 경제성장을 가속화하되 분배측면에서 사회주의적 복지정책을 가미한 일종의 '복지지향의 혼합경제'를 말하고 있는 것이다. 훗날 김대중을 이 '복지지향의 혼합경

---

37) 황태연, 《창조적 중도개혁주의》, 73쪽.

제론'을 뛰어넘어 제3의 이론으로 시장경제에 더 충실한 '대중참여경제론'을 발전시킨다. 이것은 오늘날 민주주의와 시장경제의 토대 위에서 성장을 가속화하고 이를 바탕으로 중산층의 강화와 서민의 중산층화를 통해 '중산층강국'을 건설하려는 (다음에 상론하는) 중도개혁주의 정치철학과 상통한다.[38]

민주당은 1960년 4·19혁명 후 혁명적 열기 속에서 치러진 총선에서 압승을 거둬 장면 총리와 윤보선 대통령 정권을 출범시켜 내각제의 제2공화국을 개창했다. 민주당은 7월 29일 제5대 민의원 선거에서 지역구 총 233석 가운데 175석(75%)을 얻었고, 참의원 선거에서도 압승을 거뒀다.(58석 가운데 31석, 53%)

30대 초 김대중은 민주당의 이 강령을 읽고 내용적으로 숙지하고 있었는지는 그 속마음을 입증할 수 없을지라도 민주당의 창조적 중도정치를 다시 한번 실감하며 체화했을 것으로 보인다. 왜냐하면 민주당은 줄곧 '생산을 자유주의로, 분배를 사회주의로' 하는 정책과 같은 ('기계적·산술적 중도'를 뛰어넘고, 이른바 '동적 중도'도 뛰어넘는) '창조적 중도노선'을 걸었고, 분단고착화를 저지하고 민주적 평화통일을 지향하는 그런 진보적 중도주의 정서를 맴돌았기 때문이다.

김대중은 힘겨운 정치 초년기를 보내다가 1957년 7월 민주당 강원도지구당 부위원장에 선출되었고, 11월에는 민주당 강원도 인제군 지구당 위원장이 되었다. 그리고 1961년 5월 14일에 치러진 인제 재보궐선거에서 민의원에 당선되었다. 그러나 이틀 뒤에 박정희 소장이 5·16쿠데타를 일으켜 국회를 해산하는 바람에 그는 의원활동을 하지 못했다. 하지만 전화위복으로 김대중은 5·16쿠데타 이후 이철승 등 일부가 정치정화법에 묶여있을 때도 민주당 선전부

---

38) 황태연, 《창조적 중도개혁주의》, 74쪽.

장, 당 대변인 등을 역임했다.[39] 이후 그는 1963년 민주당 소속으로 고향 목포에서 제6대 국회의원으로 당선되면서 명목상의 재선 국회 의원이 된다.

그 사이 1961년 5·16쿠데타로 해산된 '1955년 민주당'이 3년 뒤 제3공화국이 출범하면서 정당활동이 다시 자유화되자 야권세력 은 민주당을 복원했다. 그러나 제6대 국회의원선거 결과 박순천·유 진오 중심의 민주당은 제2당의 지위로 밀리고, 윤보선 중심의 민정 당이 제1당의 지위를 차지했다. 1964년 사실상 초선의원인 김대중 은 김준연 동료의원의 체포를 막기 위해 본회의 연설에서 5시간 19 분의 의회역사상 최장 필리버스터를 완수해 국민들에게 강렬한 인상 을 남겼다. 김대중의 이 필리버스터 덕에 김준연 체포동의안은 무산 되었다. 이 사건으로 김대중은 전국적으로 이름을 떨치기 시작했 다.[40]

야당분열로 말미암아 반反군사정부 투쟁에 어려움을 겪던 민정당 과 민주당은 1965년 6월 통합야당으로 '민중당'을 창당하고 박순천 여사를 대표최고위원으로 선출했다. 그러나 '민중당'은 1965년 8월 '한일협정 비준과 베트남 파병문제를 둘러싸고 당론이 양분되었다. 민정당 계열은 의원직 사퇴와 당 해산을 주장한 것과 달리, 민주당 계열은 원내투쟁을 주장했다. 갈등 끝에 1966년 3월 윤보선 등 민정 당 계열은 탈당해 '신한당新韓黨'을 창당하고, 제6대 대통령 후보로 윤보선을 내세웠다. '민중당'은 유진오를 대선후보로 선출했다. 그러 나 양당은 세가 분리함을 통감하고 야권의 대통령후보 단일화 및 두

---

39) 손세일, 《金大中과 金泳三》 (서울: 일월서각, 1985).

40) 이 의사진행지연발언은 '세계 최장' 필리버스터라는 기록을 인정받아 기네스북에 등재 되었다. 《매일경제》, 〈1964년 필리버스터, DJ 정치터전은 의회〉 (2009년 8월 20일 자).

당의 재통합을 추진해 1967년 2월 합당을 통해 '신민당新民黨'을 창당했다.

김대중은 이 신민당 창당에 참여해 신민당 정무위원 겸 대변인을 맡았다. 이후 제7대 국회의원 선거에서 김대중은 목포에 출마했다. 공화당은 진도 출신의 전 체신부장관 김병삼을 목포에 공천하고 박정희 대통령이 직접 목포에서 국무회의를 두 번이나 열어가며 '김대중 낙선'에 총력을 기울였다. 그러나 박정희와 공화당의 이 총력지원을 뚫고 김대중은 당선되었다. 그 뒤 1968년 6월 3일 그는 당수 유진오로부터 원내총무 후보자로 지명을 받았다. 그러나 김대중은 의원총회에서 재석의원 41명 가운데 찬성을 16표밖에 얻지 못해 원내총무 경선에서 낙선하고 말았다. 원내총무 자리는 23표를 얻은 김영삼에게 돌아갔다.[41] 그 대신 김대중은 신민당 정무위원에 선출되었다.

전국적 인물로 떠오른 김대중은 이때부터 통일지향적·중도적 정책발언을 하기 시작했다. 그는 1967년에 국회연설에서 '통일원'을 신설하고 통일원 장관을 부총리급으로 임명해야 한다고 주장했다. 이에 마지못해 공화당정부는 1969년 통일원을 말단부처로 신설했다.[42]

1970년에 치러진 신민당 내 대통령후보 경선에서 당선된 김대중은 이때부터 본격적으로 자기의 창조적 중도정책과 놀라운 예견을 쏟아내기 시작했다. 그는 1970년 1월 24일 신민당 대통령후보 경선에 출마할 것을 선언하면서 "만일 71년 선거에서 또다시 박정희의 대통령 당선을 허용한다면 이 나라는 영원히 선거 없는 총통시대가 올 것이다"라고 예언했다. 그리고 제7대 대통령선거에 신민당 후보

---

41) 손세일, 《金大中과 金泳三》.
42) 김대중이 통일원 신설을 주장한 지 20년 1개월 만인 1987년 노태우 대통령은 통일원 장관을 부총리급으로 승격시켰다.

로 출마해서는 1971년 4월 18일 서울 장충공원 유세에서 총통제 위험성을 다시 경고했다. 1971년 제7대 대통령선거 유세에서 김대중은 신민당 대통령 후보로서 향토예비군제도를 이중병역의 의무를 강요한 위헌적 제도로 지목했다. 그리고 향토예비군을 경찰의 보조기관으로 전락시킴과 동시에 지휘계통을 국방장관과 내무장관에게 이중으로 부여해 정치적 악용위험이 있고 국민의 생업에 지장을 초래할 뿐 아니라 각종 민폐를 초래하고 부정부패를 가져올 뿐이라고 주장하며 향토예비군 폐지 공약을 내걸었다.[43] 그리고 그는 4대국 평화보장에 의한 남북통일정책, 남북대화, 지방자치제 실시, 노사위원회 구성 등 창조적 중도개혁공약을 내걸었다. 그리고 그는 장기집권을 막아내기 위해 "10년 세도 썩은 정치, 못 참겠다 갈아치자!"를 대선슬로건으로 내걸었다.

1971년 4월 27일 치러진 대선에서 김대중은 온갖 부정선거공작과 지역감정조장("신라 대통령론", 호남인들이 영남제품 불매운동을 벌인다는 허위전단 살포 등)을 뚫고 무려 45.25%(539만 5900표)를 득표했으나 53.91%(634만2828표)를 얻은 박정희 후보에게 석패했다. 그는 서울·경기·호남에서 압승을 거둔 반면, 박정희는 영남과 충청·강원도에서 압승했다. 이에 김대중과 신민당은 100만 표 이상 조작된 부정선거라고 주장했다.[44] 김대중은 훗날 본인의 투표를 포함한 서울 마포구 동교동의 투표가 선관위 관계자의 확인이 없다는 이유로 통째로 무효처리되었다고 회고했다. 그리고 서울 전역에서도 선관위가 인정한 것만 봐도 약 7400여 장의 표가 투표구 선거관리위원장이 서명 대신 직인을 찍었다는 이유로 무효처리되었다.[45] 이런 식의 무

---

43) 강성준, 〈예비군, 이제 폐지하자〉, 《인권오름》 (2016. 12. 17.).
44) 《동아일보》, 〈金大中후보 聲明 "不正 黙認할 수 없다, 百萬票差〉이상 造作〉 (1971. 4. 29일자 기사).

효처리가 전국적으로는 더 심했을 것이라는 점은 불문가지였다.

대선 후 박정희정권은 제발이 저렸는지 '총통제 경고 유세'를 걸어 김대중을 허위사실 유포 등 선거법 위반사범으로 입건해 조사를 벌였다. 그러나 야당의 선거부정 의혹과 관권선거 주장 논란과 더불어 신민당은 표차가 제6대 대통령 선거보다 상당히 줄어들었고 국민 전체로 보면 신민당 후보가 46%나 득표함으로써 선전했다고 자평했다.

이와 달리, 박정희 세력은 더 이상 현행 헌법으로 장기집권을 하기 힘들다고 느끼기 시작했다. 그리고 박정희의 임기는 삼선제한 법규 때문에 이번이 마지막이었다. 장기집권 음모의 동요는 얼마 뒤 치러진 제8대 총선에서 신민당이 개헌 저지선보다 많은 의석을 확보함으로써 더욱 확실해진다. 신민당이 총 204석 가운데 69석의 개헌 저지선을 넘어 89석을 확보한 것이다. 그리하여 불안에 떨던 박정희는 1972년 10월 '10월 유신' 친위쿠데타를 일으켜 유신헌법을 제정했다. 이로써 그는 영구집권의 길을 열었다. 그러자 김대중은 "이처럼 되었는데도 내가 선동가냐"며 반문했다.[46] 그러나 박정희의 '영구집권의 길'은 동시에 그의 '영면永眠의 길'이었다.

중도정당의 역사와 김대중의 이후 행적은 더 추적할 필요가 없을 것이다. 1955년부터 김대중의 대통령 당선까지 기간을 요약적으로 총람하는 것이 좋을 것이다. 중도세력은 1955년 민주당 이래 민중당(1965)·신민당(1967)을 거쳐 통일민주당·평화민주당(1987)·국민회의(1995)로 전통과 법통을 이어왔다. 이 중도세력은 1960년 4·19혁명 직후의 총선을 통해 '혁명적 정권교체'를 달성해 최초의 민주당정권을 수립했다. 그러나 민주당은 1961년 박정희의 5·16 군사정변으로 강제 해산당하고, 제1차 민주당정권은 무너졌다. 그러

다가 민주당은 1963년 박순천의 민주당으로 재건되어 '민정당'과의 합당으로 통합야당 '민중당'이 되었고 한일협정과 월남파병 문제 때문에 1966년 유진오의 민중당과 윤보선의 신한당으로 다시 쪼개졌다가 1967년 신민당으로 다시 통합되었다.

그러나 박정희 군사정부와 치열하게 싸우던 김대중과 김영삼 주도의 신민당은 1980년 박정희 암살 직후 신군부의 내란으로 다시 해체되어 지하로 들어갔다. 하지만 민주당의 적통은 1983년 5월 18일 '민추협'을 거쳐 '통일민주당'으로 부활해 1987년 6월 민주항쟁을 주도했다. 그러나 이 통일민주당은 김영삼과 김대중의 대통령후보 갈등으로 분열했다. 김대중은 분열 후 평화민주당을 창당했다. 따로 출마한 통일민주당 후보 김영삼과 평화민주당 후보 김대중은 1987년 대선에서 노태우 후보에게 어부지리를 주며 패하고 말았다.

이후 1988년 통일민주당은 '3당합당'으로 말미암아 여당 속으로 소멸하고, 평화민주당은 야권으로 홀로 남아 1991년 4월 '신민주연합당'(약칭 '신민당')으로 개명했다. 그러다가 9월 이기택 등 통일민주당 잔류파와 더불어 '통합민주당'을 창당했다. 그러나 제14대 대통령 선거에서 통합민주당 대통령 후보로 나선 김대중은 다시 대선에 패하고 말았다.

한동안 정계에서 은퇴했던 김대중은 정계복귀와 함께 자파세력을 데리고 통합민주당을 탈당해서 1995년 "중도적 국민정당"으로 '새정치국민회의'를 창당했다. 그리고 그는 김종필을 'DJP지역연합' 노선으로 안아 1997년 12월 18일 치러진 제15대 대선에서 대통령에 당선함으로써 역사상 최초의 진정한 '수평적 정권교체'를 이룩하고 두번째 민주당 정권을 수립했다.

김대중 대통령은 새천년을 맞아 선진세계의 진운에 발맞춰 '진정한 중도정당'을 창설하기 위해 선거용 급조정당 '새정치국민회의'를 발전적으로 해체해 새천년민주당을 창당하기에 이른다. 새천년민주당에 이르러서야 사상가 김대중은 이념적으로 모호한 세력들과의 전술적·전략적 타협 없이 1955년 민주당의 창조적·개혁적 중도노선을 순수하게 가시화할 수 있었다.

4. 미국 민주당과 새천년민주당의 창조적 중도개혁주의

김대중은 선거용 급조정당 새정치국민회의를 자진 해체하고 미국과 서유럽 진보개혁정당들의 새로운 '중도' 노선을 수용하고 당을 재정비하기 위해 2000년 1월 20일 한국 최초의 명실상부한 중도개혁주의 정당인 '새천년민주당'을 창당했다. 당시 선진세계의 진보세력 진영에서는 거대한 노선변화의 바람이 불고 있었다. 미국민주당·영국노동당·독일사회민주당을 위시한 모든 서구 진보정당들은 프랑스사회당을 제외하고 구舊좌파적·좌익보수주의적 진보노선을 신중산층(화이트칼라)의 수적 급증과 세계관에 부응하는 '제3의 길(The Third Way)', 또는 '신新중도(Die Neue Mitte)'로 전환해서 선거에 승리했거나 재조정하고 있었다.

이 새로운 중도노선은 원래 1980년 대통령선거 이래 연패하던 '미국민주당' 내부에서 클린턴을 지지하는 '미국 민주당리더십회의(DLC)'와 부설 '진보정책연구소(PPI)'에 의해 소련·동구권 붕괴 이후 민주당과 진보진영의 장기침체를 돌파하기 위해 1980년대 말과 1990년대 초에 개발된 중도노선이었다. 이 '제3의 길'은 1992년 대통선거에서 빌 클린턴에게 승리를 안겨주었다.

사회주의인터내셔날(SI; Socialist International)은 1999년 11월 〈파리선언〉을 통해 미국민주당의 이 '제3의 길'을 전면적으로 수용

했다. 이 '제3의 길'은 다양한 명칭으로 불렸다. 미국 민주당은 1992
년 선거강령의 "기회와 책임"의 장에서 새로운 중도노선을 'a third
way'라 표현했다.[47] 이 새로운 중도노선의 원작자이자 클린턴의 핵
심참모였던 민주당리더십회의 회장 앨 프럼(Al From)은 이 새로운
노선을 1996년 'Progressive-Centrist Course(진보적 중도노선)'이
라 불렀고, 2000년에는 그냥 'Centrist Course(중도노선)'이라 불렀
다.[48] 그리고 원작자그룹에 속하는 진보정책연구소 소장 윌 마셜
(Will Marshall)은 2000년 다시 'Radical Centrism(급진적 · 근본적 중
도주의)'라   바꿔   부르더니,   2001년에는   'Reform-Minded
Centrism(개혁지향적 중도주의)'이라 불렀다.[49] 클린턴의 여론조사관
마크 펜(Mark Penn)은 2000년의 한 논고에서 'Decisive Center(결정
적 중도)', 'Centrist Track(중도트랙)', 'Centrism(중도주의)'이라 자유
롭게 불렀다.[50] 그러나 앤서니 기든스는 1997년 'Radical Centre'
라 표현했고,[51] 1998년에는 'The Third Way'라는 미국민주당의

---

47) Bill Clinton, *1992 Democratic Party Platform*. 자료는 참조: 황태연, 《창조적
    중도개혁주의》, 부록, 136쪽(국역), 144쪽(영문).

48) 앨 프럼은 1996년 클린턴대통령의 정치노선을 '진보적 중도주의 노선
    (Progressive-Centrist Course)'으로, 또 2006년에는 '중도주의 노선(Centrist
    Course)'으로 명명했다. Al From, "Al From's Remarks at the 1996 Annual
    Policy Forum and Gala" (DLC 1996). 영문원전자료는 참조: 황태연, 《창조적 중도
    개혁주의》, 401쪽; Al From, "Democrats Must Adopt a Centrist Course"
    (2006). 영문원전자료는 참조: 황태연, 《창조적 중도개학주의》, 부록, 401쪽.

49) Will Marshall, "The Second Wave of Innovation. Democrats Cannot Afford
    to Revert to Old Habits" (DLC, The New Democrat, August 2000); Marshall,
    "Revitalizing the Party of Ideas" (2001), 423쪽. 이 두 영문자료는 참조: 영문자
    료: 황태연, 《창조적 중도개혁주의》 (서울: 생각굽기, 2024), 부록.

50) Mark Penn, "The Decisive Center - Candidates Who Embrace Centrist
    Issues Can Gain a Decisive Edge" (2000), 185, 188쪽. 국가전략연구소, 《중도개
    혁주의란 무엇인가? 중도개혁주의 국제자료집》 (서울: 민주당국가전략연구소,
    2007).

51) Anthony Giddens, "Centre Left at Centre Stage"(1997), 196쪽. Anthony
    Giddens and Christopher Pierson, Conversation with Anthony Giddens
    (Cambridge: Polity Press, 1998).

개념을 수용하면서 'Radical Centre'를 '제3의 길'의 첫 번째 강령으로 규정했다.52)

클린턴은 2004년 회고록에서 자기 노선을 'Centrist Progressive Movement(중도적 진보운동)'라 불렀다.53) 독일사민당 총재 게르하르트 슈뢰더(Gerhard Schroeder)는 사민당 역사에서 1959년 이미 고데스베르강령에서 자본주의와 사회주의 사이의 중도라는 뜻의 '제3의 길(Der Dritte Weg)'을 정책슬로건으로 사용해왔기 때문에 미국의 '제3의 길'을 1998년 '신新중도(Die Neue Mitte)'라는 용어로 수용해 총선에서 대승을 거두고 오랜만에 집권했다.

그러나 프랑스 사회당은 '제3의 길'을 2017년까지 줄곧 거부하며 구舊좌파노선의 '좌익보수주의'를 견지했었다. 그러다가 에마뉘엘 마크롱(Emmanuel Macron, 1977–)은 이에 불만을 품고 사회당의 구좌파노선을 비판하면서 사회당을 탈당한 뒤 2016년 4월 'l'extrême–centre(極中)'이라 불린 '중도' 노선을 기치로 'La République En Marche!(전진 공화국!)' 당을 창당해 2017년 4월 23일과 5월 7일 대선에서 압승했고, 5년 뒤 2022년 대선에서도 연승했다. 마크롱은 '선거혁명'을 일으켜 기존 사회당과 드골주의 우익정당을 군소정당으로 전락시켰다. 클린턴의 중도노선을 계승한 미국대통령 버락 오바마는 프랑스대선 기간 내내 마크롱을 연대적으로 지지해 그의 승리를 도왔다.54)

이제와 밝히는 바지만, 필자는 1999년 상반기 어느 때 요로를 통해 김대중 대통령에게 신당창당의 역사적 필요성을 설명하고 선거용 급조정당 '새정치국민회의'의 발전적 해체와 신당창당을 강력하게 건

---

52) Anthony Giddens, *The Third Way* (Cambridge: Polity Press, 1998), 44, 70쪽.
53) Bill Clinton, My Life (New York: Alfred A. Knopf, 2004), 357쪽.
54) 참조: 황태연, 《창조적 중도개혁》, 53–70쪽.

의했다. 김대중 대통령은 이 건의를 선뜻 수용했고, 이렇게 하여 창당작업이 개시되었다. 김대중 대통령으로부터 창당 지시가 떨어지고 나서 필자는 극비리에 강령기초 작업을 위임받았다.

　필자는 미국 클린턴의 새로운 중도노선을 수용해 2000년 1월초 신당강령을 기초하면서 강령전문에 "중도개혁주의·국민통합주의·세계주의·통일민족주의·노장청통합주의·여야화합정치"를 신당의 6대 지향노선을 열거하고 "이념대립을 극복하는 중도개혁주의"를 이 가운데 '제1노선'으로 명문화했다. 당시에는 앨 프럼의 'Progressive-Centrist Course'(1996), 앤서니 기든스의 'Radical Centre'(1997)와 'The Third Way'(1998), 윌 마셜의 2000년 'Radical Centrism'(2000) 등의 용어만이 등장해 있던 때였다. 이 가운데 'Progressive-Centrist Course'와 'Radical Centre', 이 두 명칭들이 중요했다. 필자는 우리 어감과 ('진보'와 '급진'이라는 말만 나오면 경기驚氣를 일으키는) 한국특유의 반공주의 정서를 고려해서 이 두 용어를 의미론적으로 혼합해 '중도개혁주의'로 의역했다. 그리고 필자는 이 의역어를 미국 전후사정 설명과 역어 해설과 함께 김대중 대통령께 상신해서 새정치국민회의 총재 김대중 대통령의 재가를 받았다. 이렇게 하여 '중도개혁주의'라는 신조어가 탄생한 것이다.[55] 그런데 2001년 진보정책연구소 소장 마셜이 새천년민주당 강령이 제정된 지 1년 뒤인 2001년 이전의 자기 용어 'Radical Centre'를 버리고 'Reform-Minded Centrism(개혁지향적 중도주의)'로 바꿔 불렀다. 이로써 '중도개혁주의'라는 필자의 우리말 의역어는 그 의미론적 적실성이 '새로운 중도' 원작자의 한 사람에 의해 확증되었다.

　이 '중도개혁주의'는 실은 사상가 김대중의 오랜 창조적 중도노선

---

55) 참조: 황태연, 《창조적 중도개혁주의》, 머리말(5–6쪽), 71쪽.

과 거의 그대로 부합하는 것이었고, '1955년 민주당'의 창조적 중도 노선과도 어느 정도로 부합하는 것이었다. 사상가 김대중이 아태재단이사장 시절 '새정치국민회의' 창당을 준비하면서 1995년 7월경 그의 핵심참모를 통해 이런 말을 내보냈다. "한마디로 야당은 이제 탈냉전 시대의 정당으로 변모해야 할 때다. 일본 자민당은 냉전 이후 화이트컬러 정당으로 변신해야 한다는 시대적 요구를 따라가지 못해서 생존에 실패했다. 야당의 대전환이 시급한 실정이다."56) 그리고 1995년 9월 신당창당 선언에서 사상가 김대중은 '서민과 중산층의 정당' 프레임을 '중산층과 서민의 정당' 프레임으로 바꿀 것을 천명했다.57) 이것은 중산층을 앞세우고 서민을 중산층화하는 취지의 로고였다. 그리하여 새정치국민회의는 강령 전문에서 신당의 정치적 정체성을 "중도적 국민정당"으로 규정했었다.58)

그리고 1999년 8월경 '새천년민주당'의 창당에 대한 김대중 대통령의 의중이 어렴풋이 세상에 알려지고 나서 김대중 대통령은 직접 방송(KBS)에 대고 "신당은 '중산층과 서민의 당'이 되어야 한다"고 강조했다. 그리고 그는 "중산층을 중심으로 한 그러한 개혁정당을 만들면서 우리는 개혁적인 보수세력 그리고 건전한 혁신세력까지 안아서 개혁정당을 만들어 가야 되지 않는가"라고 부연했다.59) 이 중도적·국민적 포괄정당 표현은 "온건한 진보세력으로부터 건전한 보수세력까지 망라하는" 개혁적 국민정당으로 바꿔 표현되기도 했는데, 아무튼 이 표현은 김대중이 기회 닿는 대로 반복적으로 강조하던 워딩이었다.

---

56) 《시사저널》, 〈김대중, 신당 만들어 대권 향해 돌진〉 (1995년 7월 20일자).
57) 《시사저널》, 〈김대중, 신당 만들어 대권 향해 돌진〉.
58) 중앙선거관리위원회, 《大韓民國政黨史》 제5집[1993~1998] (과천: 2009), 796쪽 (새정치국민회의 강령 전문).
59) KBS 9시 뉴스, 〈김대중 대통령, 신당은 중산층─서민의 당〉, (1999년 8월 9일).

　그리고 김대중 대통령은 〈정치적 안정은 절대적인 명제〉라는 새천년민주당 창당준비위원회 결성대회 치사에서 "신당의 성격"을 "전국민적 지지를 기반으로 21세기의 위대한 미래를 열어가는 국민적 개혁정당이 되어야" 한다고 규정하고, "대한민국을 중산층과 서민이 우대받는" 나라로, 그리고 "동도 없고 서도 없이 모두가 하나 되는 전국민적 화합의 공동체"로 만들자고 촉구했다.60) 그리고 〈새천년을 책임질 국민의 정당〉이라는 제목의 창당대회치사에서도 "마침내 국민의 신망이 두터운 수많은 개혁적이고 전문적인 인사들과 더불어 오늘 새천년민주당을 창당한다"고 확인하고, 새천년민주당의 이념을 "민주주의, 시장경제, 그리고 생산적 복지를 지향하는 개혁정당", "유일하게 중산층과 서민의 이익을 대변하는 국민정당"으로 규정했다. 이어서 "이러한 새천년민주당의 민주 정통성과 이념, 그리고 계층 대표를 통해서 민주당이야말로 가장 자랑스러운 유일한 국민적 개혁정당임을 역사 앞에 선언한다"고 천명했다. 그리고 "올해에는 중산층과 서민의 복지를 위해서 전력을 다하겠다"고 공약하고 "근로소득세와 생필품에 대한 특별소비세를 대폭 감면하여 중산층과 서민의 세稅부담을 크게 줄일 것이다"고 밝혔다.61) 그리고 남북정상회담 이후 개최된 전당대회에서도 김대중 대통령은 〈꿈과 희망을 주는 정당〉이라는 전당대회치사에서 "우리 당은 중산층과 서민의 정당이다"라고 다시 확인하고, "중산층이 두터울 때 나라가 건강합니다. 일할 능력이 있는 사람은 정보화 교육 등 능력개발을 통해 중산층으로 안정될 수 있도록 만들어야 합니다"라고 천명했다.62)

---

60) 김대중, 〈새천년민주당 창당준비위원회 결성대회 치사: "정치의 안정은 절대적인 명제"〉 (1999년 11월 25일).《김대중대통령연설문집》제2권. 대통령비서설.
61) 김대중, 〈새천년민주당 창당대회 치사: "새천년을 책임질 국민의 정당"〉 (2000년 1월 20일).《김대중대통령연설문집》제2권/대통령비서설.
62) 김대중, 〈새천년민주당 전당대회 치사: "꿈과 희망을 주는 정당"〉(2000년 8월 30일).

　반복되는 이념논쟁과 관련해 특별히 상기해볼 점은 김대중이 '반공·용공조작의 때'가 묻은 '자유민주주의'라는 극極보수 용어를 쓰지 않고 '민주주의'라는 용어만을 썼다는 것이다. 이 어법은 1955년 민주당으로부터의 관행("자유와 민주의 통일")이기도 했지만, 나름대로 더 깊은 이유가 있는 것으로 보인다.

　한국 헌법에 "자유민주적 기본질서"라는 말이 처음 등장한 것은 1972년 유신헌법에서부터였다. 제헌헌법은 전문前文에 "민주독립국가", "민주주의 제諸제도"라고만 언급하고, 제1조에 "민주공화국"만을 명시했었다. 제3공헌법도 "민주공화국"과 "민주주의 제諸제도"라는 개념만 명문화했다. 1972년 유신헌법에서야 비로소 처음으로 "자유민주적 기본질서"라는 말이 전문에서 딱 한 번 등장했다. 그리고 현행헌법은 전문에 "자유민주적 기본질서"를, 그리고 제4조에 "자유민주적 기본질서에 입각한 평화적 통일"을 명문화하고 있다. 그러나 반공주의에 오염된 "자유민주주의"라는 용어는 쓰지 않고 있다. 한국헌법이 명시한 "자유민주적 기본질서"는 '자유민주주의적 기본질서'와 다름에 유의해야 할 것이다. 그리고 헌법재판소도 헌법의 "자유민주적"이라는 술어를 '이념'(이데올로기)의 의미가 아니라 '자유와 민주'의 의미로 해석한 바 있다. 2013년 헌법재판소는 헌법 제8조 4항에 규정된 정당의 "민주적 기본질서"를 "자유민주적 기본질서"와 동일한 규정으로 보고 이렇게 결정했다.

　　헌법 제8조 4항의 '민주적 기본질서'는 개인의 자율적 이성을 신뢰하고 모든 정치적 견해들이 각각 상대적 진리성과 합리성을 지닌다고 전제하는 다원적 세계관에 입각한 것으로서, 모든 폭력적·자의적 지배를 배제하고, 다수를 존중하면서도 소수를 배려하는 민주적 의사결정과 자유·

평등을 기본원리로 하여 구성되고 운영되는 정치적 질서를 말하며, 구체적으로는 국민주권의 원리, 기본적 인권의 존중, 권력분립제도, 복수정당제도 등이 현행 헌법상 주요한 요소라고 볼 수 있다.[63]

이 결정문에는 그간의 다수의견 및 판례와 반대로 "(자유)민주적 기본질서"를 '자유민주주의적 기본질서'로 간주하지 않고 있다. 그간 민주화로 개명開明된 2013년의 헌법재판소는 "자유민주적 기본질서"를 《독일연방공화국 기본법(Grundgesetz für die Bundesrepublik Deutschland)》의 제10·11·18·21조에 명문화된 "자유적(자유애호적)·민주적 기본질서(freiheitliche demokratische Grundordnung)", 또는 (1955년 민주당 강령처럼) "자유와 민주"의 "기본질서"로 해석한 것이다. 그간의 판례와 법조계 일각에서는 이 "자유민주적 기본질서"로부터 자유민주주의를 도출하거나 이것을 '자유민주주의'로 좁혀 이해하고 싶어 하지만, 이것은 어디까지나 '도출'이나 '오해'일 뿐이고, 명문은 그렇지 않다. "자유민주적"은 '자유롭고 민주적인'을 가리키는 것으로 이해되어야 하는 것이다. 대한민국 헌법의 영문본도 "자유민주적 기본질서"를 'liberal-democratic basic order'로 영역하지 않고 "basic free and democratic order"로 영역했다. 그리고 고등학교 1학년 사회교과서 2단원에 자유민주적 기본질서에 대한 내용이 나오는데, 이 대목과 관련된 교사용 지도서를 보면 "자유민주적 기본질서"가 '자유민주주의적 기본질서'를 뜻하는 것이 아니라는 점에 유의하라고 적혀 있다. 따라서 사회민주주의 정당도 "자유민주적 기본질서"에 위배되지 않는다. 제헌헌법 설계자 가운데 1인이었던 유진오는 '민주주의'를 반공이데올로기 '자유민주주의'보다

---

63) 〈2013헌다1 통합진보당 해산 결정문〉(통합진보당 해산 청구 사건).

훨씬 폭넓게 해설했다.64) 김대중은 이런저런 이유에서, 그리고 자유민주주의의 이름으로 자행된 반공·용공조작의 위험 때문에 '자유민주주의'라는 말을 끝내 입에 담지 않은 것으로 보인다.

본래의 논지로 돌아오면, 민주당강령 제정 이후 '중도개혁주의'는 국내정치에서 급진개혁주의와 보수주의에 대비되는 새로운 이념적 기치로서 유행어처럼 진영을 넘어 도처로 번져갔다. 2002년 민주당 대선후보경선 때는 노무현 후보와 이인제 후보가 중도개혁주의를 표방했고, 대선 때는 노무현 후보만이 아니라 심지어 이회창 후보도 '중도개혁주의'를 내걸었다. 그리고 2007년 제17대 대통령선거에서는 이명박 후보도 '중도실용주의'를 기치로 내걸었다. 이로써 '중도개혁주의'라는 말은 널리 확산되어 천하통일을 이루는 듯했다. 이로써 미국 민주당과 서구 좌파정당들이 중도정당으로 재탄생하는 과정에서 창안된 '중도개혁주의'는 우리나라 민주당의 중도 전통과 접목되어 한국의 주류이념으로 올라서는 역사적 전기를 맞았다. '비주류'로 밀려난 한국의 보수세력은 중도개혁주의의 압박으로 어느 정도 중도노선에 접근한 것과 달리, 극우·극좌이념은 점차 주변화週邊化되든가 생존을 위해 얼마간 중도화 제스처를 취했다.

그러나 이런 '중도개혁주의'라는 용어가 좌우진영에서 유행한다고 해서 김대중을 제외하고 어떤 정치인이 그 깊은 의미를 이해했을 것이라고 아무도 생각하지 않을 것이다. 미국의 원작자들에 의해 "삼각화(triangulation)" 전략이라고 설명되는 이 창조적 중도개혁주의 노선은 '1955년 민주당'의 강령에 담긴 "자유경제 원칙하에 생산을 증강하고 사회주의에 입각해 공정한 분배를 기한다"는 '파격적' 중도노선과 유사한 사고방식을 담고 있었다. '중도中道'는 공자의 경우에도

---

64) 유진오, 《헌법해의》 (서울: 명세당, 1949), 10-18쪽.

중간·중도中度·균형·조화 등 여러 가지 뜻이 있다. 그리고 헤겔과 레닌이 말한 "동적動的 중도"도 있다. 이 "동적 중도"는 가령 0과 100 사이에서 산술적·기계적으로 50을 취하는 중간이 아니라, 상황이 20, 또는 30으로 경사되었을 때는 70이나 80을 중도로 택해서 이어지는 동학動學 속에서 결과적으로 중간(50)의 효과가 나게 한다는 의미의 중도를 말한다.

그러나 "자유주의로 생산하고 사회주의로 분배를 기한다"는 정책은 '기계적·산술적' 중도든, '동적' 중도든 그런 의미의 중도개념을 활용하고 있지 않다. 보통 이런 식의 중간적·절충적 중도라면 생산도 자유주의와 사회주의의 혼합경제로 하고, 분배도 자유주의와 사회주의의 적절한 혼합방식으로 한다고 말해야 할 것이다. 그러나 '1955년 민주당'은 이런 기계적·동적 중도를 따르지 않고 "자유주의로 생산하고 사회주의로 분배를 기한다"는 중도노선을 제시하고 있다. 이것은 경제적 자유주의(자본주의)와 사회주의에서 중도를 택하라 하면 으레 그렇듯이 자유주의적 생산·분배의 극단적 원칙과 사회주의적 생산·분배의 극단적 원칙 사이의 중간을 택해 절충하는 것을 생각할 것이다. 그러나 독일 사민당정부의 정책노선이 그랬듯이 이런 절충적 중도노선은 '효율적' 생산과 '공정한' 분배를 둘 다 어렵게 했다.

하지만 '1955년 민주당'은 경제를 생산과 분배로 나누고 이것에 각각 다른 원칙을 적용했다. 즉, 생산의 증강(성장)을 자유경제 원칙으로 완전히 해방하고 분배는 사회주의적 공정성을 추구하는 중도노선을 내놓은 것이다. 이것은 이전에 아무도 생각해보지 못한 '창조적 중도'다. 이 창조적 중도노선은 자본주의와도 '다르고' 사회주의와도 '다른' 제3의 길이었다. 물론 생산과 분배를 분리하고 이에 대해 각각 다른 원칙(자본주의와 사회주의)을 적용하는 '1995년 민주당'의 이 정책노선은 다음에 상론하듯이 사실상 불가능한 유토피아적 노선이었다.

그러나 사상가 김대중은 '창조적 중도'가 체화되어 있었다. 그는 상대 정당의 정책이 국민에게 해로우면 사활을 걸고 반대투쟁을 전개했지만, 두 정책이 충돌할 때 각각이 국민에게 조금이라도 이로운 측면이 있다면 둘 다 받아들여 창조적 수선을 거쳐 자신의 정책으로 삼았다. 그의 대표적인 '창조적 중도정책'은 "시장경제와 민주주의의 병행발전", 나아가 "시장경제·민주주의·생산적 복지의 병행발전"이었다.65) 자유주의자들이 강조하는 건전한 자본주의적 시장경제는 생산의 효율화로 성장을 추동하면서 민주주의의 발전을 물질적으로 뒷받침해주고, 거꾸로 한국의 민주화 투사들이 독재투쟁을 통해 추구해온 인권·자유·평등의 민주주의는 정경유착을 없애 시장경제를 발전시키고, 평등이념을 통해 공정한 분배와 국민복지의 정치문화를 지탱해주고, 거꾸로 사회주의자들이 중시하는 복지는 유효수요를 늘려 생산을 돕고 빈곤을 없애 민주시민의 육성에 기여한다.

"시장경제·민주주의·생산적 복지의 병행발전" 노선은 민주주의·경제성장·공정분배의 동시중시 정책이지만, "자유경제 원칙하에 생산을 증강하고 사회주의에 입각해 공정한 분배"를 기하는 '1955년 민주당'의 노선을 수정한 그의 창조적 대중경제론을 전제했다. "자유경제 원칙하에 생산의 증강"과 "사회주의에 입각해 공정한 분배"를

---

65) "시장경제와 민주주의의 병행발전" 노선을 "시장경제·민주주의·생산적 복지의 병행발전" 노선으로 확대하는 것을 건의한 것은 필자였다. 1999년 상반기에 김대중 대통령에게 올린 신당창당 건의서에서 필자는 IMF국난 속에서 야기된 국민의 생활위기와 궁핍화에 대한 대처 방안으로 '국민복지'의 강화가 필수적이라고 주장하고 기존 병행발전 노선을 "시장경제·민주주의·국민복지의 병행발전" 노선으로 확장해 산당의 정책구호를 삼아야 할 것이라고 요청했다. 필자가 김대중 대통령이 공약으로 내건 영국 블레어 식의 "생산적 복지(welfare to work)" 대신 "국민복지"라는 개념을 택한 것은 이 '생산적 복지' 정책이 영국에서 이미 비판을 받고 있었기 때문이다. 그러나 김대중 대통령은 공약대로 필자의 "국민복지"를 다시 "생산적 복지"로 바꿔 "시장경제·민주주의·생산적 복지의 병행발전"으로 내걸었다.

결합한 정책이 실은 그 취지야 이해할 수 있지만 이론적·실천적 관점에서 '공상적'이었기 때문이다. 왜냐하면 '시장을 통한 분배'와 '복지정책적 분배'로 구성되어 있는 '분배'와 관련해 사회주의(사회복지적 분배원칙)만을 거론하고 '시장을 통한 분배'를 망각하는 것은 자본시장에 따른 이윤분배와 노동시장에 따른 임금분배를 포함하는 '자본주의적 생산'의 원칙과 충돌하기 때문이다. 이 때문에 김대중은 시장을 통한 공정한 분배를 '대중참여경제'로 먼저 확보하고자 했다.

'대중참여경제론'은 시장을 통한 공정한 분배를 사회복지적 분배(사회주의적 분배)원칙보다 더 근본적인 것으로 중시한다. '대중참여경제론'은 '시장을 통한 공정한 분배'를 노동자·농민·중소상공인 대중이 생산과 분배에 참여할 기회를 최대로 확대해 중소기업가의 이윤과 농가소득, 노동자의 일자리와 임금을 높여 이들이 질 좋고 값싼 제품을 파는 소비시장에 참여하는 길을 넓히는 것이다. 이를 위한 전제로서 '대중참여경제'는 정경유착과 재벌기업(독과점기업)의 문어발식 확장을 해소해 자유시장을 창설하고 이 자유시장에서 자유로운 경쟁적 생산을 통해 제품의 품질을 높이고 가격을 낮춰 대중이 이 제품들을 살 수 있게 한다. 이것은 시장을 통한 공정한 분배를 보장한다. '시장을 통한 분배'의 결함은 생산적 복지로 메운다. 김대중은 "자유경제 원칙하에 생산을 증강하고 사회주의에 입각해 공정한 분배"를 기하는 '1955년 민주당' 노선의 취지만을 계승하고 시장노선과 복지노선의 극단적 대립에서 시장노선과 복지노선을 둘 다 취하고 이 두 노선을 창조적으로 결합시킨 것이다. 즉, 시장노선을 생산과 분배를 가리지 않고 유보 없이 적용하고 자유경쟁을 회복시켜 제품의 품질을 제고하고 가격을 저렴화하고 일자리를 늘려 대중이 소비시장에 참여할 수 있게 만드는 '시장을 통한 복지노선'을 근본으로 삼고 이 시장분배의 결함에는 정부의 시장외적市場外的 복지정책으로 대응하는 것이다. 이 노선은 시장노선과 복지노선의 극단을 '둘 다 (both)' 유보 없이 수용한 것이지만 이 극단의 단순한 절충적 합성과 '다르게(differently)' 결합시킨 '창조적' 중도개혁 노선이다.

한편, 어느 시점부터인가 사상가 김대중은 중도정당이 서민을 서민으로 영구화시키려는 좌익 계급정당이 아니라, 서민을 중산층으로 만들어 중산층을 두텁게 만드는 중산층의 정당이 되어야 한다고 생각했다. 그리하여 평화민주당 시절부터 사용하던 '서민과 중산층의 정당'이라는 프레임을 버리고 '중산층강국 건설'의 메시지를 강화하기 위해 '서민'보다 '중산층'을 앞세우는 '중산층과 서민의 정당' 프레임을 내걸었다. 사상가 김대중은 노동자·농민의 계급정당 프레임에서 조금 벗어난 '서민과 중산층의 정당'의 절충적 중도좌익 프레임이 서민을 앞세움으로써 서민을 서민으로 영구화시키고 지식기반경제 속에서 새로이 급성장하는 신新중산층의 서민기피 심리(과거 서민으로 살던 시절을 잊고 싶은 심리)를 건드릴 위험이 있는 시대착오적 프레임임을 간파한 것이다. 실제로 단독주택이나 다세대주택이 재개발로 아파트단지로 바뀐 동네와 신도시들에서는 국민회의의 지지층이 급감했다. 이런 이유에서 김대중은 '서민과 중산층의 정당'의 절충적 중도좌익 프레임을 과감하게 버리고 '중산층과 서민의 정당' 프레임을 선택했다. 그는 이 새로운 정당프레임으로 신당이 중산층을 앞세우는 정당임을 선언함으로써 급성장하는 화이트칼라 계층(신중산층)의 세계관·가치관에 부응하고 서민을 서민으로 묶어놓고 '표밭'으로 삼는 좌익 계급정당이 아니라 서민의 중산층화에 "전력을 다하는" 국민정당이라는 메시지를 내보냈던 것이다.

김대중은 군부독재세력처럼 민주주의와 사회복지 없이 시장경제만 추구하면 시장경제마저 정경유착 재벌들의 (자유경쟁 없는) 독과점체제로 전락하고, 공산당처럼 자유시장과 민주주의 없이, 또는 서구의 구舊진보정당처럼 자유시장을 제약하며 사회복지만 추구하면 경제가 스태그플레이션에 빠지거나 퇴락한다고 경고하면서 구舊진보주의와 신자유주의를 둘 다 거부한 것이다. 그는 '시장경제 · 민주주의 · 생산적 복지의 병행발전' 테제로써 공산주의 · 좌익보수주의를 거부하고, 신자유주의도 거부하는 '창조적 중도'의 길을 간 것이다.

1955년 민주당과 김대중의 이런 '창조적 중도' 노선은 우연찮게 미국 민주당의 중도노선 원작자들의 '삼각화(triangulation)' 전략의 중도노선과 거의 그대로 합치되었다. 1980년대 미국 민주당리더십회의와 진보정책연구소에서 개발해 활용한 이 삼각화 중도론에서 '중도中道'는 양극단 사이의 단순한 일차원적 가운뎃길만이 아니라, 3차원의 창조적 가운뎃길, 즉 트라이앵글 형태의 중도다. 좌 · 우파 정책의 양극단을 잇는 직선을 밑변으로 삼아 이 직선의 상위에 있는 어느 적절한 점을 꼭짓점으로 잡고 양극단의 점들과 이 꼭짓점을 이어 삼각형을 만든 뒤 그 꼭짓점의 노선을 취하는 것이 '삼각화의 중도'다. 이 삼각형의 가운데 꼭지점은 양극단과 다르고(different) 또 양극단보다 더 많은(more) '제3의 중도'다. 이 '다름(difference)'은 양극단으로부터의 '거리'만큼 다른 것일 뿐만 아니라 삼각형의 '높이'만큼 다른 것이기도 한다. 이 '높이'는 정책적 창조성의 정도를 함의한다. 이 중도는 양극단을 잇는 직선상의 위치로 보면 가운데에 있지만 이 중도는 임의의 삼각형(정삼각형, 또는 좌나 우로 얼마간 기운 다양한 삼각형)에서 다양한 지점의 꼭짓점으로 변화를 보일 수 있다. 따라서 이 중도는 극단들과 '다르기'도 하고 극단들보다 '더 많기'도 하고 '다양하기'도 한 '창조적 중도'인 것이다. 이 창조적 중도는 꼭짓점 위치와 그 높낮이에 따라 다양한 변화를 보일 수 있고, 따라서 얼마든지 다양하게 창조될 수 있는 중도다.

그래서 클린턴은 1991년 〈민주당리더십협회 클리블랜드 총회에서의 기조연설〉에서 이렇게 천명한다.

> 지금 우리의 새로운 선택은 낡은 범주들과 이것들이 강요하는 그릇된 대
> 안들을 명백하게 기각하는 것이다. 내가 방금 여러분에게 말했던 것이
> 진보인가 보수인가(liberal or conservative)? 진실은 그것이 둘 다이면
> 서, 또 그것이 다르다는 것이다.(The truth is, it is both, and it is
> different.) 이것은 새로운 대안들을 고려치 않으려는 민주당의 과거 고
> 정관념과 (이에 대한) 공화당의 공격을 (둘 다) 기각한다.[66]

 이어서 클린턴은 "가난한 어린이에 관한 논쟁"을 예로 들어 이 새
로운 중도개념을 길게 설명한다.

> 공화당원들이 논쟁을 설정하는 식으로 말하기를, 민주당이 이런 문제들
> 마다 더 많은 돈을 써서 해결하려고 한다고 하는데, 우리는 여러분이 문제
> 마다 돈으로 해결할 수 없다는 것을 안다. 우리는 방금 바로 그런 말을
> 했고, 그래서 우리는 (공화당이 말하는) 가족가치(family values)를 지지
> 하는 것이다. 여러분에게 뭔가를 말하겠다. 가족가치는 굶주린 아이를
> 바로 먹이지 못하지만 당신은 가족가치 없이 굶주린 아이를 아주 잘 키울
> 수 없다. 우리는 (돈과 가족가치를) 둘 다 필요로 한다. 내가 꼬맹이였을
> 때 증조부모의 도움을 많이 받으면서 조부모가 나를 키웠다. 나의 증조부
> 모님들은 시골에서 각주角柱 위에 지은 방 두 칸짜리 오두막집에서 살았
> 다. 그 집의 가장 좋은 방은 폭풍 대피용 지하실이었는데, 그곳은 땅속
> 토굴이었다. 나는 그곳에서 등유 랜턴과 뱀을 가지고 밤을 보내곤 했다.

---

66) 빌 클린턴, 〈민주당리더십협회 클리블랜드 총회에서의 기조연설〉(1991년 5월 6일).
황태연, 《창조적 중도개혁주의》, 부록 국역문, 161쪽; 부록 영문원전자료, Bill
Clinton, "Keynote Address of Gov. Bill Clinton to the DLC's Cleveland
Convention" (DLC, Speech, May 6, 1991), 360쪽.

그리고 증조부모는 당시 우리가 정부물자를 – 우리가 그때 그것을 다시 회상해보면 – 정부의 도움을 받았다. 그들은 자신들이 가지고 있던 것으로 대단한 일을 해냈다. 나의 할아버지는 아칸소주의 호프(Hope)라는 작은 마을의 흑인 동네에서 잡화점을 운영했다. 생계를 위해 힘들게 일하는 흑인 손님들은 식량 배급표가 없어서 돈 없이 그냥 왔고, 할아버지는 어떤 식으로든 그들에게 먹을 것을 주고 그것을 적어 놓았다. 할아버지는 자신이 지역공동체의 일부라고 생각했다. 할아버지는 가족 가치를 믿었고, 개인적 책임을 믿었다. 그러나 그들은 또한 정부가 최선을 다하는 사람들을 도울 의무가 있다는 것도 믿었다. 그리고 우리는 그것을 해냈다. 그런데 여러분이 이것을 (공화당이 다스려온 이래) 미국의 그토록 많은 곳에서 오늘날 벌어지고 있는 상황과 비교하면 이 상황은 진짜 충격적이다.[67]

클린턴은 어린 시절 자기 가족이 가난한 가족이었을지라도 증조부모-조부모-부모로 이어지는 가족가치, 즉 대를 잇는 따뜻한 가족적 친애와 연대 속에서 정부의 보조를 받아 성장한 사실을 들어 좌파가 고수해온 정부의 금전적 가족지원과 공화당이 강조하는 가족가치를 동시 중시하는 중도적 가족정책을 설명하고 있다.

그리고 클린턴은 조지 부시 1세 치하의 심각한 가족붕괴 상황을 약물 남용 지역인 남중부 로스앤젤레스의 예로 설명했다. 이 지역에서 그가 만난 "10여 명의 6학년생들" 가운데 "대부분이 조부모를 본 적도 없고 증조부모가 있다는 것은 단지 상상할 뿐이고, 그들 가운데 한 아이는 부모의 약물남용 때문에 자기 부모를 경찰에 신고했다고 말했다"는 것이다.[68] 따라서 문제마다 돈으로 해결하려고 드는 것은

---

67) 클린턴, 〈민주당리더십협회 클리블랜드 총회에서의 기조연설〉. 황태연, 《창조적 중도개혁주의》, 부록 국역문, 161-162쪽; 부록 영문원전자료, Clinton, "Keynote Address of Gov. Bill Clinton to the DLC's Cleveland Convention", 360-361쪽. 괄호 속의 우리말은 인용자.

문젯거리이고 '가족가치'를 강화해야 한다는 공화당의 주장도, 빈민아동을 금전으로 지원해야 한다는 구舊민주당의 주장도 둘 다 옳지만, 새로운 관점에서 가족가치 강화와 금전적 지원을 동시에 시행해야 한다는 창조적 중도의 가족정책을 취함으로써 가족가치만 강조하고 빈민아동들에 대한 금전적 지원을 반대·중단한 공화당 정책도 기각하고, 가족가치를 무시한 채 금전만 던져주고 나 몰라라 하는 구舊민주당의 과거 가족정책도 기각하는 제3의 정책이었다.

15년 뒤인 2006년 앨 프럼은 클린턴의 저 기조연설을 상기시켰다. "우리의 새로운 선택은 낡은 이데올로기들과 이것들이 강요한 그릇된 선택을 명백하게 기각하는 것이다. 우리의 아젠다는 진보도 보수도 아니다. 그것은 둘 다이면서, 또 그것은 다르다(It is both, and it is different). 그것은 새로운 대안을 고려하지 않으려는 민주당의 과거 고정관념과 우리 당에 대한 공화당의 공격을 (둘 다) 기각한다."[69] 이런 의미에서, 즉 "그것은 둘 다이고, 또 그것은 다르다"는 의미에서 클린턴과 앨 프럼의 삼각화 방식의 중도도 '창조적 중도'인 것이다.

또 클린턴은 "It is both, and it is different"의 창조적 삼각화 중도노선을 조세정책에도 적용했다. 그는 공급측면(투자)을 강화하기 위해 법인세를 인하해야 한다는 공화당 정책과 수요측면(소득)을 강화하기 위해 근로소득세를 인하해야 한다는 전통적 민주당 정책을 둘 다 취해 양측의 정책적 일면성을 극복한 그 유명한 '신경제(The

68) 클린턴, 〈민주당리더십협회 클리블랜드 총회에서의 기조연설〉. 황태연, 《창조적 중도개혁주의》, 부록 국역문, 162쪽; 부록 영문원전자료, Clinton, "Keynote Address of Gov. Bill Clinton to the DLC's Cleveland Convention", 361쪽.

69) Al From, "Waking the Dems: How the New Democrat Movement Made the Party of Roosevelt, Truman, and Kennedy Relevant Again", DLC, Blueprint Magazine (February 9, 2006). 황태연, 《창조적 중도개혁주의》, 부록, 영문원전자료, 476쪽.

New Economy)' 정책을 수립 · 시행한 것이다. '신경제'의 핵심정책은 공급 · 수요측면 동시중시, 법인세와 소득세의 동시감세 정책, 즉 경제와 복지를 둘 다 살리는 제3의 창조적 중도노선이었다.

　1999년 영국의 토니 블레어 총리와 독일의 게르하르트 슈뢰더 총리는 클린턴의 이 공급 · 수요측면 동시중시, 법인세와 소득세의 동시감세 정책을 지지해서 〈블레어–슈뢰더 공동선언 – 유럽: '제3의 길'(Tony Blair & Gerhard Schroeder Manifesto – Europe: 'The Third Way')〉에서 "수요와 공급 측면 정책은 함께 가는 것이지, 양자택일이 아니다(Demand and supply-side policies go together, they are not alternatives)"라고 선언했다.70) 그리고 블레어와 슈뢰더는 다음과 같이 부연했다.

　　과거에 사회민주주의자는 성장과 높은 고용 목표가 성공적 수요 관리만으로 성취될 수 있다는 인상을 주곤 했다. 현대적 사회민주주의자는 공급 측면 정책들이 중심적 · 상보적 역할을 한다는 것을 인정한다. 오늘날의 세계에서 대부분의 정책결정은 공급측면과 수요측면, 양자의 조건에 영향을 미친다. 성공적인 생산적 복지(Welfare to Work) 프로그램은 이전의 실업자에게 소득을 증대시켰고 고용주에게 쓸모 있는 노동공급을 향상시켰다. 현대적 경제정책은 근로자의 세금을 뺀 순소득을 증대시키고 동시에 고용주의 고용비용을 줄이는 것을 목적으로 한다. 그러므로 미래지향적 사회보장제도의 구조개혁, 고용친화적 조세와 분담금 구조를 통한 비임금 노동비용의 축소는 특히 중요하다. 사회민주주의적 정책의 목적은 미시경제적 유연성과 거시경제적 안정성의 유익한 결합을 위해 수요측면과 공급측면 정책 간의 명백한 모순을 극복하는 것이다.71)

---

70) 〈블레어–슈뢰더 공동선언 – 유럽의 '제3의 길'〉, 황태연, 《창조적 중도개혁주의》, 국문부록, 314쪽; 영문부록: "Tony Blair & Gerhard Schroeder Manifesto – Europe: '*The Third Way*'", 583쪽.

블레어와 슈뢰더는 법인세와 소득세의 동시감세 정책을 시행해서 자국 경제를 오랜 침체의 늪에서 건져냈고 처음으로 청년실업률을 현저히 낮출 수 있었다. 그들은 집권(1997 · 1998)과 동시에 각각 자국에서 이 정책을 시행해서 큰 효과를 본 뒤 1999년 공동선언으로 발표한 것이다.

김대중 대통령도 법인세와 소득세의 동시감세 정책을 추진해서 경제를 살렸다. 그는 소득세 감세와 법인세 감세를 거의 동시에 시행했다. 상론했듯이 그는 2000년 1월 20일 〈새천년을 책임질 국민의 정당〉이라는 제목의 창당대회치사에서 "올해에는 중산층과 서민의 복지를 위해서 전력을 다하겠다"고 공약하고 "근로소득세와 생필품에 대한 특별소비세를 대폭 감면하여 중산층과 서민의 세부담을 크게 줄일 것이다"고 천명하고,[72] 이 공약을 그대로 시행했다. 거의 동시에 2001년 김 대통령은 1억 원 이하의 법인소득에 대한 법인세를 16%에서 15%로, 1억 원 이상의 법인세는 28%에서 27%로 낮춰 각 구간 1%씩 세율을 인하했다.[73] 이 동시감세 정책은 경제를 비약적으로 발전시킨 견인차가 되었다. 김대중 대통령은 회복된 경제력을 바탕으로 1997년 12월 3일 IMF구제금융을 받은 지 '3년 반' 만인 2000년 10월 4일 195억 달러의 금융차관을 완전 상환했다. 이것은 IMF구제금융을 받은 영국 · 아르헨티나 · 동구제국 · 동남아제국 등 수십 개국과 견주어도 가장 빠른 상환이었고, '6년 상환예정' 시점보다 3년 이른 상환이었다.

---

71) 〈블레어–슈뢰더 공동선언 – 유럽의 '제3의 길'〉, 황태연, 《창조적 중도개혁주의》, 국문부록, 314–315쪽; 영문부록: "Tony Blair & Gerhard Schroeder Manifesto – Europe: '*The Third Way*'", 583쪽.
72) 김대중, 〈새천년민주당 창당대회 치사: "새천년을 책임질 국민의 정당"〉 (2000년 1월 20일). 《김대중대통령연설문집》 제2권/대통령비서설.
73) 한국조세재정연구원, 《한국세제사》 제2편 · 1권 (세종: 2012).

나아가 김대중은 국가의 존망을 좌우하는 한국 외교의 중요성을 말하면서 외교에서도 창조적 중도주의 원칙을 강조했다. 그는 한국과 한반도가 해양세력과 대륙세력 사이에 끼어 교차점에 위치하는 옹색한 지정학적 위치를 잘 알지만 이 중간적 위치를 오히려 역이용하는 외교정책을 추구해 이 지정학적 위치에서 "도랑에 든 소가 양둑의 풀을 뜯어먹듯이" 대륙세력과 해양세력 양편으로부터 이익을 취해 자유 · 독립과 국운융성을 기해야 한다는 창조적 외교노선을 제시했다.

> 한반도는 중국과 만주, 러시아의 연해주와 맞닿아 있다. 동쪽으로 일본, 서쪽으로 중국과 바다를 사이에 두고 서로 바라보고 있다. 한반도는 군사대국인 중국 · 일본 · 러시아 사이에 끼어있다. 한반도는 강대국들이 서로를 견제하는 군사적 요충지이다. 때문에 한반도는 과거로부터 열강의 각축장이 되어 왔다. 또한 태평양에서 대륙으로 나가는 반도이기 때문에 미국이나 서구 여러 나라들도 한 발이라도 걸쳐 놓고 싶어 했다. 지금은 미군이 주둔하고 있다. 한국처럼 4대 강국에 둘러싸여 있는 나라는 지구상에 없다. 그러므로 우리나라는 세계에서 가장 외교가 필요한 나라이다. 외교가 운명을 좌우한다고 해도 과언이 아니다. (…) 우리에게 주변 4대국은 약이 될 수도 있고, 독이 될 수도 있다. 우리가 힘이 약하고 분열되어 있으면 서로 지배하려 들겠지만, 강하고 단합해 있으면 우리와 협력하려고 할 것이다. 모든 것이 우리에게 달려 있다. 한국은 지리적으로 작은 나라이지만 지정학적으로 매우 중요한 나라이다. 우리의 4강 외교는 '1동맹 3친선 체제'가 되어야 한다. 미국과는 군사동맹을 견고히 유지하고 중국 · 일본 · 러시아와는 친선체제를 유지해야 한다. … 중국은 '한국은 미국 일변도'라는 인식을 가지고 있다. 우리는 이를 불식시키려는 노력을 해야 한다. (…) 한반도는 4대국의 이해가 촘촘이 얽혀있는, 기회이자

위기의 땅이다. 도랑에 든 소가 되어 휘파람을 불며 양쪽의 풀을 뜯어먹을 것인지, 열강의 쇠창살에 갇혀 그들의 먹이로 전락할 것인지 그것은 전적으로 우리에게 달렸다.[74]

이것은 미국과의 동맹을 고수하면서도 그래도 탄력적으로 대륙의 중국·러시아와도 척지지 않게 선린·친선 외교를 잘 꾸려서 양측으로부터 이득을 얻는 '창조적 중도노선'의 4강 외교론이다. 사상가 김대중은 "설사 통일이 늦어지더라도 남북이 화해·협력하여 한반도가 대륙과 해양을 잇는 평화의 다리가 되고, 바다로, 대륙으로 열려 있어야 한다"고 역설했다.[75] 나아가 이것은 한반도가 "열강의 쇠창살에 갇혀 그들의 먹이로 전락할" 땅, 즉 해양과 대륙의 양대兩大세력에게 수동적으로 결정당할 땅이라는 비관주의를 떨쳐버리고, 동맹국 미국의 적극적 후원과 주변 3국의 친화·협조를 얻으려는 균형 잡힌 "1동맹 3친선" 외교로 '반도강국'으로 도약할 수 있는 진로를 국제적으로 개척·확보하고 '제3세력'으로서의 '반도세력'으로 정립鼎立되는 반도국가 특유의 중도적 국가비전이다. 그리고 김대중은 이것을 "양쪽의 풀을 뜯어먹는 도랑에 든 소"가 되는 것으로 표현하고 있다. "도랑에 든 소"는 우리 속담이다. "도랑에 든 소"는 이곳저곳 양쪽 둔덕의 풀을 뜯어먹을 수 있다. 가운데 끼어 양쪽으로부터 다 이익을 취할 수 있다는 뜻이다.

김대중은 한국이 양 둑을 풀을 뜯어 먹을 수 있는 "도랑에 든 소"가 되도록 반도의 '강국'으로 올라설 수 있는 국가역량을 그간 쟁취된 민주주의와 시장경제, 지식정보화시대에 알맞은 우리 국민의 교육·문화능력, 국제적 한류, 한국에 대한 세계인의 비상한 관심 등에서

---

74) 김대중, 《김대중 자서전2》 (서울: 삼인, 2010), 595–597쪽.
75) 김대중, 《김대중 자서전2》, 598쪽.

보고 있다.

> 제2차 세계대전 이후 세계에서 독립한 150여 개 나라 중에서 민주주의와
> 시장경제를 제대로 하는 나라는 우리 한국뿐이다. 우리 한국 국민은 높은
> 교육열, 지적 호기심을 지니고 있다. 지식정보화시대에 가장 알맞은 민족
> 이다. 산업화 시대에는 맨 뒤에 서서 국운이 쇠퇴했지만, 지식정보화시대
> 에는 강국으로 떠오를 것이다. 높은 교육열, 지적 호기심에 민주주의가
> 합해져서 우리 문화가 세계의 주목을 받을 것이다. 그 첫 번째 현상이
> 한류이다. 프랑스 문명비평가 자크 아탈리(Jacque Atalli)는 한국이 앞으
> 로 30년 내에 거점국가가 될 것이라고 말했다. 미국 투자은행 골드만삭스
> 는 한국이 앞으로 50년 내, 21세기 중반에는 미국 다음으로 발전하여
> 국민 1인당 소득이 8만 1000불이 될 것이라고 전망했다. 독일의《디 벨트
> (Die Welt)》지는 앞으로 30년 안에 한국은 독일을 앞서갈 가능성이 있다
> 고 보도했다. 세계가 한반도를 주시하고 미래는 한민족에게 열려 있다.[76]

  김대중의 반도강국은 이와 같이 일차적으로 소프트파워 강국, 김
구가 꿈에 그리던 '문화강국'이다.

  그러나 김대중은 국력증강에서도 소프트파워와 하드파워를 치우
치지 않게 둘 다 키워 새로운 국력을 갖추는 창조적 중도노선, 즉
'스마트파워' 증강 노선을 추구했다. 김대중은 시장경제를 통한 국부
의 증대는 새삼 말할 것도 없고 군사력증강과 방위산업 발전을 통한
하드파워 강국의 건설에도 각별한 노력을 기울인 것이다. 김대중은
대통령으로서 1999년 10월 1일 빅딜(대규모 사업교환)을 통해 대우중
공업·삼성항공(현 삼성테크원)·현대우주항공 등 3사를 통폐합해 한

---

76) 김대중, 《김대중 자서전2》, 597쪽.

국우주항공산업 KAI를 출범시켜 첨단전투기 개발에 착수케 했다. KAI는 2000년 전투기 KF-16을 생산·납품했고, T-1 기본훈련기를 자체 개발했고, 2016년 T-50A 초음속 고등훈련기, FA-50 경공격기를 생산해 수출하기 시작했다. 그리고 KAI는 2015년부터 4.5세대급 초음속전투기 KF-21(보라매) 개발을 시작해 2022년 7월 개발(국산화율 65%)을 완료하고 시험비행을 마쳤다. 이로써 한국은 세계 8번째 음속 1.8배의 초음속전투기 생산국가가 되었다. 2032년까지 KF-21 120대를 실전배치할 계획이다. 폴란드, 필리핀 등지로 수출될 전망도 밝다.

5. 참여정부와 열린우리당의 좌편향에 대한 김대중의 비판

사상가 김대중은 "온건한 진보세력으로부터 합리적 보수세력까지 모든 정치세력을 망라하는" 중도적 정치노선에 따라 집권 후 정부를 국민적 지지기반을 최대로 확대한 거국내각 또는 대연정 식의 'DJP 공동정부'로[77] 운영해 국민통합을 기했다. 좌우 보혁대결을 극복하고 국민통합을 이룩한 대통령은 지금까지 김대중밖에 없었다. 김대중은 이른바 DJP지역연합으로[78] 대선에 승리한 뒤 보수파 지도자 JP와 TJ(박태준)를 총리로 삼고 내각의 절반(9개 부처 장관)을 의석 50

---

77) 좌우·여야를 망라하는 정부를 대통령제 국가에서는 '거국내각'이라 하고, 내각제국가에서는 '대연정'이라 하고, 프랑스 같은 분권형 대통령제 국가에서는 '동거정부'라 한다.

78) 필자는 1996년 총선 전, 그리고 총선 후 두 번에 걸쳐 지역연합전략을 강력히 건의했고, 사상가 김대중은 필자의 이 지역연합 대선전략론을 경청한 뒤 이를 다음날부터 그대로 집행했고, 언론은 이에 "DJP연합"이라는 명칭을 붙여주었다. 필자는 이 같은 논지의 책도 출간했다. 참조: 황태연, 《지역패권의 나라: 5대 소외지역과 영남서민의 연대를 위하여》 (서울: 무당출판사, 1997).

석도 안 되는 자민련에게 할당했다. 또 대통령비서실장에 보수적 경북인사 김중권을, 통일부 장관에 '월남越南인사 · 국정원 북한국장 출신' 강인덕康仁德을 임명함으로써 DJP지역연합 · 보혁연합정부를 수립했다. 그리하여 '국민의 정부' 시절에는 지금과 같은 보혁대결이 없었고, 유일하게 요란한 갈등은 의약醫藥분업과정에서 밥그릇싸움을 벌이는 의사들과 약사들 간의 집단이기주의적 '의약갈등'뿐이었다.

그러나 김대중 대통령의 정치적 성공을 배경으로 당선된 노무현은 제16대 대통령선거(2002.12.19.)에서 중도개혁주의를 기치로 내걸었음에도 2003년 중반 새천년민주당을 탈당해 11월 '열린우리당'을 창당했다. 그리고 노무현 대통령은 자신의 노선을 '진보적 실용주의'라 칭했다. 더욱이 열린우리당은 노 대통령보다 더 좌편향적인 급진성을 보이며 국민에 대해 교만하게 굴었다.

열린우리당은 가령 1948년 '반민족행위처벌법'보다 더 광범한 친일매국노 개념을 가지고 '친일논란'을 일으켜 나라를 뒤집어 놓았다. 중국과 프랑스는 전후 군사점령지의 반역행위자들을 군법상의 '이적利敵의 죄'로 다스렸다. 해방 후 북한은 중국의 이 친일청산의 선례를 따라 장구한 '식민지'를 일시적 '군사점령지'와 동일시하며 친일청산을 했다. 열린우리당은 기본적으로 중국과 북한의 친일매국노 개념, 즉 군법상의 이적분자 개념을 적용해 친일파 청산을 주장했다. 이러다 보니 '친일매국' 개념이 너무 넓어서 칼끝이 열린우리당의 지도자들(정동영, 신기남, 이미경, 홍영표 등)도 찌르는 부메랑 효과까지 야기되었다.

그리고 외교적으로는 과대망상적 '동북아균형자론'으로 한미동맹을 위협하는 좌편향적 대외정책을 표방했다. 경제정책도 서구의 옛 좌익정당의 정책으로 돌아가 '안정'을 앞세우고 '성장'을 뒤로 밀쳐놓았고, 그 결과 경제는 5년 내내 2%대 저성장을 면치 못했다.

한미 FTA는 노무현 대통령의 유일한 공적이었다. 그러나 당정 일 각에서는 이것마저도 "좌회전깜박이 켜고 우회전하는 좌향우" 정책 이라고 비웃으며 한미 FTA 때문에 한국경제가 망할 것처럼 맹렬하 게 비판해 댔다.

그리하여 정치는 이념 논란을 동반하는 보혁대결구도로 재편되어 해방정국의 진영대결을 방불케 했다. 이 진영대결 정국에서 열린우 리당은 거듭된 정책실패로 코너로 내몰렸다. 이로 말미암아 2005년 말경 열린우리당은 마침내 지지자를 잃고 존립위기에 부딪혔다.

이때 김대중은 전직 대통령으로서 열린우리당과 참여정부의 좌편 향적 급진성을 지적하고, "국민은 하늘이다, 국민을 하늘처럼 받들 어야 한다"는 자신의 좌우명에 따라 반드시 국민과 같이 가고 국민보 다 앞서가더라도 반걸음만 앞서가는 '중도개혁 노선으로의 복귀'를 당부했다. 김대중은 2006년 5월 31일 지방선거를 5개월 앞 둔 2006 년 새해 첫날 인사차 찾아온 김한길 등 열린우리당 지도부에게 '뺄셈 정치'를 비판하며 반걸음만 앞서 가라는 당부의 뜻을 전했다.

> 과반수 의석을 주고 대통령을 만들어 준 지지층이 누구입니까? 열린우리 당은 잃어버린 식구를 찾는 일에 집중해야 합니다. 국민의 손을 잡고 반 걸음만 앞서 나가시오.[79]

그리고 김대중은 2010년 《자서전》에서 이 비판과 당부의 말을 계 속 이어 이렇게 조언을 했다.

> 나는 참여정부가 일련의 민주적 조치들을 펼치고 있음을 평가하지만, 국

---

79) 김대중, 《김대중 자서전2》, 546쪽.

민의사를 수렴하는 데는 문제가 있다고 보았다. 현대 정치는 국민을 무시하고는 결코 성공할 수 없다. 민심보다 앞서 뛰거나 뒤쳐져 낙오해서도 안 된다. 국민으로부터 고립된 뜀박질은 실패를 향한 돌진에 다름 아니다. 어떤 형태로든 정치에 참여하는 사람은 '국민과 함께'라는 이 엄숙한 원칙을 숙지해야 한다. 목적이 정의롭고 고상할수록 '국민과 함께'라는 방법상의 원칙을 더욱 지켜야 한다. 나는 참여정부와 열린우리당에게 겸손하라고 일렀다. 국민에게 배우고 국민과 같이 가라고 말했다. 그래야 집을 나간 토끼들이 돌아오고, 거기에 덧붙여 새로운 토끼들을 불러들일 수 있을 것이라고 조언했다.[80]

김대중은 2006년 3월 21일 같은 취지의 말을 영남대학교 명예박사학위를 받는 기념연설에서도 정치지망생의 질문에 답변하는 식으로 반복했다.

정치인으로서 훌륭하게 성공하려면 다른 분야도 그렇지만 서생적 문제의식과 상인적 현실감각을 가져야 한다고 생각합니다. 서생적 문제의식, 즉 원칙과 철학의 확고한 다리를 딛고 서서 그 기반 위에서 상인적 현실감각을 갖춰야 합니다.[81]

그리고 여기에다 김대중은 "국민의 손을 잡고 반걸음만 앞서가라"는 조언을 덧붙였다.[82] 김대중은 "국민은 하늘이고, 국민을 하늘처럼 섬겨야 한다"는 평소의 지론에 따라 "국민의 손을 잡고 반걸음만 앞서가는" 중도개혁주의 리더십을 "국민을 섬기는 리더십"이라 부르

---

80) 김대중, 《김대중 자서전2》, 546-547쪽.
81) 김대중, 《김대중 자서전2》, 547쪽.
82) 김대중, 《김대중 자서전2》, 547쪽.

고[83] 기회 닿는 대로 반복했다.

"국민은 하늘이고, 국민을 하늘처럼 섬겨야 한다"는 엄숙한 원칙은 국민은 좌편향적 진보정책의 실험대상이 아니라는 말, 아니 국민은 모든 정치인이 받들어야 할 주권자라는 말이다. '국민보다 앞서가는' 것은 '진보적' 정책을 추구한다는 것이다. '반걸음만 앞서가는' 것은 국민을 받들어 모셔 안내하고 함께 진보하는 것인 반면, '한걸음' 앞서가는 것은 국민을 '끌고 가는' 것이다. '한걸음' 앞서 끌고 가려고 하면, 주권자로서 국민은 자빠지지 않으려고 앞장서 끌고 가는 세력을 갈아치워 버린다.

그러나 참여정부와 열린우리당은 김대중의 중도개혁 노선을 때지난 '우경화' 노선으로 백안시하고 그의 충정어린 비판과 당부를 완전히 무시했다. 그리하여 2006년 6월 31일 지방선거의 결과는 비참했다. 호남에서조차도 잔류하던 새천년민주당에 참패하고 말았다. 이를 기점으로 탈당행렬이 이어지면서 열린우리당은 해체되고 말았다. 집권당이 대통령 임기가 끝나기도 전에 해체된 것은 헌정사상 전대미문의 대ㅊ참사였다. 삼삼오오 탈당행렬에 오른 열린우리당 정치인들은 '대통합민주신당'으로 다시 모여 부랴부랴 대선에 임했다. 그러나 가장 좌편향적인 언행을 보이는 정동영을 후보로 내세운 대통합민주신당은 제17대 대통령선거(2007.12.19.)에서 아니나 다를까 대패하고 말았다. 대선패배 후 대통합민주신당은 김대중 전 대통령의 종용에 따라 새천년민주당과 통합해 2008년 2월 17일 '통합민주당'을 창당하고 총선에 임함으로써 가까스로 민주세력의 정치생명을 구했다.

그러나 민주당은 그래도 좌편향 급진주의를 청산하지 않았다. 이 때문에 좌편향 후보 문재인을 내세운 민주당은 제18대 대선에서도

패배했다. 다행히 촛불혁명으로 2017년 5월 9일 제19대 대선에서 승리해 집권한 문재인 대통령은 그 특유의 좌편향 노선을 고수하고 대통령비서실을 비롯한 정부 각 부처를 주사파운동권 출신들로 채웠다. 국민은 문 대통령의 이 '적색 인사'에 경악했다.

게다가 문재인정부는 법인세 · 소득세 동시감세의 중도개혁주의 노선을 완전히 무시하고 전형적 구舊좌파적 '소득주도 성장정책' 노선에 따라 거꾸로 법인세 최고세율을 24%에서 26%로 올리고 소득세를 그대로 둔 채 현금형태의 복지지출만을 늘렸다. 당연히 이 때문에 문재인정부 5년 동안 성장률은 노무현정부 시절처럼 세계경제 성장률보다 줄곧 낮았다.

그리하여 시대착오적 이념논쟁과 (승자독식과 패자전실敗者全失의) 소선구제와 제왕적 대통령제로 말미암아 일어나는 격렬한 정치대결이 뒤섞인 보혁대결은 문재인정부 5년 내내 작열했다. 그리하여 국제적으로 평가받은 코로나19의 선방, 국민적 저력을 통한 국력신장, 국제기구에서의 선진국 승격 등 많은 정치적 호조세가 도와주었지만 제20대 대선에서 국민기본소득 정책을 핵심공약으로 내세운 민주당 후보(이재명)가 국민을 경악시킨 문재인정부의 좌편향정책 및 후보 자신의 리스크 때문에 친일 · 극우성향의 검사 출신 후보(윤석열)에게 조차도 애먼 패배를 당하고 말았다.

맺음말: 창조적 중도개혁정책의 성과와 이후 추이

《주역》에서 중도가 상하 균형을 얻으면 '정중正中'[84] 또는 '중정中

---

84) 가령 《周易》〈文言〉傳 (九二): 水地比 〈小象〉傳(九五) 등.

正'이라고85) 한다. '정중' 또는 '중정'이 좌에서 우까지 결집시켜 대중
大衆을 이루어내면 '대중大中'이 된다. "상하가 대중에 응하면, 이를
대유大有라 한다(大中而上下應之 曰大有)".86) 사상가 김대중金大中은 이
름 그대로 '대중大中'이 됨으로써 대통령에 당선되어 우리 국민이 30
년 이상 먹고 살 새로운 '쌀' IT · 반도체의 산업을 일으켜서 나라를
'대유(=大富)'의 IT최강국으로 만들었다.

우리나라는 이로써 IMF로 망실되었던 국가발전동력을 중도개혁
세력의 국정주도로 최단기간에 회복했고, 군사독재세력과 민주세력
사이의 장구하고 파란만장한 대결도 민주세력의 완전한 승리로 끝남
으로써 나라가 정치적으로 안정되었다. 김대중 대통령시절에 여야는
국회 안에서 여전히 티격태격했지만, 옛 민간 · 군사독재 시기와 비
교해보든, 김대중대통령 이후 25년과 비교해보든 정치는 가장 안정
되었고, 국민화합도 가장 잘 이루어졌다.

이를 배경으로 김대중 대통령은 중도적 경제 · 복지정책으로 경제
를 살려 IMF구제금융을 세계 최단시일(3년 반) 내에 상환하고, "산업
화에는 뒤졌지만 정보화에서는 앞서나가자"는 구호를 내걸고 단 5년
만에 우리나라를 세계최강의 IT강국으로 발전시켰다. 그리고 "지원
하나 간섭하지 않는다"는 원칙에 입각한 문화정책으로 문화산업을
적극 진흥해 기간산업으로 육성함으로써 국제적으로 '한류韓流'를 일
으켰다. 그 사이 한국은 세계적 인권 · 민주국가로, 복지 · 문화 · 언
론자유국가로 올라섰다. 햇볕정책 추진으로 남북 간의 긴장도 크게
완화되고 남북교류협력도 크게 진척되었다.

사상가 김대중의 '국민은 하늘이다'는 말의 깊은 속뜻은 국민이란
급진좌파적 경제 · 사회정책을 시험해보는 실험대상이 아니라 '국민

---

85) 가령《周易》水天需〈小象〉傳(九五); 天水訟〈小象〉傳(九五) 등.
86)《周易》火天大有〈彖傳〉.

을 섬기는 리더십'으로 하늘 높이 모셔야 할 '주권자'라는 것이다. 그러나 노무현정부는 선진각국에서 이미 성공한 것으로 입증되었고 국민의 정부에서 시행해서 경제를 다시 성장시키는 데 성공한 '법인세와 소득세의 동시감세'의 중도개혁적 경제성장 정책을 폐기하고 '성장'이 아니라 '안정'이 더 중요하다는 – 서구제국의 진보정당들이 실패한 것으로 자인한 – 구舊좌파적 저低성장 정책의 경제실험을 자행해 5년 내내 우리 경제의 성장률을 휴전 이래 최초로 세계경제의 성장률 아래로 떨어뜨려 국민의 경제생활을 최대 난국에 빠뜨리는 실책을 저질렀다. 문재인정부도 법인세·소득세 동시감세의 중도개혁적 경제성장 정책에 역행逆行해 사방의 호된 비판과 조롱에도 맞서 '소득주도 성장'이라는 실험적 경제정책을 5년 내내 고집해 '선진국형 경제로의 도약'이 필요한 결정적 시기에 나라경제를 제자리걸음하게 만든 경제정책적 과오를 범했다.

돌아보면 모든 '급진개혁'은 언제나 국민을 실험대상으로 삼아 그릇된 진단과 그릇된 처방을 내리고 그릇된 수단과 방법으로 이를 시행해 혼란과 파괴를 초래하고 우연히 의미 있는 성과를 냈더라도 수법상의 과격성과 잔학성 때문에 이마저도 망가뜨리고 말았다. 중도개혁주의는 뉴라이트·신보수·신자유주의와 싸울 뿐 아니라 공상적·실험적·급진적 진보주의를 반대하고 좌우이념의 교조에 매이지 않는 실사구시 정신에 입각해 국민에게 실리와 실익을 주는 정책을 추구한다. 따라서 시의에 적중하도록 원칙을 끊임없이 다듬고 고치는 '영구수정주의(permanent revisionism)'를 방법론적 철학으로 삼는다.[87] 이 '영구수정주의' 방법론은 곧 탈脫교조적 '실용주의'를 말하는 것이다.

---

87) Tony Blair, *The Third Way*: New Politics for the New Century (London: Fabian Society, 1998), 4쪽.

창조적 중도개혁주의의 성과들만이 불변의 진보적 업적으로 살아남아 국민과 인류의 발전과 평화공영에 기여한다는 정치철학적 명제는 역사가 입증한다. 세계역사상 부르주아지 · 블루칼라 · 화이트칼라로 변해온 사회중심대중의 진취적 이익과 중도적 세계관에서 벗어난 극우세력의 반동적 '복고변혁'과 과격한 좌익세력의 공상적 '급진변혁'은 다 자유와 문명을 파괴 · 유린하고 경제를 망치고 무수한 인명을 희생시킨 채 아무 성과도 없이 도로로 그쳤다. (끝)

【참고문헌】

[김대중문헌]

김대중. 〈새천년민주당 창당준비위원회 결성대회 치사: "정치의 안정은
　　　절대적인 명제"〉(1999년 11월 25일). 《김대중대통령연설문집》
　　　제2권/대통령비서설.

김대중. 〈새천년민주당 창당대회 치사: "새천년을 책임질 국민의 정당"〉
　　　(2000년 1월 20일). 《김대중대통령연설문집》 제2권/대통령비서설.

김대중. 〈새천년민주당 전당대회 치사: "꿈과 희망을 주는 정당"〉(2000년
　　　8월 30일). 《김대중대통령연설문집》 제3권/대통령비서설.

김대중. 《경천애인》. 서울: 맑은물, 2002.

김대중. 《김대중 자서전(1-2)》. 서울: 삼인, 2010.

[국문문헌]

강성준. 〈예비군, 이제 폐지하자〉. 《인권오름》(2016. 12. 17.).

김구(도진순 편역). 《백범일지白凡逸志》. 파주: 돌베개, 1997 · 2012.

김구(도진순 탈초 · 교감). 《정본定本 백범일지》. 파주: 돌베개, 2016 · 2019.

도진순. 《한국민족주의와 남북관계》. 서울: 서울대학교출판부, 1997.

손세일. 《金大中과 金泳三》. 서울: 일월서각, 1985.

신주백. 〈독립전쟁과 1921년 6월의 자유시 참변〉. 《지식의 지평》(1921년
　　　6월).

유진오. 《헌법해의》. 서울: 명세당. 1949.

이진복. 《민주당의 역사와 정치철학》. 서울: 민주연구원. 2023.

주미희. 〈자유시참변 1주년 논쟁에 대한 고찰〉. 《역사연구》 제43권 2022.

중앙선거관리위원회. 《大韓民國政黨史》 제5집[1993-1998]. 과천: 2009.

한국조세재정연구원. 《한국세제사》(제2편 · 1권). 세종: 2012.

한시준. 《韓國光復軍研究》. 서울: 일조각. 1993 · 1997).

황태연. 《지역패권의 나라: 5대 소외지역과 영남서민의 연대를 위하여》. 서울:
　　　무당출판사. 1997).

황태연. 《갑진왜란과 국민전쟁》. 파주: 청계, 2017.

황태연. 《창조적 중도개혁주의》. 서울: 생각굽기, 2024.

[영문문헌]

Blair, Tony. *The Third Way: New Politics for the New Century*. London: Fabian Society, 1998.

Blair, Tony & Gerhard Schroeder. "Tony Blair & Gerhard Schroeder Manifesto – Europe: '*The Third Way*'". 국역문: 〈블레어–슈뢰더 공동선언 – 유럽의 '제3의 길'〉. 황태연. 《창조적 중도개혁주의》. 부록, 국역문 및 영문자료.

Clinton, Bill. "Keynote Address of Gov. Bill Clinton to the DLC's Cleveland Convention" (DLC, Speech, May 6, 1991). 빌 클린턴. 〈민주당리더십협회 클리블랜드 총회에서의 기조연설〉 (1991년 5월 6일). 황태연. 《창조적 중도개혁주의》, 부록, 국역문 및 영문자료.

Clinton, Bill. "1992 Democratic Party Platform". 황태연. 《창조적 중도개혁주의》. 서울: 생각굽기, 2023). 부록, 영문자료.

Clinton, Bill. *My Life*. New York: Alfred A. Knopf, 2004.

From, Al. "Al From's Remarks at the 1996 Annual Policy Forum and Gala" (DLC 1996). 황태연. 《창조적 중도개혁주의》. 부록, 영문자료.

From, Al. "Democrats Must Adopt a Centrist Course" (2006). 영문원전자료: 황태연. 《창조적 중도개혁주의》. 부록.

From, Al. "Waking the Dems: How the New Democrat Movement Made the Party of Roosevelt, Truman, and Kennedy Relevant Again". DLC. *Blueprint Magazine* (February 9, 2006). 황태연. 《창조적 중도개혁주의》. 부록, 영문자료.

Giddens, Anthony. "Centre Left at Centre Stage"(1997). Anthony Giddens and Christopher Pierson. *Conversation with Anthony Giddens*. Cambridge: Polity Press, 1998.

Giddens, Anthony. *The Third Way*. Cambridge: Polity Press, 1998.

Marshall, Will. "The Second Wave of Innovation. Democrats Cannot Afford to Revert to Old Habits". DLC, The New Democrat (August 2000). 영문자료: 황태연. 《창조적 중도개혁주의》. 부록.

Marshall, Will. "Revitalizing the Party of Ideas" (2001). 영문자료: 황태연. 《창조적 중도개혁주의》. 부록.

Penn, Mark, "The Decisive Center – Candidates Who Embrace Centrist Issues Can Gain a Decisive Edge" (2000). 국가전략연구소. 《중도개혁주의란 무엇인가? 중도개혁주의 국제자료집》. 서울: 민주당국가전략연구소, 2007.

[사료 및 자료]

〈서재필 박사 대통령 출마 촉구 요청서〉. 연세대학교 김대중도서관 편. 《김대중 전집(II)》 제1권. 서울: 연세대학교 대학출판문화원, 2019.

〈민주통일당 결성대회에서 중앙집행위원 및 감찰위원 선출〉. 《한국사데이터베이스》.

〈민주독립당의 구 민중동맹계 집단 탈당〉(1948. 1. 13.). 《한국사데이터베이스》.

〈민주독립당 상무위원 엄우룡과 이순탁 탈당〉 (1948. 1. 25.). 《한국사데이터베이스》.

〈민주독립당과 민의, 김구의 對조선의견서에 대해 담화 발표〉(1948. 2. 3.). 《한국사데이터베이스》.

〈민주독립당, 남한총선거 불참 결의〉(1948. 3. 9.). 《한국사데이터베이스》.

〈민주독립당, 민족자결원칙에 의한 남북협상 추진 천명〉(1948. 3. 30.). 《한국사데이터베이스》.

〈민주독립당위원장 홍명희 등 30여명 북행〉(1948. 4. 20.). 《한국사데이터베이스》.

〈민주독립당, 남북협상에 관한 담화〉(1948. 5. 4.). 《한국사데이터베이스》.

〈민주독립당 선전부, 당면문제에 대해 담화 발표〉(1948. 5. 14.). 《한국사데이터베이스》.

〈李哲源 공보처장, 정당·단체 정리와 관련된 담화 발표와 등록취소 처분

　　　내용〉(1949. 10. 18.).《한국사데이터베이스》.
독일연방공화국 기본법(Grundgesetz für die Bundesrepublik
　　　Deutschland)》.
북조선국립영화촬영소 제작 영상, 〈인민군대〉(평양: 1848. 3.)
헌법재판소, 〈2013헌다1 통합진보당 해산 결정문〉(통합진보당 해산 청구
　　　사건).

[신문 · 잡지 · 방송]
《경향신문》.〈選管委長 職印찍어 無效, 서울서만 7千餘장〉. 1971. 4. 29일자
　　　기사.
《매일경제》.〈1964년 필리버스터, DJ 정치터전은 의회〉. 2009년 8월
　　　20일자.
《시사저널》.〈김대중, 신당 만들어 대권 향해 돌진〉. 1995년 7월 20일자.
《중앙일보》.〈가택 연금 55회, 투옥 6년, 망명, 사형선고〉. 2009년 8월
　　　19일자.
《월간조선》.〈미공개 자료를 中心으로 쓰는 김대중 연구(6): 좌익 행동대원
　　　출신의 대한민국觀〉. 2002년 10월호
KBS 9시 뉴스.〈김대중 대통령, 신당은 중산층─서민의 당〉. 1999년 8월 9일.

Ⅲ 제2근대 전환의 선구자 김대중:

김대중 사상 연구의 미래지향적 과제

한상진 (서울대 명예교수)

들어가기

이 글은 김대중의 사상 또는 정치철학을 제2근대 전환의 관점에서 조명하려는 것이다. 이 글의 핵심용어는 제2근대(second modern), 제2근대성(second modernity) 또는 제2근대 전환(second-modern transformation)이다. 서로 연관되어 언급될 이 용어들이 아직 다소 생소하게 느끼는 독자도 적지 않을 것 같다. 따라서 약간의 역사적, 개념적 배경설명을 하면서 논의를 시작하겠다.[1]

우리는 흔히 농업중심의 전통사회를 지나 산업중심의 근대사회가 출현했다고 말한다. 이 과정은 엄청난 구조적 탈바꿈을 전제한다. 이것을 우리는 근대화라고 부른다. 한국도 근대화 과정을 거쳐 가고 있다. 그 출발점은 19세기 후반부로 거슬러 올라가지만 본격적인 근대화의 과정은 1960년 4.19혁명과 그 뒤를 이은 군사정권에 의해 발동이 걸렸다고 할 수 있겠다. 근대화에는 진보의 역사관이 내장되어 있다. 과학과 기술, 산업발전에 의해 전통사회의 구습을 버리고 끝임 없이 미래를 새롭게 창조한다는 믿음이 근저에 흐르고 있다. 한국의 경우, 산업근대화를 이끈 박정희의 저술과 연설 안에 이런 믿음이 잘 들어나 있다.

그런데 중요한 점은 근대화가 경이로운 발전을 이룩한 것은 사실이지만, 뜻밖에 의도치 않은 부작용으로 심각한 위험사회를 낳은 경향이 있다는 것이다. 단적인 보기는 기후변화다. 그 외에 파국적인 위험사회의 부작용은 차고 넘친다.[2] 특히 돌진적 근대화를 추구한 한국 같은 나라들에서 위험사회의 징후들은 더욱 심각하다.[3] 이런

---

1) Ulrich Beck, Risk Society: Toward a New Modernity. London: Sage, 1992
2) Ulrich Beck, Wolrd Risk Society. Cambridge, Polity Press, 1999
3) Sang-jin Han(Ed.), Beyond Risk Society: Ulrich Beck and the Korean Debate.

상황에서 이제 사람들의 생각은 변화되기 시작했다. 근대화가 의도
치 않게 복합적인 위험사회를 낳았다면 이것을 어떻게 넘어설 것인
가? 근대화 전략의 복제 또는 연장으로 위험사회를 넘어선다는 것은
쉽지 않은 일처럼 보인다. 이런 배경에서 제2근대라는 개념이 나왔
고 아울러 제2근대 전환의 발상이 나왔다. 뜻인즉, 근대사회의 출현
이후를 제1차 근대성의 시대로 본다면, 위험사회라는 심각한 도전에
직면하여 이를 성찰하고 이에 응전하는 제2차 근대성의 시대가 개막
되었다는 것이다. 이런 배경에서 이 글은 제2근대 전환의 관점을 택
하고 그 관점에서 김대중의 사상을 음미하고자 한다.

　제2근대의 관점에서 김대중을 논한다고 할 때, 현실적으로 이런
생각을 하는 사람도 적지 않을 것이다. 한국 근대화의 중심인물로는
누구보다 박정희가 중요한 것이 아닌가! 맞는 말이다. 그런데 근대화
는 산업성장과 함께 정치적 민주화를 포함한다. 그렇다면 박정희와
함께 김대중의 역할도 막중하다. 이 글의 중심과제는 근대화 자체가
아니라 이것이 불러온 위험사회의 현실에서 출발하여 김대중의 정치
철학을 제2근대 전환의 관점에서 탐색하려는 것이다. 이 글은 제2근
대 전환의 7가지 관문을 논할 것이다. 그 하나는 정치적 분열과 대립
을 넘어서는 화해와 용서 및 통합의 정치를 구현하는 데 있다. 이런
관점에서 보자면, 박해자들에 대한 김대중의 용서와 화해는 제2근대
전환의 한 귀중한 특징에 해당한다.[4]

　간략히 학계의 경향을 살펴보겠다. 서구의 경우, 두 가지 특징을
보인다. 하나는 근대의 낙관적 역사관, 진보에 대한 믿음이 거의 사

SNU Press

4) 김학재의 박사학위논문, 〈김대중의 화해 사상과 정책〉(2023)은 이 주제에 관한 탁월한
　개념적 경험적 분석이다. 그는 김대중이 박정희, 전두환 등과 어떻게 대화를 추구했으
　나 실패했는지, 자신에 대한 가해자들을 어떻게 용서하고 화해했는가를 생생하게 보
　여준다. 같은 시각으로 그는 남북관계, 일본과의 정상화 문제를 치밀하게 다룬다.

라졌다는 것이다. 근대성의 위기가 주요 담론이다. 다른 하나는 위기의 원인진단과 대안처방은 백가쟁명의 시대를 연상시킨다는 것이다. 탈근대, 후기근대, 다중근대, 후기구조주의, 탈식민주의, 탈 인간중심의 신유물론, 천하공생의 유교적 세계관 등이 경쟁하는 상태라고 할까? 제2근대 전환의 시각은 2010년 이래 서구 학계에 본격 도입되었다. 분야에 따라 많은 성과를 내고 있는 것도 사실이다. 그러나 아직은 이론적으로 확립되었거나 충분히 체계화된 상태라고는 할 수 없다. 그러나 필자는 제2근대의 개념이 다른 대안보다 사회학적으로 의미가 크고 특히 역사 변동의 방향을 탐색하는 데 더 적합하다고 판단한다.[5] 그래서 이 관점에서 동아시아 발전, 특히 한국의 변동양상을 틈틈이 분석했지만, 이것 역시 아직은 초보적인 수준에 머물러 있다. 더욱이나 국내외를 통틀어 제2근대 전환의 관점에서 김대중의 사상을 조명한 연구는 아직 없다. 따라서 이 글은 새로운 분야를 개척한다는 뜻에서 혁신적일 수는 있겠지만 모험적이고 논쟁적인 시비의 대상이 될 수도 있다. 이 점을 글머리에 밝히면서 예상되는 논란을 염두에 두고 차근차근 쟁점을 해명 하면서 논의를 전개하고자 한다.

1. 김대중은 과거의 인물인가 미래의 인물인가?

이 글을 이끄는 질문은 단순하고 명확하다. 김대중은 과거의 인물인가 미래를 향한 인물인가? 두 시각 가운데 하나를 꼭 선택해야

---

5) Sang-Jin Han, "Redefining Second Modernity for East Asia: A Critical Assessment," The British Journal of Sociology 61(3), (coauthored with Young-hee Shim) 465-489.

할 필요는 없다. 사실 둘 다 타당하다. 그러나 어디에 초점을 맞추는가에 따라 우리의 생각은 사뭇 달라진다. 전자의 시각에서 본다면 김대중은 각고의 고난과 억압 속에 뜻을 접지 않고 살려낸 위대한 인동초 같은 인물이다. 남아프리카 공화국의 넬슨 만델라 같은 존재다.[6] 따라서 그의 공적을 학습하고 그의 삶을 재조명하면서 교훈을 얻을 수 있다. 여기에는 그의 삶 이모저모를 연결시키는 썩 좋은 각본이 있고 설명이 있다. 그가 남긴 옥중수기, 일기, 자서전 등 여러 자료가 있다. 따라서 김대중 강좌를 개설할 수 있고 각종 기념행사를 열 수 있다. 이런 행사들이 새로운 정치의 장을 열 수도 있다. 어쩌면 김대중을 성역화하고 싶은 욕망도 생길 수 있다고 본다.

그러나 이것으로 충분한가? 이 글은 이것으로 충분하지 않다는 판단에서 시작한다. 이 보다는 훨씬 미래지향적인 연구영역이 있다고 생각한다. 물론 김대중의 사상에 시비를 거는 사람이 국내에서 사라진 것은 아니다. 그러나 시간이 지날수록 그에 대한 국내의 평가도 현저히 좋아지는 추세에 있다.[7] 국제적으로는 국내 어느 정치인보다 단연 압권의 위치에 있다.[8] 특히 1998년 10월 8일 〈21세기를 위한 대한민국–일본의 새로운 동반자 관계의 공동선언〉을 이끌어낸 김대중의 대일본 정책은 역사를 멀리 또 깊게 조망하는 그의 혜안을 잘 보여준다.[9] 이 모든 점들을 고려할 때, 그는 우리가 기억해야 할

---

6) 김대중은 1995년 영문으로 출간된 〈만델라 자서전, 자유를 향한 머나먼 길〉을 번역해 국내에 소개하면서 자신과 놀랍도록 닮은 그의 삶을 발견했다고 술회했다.(최경환, "꼭 닮은 삶 걸어 온 DJ와 만델라," 경향신문, 2013.12.6.)
    https://m.khan.co.kr/world/mideast–africa/article/201312060931311#c2b
7) 한 보기로, 한국 갤럽이 2021년 10월 26–28일에 실시한 전직 대통령의 공과 과를 측정한 여론조사결과에 의하면, 잘 한 일이 많다는 평가가 김대중은 62%, 박정희, 노무현은 각각 61%, 김영삼 41%의 순서다. 전두환은 16%로 가장 낮다. (한겨레, 2021. 10.29)
8) 장신기. 성공한 대통령: 김대중과 현대사. 시대의 창, 2021.
9) 당시 국내에는 과거사 문제, 천황 호칭 문제, 안보협력 문제, 일본대중문화 개방문제

귀중한 역사적 인물임에 틀림없다. 그러나 이 글은 김대중을 위대한 업적을 남긴 과거의 인물로 보아 그 업적을 살피려는 것이 아니다. 반대로 이 글은 흔히 거론되는 산업화와 민주화의 차원을 넘어 위험사회의 현실과 미래를 깊게 고려하는 입장을 택한다. 이런 입장에서 이 글은 불확실성에 휩싸인 우리 현재와 미래의 삶을 안내하고 이끄는 일종의 나침판 같은 역할을 하는 인물, 즉 제2근대 전환의 선구자로 김대중을 보고자 한다. 선구자는 잘 확립된 이론을 실천하는 비교적 안정된 삶의 궤도를 걷는 사람이 아니다. 반대로 새로운 세계를 만들기 위해 시행착오를 거치면서 앞으로 전진 하는 사람을 가리킨다. 즉 제2근대 전환은 김대중의 삶 속에 실천적으로 녹아 있지만 그가 완성해놓은 사상이나 철학이 아니라는 것이다. 어쩌면 그가 겪었던 시행착오를 새롭게 조명할 필요도 있다. 이를 통해 그의 삶 속에 녹아있었지만 그가 개념화하지는 못했던 제2근대 전환의 개념을 구성하고 체계화하는 과제가 우리 앞에 놓여 있다.

그렇게 생각할 수 있는 이유는 김대중이 직면했던 독특한 상황과도 연관된다. 그는 대통령에 취임하기 직전부터 취임한 이후 외환금융위기에 직면했고 전대미문의 가혹하고 참담한 위험사회 현실을 체감할 수밖에 없었다. 이것이 그의 실존적 체험이다. 폭풍과 풍랑에 휩싸인 대한민국 호의 선장으로서 총체적 위기의 극복을 위해 새로운 정책과 실험을 계속할 수밖에 없었다. 금모으기 운동, 노사정 대화, 정보혁명, 신지식인 운동, 생산적 복지, 4대 부문의 구조조정 등이 보기다. 때문에 그의 삶과 실천 안에는 돌진적 근대화의 한계를 넘어서는 새로운 길, 즉 제2근대 전환이 자연스럽게 녹아 있었다고

등을 둘러싸고 여러 견해가 있었고 반론도 적지 않았다. 그러나 김대중은 한반도 탈냉전화를 위해 대북관계와 대일관계의 개선은 위계가 없는 동등한 우선순위라는 판단 하에 실사구시의 자세로 관계를 정상화했다.

할 수 있다. 김대중이 1998년 광복절 기념사에서 주창했던 '제2건국' 운동은 시사적이다. 이 운동은 여러 이유로 성공하지 못했지만, 제2건국의 개념은 그의 두뇌에서 오늘 우리가 논하는 제2근대 전환과 같은 것을 상상했다는 의미로 해석할 수 있지 않을까 한다. 이 글의 결론에서 다시 강조하겠지만, 제2근대 전환이 그에게 완전히 생소한 것이 아니며 그의 삶 안에, 특히 제2건국의 발상 안에 내재해 있었다는 것이다. 이런 독서의 방식을 따라 이 글은 김대중의 사상을 새롭게 조명하기 위해 제2근대 전환의 개념을 구성하고 나름대로 체계화하려고 한다.

2. 제2근대 전환의 개념적 설명

제2근대 전환의 개념을 논리적으로 생각해보면, 전통사회로부터 근대로의 전환이 먼저 일어나고 뒤를 이어 제2근대로의 전환이 일어난 것으로 해석할 수 있겠다. 그러나 어느 것이건 역사적 전환의 경로, 맥락, 문지방, 효과는 획일적이지 않다. 지역에 따라, 나라에 따라 큰 차이를 보인다.

서구의 경우, 일반적으로 말해, 근대로의 전환은 형이상학적 종교가 지배하는 봉건적 질서로부터 개인의 자유를 강조한 여러 유형의 계몽사상으로부터 출발했다고 할 수 있다. 인간 이성에 대한 신뢰가 근대성의 기본특징이다. 그 바탕에는 주술적 신앙 또는 종교적 형이상학을 거부한 과학과 기술에 대한 신뢰가 있다. 전통과 인습을 떠나 과학과 기술의 합리성에 의해 당대의 문제들을 설명하고 해결하며 인간관계도 재조직할 수 있다는 믿음에 기초하여 근대사회와 근대적 제도들이 형성되었다. 가장 중요한 근대적 제도는 국민국가와 시장경제, 즉 자유로운 기업이다. 근대는 국민국가의 시대며 자유로운 시장경제, 즉 기업의 시대라고 해도 무방하다. 개인의 자유와 권리를 국민국가의 틀 안에서 제도화한 것이 시민권이다. 국민의 자유로운 선택으로 정부를 구성하는 대의민주주의, 확대가족이 핵가족으로 이행한 것도 근대의 특징이다. 근대는 또한 신문과 방송 등 대중매체의 등장으로 국민통합의 길을 열었다.

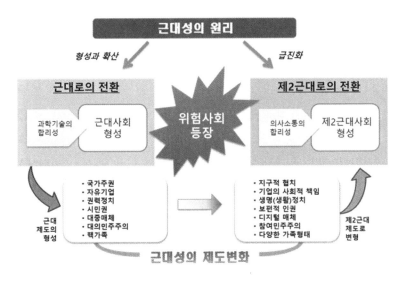

〈그림1〉 근대성과 제2근대성의 관계

〈그림1〉은 이렇게 형성된 근대사회로부터 제2근대로의 전환이 일어나는 역사적 변동의 배경과 맥락 그리고 이에 작용하는 요인들을 보여준다. 이런 변동이 일어나게 된 것은, 앞서 간략히 언급했듯이, 근대화가 산업사회의 등장과 같은 화려한 성과를 낸 바로 그 이면에서 가공할 위험사회의 파국적인 부산물을 만들었기 때문이다. 위험

사회가 현재 진행형이듯이 제2근대 전환도 이제 막 시작했다고 할 수 있다.

제2근대 전환은 비연속적 질적 변동을 내포한다. '근대'라는 용어를 공유하는 점에서 느낄 수 있듯이, 근대에서 제2근대로의 전환은 단순한 연속도 아니고 완전한 단절도 아니다.[10] 완전한 단절은 기존 체제의 붕괴와 새로운 체제의 등장과 같은 혁명적 변화를 함축하지만, 제2근대로의 전환은 이와 다르다. 하나의 핵심적인 설명모델은 근대성의 기본원리가 급진화되는 것이다. 그 결과, 근대의 특징인 제도들이 무너지는 것은 아니지만 제2근대를 상징하는 일련의 제도들로 변형된다.

한 보기로, 근대성의 기본원리의 하나인 개인의 자유가 급진화되면, 개인과 공동체의 관계에서 개인 선택의 절대적 우위, 즉 개인의 권능화 현상이 뚜렷해진다. 예컨대 사랑, 결혼, 출산, 양육 등 가족 공동체에 관련된 문제를 이해하고 선택하는 과정에서 부모나 자녀, 형제자매 등 공동체 구성원에 대한 배려의 윤리는 점점 희석되고 오로지 자신을 위한, 자신만을 위한 삶을 중시하는 급진적 개인화의 추세를 보이게 된다. 이것은 하나의 보기일 뿐이며 비슷한 추세가 정치적 참여, 상품소비, 문화적 취향 등 삶의 거의 모든 분야에서 발견된다.[11]

---

10) Fergnani, A. & Cooper, B. "Metamodern futures: Prescriptions for metamodern foresight," Futures 149, 2023. https://doi.org/10.1016/j.futures.2023.103135. Camorrino, A. "The roots of second modernity imagery." Science, Nature, Web. 2018. Clay, J. & George, R. "Second modernity, (in)equality, and social (in)justice". Review of Education, Pedagogy, and Cultural Studies 38(1), 2016. 29-41.

11) 제2근대 전환은 〈그림1〉이 보여주듯이 사회생활 전반에 거쳐 일어난다. 노동, 여가, 고용, 젠더에 많은 영향을 미치고 특히 종교와 청년이 이 변화에 민감하다. 종교에 관해서는 이 글 뒤의 참고문헌 가운데 Speck (2017), Schmidt (2016), Porcu (2018), Tsironis (2020)이 유용하고 청년에 관해서는 Eisewicht & Steimann

　다른 한편, 제2근대 전환은 근대성의 기본원리의 하나인 검증의 정신이 과학기술의 합리성으로부터 소통행위의 합리성 차원으로 이행하는 것을 뜻한다. 이 점이 매우 중요하다. 근대사회는 과학기술의 힘으로 인간의 삶을 개선하는 수많은 업적을 성취했다. 이런 성취는 기본적으로 과학기술의 발전에 내장된 객관적 검증, 즉 신념이나 확신에 의한 판단 대신 지식의 타당성을 검증하는 장치가 막스 베버가 말하는 목적-수단 합리성 안에 설치되어 있기 때문에 가능해진 것이다. 즉 어떤 투입 요소가 기업의 이윤창출에 어느 정도 기여했는가, 또는 관료제 운영의 효과성에 기여했는가, 또는 전문가 집단의 지식 생산에 기여했는가, 등을 검증할 수 있는 과학기술의 합리성이 근대를 이끌었던 것이다. 그러나 이런 근대적 합리성에 의한 자본주의적 발전은 환경훼손, 생태계 파괴 등 기후변화를 위시하여 인류의 생존을 위협하는 가공할 위험사회를 만들었다. 상품화의 논리가 인간관계에 깊숙이 파고들어 물질만능사조의 팽배, 인간의 소외와 아노미 심화, 경제사회적 양극화, 대량살상무기의 엄청난 확산과 핵 발전, 핵무기, 방사능 오염 같은 과학기술의 파괴적 부작용, 코로나19 같은 팬데믹의 반복적 출현, 대규모 자연 재난, 성폭력과 성희롱의 증가 등 시민의 안전을 위협하는 수많은 문제들에 직면하게 되었다. 이런 상황에서 과학기술의 합리성에 의해 문제를 해결할 수 있다고 믿는 사람이 아직도 많지만, 동시에 과학기술이 더 이상 문제해결의 주체가 아니고 오히려 문제를 생산한다는 인식이 퍼지고 있다. 이런 추세를 반영하여 근래 과학철학은 지식의 확실성 대신 증가하는 불확실성에 민감하게 대응하고 있다. 이런 맥락에서 이 글의 한 핵심적 주장은 소통행위의 합리성에 주목하는 것이다. 다시 말해, 김대중

(2023), Pertierra (2018), Lee (2022)참조.

사상의 핵심이 그의 소통철학에 있다는 것이다.[12] 이 글이 제시한 제2근대 전환의 7가지 관문은 모두 김대중의 소통철학과 깊이 관련 된다.

　근대의 특징인 과학기술의 합리성과 비교할 때, 의사소통의 합리 성은 검증의 틀, 대상, 조건, 절차 등을 민주적인 방식으로 변화시킨 것으로 볼 수 있다. 과학자, 전문가만이 아니라 일반 시민이 참여하 고, 모든 쟁점이 제약 없이 의제에 포함될 수 있으며, 상대의 말을 상대의 관점에서 해석하는 상보성의 원리가 보장되고, 강제 없이 이 룩된 합의를 존중하고 후속 논의를 통하여 합의를 확대해가는 절차 적 조건이 무엇보다 중요하다. 이것은 분명 목표와 수단 사이의 관계 에 주목하여 수단의 효율성을 검증하는 합리성보다 훨씬 더 포괄적 이고 실천적이다. 물론 의사소통의 합리성이 확고하게 제도화되어 있다고 말하는 것은 아직 시기상조다. 그러나 이런 합리성의 관점에 서 해석할 수 있는 의미심장한 제도변화가 일어나고 있다는 것은 분 명하다.

　〈그림1〉이 보여주듯이, 제2근대 사회로 이행하면 국가주권이 작 용하지만 이것이 근대사회에서처럼 막강한 것이 아니며 초국적 주권 또는 UN 헌장 같은 규범으로 지구적 협치를 실현하는 과제가 대두 한다. 시장경제 하의 자유기업이 여전히 중심이지만 최대 이윤중심 의 기업운영 대신 기업이 외부에 전가해온 환경문제나 공동체 문제 를 기업 내부로 소환하는 기업의 사회적 생태적 책임이 중요한 쟁점 으로 부상한다. 군산복합체 중심의 권력정치가 계속되지만 정치의 주요의제는 생활정치, 생명정치로 이동하는 경향이 뚜렷하다. 시민 권은 여전히 중요하지만 국적을 초월한 보편적 인권개념이 효력을

---

12) 한상진, 〈천하공생의 세계관과 김대중의 소통철학〉, 행동하는 양심 광주전남협의회 편, 《김대중 사상과 동아시아 미래》, 2013, 1-16.

발휘한다. 이에 따라 국가에 의한 폭력이나 인권훼손을 시민이 국가를 상대로 제소할 수 있는 길이 열린다. 즉 제2근대는 국가의 시대를 넘어선다는 것이다. 한쪽 방향의 대중매체로부터 쌍방향 디지털 소통을 향한 정보혁명이 광범위하게 진행한다. 대의민주주의가 여전히 중요하지만 동시에 참여민주주의의 지평이 널리 열린다. 전통적인 핵가족과는 다른 다양한 가족형태가 등장하고 법적 인정을 받기 시작한다.

　　서구의 경우, 제2근대 전환에 대한 논의의 시발점은 울리히 벡(Ulrich Beck), 앤서니 기든스(Anthony Giddens), 스코트 래쉬(Scott Lash)가 1994년 출간한 〈성찰적 근대화〉가 아닐까 한다.13) 그 때까지는 탈근대, 후기자본주의, 후기근대 또는 성찰적 근대라는 용어가 유행했다. 그 후 2005년 벡과 코리스토프 라우(Christoph Lau)가 공동 집필한 논문, "Second Modernity as a Research Agenda"가 학술지 British Journal of Sociology에서 나왔고14) 2010년에는 같은 학술지가 제2근대 관련 대대적인 특집을 발행하면서 큰 관심을 끌게 되었다.15) 이런 학술운동을 주도한 인물은 벡이며 그는 특히 동아시아 발전유형에 깊은 관심을 가졌다. 일본 나고야에서 열린 2008년도 일본사회학회에 참석한 그는 제2근대와 코스모폴리타니즘에 관한 특별 세션에서 발제와 토론을 했다.16) 2014년에는 유럽

13) Ulrich Beck, Anthony Giddens & Scott Lash, *Reflexive Modernization*, Cambridge: Polity Press, 1995
14) Ulrich Beck & Christoph Lau, "Second modernity as a research agenda: theoretical and empirical explorations in the "meta-change" of modern society, *The British Journal of Sociology*, 56(4), 2005, 525-557.
15) 2010년에 발행된 The British Journal of Sociology 61권 3호에는 제2근대 전환에 관련된 다양한 차원의 쟁점을 다룬 12편이 논문이 출간되었다. 이 가운데 필자가 심영희와 공동집필한 "Redefining Second Modernity for East Asia: A Critical Assessment"도 포함되어 있다
16) Ulrich Beck, "Varieties of Second Modernity and the Cosmopolitan Vision,"

연합의 지원을 받는 '코스모기후'라는 대규모 연구집단을 이끌고 서
울로 와서 대대적인 학술행사를 개최했다.[17]

그는 뜻밖에 2015년 1월에 세상을 떠났다. 그러나 그가 남긴 지적
유산은 의미심장하다. 그는 서구가 걸어간 근대의 길 또는 제2근대
로의 전환은 서구의 역사적 경험을 반영한다고 보았다. 동아시아는
자체의 독특한 발전과정 안에서 근대와 제2근대를 연구함으로써 서
구중심주의를 넘어서는 연구를 할 것을 주문했다.[18]

3. 한국의 제2근대 전환과 김대중

한국은 매우 빠른 속도로 서구의 뒤를 좇아 근대화에 성공한 나라
다. 따라서 발전 동태가 남미 지역 등 근대화에 대체로 실패한 나라
와는 매우 다르다. 한국의 특징이 있다면 돌진적 근대화가 전대미문
의 경제성장 효과를 내면서 그 부작용이 누적되어 1990년대 중반이
되면 서울 서초구 삼풍백화점 붕괴, 한강 성수대교의 붕괴, 대구 지
하철 화재와 같은 끔직한 위험사회의 징후들이 본격 들어나기 시작
했다는 점이다. 그 때까지는 정부가 설정한 목표, 예컨대 경제성장,
무역증진 등을 조기실현하기 위해 동원 가능한 모든 자원을 총동원
하는 체제였다. 그 결과는 불균형 발전이었고 이런 상황에서 동시다
발로 터진 참사들은 깊은 충격이 아닐 수 없었다. 그러나 위험사회의
충격이 이 보다 훨씬 더 큰 규모와 강도로 한국을 강타한 것은 1997

Theory, Culture & Society, 33(7-8), 2016, 257-270

17) Ulrich Beck, "Emancipatory Catastrophism: What does it mean to Climate Change and Risk Society?" *Current Sociology*, 63(1), 2015, 75-88

18) 이런 관점에서 필자가 수행한 보기의 하나는 "Second-modern Transformation in East Asia: An Active Dialogue with Ulrich Beck," *Socio* Vol.6, 45-64.

년 시작한 외환금융위기와 그 뒤를 이은 대규모 실업, 경제난, 빈부 격차였다. 김대중은 이 사태를 6.25 이후의 최대의 국난으로 규정했으며, 전례 없는 폭풍과 풍랑을 만나 휘청거리는 대한민국 호의 선장이 되어 위기극복 노력을 총지휘하는 입장에 서게 되었다.

이런 역사적 체험에서 우리는 김대중 사상을 어떻게 연구할 것인가의 본질적인 질문에 부딪친다. 여러 자료를 해독하는 것은 필수적이다. 《김대중 전집》 30권(2019), 《김대중 자서전》 2권(2010), 각종 연설문과 회견문 자료집(2004, 2008), 《옥중서신》(2000), 〈후광 김대중의 대 전집〉 15권(1993)을 포함하여 1986년의 《대중경제론》(1986)을 필두로 하여 《나의 길, 나의 사상》(1994), 《새로운 시작을 위하여》(1994) 등 저술이 많고 국정홍보처, 대통령비서실이 펴낸 다양한 자료가 있다. 그의 측근들, 예컨대 김하중의 〈증언〉(2015), 임동원의 〈피스메이커〉(2008) 등 귀중한 자료가 많다. 그런데 자료에 못지않게 연구에 중요한 것은 이론적 개념적 시각이다. 어떤 눈으로 김대중의 삶, 리더십, 사상, 정책들을 읽을 것인가의 질문이 제기된다. 이에 관해 이 글은 위험사회의 시각에서 김대중을 연구하려는 것이다. 돌진적 근대화는 미증유의 위험사회를 낳았기 때문에 김대중은 재벌경제, 정경유착, 불균형 발전의 부작용을 막고 역동적 균형을 추구하기 위해 정보혁명 등 제2근대로의 전환을 시도했다고 볼 수 있는 근거가 충분하기 때문이다.

이런 관점에서 필자는 1990년대부터 시작했던 위험사회에 대한 연구와 2010년 이후 본격적으로 뛰어든 제2근대 전환의 연구를 과감히 확장하여 김대중 연구에 적용하고자 한다.[19] 특히 이 연구가

19) 위험사회에 대한 연구의 보기는 Han, Sang-Jin 1996년, 1998년, 1999년 2014년, 2017년, 2018c, 2019a이며 제2근대 전환에 관한 연구의 보기는 2010b, 2015a, 2015b, 2016a, 2016b, 2018a, 2018c, 2019a 등이다. 김대중 연구의 보기는 2010a, 2011, 2012, 2018b, 2018d와 함께 한상진 1993, 2004, 2013, 2019a 등

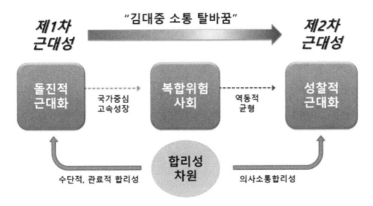

〈그림2〉 한국의 발전 경로와 김대중

주목하는 것은 김대중의 소통윤리다. 그는 자유시민의 평등 원칙에 따라 위기 극복과정에서 다 같이 고통을 분담하고 그 성과를 나누자고 호소했다. 바로 여기에 김대중이 실천했던 의소소통합리성의 핵심이 있다.[20] 돌진적 근대화의 부작용이라 할 수 있는 민주주의 파괴, 인권억압, 국민의 정치적 분열, 지역차별, 빈부격차 등의 부정적 유산을 넘어 모든 국민이 대화에 참여하여 할 말을 하고 상대의 주장을 경청하며 상대의 말을 상대의 입장에서 해석하고 차근차근 합의를 형성 확대하는 방식으로 국민통합의 길을 걷고자 했다.[21]

　〈그림2〉의 내용을 김대중과 제2근대 전환의 관계에 초점을 맞추어 좀 더 상세하게 시각화하자면 〈그림3〉과 같다.

이다.
20) 김시호(2011)가 살핀 〈김대중과 민중신학자의 연대성〉, 김택근(2012)의《김대중 평전》, 박성희와 김창숙(2014)이 다룬 〈통일수사학〉, 임순미(2011)이 분석한 〈정치리더의 메타포〉, 정진백(2018)이 펴낸《김대중 대화록》이 이에 관련된 쟁점을 잘 보여준다.
21) 한상진이 그동안 수행한 김대중 연구는 하버마스적인 소통윤리의 관점에서 김대중의 사상 또는 정책을 조명하려 한 것들이다. 대표적 보기는 한상진의 1993년, 2004년, 2013년, 2019a, 2019b, Han, Sang-jin 2010a, 2011, 2012,2018b. 2018d 등이다.

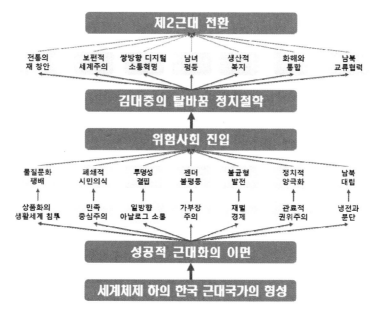

〈그림3〉 김대중과 제2근대 전환

　〈그림3〉은 한국에 분단된 상태의 근대국가가 확립되었고 돌진적 근대화가 큰 성공을 거두었지만 또한 그 부작용이 누적되어 위험사회가 출현했다는 사실에서 출발한다. 이 글은 이런 역사적 맥락에서 김대중 사상을 논한다. 물론 그의 정치철학은 이 책의 다른 장들에서 보듯이 시야가 매우 넓다. 그러나 그의 진면목은 돌진적 근대화의 성취와 부작용을 깊게 성찰한 데 있다고 생각한다. 그가 대통령이 되어 불철주야 위험사회 극복에 진력했다는 사실의 의미를 우리가 가볍게 봐서는 안 된다는 것이다. 더욱이나 위험사회는 오늘날 더욱 심화되고 있기 때문에 바로 여기에서 출발하여 김대중의 사상과 정치철학을 규명하는 일은 시의적절하고 의미 있는 일처럼 보인다.

〈그림3〉은 위험사회를 통해 제2근대로 진입하는 7가지 관문을 보여준다. 이 가운데서 남녀평등의 문제는 저자 이영재가 이 책의 다른 장에서 심도 있게 다룰 것임으로 이 글에서는 중복을 피하겠다. 아울러 제2건국과 제2근대의 내적 관계를 살피는 것으로 이 글의 결론을 맺고자 한다.

우선 간략히 개관하자면, 첫째의 관문은 돌진적 근대화를 수반한 문화적 자산의 왜곡과 파괴다. 김대중은 긴 감옥의 체험에서 깨달은 삶의 의미와 많은 독서의 영향으로 정치인으로서는 매우 드물게 인문학적 소양과 감수성을 매우 풍부하게 가꾼 인물이다. 그는 개인 정체성의 형성에서 공동체 문화의 중요성을 깊게 인식했다. 문화에 닻을 내린 개방적 시민 정체성의 필요성과 가치를 강조했다. 이런 생각이 그를 전통문화의 재 창안으로 이끌었다. 권위주의 정부는 국가권력의 강화를 위해 충효사상을 선택적으로 활용한 측면이 있다. 이로 인해 유교에 대한 젊은 세대의 태도는 냉소적이거나 부정적인 것이 되었다. 이런 배경에서 김대중은 "민주화 시대에 웬 충효 사상?" 이런 반감을 무릅쓰고 충효사상의 재구성을 제안했다. 이것은 전통과 제2근대의 관계에 대한 통찰이 없다면 쉽게 할 수 있는 일이 아니었다.

두 번째의 관문은 민족주의와 세계주의의 관계다. 근대는 물론 민족주의의 시대다. 민족자결의 원칙에 따라 수많은 국민국가가 탄생했다. 그러나 민족주의를 보는 서구의 시선은 양가적이다. 봉건시대를 넘어 민족주의가 근대의 문을 열었지만, 한 보기로, 독일 민족주의가 나치즘으로 통하고 유대인 학살, 세계 2차 대전을 촉발했기 때문에 시선이 곱지 않다. 그러나 한국의 사정은 다르다. 일제 식민통치로부터 해방된 한반도는 남쪽이건 북쪽이건 민족주의 정서가 강했고 이것은 자연스럽고 불가피한 일이었다. 김대중은 이런 맥락에서 지극히 한국적인 민족주의 정서와 한, 열망과 꿈을 간직하고 성장한 인물이다. 대중과 호흡을 맞추는 적정 수준의 눈높이에서 약자를 포용하고 사회적 차별에 저항하는 하의상달下意上達의 민중적 성격의 민족주의를 대변했다. 그러나 1992년 대선에서 실패하고 영국 캠브리지 대학으로 떠나 많은 지식인들과 교류하고 통일 이후의 독일문제를 살피면서 그의 사상과 정치철학은 점차 세계주의 또는 지구적 보편주의의 방향으로 선회한 것으로 보인다. 여기서 '지구적'이란 용어는 인간 외의 많은 존재들이 상호의존하고 있는 생태계를 가리킨다. 김대중은 인간중심주의를 떠나 '생태정의'를 주장했다.22) 이처럼 김대중은 전형적인 민족주의 사상을 가진 인물로 성장했지만 점차 안목을 넓혀 보편적 세계주의의 입장을 천명하게 되었다. 이 사상으로 그는 동아시아의 독보적인 코스모폴리탄 정치인이 되었다.

세 번째 관문은 소통혁명에 관련된다. 소통에 관해 말할 때, 우리는 김대중의 인문학적인 소통철학과 기술공학적인 정보산업혁명을 구별할 필요가 있다. 둘 다 제2근대 전환의 핵심적 요소다. 근대는 목적과 수단의 관계에서 수단의 효율성을 강조하는 합리성이 중심이 된다면, 제2근대는 자유롭고 평등한 시민이 개방적이고 강제 없는 공론형성을 통해 만들어가는 합의가 핵심적이다. 이에 관해 김대중은 특출한 소통철학과 이를 실천하는 능력을 갖춘 인물이다. 이에 더 보태, 금상첨화錦上添花라고 할까, 그는 지식정보 혁명을 선도했다. 서구보다 산업화에서는 뒤졌지만 정보화에는 앞서가자는 좌우명

22) 한상진 (편),《동양의 눈으로 세계를 향하여: 김대중 서울대 강의와 인권논쟁》, 나남, 1998. 김대중 사상을 생태론적 관점에서 푼 대표적 보기는 김형중, 김현수, 류호상의 글이다. 그러나 김대중은 생태론적 사상을 국정에 본격 투입하지는 못했다. 외환위기라는 발등의 불을 끄는 일에 집중할 수밖에 없었기 때문이다. 김대중의 생태적 차원의 사상을 더욱 탐색한 글은 2023년 3월에 출간된 전자책,《동양의 눈으로 세계를 향하여: 김대중 사상의 확장》 – 서울대 논쟁의 맨 뒤에 수록된〈한상진과 류호상의 대담: 김대중의 생태사상과 지구시스템과학의 징후적 독해의 확충〉이다.

으로 정보산업을 육성했다. 이리하여 김대중은 디지털 소통시대를 열었으며 이것이 제2근대 전환에 미친 영향과 공적은 아무리 강조해도 부족하다.

네 번째 관문은 가족과 성, 사랑, 결혼, 출산, 양육 등 일상적 삶이 펼쳐지는 생활정치의 장이다. 동서양을 불문하고 근대로의 진입은 많은 계몽사상에도 불구하고, 또는 계급투쟁의 역사에도 불구하고, 성 차별이 오래 존속한 것이 사실이다. 한국의 경우에는 오랜 기간의 가부장주의 제도와 관행이 뿌리 깊다. 이런 배경에서 김대중은 남녀평등을 향한 자신의 윤리적 판단과 신념을 여러 제도개혁에 투입했고 이것이 제2근대 전환의 중요한 흐름을 대변한다.

다섯 번째의 관문은 생산적 복지에 관련된다. 김대중은 민주주의와 시장경제의 병행발전을 추구하면서 생산적 복지를 추가하여 국정운영의 3대 철학으로 천명했다. 경제위기에 따른 대중 실업 등의 압박 속에서 그가 불균형 발전과 빈부격차에 맞서 도입한 생산적 복지의 '생산적'이라는 말의 의미는 고정되어 있지 않다. 일종의 진화 과정에 있다. 근래 서구가 경험하고 있는 복지국가의 위기를 감안할 때, 생산적 복지의 개념을 새롭게 정립하는 과제가 우리 앞에 놓여 있다고 할 수 있다.

다섯 번째의 관문은 부국강병의 정치와 관련된다. 국민국가는 부국강병을 추구했고 이것은 흔히 군산복합체의 이해를 반영한 것으로 풀이된다. 한국의 경우, 부국강병의 근대화는 매우 특별했다. 박정희의 중화학공업화 정책이 이것을 웅변으로 증명한다. 이를 이끈 관료적 권위주의 체제는 경제성장에서는 성공했으나 민주주의와 인권을 억압함으로써 심각한 정치 분열을 낳았다. 이런 상황에서 김대중은 정치적 양극화를 넘어, 화해와 용서의 통합정치로 그의 생명을 위협한 정적들까지 아우르는 새로운 정치공동체를 만들고자 했다.

제2근대 진입의 한 중요한 관문은 여기에 있다.

마지막 관문은 남북의 교류와 협력에 관한 것이다. 그 배후에는 한반도의 분단이 있다. 김대중의 햇볕정책은 분단된 국가가 겪는 긴장과 딜레마를 해소하기 위한 비전을 담은 정책이다. 이 정책은 그의 대통령 재임 시절, 한반도 주변 강국들의 협력 속에 성과를 내는 듯했으나, 그 뒤 한반도의 지정학적 변동에 휩싸여 부침을 거듭하고 있다. 그러나 그가 제안한 남북교류와 협력 및 미국을 포함한 6자 협력이 아닌 다른 방식의 한반도 긴장해소와 통일의 길을 생각하는 것은 현실적으로 어렵다. 이런 관점에서 이 글은 김대중의 햇볕정책을 제2근대 진입의 한 중요한 관문으로 취급한다.

이상의 7가지 관문 가운데 이 글은 전통문화의 재 창안, 보편적 세계주의, 디지털 소통혁명, 생산적 복지, 용서와 화해 및 통합, 남북의 교류와 협력의 6가지 관문을 중심으로 김대중의 사상을 논의하고자 한다.

4. 전통문화의 재창안과 제2근대

전통을 전통의 이름으로 합리화하는 것은 근대 이전의 전통사회의 습속이라면 전통을 근대화의 장애물로 인식하여 이를 공격하는 것은 전형적인 근대의 시각이다. 이에 반해 전통과 근대의 화해 또는 접합을 통해 시민 정체성의 문화적 뿌리를 다듬고 근대화의 의도치 않은 부산물을 반성하면서 고품격의 새로운 발전을 추구하는 태도는 제2근대 전환의 한 중요한 특징이다. 이에 따라 이 글은 김대중이 제안했던 전통의 재 창안을 제2근대 전환의 핵심으로 보고 그 배경과 논리를 자세히 보고자 한다.

김대중이 생각했던 전통문화 재 창안은 무엇보다 유교의 핵심을 이루는 충효사상의 재구성에서 잘 드러난다. 김대중은 1999년 3월 18일 당시 신낙균 문화관광부 장관과 최창규 성균관장을 포함한 145명의 전국 유교 지도자들을 청와대 오찬에 초청하여 매우 이색적인 모임, 즉 충효사상의 재구성을 위한 대담을 나누었다. 당시 거의 모든 신문과 방송매체는 이 모임을 흥미로운 기사로 다루었다. 초청받은 사람 대부분은 청와대에 처음 초청된 것으로 알려졌다. 김대중의 모두 발언을 보면 동기가 분명하다. 그는 "유교에 대하여 기대 반, 우려 반의 태도를 넘어 새로운 역할을 주문하고 싶다는 심정"을 밝혔다. 그는 미국이나 유럽에서 일고 있는 "도덕과 윤리 및 인문교육에 대한 관심고조"를 언급하면서 "심지어는 오늘날 유교나 불교에 대한 토론도 서구가 주도하는 것"이 아닌가 하는 우려를 표명했다. 아울러 "정신문화 전통을 가꾸어 21세기 미래에 접목시키려는 노력"의 중요성을 강조하면서 "우리의 문화전통을 흑백논리로 송두리째 부정하는 것은 잘못된 일"이라고 비판했다. 그러면서 "유림 지도자들 뵙는 길에 우리의 귀중한 문화전통의 하나인 유교를 어떻게 볼 것인가에 관하여, 공자 앞에서 문자 쓰는 쑥스러움이 있지만, 평소에 가진 몇 가지 생각을 말씀 드리고" 싶다는 소회를 밝혔다.

이 태도는 전통에 대하여 공격적인 근대의 역사관 또는 전통을 국가권력의 정당화에 선택적으로 활용하려는 권위주의적 입장과는 다른 성찰성을 보인다. 동시에 그는 자신의 시도가 오해를 받을 수 있다는 점을 분명히 의식했다. 그의 표현대로 "1961년 군부 쿠데타가 일어났고 70년대 유신 독재 시절에 충효 사상이 다시 강조되었음을 기억하는 사람들은 충忠이라는 말만 들어도 눈살을 찌푸리기도 했다."는 것이다. 또한 "유교는 고루하고 시대착오적이라는 선입관에 사로잡혀 있는 젊은 세대들이 많다"고 지적했다. 이를 반영하듯,

1999년 5월에는 상명대 중문과 김경일 교수가 《공자가 죽어야 나라가 산다》는 책을 출간하여 이른바 '공자논쟁'을 촉발했는가 하면, 뒤를 이어 성균관대 유도회중앙회 최병철 사무부총장이 《공자가 살아야 나라가 산다》는 반론을 출판하여 공자 논쟁 2라운드를 가열시켰다.[23] 아울러 유교 자본주의를 주장하는 일군의 학자들이 나와 경제위기는 투기적 금융자본의 교란에 의한 것일 뿐 아시아적 가치와는 무관하다는 주장을 폈는가 하면, 반대로 유교가 지닌 신분적 위계적 질서, 회고주의, 핏줄 중심의 논리, 창의성의 억압, 남녀불평등 같은 낡은 중세적 가치를 청산하지 못하는 한 IMF 위기 같은 상황은 끊임없이 되풀이될 것이라는 반론도 제기되었다.[24] 아울러 제주도에서 열린 세계인권선언 50주년 기념 학술행사 등에서도 전국의 인권전문가 90여 명이 모여 유교와 인권의 관계에 대하여 비판적 토론을 진행했다. 아무튼 1999년 3월 18일 김대중의 청와대 오찬에서 시작된 유교 논의는 곧 공자논쟁, 인권논쟁, 유교자본주의, 유교민주주의에 관한 논의로 이어졌고,[25] 모든 신문매체가 이를 크게 다루었을 뿐 아니라 KBS 심야토론 등 수많은 공적 토론의 주제가 되었다.[26]

  김대중의 입장은 유교 전통을 그대로 계승하자는 것도 아니고 그 가치를 송두리째 부정하는 것도 아니며, 이미 우리사회에 '서구 민주주의 사상'이 정착되었다는 전제에서 이에 접목시키는 방식으로 전통을 재구성할 수 있고 해야 한다는 것이었다. 충에 대한 새로운 해석이 한 보기다.

---

23) 김경일. 《공자가 죽어야 나라가 산다》. 바다출판사, 1999. 최병철. 《공자가 살아야 나라가 산다》. 시아출판사, 1999.
24) 홍을표. 《김대중의 생각: 공자인가 존 로크인가》. 서울 들녘, 1999
25) 함재봉. 《유교자본주의와 민주주의》. 전통과 현대, 2000.
26) 황태연은 《유교적 근대의 일반이론》(2023)을 출판하여 과거의 공자논쟁에 종지부를 찍고 유교의 의미를 글로벌 차원에서 새롭게 해석했다.

충의 정신을 해석하는 데 있어 지배층은 대체로 국가에 대한 충을 생각하는 경향이 있다. 그러나 민주주의 가치가 도입되면서 깨어 있는 국민이나 지식인은 국민에 대한 충을 더 중요하게 여긴다. 민주주의는 주권재민의 사상이고 따라서 민에 대한 충이 중요하다는 것이다. 이런 사상은 근대적이고 서구적인 것이지만, 우리의 민본사상 안에도 이렇게 볼 수 있는 근거가 있다고 생각한다. 따라서 이제는 과거와는 다른 방식으로 충의 사상을 재조명해야 할 시점이 되었다고 생각한다.[27]

"재조명해야 할 시점"이 되었다는 판단은 시대의 변화를 함축한다. 여기에는 두 가지 차원이 있다. 하나는 유교의 충 개념을 국민에 대한 충으로 재해석함으로써 김대중은 과거의 역사를 새롭게 본 것이다. 그의 표현대로 "지난 수십 년간 민주화운동, 인권운동, 학생운동, 여성운동 등 많은 사회운동을 이끌고 이에 참여해온 수많은 젊은 이와 시민들의 생각에는 바로 정권이나 국가와는 다른 국민에 대한 충성이라는 굳은 신념이 자리 잡고 있었다"는 것이다. 다시 말해, 한국 근대화과정을 면면히 이어온 젊은 세대의 반독재 투쟁이 유교 전통과 모순되는 것이 아니고 반대로 유교의 충 개념이 민주주의와 결합하여 국민에 대한 충으로 탈바꿈한 것으로 해석한 것이다. 바로 여기에 한국의 정신문화 전통을 읽는 김대중의 역사적 혜안이 있다. 그는 유교 전통 안에 민본정치의 규범이 강력하다는 점에 주목했다. 이 때문에 조선조 시대로부터 현대에 이르기까지 그 규범을 파괴하는 권력층의 비리나 부패에 대한 저항이 강력했으며, 이것은 권력자에 대한 충이 아니라 민에 대한 충으로 이어졌다는 것이다. 이런 눈

---

27)　Kim Dae-jung, 〈Confucian Pathway to Cosmopolitan Democracy: Reconstruction of Loyalty and Filial Piety.〉 Han, Sang-jin (Ed.), Asian Tradition and Cosmopolitan Politics: Dialogue with Kim Dae-jung, Rowman & Littlefield: Lexington Books, 2018, 225-226

으로 보자면, 2016년 한국의 발전경로를 바꾼 촛불 시민운동도 좋은 보기라고 할 수 있겠다. 여기서 보듯이, 김대중의 역사인식은 양면적이다. 한편으로는 유교의 해악이 있다. 상식이 있는 사람이라면 누구나 이것을 안다. 그러나 다른 한편으로는 국가의 기강과 정신문화를 떠받치는 유교의 규범정치가 작용한다. 김대중은 후자를 민주주의에 친화적인 것으로 보았으며, 그렇게 할 수 있는 문화적 자산이 서구에 못지않게 한국의 역사에 깊게 내장되어 있다고 보았다.

다른 한편, "재조명해야 할 시점이 되었다"는 판단은 미래를 향한 전망을 보여준다. 이것은 한 마디로 위험사회를 넘어 새로운 시대를 개척해야 한다는 김대중의 사명감을 가리킨다. 여기서도 두 가지 점이 중요하다. 하나는 인본주의적 전통문화의 관점에서 볼 때, 위험사회의 현실은 참담하다. 이 현실과 전통문화의 규범적 지향 사이의 긴장은 새로운 변동의 촉매 역할을 할 수 있다. 다른 하나는 세계화는 우리가 회피할 수 없는 운명이다. 세계화 시대에 우리가 앞서려면 정보통신 혁명이 필수적이지만 아울러 전통문화의 재 창안을 위한 투철한 자기반성과 성찰이 필요하다.

유교에 대한 새로운 눈으로 우리의 미래를 내다보자. 충의 대상은 국민이고 따라서 국가가 국가답지 못하면 국민은 이에 항의할 권리가 있다. 맹자는 이미 2300년 전에 [임금]이 백성을 제대로 다스리지 못하고 학정을 할 때는 백성은 일어나서 그를 쫓아낼 권리가 있다고 했다. 이는 2000년 후 존 로크가 말한 사회계약론, 서구민주주의의 기본을 세운 철학과 일맥상통하는 것이다. (…) 우리는 이런 새로운 눈으로 유교전통을 재해석하고 서구의 보편적 사상과 당당하게 대화하는 자신감과 용기를 가져야겠다. (…) 이것은 나름대로 투철한 자기반성과 성찰을 요구한다고 하겠다. 과거 우리 조상들이 생각했던 유교와는 다른 것으로 그 정신을 재창조하

는 두뇌와 지혜가 필요하다. 그리고 유교를 세계의 보편적 사상과 교류할
수 있도록 만들려는 개방적 사고가 요구된다. 이렇게 유교가 새로 태어나
야만 흔들리고 있는 우리나라 윤리와 도덕을 재건하는 데도 큰 도움이
될 것이다.28)

여기서 강조되는 것은 "전통을 시대정신에 알맞게 재창조하는 능
력'이다. 김대중은 이런 "능력을 갖춘 민족만이 세계화 시대에 문화
적 정체성을 향유할 수 있고 이것이 국가경쟁력의 근본이 된다"고
주장했다. 다시 말해, 우리에게 필요한 것은 민족문화를 버리고 세계
문화에 합류하는 것이 아니라 민족문화의 재 창안을 통해 세계에 개
방적인 시민의 정체성을 확립하는 것이다. 그리고 바로 여기에 국가
경쟁력의 비결이 있다. 이처럼 전통문화의 쇄신을 국가경쟁력으로
연결하는 김대중의 사상 안에 제2근대 진입의 관문이 있다고 할 수
있다. 위험사회 극복을 위해서는 인간의 가치를 강조하는 문화전통
의 재 창안이 필수적이다. 이런 생각이 김대중의 신지식인 개념에
녹아 있다. 이런 경로를 따라 김대중은 비록 제2근대의 개념을 발전
시키지는 못했지만, 실천을 통해 제2근대 진입의 선구자가 될 수 있
었다.

5. 보편적 세계주의와 제2근대

역사를 개관해 보자면, 근대는 시민권에 바탕을 둔 국민국가의 시

---

28) Kim Dae-jung, 〈Confucian Pathway to Cosmopolitan Democracy:
Reconstruction of Loyalty and Filial Piety.〉 Han, Sang-jin (Ed.), Ibid.
2018. 229-230

대며 시장경제 역시 국민경제의 틀 안에서 발전했다. 그러나 인간의 자유와 권리 개념이 보다 확산되고 급진화 되면서 세계화의 추세가 현저해진 제2근대로의 전환이 일어나게 되었다. 제2근대 전환의 한 축은 정치, 경제, 사회, 문화의 각 차원에서 민족주의 시대를 넘어서는 코스모폴리탄 변동이 광범하게 일어난 것이다. 국가권력을 상회하는, 또는 국가의 통제를 벗어나는 초국적 교류, 협력, 인적, 물적 이동, 법, 제도, 시민 네트워크, 특히 인권을 포함한 다양한 글로벌 규범의 영향력이 현저히 강화되었다. 코스모폴리탄 변동은 단순한 규범적 지향에 관한 것이 아니다. 먹거리 등 일상적 생활로부터 정치, 경제, 사회, 문화, 기술 등 모든 영역에서 우리의 삶 자체가 촘촘하게 얽힌 초국적 관계 안에서 형성되고 변화되는 단계로 진입한다는 것을 뜻한다. 이런 배경에서 우리는 근대와 구별되는 제2근대를 말 할 수 있다.

그런데 한국의 특징은 애당초 근대를 상징하는 국민국가의 형성이 불완전했다는 것이다. 냉전의 족쇄에 얽혀 분단된 상태에서 통일을 미래의 과제로 남겨둔 채 분단국가로 출발했다. 독일은 제2차 세계대전을 일으킨 전범 국가였기 때문에 전승국들이 국토를 분할하여 지배할 수도 있었지만, 한국은 일본지 식민지 지배의 피해자였음에도 국토가 분단되는 비극을 체험했고 6.25 전쟁의 참화를 겪었다. 이런 의미에서 민족주의 또는 민족의식은 뜨겁고 예민한 정치변동의 에너지가 될 수밖에 없었다.

김대중은 청년시절부터 분단이 미친 민족의 분열과 갈등의 결과를 날카롭게 주시하는 정치인으로 성장했다. 6.25 전쟁으로 인한 첨예한 남북한 이념갈등 또는 대립의 현실에서 이것은 쉽지 않은 일이었을 뿐 아니라 위험한 일이기도 했다.

김대중의 정치사상은 1980년대 민주화 이행기까지 강력한 군부

독재 체제에 대한 비판을 핵심으로 했다. 고속 성장의 어두운 후면이라 할 수 있는 불균형 발전, 지역차별을 넘어통합된 민족사회, 즉 분열을 넘어서는 국민국가를 지향했다. 그는 강력한 민족주의자였고 국민통합 신봉자였었다. 그의 도전에 불안을 느낀 집권세력이 그를 제거하려고 했을 때, 그는 민족에 대한 믿음으로 생명을 내던지며 불의와 결연하게 싸웠다. 여러 번 죽을 고비를 넘겼고 장시간 망명생활, 감옥생활, 가택 연금상태를 지냈다. 그러나 그는 불사조처럼 다시 일어났다. 그는 지극히 한국적인 방식으로 민주화를 위해 투쟁했고 민족의 통합을 지향했다.

그러나 그의 사상은 1992년 대선에서 패배하고 영국 케임브리지 대학으로 떠나면서 점차 코스모폴리탄 세계관으로 진입한 것처럼 보인다. 그는 영국의 앤서니 기든스, 존 던, 독일의 한스 디터 클링게만 등 세계석학들과 교류했고 베를린에서 독일 통일의 현장을 방문하면서 독일의 경험을 주의 깊게 경청했다. 그는 어차피 정계은퇴를 선언한 상태였기 때문에 보다 넓은 시각에서 한국의 미래를 탐색하는 기회를 얻었다. 귀국한 뒤 그는 아태재단을 창립하여 아시아 태평양지역의 연대를 추구하고 지구적 민주주의, 보편적 세계주의, 신인도주의 등 참신한 시각을 피력하기 시작했다.[29] 이때 지구적이란 말은 생태학적 차원을 포함하며 인간만이 아니라 비인간 존재들의 생존권과 공생을 지향하는 의미로 사용되었다.

이런 맥락에서 1994년 김대중의 아시아 가치 논쟁은 김대중의 사상 발전에 뜻깊은 함의를 갖는다. 싱가포르의 리콴유는 서구의 개인주의 문화와 동양의 유교 문화를 양분하여 서구의 인권과 민주주의 제도는 서구에는 부합하지만 동양에는 맞지 않는다고 논했었다. 이

---

29) 김광수, 김대중, 〈인간 김대중의 역정과 비전〉, 《철학과 현실》 1993(겨울호), 88-156. 이 대화는 9월 3일, 오전 10시부터 오후 7시까지 계속되었다.

에 반대하여 김대중은 동양에도 서구에 뒤지지 않는 보편적 문화전통이 있다고 강조했으며, 민주주의 제도는 서구가 앞선 것이 사실이지만 동양에서도 인권과 민주주의가 꽃피울 수 있다고 주장했다.[30) 여기서 핵심적인 질문은 아시아적 가치가 보편적 문화와 어긋나는 특수한 성격의 것인가에 있다. 그렇다면 서구는 서구식으로, 동양은 동양식으로 발전하면 된다는 논리가 성립된다. 김대중은 이것을 거부했다. 대신 보편적 세계주의의 관점에서 아시아적 가치가 독재의 합리화에 이용되고 있다고 비판했다. 이런 논쟁을 경유하면서 그는 아시아적 민족 중심주의를 벗어나 보편적 세계주의로 진입하게 되었다. 구체적으로 김대중은 1999년 2월 26일 서울에서 개최한 민주주의와 시장경제 국제회의 기조연설에서 다음과 같이 천명했다.

> 보편적 세계주의에 적응하기 위해서 한국은 민주주의를 철저히 실천하여 사상과 정보가 자유롭게 교류되게 하고자 합니다. 시장경제를 충실히 이행하되 경제의 모든 분야가 세계와 경쟁하고 협력하도록 하겠습니다. 진정한 시장경제는 철저한 기회균등과 공정한 삶을 모든 사람에게 보장해 주기 때문입니다. 무엇보다 문화의 교류를 촉진시켜 인류 상호간의 이해와 우정을 강화하도록 할 것입니다. 그리고 전쟁, 빈곤, 범죄, 마약의 퇴치와 환경의 보전을 위하여 세계 모든 나라의 사람들과 협력할 것입니다.
>
> 우리 모두는 하나밖에 없는 지구를 생명같이 아끼고 모든 인류가 이 지구 위에서 안전하고 평화롭고 행복하게 사는 그러한 보편적 세계주의를 위해서 적극 협력해야 할 것입니다. 한국은 세계와 같이 가고 세계와 협력해 나감으로써 인류의 평화와 번영과 복지에 적극 공헌하는 도덕적 강국

---

30) Kim, D. J. "Is Culture Destiny? The Myth of Asia's Anti-democratic Values Foreign Affairs 73(6), 1994, 189-194. (Reprinted in The New Shapes of World Politics, Foreign Affairs Press, 1997, 234-241)

이 되고자 최선을 다할 것입니다. 31)

이보다 앞서 김대중은 1998년 8.15 경축사를 통해 "독선적 민족주의로부터 보편적 세계주의로의 전환"을 선언했다.32) 11월 5일에는 Korea Times 기고문을 통해 보편적 시대의 전환을 언급하면서 "21세기는 200여 년 동안 계속되어 오던 자기중심적 민족주의 시대로부터 보편적 세계주의 시대로 변화하는 시대가 될 것이다"고 전망했다.33) 이 기고문은 앞서 소개한 유교 충효사상에 관한 글과 함께 김대중이 집권 초반기에 자신의 관점을 피력한 대표적인 보기다. 그는 이 기고문에서 지난 200년의 역사를 통해 이루어진 산업혁명과 서구 제국주의, 식민주의의 전개, 이에 따른 지배적 민족주의와 저항적 민족주의의 갈등을 살피면서 21세기의 변화양상을 분석했다. 그는 보편적 세계주의를 촉진시키는 요인으로서 세계무역기구(WTO)의 등장과 역할, 인터넷으로 가시화된 지식정보사회의 도래, 민주주의의 확산, 문화교류를 통한 보편적 가치의 확산을 강조했다. 보편적 세계주의의 5대 가치로서 자유, 인권, 정의, 평화, 효율을 제시하면서 자신의 역사관을 피력했다.

나는 이러한 보편적 가치들이 21세기 지구촌 시장경제를 움직이는 〈경쟁〉의 규범이자, 국경을 넘어서 형성되는 지구촌 시민사회를 묶어주는 '공생'의 규범으로 자리 잡을 때, 명실상부한 보편적 세계주의는 세계를

---

31) 김대중 전 대통령의 1999년 2월 26일, 〈민주주의와 시장경제 국제회의 기조연설〉(행정안전부 대통령기록관 (https://pa.go.kr/research/contents/speech/index.jsp) 연설기록 참조).
32) 김대중 전 대통령의 1998년 8월 15일,〈대한민국 50년 경축사〉(행정안전부 대통령기록관 (https://pa.go.kr/research/contents/speech/index.jsp) 연설기록 참조).
33) 〈金대통령, 코리아타임스에 〈보편적 세계주의〉주제 기고문〉,《동아일보》, 1998년 11월 4 일.
   https://www.donga.com/news/Politics/article/all/19981104/7392404/1.

움직이는 기본원리가 될 수 있다고 믿는다.[34]

　　김대중의 역사관은 보편적 세계주의를 이끄는 보편적 윤리가 한국의 4.19 혁명, 광주 민주화 운동 등에 내재해 있다는 것이다. 더 나아가 "아시아에서 발전한 유교와 불교의 인류애와 자비의 정신 및 도덕적 규범은 민주주의 토대 위에서 자유와 인권의 문제를 보다 심화시켜 나가는데 큰 활력과 자극이 될" 수 있다는 것이다.

　　지구적 위험사회의 현실에서 초국적 협력이 요구되는 시기에 보편적 세계주의를 내건 김대중의 모습은 청년시절과는 사뭇 다르다. 사상의 원숙 또는 성숙을 느낄 수 있다. 아시아 전통을 간직한 채 보편적 세계주의를 행해 나가는 것은 동아시아에서 독보적인 위상을 보여준다. 이런 사상이 있었기 때문에 그는 한반도의 긴장해소를 위해 중국, 일본, 러시아 등과 적극적인 외교를 펼쳤고 미국과의 동맹 체제를 굳건히 했다. 아울러 보편적 소통 윤리로 그의 생명을 위협했던 정적들과 화해하고 이들을 용서하는 데 앞장섰다.

6. 디지털 소통혁명과 제2근대

　　제2근대 진입의 다른 한 중요한 관문은 정보통신 혁명이다. 김대중은 산업화에는 우리가 뒤졌지만 정보화에는 앞서 가자라는 미래지향적 캠페인으로 외환위기의 와중에서 그 위기에 대한 선제적 대응으로 정보통신 혁명을 선도했다. 이것은 흡사 중화학공업화를 선도했던 박정희의 리더십과 유사한 측면이 있다. 울산, 포항, 창원, 구

---

34) Kim Dae-jung, "Dawning Era of 'Universal Globalism," A Special Contribution on the 48th Anniversary of the Korea Times, 1998년 11월 5일

미 공단 등을 방문하면서 철강, 조선, 전자, 자동차, 화학, 부품산업 등의 성장을 지휘하고 독려했던 박정희와 같은 열정과 헌신으로 김대중은 지식정보 산업의 육성과 인터넷의 전국적 보급과 확산을 선두 지휘했다. 물론 차이점은 적지 않았다. 박정희는 일인 장기집권 체제인 유신독재의 확립에 따른 정치적 부담을 희석하고 자주적인 방산 무기체계의 확립을 위해 중화학공업화에 매진했다면, 김대중은 외환위기에 따른 경기침체와 실업자 증가에 대한 선제적 대응으로써 새로운 성장 동력을 창출하기 위해 정보통신 산업을 발전시켰다.

그런데 정보산업은 하나의 산업에 그치는 것이 아니다. 쌍방향의 디지털 소통은 국민생활의 근본을 바꾸고 국민의 사유방식에 깊은 영향을 미치며 정치는 물론 경제, 사회, 문화의 패턴을 일신하는 총체적 사회변화를 자극한다. SNS를 통해 시민은 스마트폰 하나로 세계의 흐름을 청취하고 온갖 종류의 지식을 습득하며 자신의 요구와 주장을 자유롭게 표현하는 개방적이고 참여적인 삶을 살게 된다. 이렇게 형성된 디지털 세대는 아날로그 세대와는 매우 다른 세계 속에서 산다.

박정희가 이끌었던 중화학공업화는 부국강병의 길을 열었다면, 김대중이 이끌었던 정보소통 혁명은 디지털 첨단산업, 정치 경제 사회체제의 투명성 제고, 국민 참여, 국민국가를 넘는 세계적 협치의 가능성을 여는 의미를 갖는다. 앞서 살펴본 보편적 세계주의와 디지털 소통혁명은 불가분의 밀접한 관계를 맺는다. 추상적으로 일반화하자면, 디지털 소통혁명은 모든 사회제도의 기본을 바꾸는 '메타' 혁명 같은 것이다. 요즘 많이 거론되는 4차 산업혁명, 인간을 대체하는 로봇의 역할, 인공지능의 발전 등은 모두 디지털 소통의 기반 위에서 가능해진 것이다.

김대중은 디지털 소통혁명을 단순히 기술공학적 차원에서 설명하는 것이 아니라 광범한 사회변동의 촉매자로 보았다. 한 보기로, 김대중은 2001년 2월 9일, 초고속 정보통신망 기반완성을 기념하는 연설에서 "경부고속도로의 개통이 70년대 산업화의 시발점이었듯이, 오늘 정보고속도로의 완공은 21세기 지식정보강국을 향한 역사적 출발점"이라고 선언했다.[35] 그는 "서구보다 크게 늦은 산업화로 우리는 지난 세기 백년의 한과 오욕의 역사를 살아야" 했지만, "지금은 정보와 창의력, 그리고 이를 구현하는 정보고속도로가 세계를 지배하는 지식기반시대"이기 때문에 "우리는 20세기의 한을 풀고 21세기 일류국가로 발전할 수 있는 새로운 기회"를 얻게 되었다고 말했다.[36] 구체적으로 그는 연설 당시 "전국 방방곡곡 1만여 초.중.고등학교에서 인터넷을 교육에 활용하고" 있으며 "우리나라에서 만들어진 정보통신기기와 소프트웨어들이 세계로 진출하고" 있다는 보고를 했다.[37] 하지만 그는 "초고속정보통신망의 구축이 우리의 최종목표는" 아니고 이를 기반으로 "각 분야의 생산성과 효율성과 기술력을 높여 (…) 궁극적으로는 국민의 삶의 질을 향상시켜야" 한다는 점을 강조했다. 그러면서 공공부문 개혁, 기업 경쟁력 강화, 정치와 행정의 혁신, 특히 "금융과 기업의 정보화를 통하여 경제의 투명성과 효율성을 높이는 경영의 일대 혁신을" 이룩하자고 역설했다.[38]

---

35) 김대중 전 대통령의 2001년 2월 9일, 〈초고속 정보통신망 기반완성 기념식 연설〉(행정안전부 대통령기록관
(https://pa.go.kr/research/contents/speech/index.jsp) 연설기록 참조).
36) 김대중 전 대통령의 2001년 2월 9일, 〈초고속 정보통신망 기반완성 기념식 연설〉(행정안전부 대통령기록관
(https://pa.go.kr/research/contents/speech/index.jsp) 연설기록 참조).
37) 김대중 전 대통령의 2001년 2월 9일, 〈초고속 정보통신망 기반완성 기념식 연설〉(행정안전부 대통령기록관
(https://pa.go.kr/research/contents/speech/index.jsp) 연설기록 참조).
38) 김대중 전 대통령의 2001년 2월 9일, 〈초고속 정보통신망 기반완성 기념식 연설〉(행정안전부 대통령기록관
(https://pa.go.kr/research/contents/speech/index.jsp) 연설기록 참조).

대통령 임기를 40여 일 남긴 2003년 1월 16일에는 한국직능단체
총연합회의 신년교례회 연설에서 재임 기간의 경험을 회고하면서
"산업화에는 뒤졌지만 정보화에서는 앞서간다는 각오로 혼신의 노력
을 다한 결과, 우리는 세계가 인정하는 지식정보화 선도국'이 되었다
고 자평하면서 2003년 현재, "전 국민의 절반이 넘는 2600만 명이
인터넷을 이용하고 있으며, 전국의 거의 모든 읍, 면 지역에까지 초
고속통신망이 구축되었다"고 보고했다.[39] 아울러 정보통신 강국의
진면목을 다음과 같이 정리했다.

> 정보통신 인프라를 기반으로, 지난 해 우리의 IT산업은 GDP의 12.9%,
> 전체 수출의 30%를 담당함으로써, 그야말로 우리경제의 새로운 성장엔
> 진으로 부상하였습니다. 자동차, 조선, 섬유 등의 전통산업도 IT기술을
> 접목하여 세계적인 경쟁력을 갖추었습니다. 월드컵과 부산아시안 게임에
> 서도 IT강국의 진면목을 전 세계에 유감없이 보여주었습니다. 뿐만 아니
> 라 전자정부의 출범은 모든 국민에게 투명하고 능률적인 행정 서비스를
> 제공하는 시대를 열었습니다.[40]

디지털 소통혁명이 제2근대 진입의 한 중요한 관문이라는 데는
이론의 여지가 없다. 그러나 김대중의 혜안은 인문학의 발전을 정보
통신 혁명에 연결시켜 지식정보 강국을 염원한데 있다. 전통문화의
재창안과 같이 한국문화의 브랜드를 살려 국가경쟁력을 높이는 입체

---

39) 김대중 전 대통령의 2003년 1월 16일, 〈한국직능단체총연합회 신년교례회 연설〉(행
　　정안전부 대통령기록관
　　(https://pa.go.kr/research/contents/speech/index.jsp) 연설기록 참조).
40) 김대중 전 대통령의 2003년 1월 16일, 〈한국직능단체총연합회 신년교례회 연설〉(행
　　정안전부 대통령기록관
　　(https://pa.go.kr/research/contents/speech/index.jsp) 연설기록 참조).

적 발전전략을 김대중은 생각했고 이것은 어쩌면 역대 대통령 가운데 김대중만이 할 수 있는 창의적인 일이 아니었나 생각된다. 대표적인 보기는 신지식인 캠페인이다. 김대중은 2000년 7월 18일에 열린 신지식직능인대회 연설에서 "21세기의 벽두에서 우리는 지금 일찍이 경험해보지 못했던 거대한 격변의 시대, (…) 지식정보의 대혁명"을 겪고 있다고 진단하면서 산업화 세기와는 달리 이제는 "지식과 정보, 문화 창조력과 같이 인간의 창의적인 두뇌가 고효율과 고부가가치를 창출하는 근간"이라고 규정했다.[41]

> 이러한 시대에는 형식적인 학벌이나 직업이 중요하지 않습니다. 어느 분야에서든지 혁신의 열의와 창의적인 아이디어를 발휘해 높은 부가가치를 창출해내는 것이 중요합니다. 이것이 바로 신지식입니다. 상인과 농어민, 근로자와 학생, 문화종사자와 가정주부 등 모든 계층, 모든 국민이 이러한 신지식으로 무장할 때 나라 전체의 경쟁력이 높아지고 세계 속의 치열한 경쟁에서 승리할 수 있습니다.[42]

이런 진단과 처방은 오늘의 현실에 더 적합한 것처럼 들린다. 좋은 대학을 나와도 원하는 일자리를 얻기 힘든 오늘의 상황에 더 적합하고 타당한 것처럼 들린다. 대학이 지식공급의 주요 통로였던 시대는 지났고 이제는 누구나 원한다면 상대적으로 쉽게 다양한 지식을 획득할 수 있는 디지털 지식정보 사회에 살고 있다. 이렇게 본다면, 김대중의 신지식 또는 신지식인 캠페인은 20년 정도 미래를 앞서

---

41) 김대중 전 대통령의 2000년 7월 18일, 〈신지식 직능인대회 연설〉(행정안전부 대통령기록관 (https://pa.go.kr/research/contents/speech/index.jsp)연설기록 참조).
42) 김대중 전 대통령의 2000년 7월 18일, 〈신지식 직능인대회 연설〉(행정안전부 대통령기록관 (https://pa.go.kr/research/contents/speech/index.jsp)연설기록 참조).

내다본 선견지명을 담았던 것이 아닌가 생각된다.

좀 더 자세히 보자면, 신지식인 개념은 1998년 12월 4일 청와대에서 제12차 경제대책조정회의가 열린 후 다음 날 신지식인 사례가 보고된 것이 신문에 보도되면서 알려지게 되었다. 당시 김태동 청와대 정책기획수석은 '신지식인은 지식을 활용, 부가가치를 능동적으로 창출하는 사람, 새로운 발상을 가지고 일하는 방식을 개선, 혁신하는 사람'으로 규정했다.[43] 그 뒤 김대중은 1999년 2월 3일, 제2의 건국 한마음 다짐대회에서 다음과 같이 말했다.

> 이제는 학벌이나 지연이나 인맥이 아니라 누가 고부가가치와 고효율을 창출하는 지적 생산을 해내느냐가 중요합니다. 모든 사람이 신지식인이 되어야 합니다. 전업주부도, 농민이나 노동자는 물론 회사원이나 공무원도 창의적인 아이디어로 자신의 일을 고부가가치화, 고능률화 할 수 있느냐가 중요합니다. 앞서 사례 발표에서 본 바와 같이, 고추를 재배하는 농민이나 우편배달을 하는 집배원도 당당한 신지식인입니다. 우리 4500만 국민 모두 연구하고 창조하는 신지식인이 됩시다. 신지식인이야말로 국가경쟁력의 근간이며, 무한경쟁에서 승리를 담보하는 가장 큰 자산이 될 것입니다.[44]

김대중의 신지식인 캠페인은 디지털 소통혁명의 배경에서 나온 것이다. 이로 인해 누구나 정보검색을 통하여 새로운 지식을 얻고 이를 가공하여 창의적인 생산 활동 또는 서비스 활동을 하는 길이 열리게

---

43) 대한매일, 1998.12.5.
44) 김대중 전 대통령의 1999년 2월 3일, 〈제2의 건국 한마음 다짐대회 연설〉(행정안전부 대통령기록관 (https://pa.go.kr/research/contents/speech/index.jsp) 연설기록 참조).

되었기 때문이다. 이런 맥락에서 김효근 교수는 지식의 유형 가운데 '방법지'의 중요성을 강조했다. "신지식인이란 사물지, 사실지 뿐만 아니라 방법지를 체득하고 지식의 생성과 저장, 활용과 공유 과정에 필요한 정신자세, 습관, 기본능력을 갖추고 실천을 통해 지속적으로 가치를 창조해나가는 21세기 인재상"[45]이라고 규정했다. 김대중은 이런 능력의 대중적 확산이 국가경쟁력의 근본이 되는 시대에 우리가 살고 있다고 보았다.

그러나 이런 주장과 캠페인에 관해 많은 논쟁이 일어났다. 경제적 부가가치 창출에 초점을 맞춘 신지식인 개념이 전통적인 지식인 개념과 충돌했기 때문이다. 특히 인문학자들은 신지식인 개념의 실용적인 의미가 반드시 나쁘다고는 할 수 없지만, 그 실용주의가 결국 지식인의 가치를 경제성으로 환원시킨다는 우려를 표명했다.[46] 이들은 '실용적 지식'에 못지않게 '비판적 지식'이 인간과 사회의 발전에 긴요하다는 입장에서 출발하여 '현실에 대한 비판과 대안의 제시'가 지식인의 고유하고 중요한 업무라고 강조했다.

이런 비판은 타당한 측면이 있다. 특히 신지식을 경제적 부가가치와 직접 연결시키고 이에 맞는 신지식인 사례들이 소개되면서 오해가 생겼다. 그러나 신지식인 논의를 좀 더 넓은 시각에서 보자면,

---

45) 김효근, 〈신지식인〉, 《매일경제신문사》, 1999, 79쪽.
46) 1999년 2월 27일자 《한국일보》의 〈보완해야할 '신지식인론'〉; 1999년 3월 24일자 《조선일보》의 〈지식인은 돈벌이나 궁리하라고?〉; 1999년 3월 25일자 《문화일보》의 〈신지식인=산업전사인가?〉; 1999년 3월 25일자 《뉴스플러스》의 〈인문정신의 빛 외면하고 재주꾼만 키울참인가〉와 〈'먹물의 시대'는 가는가〉; 1999년 3월 27일자 《세계일보》의 〈'왕따'된 인문학〉; 1999년 3월 29일자 《동아일보》의 〈정부의 신지식인 비판: 강태희-여인환-김성기-김성환 씨〉; 1999년 3월 30일자 《대한매일》의 〈돈버는 신지식인론의 함정〉; 1999년 4월 1일자 《중앙일보》의 〈인문학의 위기〉; 1999년 4월 5일자 《교수신문》에 실린 도정일 경희대 교수의 기고문; 1999년 4월 30일자 《중앙일보》의 〈'지식'과 '신지식'의 혼란〉; 1999년 5월 2일자 경향신문의 〈'신지식인' 논쟁가열〉 등 참조.

전통적인 충의 개념을 국민에 대한 충의 개념으로 탈바꿈한 김대중이야말로 도덕과 윤리의 영역에서 새로운 방법지를 개척한 신지식인의 모델로 볼 수 있을 것이다. 국가경쟁력을 논할 때, 김대중은 물론 통상적 의미의 산업능력, 과학기술, 합리적 기업경영 등을 강조했지만 동시에 국민의 윤리적 도덕적 행위 능력을 경쟁력의 중요 요소로 보았다. 예컨대, 거짓보다는 진실을, 부정부패보다는 투명성과 청렴성을, 불신보다는 신뢰를, 소모적 대립보다는 상생相生의 지혜를, 배타적 이기주의보다는 상호공존의 배려를 중시하는 마음가짐이 국민들 사이에 뿌리를 내릴 때 그 사회는 도덕적으로 건강해지고 그 안에 매우 귀중한 국가경쟁력이 있다는 것이다.

한류를 포함하여 한국문화에 대한 관심이 세계적으로 확산되는 오늘의 상황에서 보자면, 전통문화의 창의적 발굴, 고문서 해독의 혁신, 한글 교육의 현대화, 자연환경의 정밀한 관찰, 민중문화로 이어진 노래, 춤, 연주, 가무, 율동 등의 기법 독해를 통하여 가장 한국적인 삶의 모습을 세계 최첨단의 디지털 문화 또는 예술로 가꾸기 위해 불철주야 노력하는 수많은 젊은 인재들이 디지털 소통혁명 시대의 신지식인이라고 부를 수 있다.

김대중이 선도한 디지털 소통혁명은 제2근대 진입의 중요한 관문이지만, 장점과 함께 풀어야 할 과제도 적지 않다. 디지털 소통은 문자에 못지않게 이미지, 기호, 상징을 신속하게 전파하며 논리적 설득보다 좋고 싫은 감정의 표출을 용이하게 한다. 이 흐름을 따라 같은 성향의 집단이 자신의 선호에 맞는 정보를 공유하며 배타적으로 뭉치는 결과를 가져온다. 제도정치의 이면에서 팬덤 정치가 맹위를 떨친다. 상대에 대한 이미지 조작, 허위 정보, 절제를 상실한 인신공격, 증오와 배척의 감정이 디지털 소통을 오염시킨다. 물론 허위정보 등을 걸러내고 규제하는 법이나 제도를 만들어 운영할 수 있지만,

합리적 이성에 대한 믿음이 그래도 살아 있었던 근대의 공론 영역에 비해, 감정의 영향력이 훨씬 더 강화된 제2근대의 공론 영역은 상대적으로 불안한 것이 사실이다. 따라서 감정의 표출을 어떻게 공감의 합리성으로 이끌 것인가의 중요한 과제가 제기된다. 이것은 세계적인 현상이지만 한국도 예외가 아니다.

7. 생산적 복지와 제2근대

사회경제적 차원으로 눈을 돌려보면, 한국의 산업 근대화는 재벌 경제를 낳았다. 이것은 근대화의 후발 주자로서 한국이 처음부터 규모의 경제를 지향했기 때문이다. 중소기업보다 대기업이 국가가 선호하는 초고속 산업성장, 무역증진, 도시화, 대규모 공단건설, 기술 노동자 고용 등에 유리했다. 이런 정책기조 하에 산업 근대화의 주체인 국가는 동원 가능한 재정, 금융, 외환, 국토, 인적 자원들을 대기업에 제공하는 방식으로 재벌기업을 키웠다. 즉 국가의 특혜 위에 재벌경제가 성장한 것이다.

서구 선발국가의 경우, 산업근대화를 이끈 주체는 자본가 계급이었다면, 독일, 러시아, 일본, 한국을 포함한 후발주자의 주체는 강력한 국가였다. 강력한 국가가 작동했기 때문에 국가가 자본가 역할을 대체할 수 있었다. 그러했기에 후발주자는 어디서나 권위주의적 발전경로를 따를 개연성이 높다.

한국은 대표적인 보기다. 부국강병의 목표를 향해 경제성장을 우선했고 정부정책에 협력하는 대기업 또는 산업입지 요건에 유리한 지역에 집중 투자했다. 고용으로 복지문제를 해결하고자 했다. 자연히 분배, 복지 정책을 등한시했다. 산업, 지역 연관효과를 높인다는 전략 하에 불균형 발전을 촉진했다. 광범한 정경유착과 함께 조직의 투명성은 약화되었고 정치, 행정, 기업을 잇는 부패의 사슬이 넓게 퍼졌다.

이런 구조적 난맥상을 발전의 장애물로 본 김대중은 1999년 8월 15일 광복절 제54주년 경축사에서 재벌개혁의 필요성을 강조했다. "우리 경제 최대의 문제점인 재벌의 구조개혁 없이는 경제개혁을 완성시킬 수 없다."는 진단이었다.[47] 오늘은 "양의 시대가 아니라 질의 시대"이며 "무한경쟁의 세계에서 성공하기 위해서는 재벌의 집단이 아닌 개별 기업이 독자적으로 세계 초일류의 경쟁력을 갖추어야 한다."고 역설했다.[48] 그러면서 재벌기업의 "투명성 제고, 상호 지급보증의 해소, 재무구조의 개선, 업종 전문화, 경영진의 책임 강화 등 5대 원칙"의 연내 마무리를 주문했다.[49]

이와 함께 김대중은 불균형 발전을 해소하는 하나의 전략으로 생산적 복지 정책을 내걸었다. 생산적 복지에 대한 그의 언급을 보면, 1999년 신년사에서 그는 외환위기에 따른 1998년의 "견디기 힘든 엄청난 고통," 특히 "실직이나 경기침체로 인한 견디기 힘든 고통"을 국민들과 공유하면서 당면한 국정과제를 다음과 같이 정리했다.

> 민주주의와 시장경제를 병행 발전시켜 세계 최고의 경쟁력을 갖추어야 합니다. 지식기반국가를 이루어서 고부가가치의 산업을 활성화시켜야 하며, 노사공동운명의 새로운 노동문화를 정착시켜야 합니다. 또한 고통도

---

47) 김대중 전 대통령의 1999년 8월 15일, 〈광복절 제54주년 경축사〉(행정안전부 대통령 기록관 (https://pa.go.kr/research/contents/speech/index.jsp)연설기록 참조).
48) 김대중 전 대통령의 1999년 8월 15일, 〈광복절 제54주년 경축사〉(행정안전부 대통령 기록관 (https://pa.go.kr/research/contents/speech/index.jsp)연설기록 참조).
49) 김대중 전 대통령의 1999년 8월 15일, 〈광복절 제54주년 경축사〉(행정안전부 대통령 기록관 (https://pa.go.kr/research/contents/speech/index.jsp)연설기록 참조).

180

같이 나누고 성공도 같이 나누면서 나름대로 사회발전에 최선을 다할 수
있는 생산적 복지제도가 필요합니다.50)

이어서 김대중은 1999년 8.15 광복절 경축사를 통하여 민주주의,
시장경제, 생산적 복지를 3대 국정철학으로 제시하면서 "중산층 육
성과 서민생활 향상을 목표로 인간개발 중심의 생산적 복지정책을
적극 펼쳐나가겠다"고 선언했다.51) 그 직후 9월에는 국민기초생활
보장법이 통과되어 생산적 복지의 기본 틀이 마련되었다. 아울러 그
는 2000년 8.15 경축사를 통해 5대 국정목표를 제시하면서 "생산적
복지는 국민 각자의 능력을 개발해 저소득층도 중산층으로 상승할
수 있는 기회를 부여하자는 획기적인 정책"으로 규정하면서 생활능
력이 없는 사람들의 기초생활은 국가가 보장하되 "일할 능력이 있는
사람에 대해서는 정보화 교육 등 각자 자기개발의 기회를 제공해서
자력으로 고소득과 안정된 생활을 이룰 수 있도록 하겠다'고 밝혔
다.52)

김대중의 생산적 복지 정책은 경제성장의 낙수효과로 복지문제를
해결하겠다는 입장과는 판이하게 다르다. 그는 복지를 약자에게 베
푸는 시혜나 국민의 기초생활을 보호하는 소극적 접근과는 달리 복
지를 시민의 기본 권리로 보는 적극적 입장을 택했다. 한국이 근대화
과정에서 걸어간 경제성장 제1일의의 발전경로를 넘어섰다는 점에
서 그의 생산적 복지 사상은 제2근대 전환의 한 중요한 관문으로 볼

50) 김대중 전 대통령의 1999년 1월 1일, '1999년 신년사'(행정안전부 대통령기록관
    (https://pa.go.kr/research/contents/speech/index.jsp) 연설기록 참조).
51) 김대중 전 대통령의 1999년 8월 15일, 〈광복절 제54주년 경축사〉(행정안전부 대통령
    기록관 (https://pa.go.kr/research/contents/speech/index.jsp)연설기록 참조).
52) 김대중 전 대통령의 1999년 8월 15일, 〈광복절 제54주년 경축사〉(행정안전부 대통령
    기록관 (https://pa.go.kr/research/contents/speech/index.jsp)연설기록 참조).

수 있다.

그러나 그가 추구한 생산적 복지의 '생산적'이란 개념이 무엇을 뜻하는가에 대해서는 보다 깊은 성찰이 요구된다. 오늘의 상황에서 보자면, '소비적,' '낭비적'인 것과 구별되는 의미의 생산적 복지를 말하는 것은 지극히 당연한 것이다. 일할 수 있는 조건에 있다면 되도록 많은 사람들이 노동시장에서 일하게 도와주는 복지정책이 지속가능한 복지라는 점에 의문의 여지가 없다. 또한 복지전달체계의 비효율성, 낭비, 방만한 복지관료 체계의 부작용을 극복하는 것도 당연하다. 아울러 국가에 의한 복지 정책의 효과가 결국 개인 위주의 서비스로 귀착되는 것도 재고할 여지가 있다. 왜냐하면 개인은 사회적으로 고립된 존재가 아니며 그가 속한 공동체 안에서 서로 돕고 협력하면서 행복하고 편안한 생활을 하는 것이 복지 또는 복리의 참뜻이 될 것이기 때문이다. 이 점에서 서구의 복지국가 경험을 반성적으로 살펴볼 점이 적지 않다. 이렇게 본다면, 생산적이라는 개념의 의미가 경제적 가치창출에 국한되는 것은 협소한 시각이다. 복지를 사회관계의 차원에서 새롭게 정립할 필요가 제기된다.

바로 이 점에서 우리는 김대중의 복지 사상의 문화적 근거가 되었던 유교의 충효사상의 재구성을 다시 살필 필요가 있다.

유교의 효는 농경시대를 염두에 둔 것이었다. 대가족제도가 일반화되었고 다들 농사를 지으면서 부모를 모시는 시대였다. 그러나 지금은 사정이 달라졌다. 부모는 시골에 있고, 자식들은 도시에 살고, 가족이 뿔뿔이 흩어져 있는 경우가 태반이다.

그런데도 우리나라를 포함하여 동양에는 가족제도와 문화가 서양보다 훨씬 잘 유지되고 있다. 서양은 개인주의 사상이 번창하면서 심지어 가족적 유대까지도 무너지고 있다는 소리가 나오고 있다. 가족의 해체라는 말이 그것이다. 이것은 그만큼 사회의 안정적 기초가 무너지고 있다는 뜻으로도 들린다. 이런 세기말적 상황에서 우리 동양사회는 가족의 유대와 협력을 어떻게 더욱 발전시킬 수 있는가를 생각해볼 만한 충분한 가치를 지니고 있다고 믿는다.[53)]

김대중이 생각했던 생산적 복지란 위험사회에 직면한 개인이 사회적으로 고립되어 각자도생의 길에서 국가의 복지지원으로 생활을 이어가는 것이 아니라 그가 속한 공동체 안에서 서로 돕고 협력하는 사회관계, 즉 유대와 연대의 끈을 잘 이어가도록 돕는 복지를 가리키는 것으로 해석할 수 있다. 복지의 생산성이란 결국 일하는 복지와 함께 개인과 공동체의 결합에서 생기는 행복, 공생, 공환, 삶의 의미를 아우르는 개념이 되겠다. 이런 의미에서 김대중의 생산적 복지는 미완의 진행형이며 제2근대 진입의 중요한 관문이 될 수 있다.

8. 화해와 용서 그리고 제2근대

근대는 국민국가의 시대며 산업화와 부국강병의 목표가 가장 중요한 시대였다. 이 측면에서 한국은 제2차 세계대전 이후 세계에서 가장 모범적인 사례에 속한다. 성공의 가장 핵심적인 요인은 매우 효율적인 관료적 권위주의 체제의 확립에 있다. 산업화를 이끌었던 군부 지도자 박정희가 이 체제의 정상에 있다. 그는 1960년 4.19 학생혁명을 뒤이어 1961년 5.16 군부 쿠데타로 정권을 잡았으며 1972년

---

53) Kim Dae-jung, 〈Confucian Pathway to Cosmopolitan Democracy: Reconstruction of Loyalty and Filial Piety.〉 Han, Sang-jin (Ed.), Asian Tradition and Cosmopolitan Politics: Dialogue with Kim Dae-jung, Rowman & Littlefield: Lexington Books, 2018, 228.

유신헌법을 제정하여 자신의 영구집권 체제를 확립했다. 이에 따라 민주주의 정치는 중단되었고 시민사회는 엄중한 감시체제 하에 놓이게 되었다. 긴급명령들에 의해 국가는 통치되었고 인권과 시민권은 억압되었다. 모든 저항은 철저하게 통제되었다. 이에 따라 한국의 규범적 발전 목표에 관한 정치적 분열, 국민의식의 분열이 심각했다. 그나마 다행인 것은 순차적인 경제발전 5개년계획에 따라 경이로운 경제성장이 일어났다는 점이다. 이것을 가능하게 한 것이 바로 효율적인 관료적 권위주의 체제다.

이 체제는 두 개의 기본 축에 의해 움직였다. 하나는 1960년대의 경제기획원이 중심이 되어 국민 일인당 GNP, 무역성장 등으로 성과를 측정할 수 있는 경제성장 정책을 추진한 것이다. 청렴하고 유능한 경제 관료들이 모여 경제정책을 수립했고 효율적으로 집행했다. 박정희는 모든 정치적 사회적 압박으로부터 이들의 자율성을 지키는 보루의 역할을 수행했다. 다른 하나의 축은 정치안정을 책임지는 통제장치의 도입과 이들 기구 사이의 유기적 협력이다. 박정희 시대의 중앙정보부, 공안검찰, 경찰이 이런 이데올로기적 통제장치의 핵심에 있었다. 뜻인즉 박정희의 리더십 하에 정치안정을 확보하고 그 기반 위에서 경제성장을 가속화시킨다는 것이었다.

경제성장이라는 측면에서 박정희가 이끈 근대화 작업은 큰 성공을 거두었지만, 민주주의의 희생 위에 군림했던 그의 종신집권 체제는 그의 심복에 의한 대통령의 암살이라는 비극을 통해 끝났다. 하지만 관료적 권위주의 체제는 지속되어 1980년대 – 90년대 국가운영의 기본이 되었다. 이에 따라 민주화의 전환기를 거치면서 정치적 양극화가 더욱 심화되었고 정치 분열 양상도 더욱 깊어졌다. 박정희가 이끈 근대화의 마차는 경제성장의 화려한 앞바퀴와 함께 민주주의 희생 및 정치 분열이라는 어두운 뒷바퀴로 굴러갔다.

　이런 분열의 정치적 상황에서 김대중은 제2근대 진입의 한 관문으로 용서와 화해의 철학을 제시했고 실천했다. 중요한 점은 동서고금을 통해 용서와 화해는 어디서나 훌륭한 지도자의 품성으로 거론된 것이지만, 김대중의 경우, 용서와 화해는 우리가 체험한 근대의 한계, 즉 정치적 분열을 넘어 가해자를 포함한 모든 국민의 통합을 지향하는 새로운 정치공동체의 건설에 필수적이라는 뜻에서 제2근대 진입과 밀접히 관련된다. 따라서 우리는 이에 관해 보다 정밀한 독해를 할 필요가 있다. 쉽게 말해, 기독교 정신에 의한 용서. 화해와 제2근대 진입을 향한 용서와 화해는 맥락이 다르다는 것이다. 용서와 화해에 관한 김대중의 어록은 옥중수기 등에 풍부하다. 많은 경우, 기독교 정신을 배후에 두고 가족을 향한 메시지의 성격을 갖는다. 이 자료들은 그 자체로 김대중의 철학을 이해하는 데 큰 도움을 준다.

　그렇지만 제2근대 진입의 관점에서 용서와 화해의 의미를 이해하는 데 가장 적합한 김대중의 발언은 아마도 1997년 9월 26일 오후 2시부터 서울대 인문대 4동 건물 105호 대형 강의실에서 진행된 그의 특강이 아닌가 생각된다. 당시 김대중은 국민회의 대통령 후보였고 전국여론조사에서 1위를 유지하던 참이었다. 그러나 그가 서울대 학부 강의에서 특강을 하게 된 것은 미국의 대외정책에 큰 영향을 미치는 잡지 Foreign Affairs 1994년 11-12월 호에 아시아적 가치에 관해 싱가포르의 리콴유 전 수상과 논쟁하는 글을 발표하여 큰 반향을 일으켰기 때문이다. 또한 이 잡지는 1997년 봄, 세계를 움직인 18편의 글을 모아 The New Shape of World Politics라는 단행본을 출간했는데, 후쿠야마, 헌팅턴 등과 함께 김대중의 글이 포함되었다. 이런 이유로 그는 1997년 가을학기에 서울대 사회학과가 개설한 '현대사회의 이해' 강좌의 일일 강사로 초청되었던 것이다. 후쿠야마의 역사종언, 헌팅턴의 문명충돌, 다문화주의를 둘러싼 논쟁이 이미 다루어진 배경에서 9월 26일에는 김대중이 동아시아 민주주의와 인권을 주제로 하여 50분 강의하고 350여 명의 수강생들과 1시간 동안 토론을 했다.

　그 날 강의실 안팎의 분위기는 긴장감이 감돌았다. 강의실로 가는 4동 입구에 열댓 명의 학생들이 반창고로 입을 막은 채 "군부 독재자 전노全盧 사면 절대 반대" 같은 피켓을 들고 있었다. 김대중이 표명했던 용서와 화해의 입장을 학생들이 반박하고 있었다. 그러나 이들은 김대중의 강의실 입장을 막지는 않았다. 강의실은 수많은 학생, 교수, 언론인들로 빈틈없이 꽉 찬 상태였다. 김대중의 강의는 과연 일품이었다. 폭소를 자아내는 그의 유머가 계속되었다. 그러나 더욱 흥미진진한 것은 학생들의 질문이었고 이에 대한 김대중의 답변이었다. 특히 5번째로 등단한 학생의 질문은 송곳처럼 예리하고 날카로웠다.

　저의 아버지는 김대중 후보의 열렬한 팬입니다. 이번에는 꼭 대통령이 되셔야 할 텐데, 하고 말씀하시는 것을 여러 번 들었습니다. 마침 김 후보께서 서울대에 오신다고 해서 어젯밤에 아버지와 이야기를 했습니다. 김 후보를 좋아하시는 아버지께 저는 이렇게 말씀드렸습니다. "김대중 씨가 대통령이 되어봤자 달라질 게 없습니다." 아버지는 의아한 눈으로 왜 그러냐고 물으셨습니다. "그분이 하시는 말씀을 들으니까 전두환, 노태우 이런 사람들을 조건 없이 풀어줘야 한다고 말씀하십디다. 그런 사람이 대통령이 되면 이전 대통령과 다를 게 뭐가 있겠습니까?" 이렇게 아버지께 말씀을 드렸습니다. 사면赦免, 그 자체는 좋습니다. 그러나 사면은 벌 받은 사람이 다시는 안 그러겠습니다, 그럴 때 용서해 주는 것이라고 저는 생각합니다. 나는 잘못한 게 없다고 계속 우기는 사람들과, TK 표가 몇 표인지는 모르지만, 그 표를 의식해서 타협을 한다는 것은 군부독재에 맞서 싸우신 분의 양심에 비춰 부끄러운 일이 아닌가 생각합니다.[54]

순간 장내는 긴장감이 감돌았다. 질문이 정곡을 찔렀고 어떤 대답이 나올지 조마조마 했기 때문이다. 보전된 비디오 영상을 보면, 질문한 학생은 큰 소리로 손 제스처를 써가면서 정열적으로 대들었다. 김대중은 수많은 학생들이 운집한 공개석상에서 그의 철학을 정면에서 반박하는 이런 질문을 받은 적은 아마도 없었을 것이다. 그는 훌륭한 강의 뒤에 뜻 밖에 그의 목에 비수를 대는 큰 도전에 직면했다. 때문에 그의 대답은 용서와 화해에 대한 그의 사상 또는 철학의 진면목을 보여주는 의미를 갖는다. 그의 대답의 요체는 다음과 같다.

이 문제에 대해서만은 좀 더 설명을 드리겠습니다. 여러분들이 젊은 학생들이니까 오해가 클 줄 압니다. 그러나 정직하게 바른대로 말씀드리겠습니다. 여러분, 저는요, 일생에 다섯 번 죽을 고비를 넘겼습니다. 공산당한테 한 번, 박정희 대통령한테 세 번, 전두환 시대 때 한 번, 이렇게요. 그리고 저는 6년을 감옥살이했고 10년 동안 망명과 연금생활을 했습니다. (…) 그 중에서도 제일 지독하게 당한 것은 전두환 시대였습니다. (…) 저는 오늘 이 이야기를 처음 하는 게 아닙니다. 저는 1980년 법정에서 사형구형을 받은 후 최후진술 할 때 이미 그 말을 했습니다. "80년대가 끝나기 전에 반드시 이 나라는 민주주의가 된다. 그때는 내가 이미 이 세상에 없겠지만 — 그때는 꼭 죽는 줄로만 알았거든요 — 여러분에게 내가 유언하겠다. 반드시 민주주의를 지켜달라. 우리에게 뒤집어씌워진 허위의 진실을 밝히고 명예를 회복시켜라. 그리고 억울하게 희생당한 사람들을 도와달라. 그렇지만 우리에게 잘못한 사람, 우리를 박해한 사람에

---

54) 한상진, 《동양의 눈으로 세계를 향하여》, 나남, 1998, 54.

대해서는 관대하게 해달라", 그런 말을 했어요. 절도나 강도 같은 경제범은 벌금을 많이 부과해서 절도한 것이 손해나게 만들어야 합니다. 사람을 죽인 사람은 체벌을 강하게 해야 합니다. 하지만 정치독재를 한 사람은 독재권력을 뺏고 명예를 추락시키는 것이 가장 큰 벌입니다. 저는 그때 그런 요지의 진술을 했습니다.

그러면서 그때 저는 링컨을 생각했습니다. 링컨이 이런 말을 했습니다. 남북전쟁이 끝날 무렵에, "내가 승리하더라도 ― 그때는 승리가 확실할 때였습니다 ― 남부를 처벌하지 않겠다". 그러자 폭풍 같은 반대가 자기 진영에서 일어났어요. 링컨에 대해서 거짓말쟁이, 사기꾼, 살인자라고까지 했습니다. 그러나 링컨의 그 정신이 결국 미국이 남북으로 갈라지는 것을 막았습니다.

그 뒤 저는 요행히 정말 하늘이 도와서 살아났습니다. 1987년 대통령 후보에 나가서 전국 유세를 하면서 우리가 집권하게 되면 네 가지 사업을 추진하겠다고 말했습니다. 첫째로 광주光州학살의 진상을 밝히고, 둘째, 억울하게 누명 쓴 사람들의 명예를 회복시키겠다. 사실 저는 지금도 그 문제로 전과자가 되어 있습니다. 셋째, 희생자들에 대해서는 ― 국가권력이 잘못을 저질렀으니까 ― 정당한 배상을 하겠다. 그리고 네번째로는 광주민주화운동의 기념사업을 하겠다. 이런 말을 했어요. 그래서 굉장히 큰 호응을 받았습니다. 그래 가지고 1989년에 전두환 씨가 국민 앞에 사과를 하고 백담사로 갔습니다.

저는 이 문제에 대해서는 일관된 생각을 가지고 있습니다. 이것이 제 정치철학이고 소신입니다. 최근에 이 문제에 관해 저는 전두환 씨에게 사과하라고 했습니다. 사과하면 용서를 넘어서 화해가 됩니다. 최근 어느 주간지와 인터뷰했을 때도 이렇게 말했어요. "화해를 하는 것이 최고로 바람직하다. 그러나 가해자가 사과하지 않는다고 하더라도 피해자는 용서할 수 있다." 그렇기 때문에 김영삼 대통령 집권기간 중에 용서하는 것이 바람직하다는 것입니다. 저는 이번 선거에서 표 얻자고 이 얘기를 하는 것이 아닙니다. 물론 표 생각도 했어요. 선거에 나선 사람이 표 생각을 안 한다는 것은 거짓말이지요. 그랬지만 이 문제는 1980년 제가 사형선고를 받으면서부터 쭉 생각해 왔던 것입니다.

저는 화해와 용서에는 구별이 있다는 것을 여러분께 말씀드리고 싶습니다. 화해가 가장 좋지만 용서하는 마음도 중요합니다. (…) 여러분은 죽는다는 것이 얼마나 겁나는 것인지 눈앞에 닥친 경험을 해보지 않아서 잘 모를 겁니다. 목에 밧줄을 걸어 달아놓는다고 생각해 봐요. 가슴이 졸아들지요. (…) 법정에 나가서는 재판관의 입만 뚫어져라 쳐다봤습니다. 판결할 때 입에서 '무기' 소리가 나오기만 기다렸어요. 여러분 '무기' 해보세요. '무' 하면 입이 앞으로 나오잖아요? 그런데 '사형' 하면 '사' 하면서 입이 찢어지잖아요? 그러니까 '입이 나오면 살고 찢어지면 죽는다' 하면서 마음을 졸였습니다. 정말 간절히 살고 싶었지만 그들하고 협력하면 국민을 배신한다고 믿었기에 안 했습니다. (…)

여러분, 저는 감히 말씀드리건대 민주주의의 기본원칙, 정의와 인권, 노동자의 권리 같은 큰 원칙을 지킵니다. (…) 이러한 대원칙을 지키면서, 아까 말씀드린 대로 화해를 추구하고, 화해가 안 될 때는 용서라도 할 수 있다는 입장에 서 있습니다. 학생들의 염려와 비판이 무엇인지를 잘 들었습니다. 그러나 결단코 여러분의 기대에 어긋나거나 배신하는 일은 없을 것입니다.[55]

'가해자의 사과가 없더라도 피해자는 가해자를 용서할 수 있다'는 김대중의 철학이 위에 잘 드러나 있다. 그러나 제2근대 진입이라는 관점에서 이 발언의 의미를 해석하려면 추가적인 부연 설명이 필요하다. 위의 발언에서 실마리를 찾자면 1980년의 법정 최후 진술,

---

55) 한상진, 《동양의 눈으로 세계를 향하여》, 나남, 1998, 54-58.

즉 "우리를 박해한 사람에 대해서는 관대하게 해달라"는 진술과 "정치독재를 한 사람은 독재 권력을 뺏고 명예를 추락시키는 것이 가장 큰 벌"이라는 표현에 있다. 뜻인즉, 전두환, 노태우는 이미 법적으로 단죄되었고 명예가 추락했기 때문에, 비록 그들이 사과를 하지 않는다 하더라도, 그들 자신 또는 그의 추종집단이 과거처럼 민주제도를 짓밟는 행동을 반복할 여지나 가능성은 없다는 전제 하에서 이들에 대해서 우리가 관대한 태도를 갖자는 것으로 풀이할 수 있다. 만일 이들이 같은 과오를 반복할 개연성이 크다고 하면, 용서는 사실 무모한 일에 불과하다. 그러나 김대중은 한국 민주주의의 전개와 시민의식의 성숙을 고려할 때, 그럴 개연성은 없다고 보았다. 따라서 그는 가해자의 사과가 없다 하더라도 피해자는 가해자를 용서할 수 있는 위치에 있다고 보았다.[56]

그렇다면 그 용서는 과연 무엇을 위한 용서인가의 질문이 제기된다. 관대해지자는 표현의 관대는 정확히 무슨 뜻인가? 혹은 다른 말로 해서 김대중은 잘못한 행동과 잘못한 사람을 구분하여 우리가 미워해야 할 것은 잘못한 행동이지 사람을 미워해서는 안 된다고 말했다. 잘못은 단연코 막아야 하지만 사람을 매도하는 것은 잘못이며 그에게도 기회의 문을 열어놓아야 한다고 주장했다. 이런 사상 또는 철학은 어떤 미래를 지향하는 것인가?

김대중 철학에서 우리가 발견할 수 있는 해답은 정치 분열을 넘어 모든 국민을 포용하는 새로운 정치공동체가 필요하다는 것과 이런 공동체를 이룩하기 위해서는 다음과 같은 인문학적 성찰이 요구된다는 것이다.

---

56) 김대중은 이런 입장에서 2001년 9월 25일 세계양심재단이 제공하는 글로벌 정치지도 자상을 수상하면서 정치적 복수의 악순환을 끊어야 한다고 강조하며 "우리에게 잘못한 사람을 용서해서 그들도 다른 사람들과 평화롭게 살 수 있도록 (…) 용서와 화해의 정신을 실천"할 것을 제안했다.

1) 인권억압의 잘못을 저지른 가해자는 분명히 자신의 잘못에 대해 책임이 있다.

2) 그러나 잘못된 행동을 했다고 해서 가해자를 송두리째 사회적으로 배척하는 것은 그의 잘못된 행동에도 불구하고 그 안에 여전히 남아 있는 잠재력, 즉 새롭게 생각하고 출발할 수 있는 잠재력을 모두 부정하는 것이다. 이것은 또 다른 분열, 갈등의 씨앗이 될 가능성도 있다.

3) 가해자의 사과가 없다 하더라도 피해자가 일방적으로 그를 용서하는 행위는 가해자가 자신의 잘못으로 인해 사회적으로 얻은 부정적 낙인으로부터 벗어나 새로운 공동체의 일원으로서 자신의 잠재능력을 새롭게 깨닫고 발휘할 수 있는 기회를 제공한다.[57]

물론 김대중은 가해자의 사과가 먼저 있고 피해자의 용서가 뒤따르는 방식의 화해를 선호했다. 그러나 과거 청산의 여러 사례들을 보면 전쟁에서 패배한 후, 전승국의 절대적 패권 하에서 진행된 과거청산이 아닌 한 가해자가 먼저 사과한 경우는 흔치 않다. 가해자의 경우에도 자신의 스토리가 있기 마련이다. 사과는 법적 징벌을 자초하기 때문에 가해자는 매우 꺼린다. 이런 맥락에서 용서가 사과를 선행한 남아프리카공화국의 사례는 예외적이고 의미심장하다. 진실과 화해 위원회의 증언대에서 가해자가 진실을 증언하면 피해자는 그것으로 가슴에 맺힌 한을 풀고 용서하며 가해자가 진정으로 사과하면서 법적 징벌을 피하는 모델이 그것이다. 김대중은 이렇게까지

---

57) 이런 논리에 대한 철학적 경험적 검토의 보기로는: Han, Ssang-jin. "Human Suffering and Forgiveness: A Dialogue with Kim Dae-jung from an East Asian Perspective." Diawara M., Lategan B., & Ruesen J. (eds.), Historical Memory in Africa: Dealing with the Past, Reaching for the Future in an Intercultural Context. New York: Berghahn Books. 2010. 193-203

나가지는 않았다. 그러나 가해자의 사과가 없다 하더라도 피해자는 그를 용서할 수 있다는 그의 사상은 이런 모델과 친화성이 있다.

김대중이 남긴 중요한 유산의 하나는 극심한 정치 분열의 구조에서 나라가 정상적으로 발전하기 어렵다는 통찰에 근거하여 용서와 화해의 철학으로 제2근대의 관문을 넘은 것이다. 그는 박정희의 근대화 공적을 인정했고 그를 용서했을 뿐 아니라 박정희 기념사업을 정부가 지원하겠다고 나섰다.58) 이런 용서와 화해의 결과로 전두환은 생전에 김대중과 있을 때 마음이 편하다고 했다. 그러나 아직 갈 길은 멀다. 정치현실이 아직도 증오와 배척, 상대의 악마화, 적대적 공존으로 가득 차 있기 때문이다.

9. 남북 교류와 협력 그리고 제2근대

이상의 논의를 간략히 개관해보겠다. 제3장의 목적은 김대중을 제2근대 전환의 선구자로 제시하려는 것이었다. 글의 모두에서 밝혔듯이, 근대는 국민국가의 시대며 국가를 단위로 하는 산업화, 민주화가 시대발전의 기본 축을 형성했다. 한국의 경험은 매우 인상적이다. 효율적이고 훈련이 잘 된 관료적 권위주의 국가가 형성되어 이것이 주체가 되어 부국강병의 산업화를 추진했으며 아울러 정치적 민주화가 한국의 역동적 발전을 과시했다. 이런 관점에서 보면, 김대중은 박정희와 함께 1960년대 이래 한국의 밟아온 근대화 과정의 양대 기둥이었다고 할 수 있겠다. 그러나 이 글은 이런 근대의 시각을 넘어 제2근대의 관점을 도입했다. 관료적 권위주의 국가에 의한 돌진

---

58) 경향신문, 2019년 5월 14일 보도.

적 산업근대화가 거둔 화려한 성취, 즉 초고속 경제성장과 사회구조 변동의 이면에서, 의도치 않게, 전대미문의 위험사회가 등장했기 때문이다. 이로 인해 김대중은 15대 대통령에 취임하자마자, 혹은 그 전부터, 심한 풍랑과 폭풍에 흔들리는 대한민국 호의 선장이 되어, 6.25 이후의 최대의 국난이라 불린 총체적 위기상황을 관리하는 막중한 임무를 수행하게 되었다. 바로 이 점이 김대중을 제2근대의 선구자로 볼 수 있게 하는 역사적 체험적 근거다. 이 글은 이런 관점에서 김대중이 실천적으로 넘어간 제2근대 전환의 5가지 관문을 살폈고, 마지막으로 남북 교류와 협력에 관하여 살펴보겠다.59)

그러나 이에 관한 논의는 까다롭고 민감한 쟁점들을 포함한다. 따라서 미리 두 가지 쟁점을 언급하고자 한다. 첫째는 사상과 현실 사이의 긴장이다. 김대중의 햇볕정책이 좋은 보기다. 햇볕정책은 김대중 고유의 정치적 브랜드였고 국제적으로 널리 알려졌으며 광범한 지지를 받았다. 그는 노벨 평화상도 받았다. 그는 대통령 재임 시에 햇볕정책을 일관되게 추진했고 그 뒤에도 이 정책의 실현을 위해 할 수 있는 모든 노력을 다 했다. 그러나 현실은 녹녹치 않다. 햇볕정책이 한반도의 평화를 보장하는 제도로 정착되지 못한 채, 시간이 지나면서 남북관계와 한반도를 둘러싼 지정학적 관계의 변화로 인해 커다란 난관에 직면해 있기 때문이다. 이런 상황에서 햇볕정책의 진정성, 타당성 그리고 책임은 어디까지인가의 질문이 제기된다. 독일의 경우, 빌리 브란트의 동방정책은 후임정부에 의해 일관되게 계승되었고 소련연방체제의 변화 등에 힘입어 원래 계획하지 못했던 통일의 행운까지 거머쥐게 되었다. 한국의 경우는 반대다. 그렇다면 김대중의 햇볕정책은 이제 쓸모가 없는 것인가? 아니면 아직도 유효하고

---

59) 이 글의 〈그림3〉은 제2근대 전환의 7가지 관문을 제시하고 있으나 남녀평등은 이 책에 실린 이영재 교수의 글이 자세하게 다루고 있음으로 여기서는 제외한다.

타당한 것인가? 김대중을 제2근대 전환의 선구자로 본다고 할 때, 그가 생전에 했던 활동들에 초점을 맞춘다면 논의는 명확하다. 그는 분단의 장벽을 넘어 남북 교류와 협력의 새로운 장을 열었다. 그러나 독일과는 달리 햇볕정책은 지속가능한 성과를 내지 못한 채 오늘날 난파된 상태에 있다. 정치인의 책임윤리의 관점에서 볼 때, 김대중은 이 현실에 대해 어디까지 책임이 있고 책임을 져야 하는가?

둘째는 위험사회의 강도에 관한 것이다. 한국이 직면하는 위험사회에는 여러 차원이 있다. 제2근대 전환으로 가는 7가지 관문은 각각 위험사회에 대응하는 상이한 방식들을 가리킨다. 그 가운데서 분단으로부터 야기되고 파국적 남북관계가 심화시키는 위험은 다른 위험과는 차원이 다르다. 훨씬 더 구조적이고 복합적이다. 한반도를 둘러싼 강대국들의 힘의 얽힘이 이 위험의 재생산에 깊숙이 관련되어 있다. 되돌아보면, 2018년 6월 12일, 미국의 트럼프 대통령과 북한의 김정은 국방위원장이 싱가포르에서 북미관계의 미래에 관해 협의하고 4개항의 합의문을 발표했던 당시만 해도 한반도의 완전한 비핵화는 실현가능한 의제에 속했다. 그러나 오늘의 현실은 매우 다르다. 비핵화를 거론하기에는 북한의 핵무장 정책이 이미 고도로 진행된 상태에 있고 심지어 '미국과 러시아 같은 핵3축 체계(Nuclear Triad System)'를 구축하고 있다는 관찰도 나오는 상황이다.[60] 이것은 곧 미국 주도 하의 북한의 비핵화 또는 핵개발의 억제 정책이 사실상 실패하고 있음을 뜻한다. 북한의 핵 위협은 한국의 안보만이 아니라 세계의 안보에 직결되는 문제다. 새로운 발상의 전환이 없는 한, 갈수록 비현실적인 것으로 간주될 북한의 일방적이고 완전한 비핵화 주장을 반복하면서 북한 압박카드를 더욱 강화할 것인가? 아니

---

60) 김홍철, 〈북한의 군사정찰위성과 '핵3축 체계' 야심〉, 《중앙일보》 시론, 2023년 11월 23일

면 북한을 협상 테이블로 끌어들이는 새로운 게임 판을 도입할 것인가? 미중 패권 갈등이 심화되는 현실에서 한반도를 둘러싼 지정학적 안보정치와 김대중의 햇볕정책은 도대체 어떤 관계에 있는가? 이 정책이 여전히 유효하고 타당하다면 왜 그런가?

10. 햇볕정책과 역지사지

햇볕정책의 출발점으로 돌아가서 김대중 사상의 한 중요한 특징은 상대의 불안을 세심하게 읽는 것이다. 역지사지의 소통윤리가 햇볕정책을 이끌었다. 이것은 기본적으로 그의 인문학적 소양에 근거한 것이지만, 그가 1992년 영국 케임브리지 대학 생활을 통해, 또한 통일 이후의 구동독 지역의 방문을 통해 얻은 지혜와 통찰이 큰 몫을 했다. 그는 서독에 의한 동독의 흡수통일이 가져온 부작용을 세심히 살피면서 상상력을 넓혀 남한 주도하의 흡수통일에 대한 북한 집권층의 공포와 불안을 마음속으로 읽었다. 그래서 그 공포와 불안을 달래려는 노력을 계속했다. 1998년 2월 25일, 15대 대통령 취임사가 출발점이다. 김대중은 햇볕정책의 3원칙으로서 북한의 "어떠한 무력도발도 용납"하지 않고 "북한을 해치거나 흡수할 생각이" 없으며 "남북 간의 화해와 협력을 가능한 분야부터 적극 추진"하자고 제안했다.[61] 그의 보다 적극적인 대북 화해 제스처는 2000년 3월 9일 독일 베를린 자유대학의 연설에서 발견된다. 그는 독일식 흡수통일을 결코 원치 않으며 그럴 능력도, 의지도 없다는 점을 거듭 밝히면

---

61) 김대중 전 대통령의 1999년 2월 25일, 〈제15대 대통령 취임사〉(행정안전부 대통령기록관 (https://pa.go.kr/research/contents/speech/index.jsp)연설기록 참조: 김대중 대통령연설문집 제1권).

서 남북당국자 간의 직접대화와 협력, 한반도 냉전종식과 이산가족 상봉 추진, 남북특사 교환 등을 북에 제의했다. 이 제안이 기폭제가 되어 2000년 6월 13-15일 평양에서 역사적인 남북정상회담이 열렸는데, 그 자리에서도 김대중은 북한의 처지를 역지사지의 심정으로 읽었다. 뜻인즉, 남한이 "미국, 일본과의 긴밀한 관계 속에서도 중국, 러시아와 잘 지내듯이 북한도 러시아, 중국과는 물론 미국이나 일본과도 잘 지내지 못할 이유가 없다"는 것이었다.[62] 또한 김대중은 미국과 일본에 북한과의 대화와 관계개선을 적극 권장했다. 이런 노력의 덕으로 2000년 10월 9일 북한 조명록 국방위 제1부위원장이 미국을 방문하여 인민군복 차림으로 클린턴 대통령을 예방하고 김정일의 친서를 전달했다. 10월 23일에는 올브라이트 미 국무장관이 북한을 방문했다. 2000년 12월 12일 스웨덴 의회 연설에서 김대중은 남북한 "경제협력을 위해서 남북 간 철도의 연결공사가 시작되고 있으며, 북한의 개성에 공단을 설립하기 위해서 남북 간을 잇는 새로운 고속도로가 건설 중에" 있음을 알리면서, "스웨덴이 내년 상반기에 EU 의장국이 되는 것을 계기로, EU 회원국과 북한 간의 관계가 개선"되도록 "이니셔티브를 취해" 주기를 청했다. 요컨대, 북한의 입장에서 봤을 때, 북한의 동맹인 중국과 러시아가 한국과 잘 지내는데, 북한은 미국과 일본과의 관계를 개선하지 못함에 따른 소외와 긴장을 치유하기 위해 노력했다는 것이다.

한반도 분단과 북한을 보는 김대중의 시각은 그가 2000년 6월 15일 남북정상회담 후 귀국하면서 평양시민에게 한 인사말과 그 뒤를 이은 6.25 제50주년 기념사에 잘 들어난다. 인사말에서 그는 "남과

---

62) 김대중 전 대통령의 2000년 6월 25일, 〈6.25 제20주년 기념사〉(행정안전부 대통령기록관 (https://pa.go.kr/research/contents/speech/index.jsp) 연설기록 참조: 김대중대통령연설문집 제3권).

196

북은 지금까지의 대결의 시대에 종지부를 찍고 서로 협력해서 민족
의 운명을 함께 개척해 나갈 수 있는 역사적 전환점"을 만들었다고
평가했다.63) 6.25 기념사에서 그는 "수백만의 사람이 희생되었고,
국토가 초토화된" 6.25 동족상잔의 원인으로 분단을 적시하고 분단
의 원인은 "일제 지배"에 있다고 지적했다. "일제가 패망하자 우리가
일제의 영토였다는 이유로 소련군과 미군이 각각 한반도의 남과 북
을 점령했기 때문"이란 것이다. 이로 인한 분단과 전쟁, 분열의 비극
을 넘기 위하여 "역사는 우리에게 민족 전체의 화해협력을 요구하고"
있다고 설파했다. 그러면서 "확고한 안보태세만이 평화를 보장할
수" 있는 점을 강조하면서 평양 길에 오르던 당시의 소회를 이렇게
밝혔다.

> 다시는 전쟁을 하지 말자, 한반도에 영원한 평화를 가져오자, 그리고 통
> 일은 늦어지더라도 상호 교류협력해서 민족 전체가 다 같이 안심하고 생
> 활의 안정과 공동번영을 누릴 수 있도록 하자는 것이었습니다. 저는 비행
> 기의 출구를 나와서 북녘 땅을 한참 바라보았습니다. 저는 속으로 말했습
> 니다. '여기도 내 조상들이 묻힌 땅이고, 내 동포들이 살고 있는 땅이다'
> 이런 생각에 젖으면서 저는 마음속으로 큰절을 했던 것입니다.64)

자명한 일이지만, 한반도가 직면한 최대의 위험은 바로 국토분단
에 따른 민족분열, 갈등, 대립에 따른 전쟁 위험이다. 남북한에 축적
된 대량 살상 무기와 대규모 파괴 능력을 감안할 때, 국부적이건 전

63) 김대중 전 대통령의 2000년 6월 15일, 〈평양 출발 인사 말씀〉(행정안전부 대통령기록
    관 (https://pa.go.kr/research/contents/speech/index.jsp) 연설기록 참조: 김
    대중 대통령연설문집 제3권)
64) 2000년 6월 25일, 〈6.25 제50주년 기념사〉.

면전이건 전쟁이 다시 터진다면, 이것은 민족의 공멸일 뿐 아니라 인류에 대한 씻을 수 없는 죄악이 될 것이 명확한 일이다. 따라서 한반도에 평화를 정착하는 것이야말로 김대중이 생각했던 최상의 정치목표이자 윤리며 스스로 자임하고 나선 민족에 대한 자신의 소명에 해당된다. 이 소명을 실천하는 방법론은 다름 아닌 역지사지의 소통윤리에 있다. 냉전의 시각, 즉 체질화된 불신과 반목 및 증오의 눈빛을 거두고 상대를 소통의 파트너로 보는 근본적인 발상의 전환이 필요하다고 김대중은 확신했다. 때로는 많은 오해를 받고 핍박을 받았지만 그는 자신의 소통윤리에 충실하고자 했으며 북한은 우리의 상식으로 이해하기 어렵고 다루기가 까다롭지만 소통이 가능한 주체라고 보았다. 따라서 어떤 경우라도 소통의 문은 열어놔야 한다고 보았으며, 상대를 상대의 관점에서 보고 경청하는 소통윤리를 실천하는 데 적극적이었다.

11. 개성공단 사업의 진행과정과 성과

김대중의 햇볕정책은 현재 난파된 상태에 있으나 적지 않은 성과를 낸 것도 사실이다. 특히 개성공단 사업에 관해서는 재음미해볼 만 한다. 김대중 정부는 1998년 3월 19일의 국무회의를 통해 대북정책 추진 기조로서, "첫째 안보와 협력의 병행추진, 둘째 평화공존과 교류협력의 우선 실현, 셋째 더 많은 접촉, 더 많은 대화, 더 많은 협력을 통한 북한의 변화여건 조성, 넷째 남북 간의 상호이익 도모, 다섯째 남북 당사자 원칙 하의 국제적 지지 확보, 여섯째 투명성과 서두르지 않는 대북 정책 추진"을 천명했다.65) 4월에는 남북경제협력 활성화를 위해 모든 기업인이 방북할 수 있도록 규제를 풀었다.

그 뒤 6월 16일 정주영 현대그룹 명예회장이 소떼 500마리를 트럭에 싣고 휴전선을 넘는 일대 드라마가 연출되었다. 이것은 세계적인 뉴스가 되었으며 김대중은 이 장면을 보면서 동화 속의 목동 같다고 말했다.[66] 현대그룹은 곧 북한과의 협의에 의해 금강산 관광개발 사업을 시작했고 남북정상회담 이후에는 북한의 최전방 군사요충지인 개성지역에 대규모 산업공단을 3단계로 추진하여 8년 안에 완성한다는 계획을 세워 북한과 협의했다. 개성공단은 2003년 6월에 1단계로 100만 평 규모의 시범단지로 착공되었다. 2005년 개성공단 가동업체는 18개였고 북한 측 근로자는 6,013명이었으나 2013년에는 123개의 기업에 52,329명의 근로자가 일하는 정도로 확장되었다. 또한 개성공단 총생산액이 20억 달러에 도달했다.[67] 그러나 남북한 간의 정치적 협력관계가 순조롭게 유지되지 못해 개성공단 북한근로자가 전원 철수하는가 하면 우여곡절 끝에 2016년 2월 개성공단의 전면 중단 사태가 발생했다.

개성공단 사업은 미래지향적 함의가 가장 풍부한 사업이었다. 금강산 관광, 이산가족 상봉 등도 중요하지만, 개성공단 사업은 남한의 자본과 기술이 북한의 노동력과 결합하여 경제적 가치를 생산했기 때문에 그 효과가 자연스럽게 널리 퍼질 수 있는 사업이었다. 게다가 북한의 최전방 군사요충 지역을 산업단지로 바꾸는 획기적 의미를 갖는 사업이었다. 한국보다 훨씬 안정적으로 동방정책을 추진했던 독일에서도 생각하기 힘든 파격적인 정책이었다. 브란트의 최측근 인사로서 내독성 장관을 지낸 에곤 바르는 개성공단 사업에 대해 다

---

65) 최영태, 〈김대중 햇볕정책의 특징과 유산〉, 김대중 탄생 백주년 기념, 《평화와 통합의 세계지도자: 김대중, 브란트, 만델라 특별 국제회의 자료집》, 2023, 189
66) 이채윤, 〈현대가 사람들〉. 성안당, 2015, 407.
67) 조성택, 〈개성공단 기업의 생산성 분석과 남북경협전략〉. 경기연구원 연구보고서, 2021.4.14 https://blog.naver.com/gri_blog/222308262084

음과 같이 말했다.

> 이건 놀라운 상상력이요. 내가 동방정책을 설계할 때 동독지역에 서독의
> 공단을 만든다는 생각은 미처 못 했습니다. 복잡하게 생각할 것 없습니
> 다. 개성공단을 확장해서 계속 따라가면 그 중간에 경제통일이 올 것이고
> 종점에 마침내 한반도의 통일이 올 것입니다.[68]

　그럼에도 이 정책은 지속되지 못했다. 북한의 핵 개발을 막고 비핵
화 원칙을 관철하기 위한 압박 수단으로 북한에 대한 경제교류와 협
력의 중단, 모든 자금 흐름의 동결, 은행거래 통제 등을 강제한 서방
의 대북정책 기조 하에서 상품생산과 교역이 필수적인 개성공단 사
업을 계속하기에는 어려움이 컸다는 것이다. 한반도를 둘러싼 지정
학적 관계에서 우리가 발견할 수 있는 것은 햇볕정책의 지속가능성
을 방해하는 요인이 이들 돕는 요인보다 훨씬 강력하다는 것이다.

12. 햇볕정책의 미래

　그렇다면 김대중의 햇볕정책은 이제 쓸모가 없는가? 다루기 힘들
지만 이런 질문을 우리가 회피할 수는 없다. 이에 관해 우리는 최근
2023년 9월 서울에서 열린 〈평화와 통합의 세계지도자: 김대중, 브
란트, 만델라 특별 국제학술회의〉에 주목하고자 한다.[69] 특히 기조
발제를 한 영국 케임브리지대학 정치학 교수 존 던은 김대중의 햇볕
정책에 관해 오랫동안 연구한 석학으로서, 한반도를 둘러싼 지정학

---

68) 정동영, 지승호, 《10년 후의 통일》, 살림터, 2013, 89
69) 김대중과 브란트의 관계에 관한 연구로는 최영태의 2014년, 2013년 논문이 돋보인다.

적 관계가 전례 없이 위험한 방향으로 질주하고 있는 현실을 날카롭게 직시했다.

> 오늘의 상황은 과거보다 훨씬 더 악화된 상태에 있어요. 한반도 평화의 최대 위험은 한반도의 권력관계를 근본적으로 바꿀 수도 있는 결정적 행동을 할 수 있는 기회가 북한에있다는 것입니다. (…) 트럼프가 다시 미국의 대통령이 될 수도 있다는 가능성이 북한의 관점에서는 그 기회를 뜻하는 것이 됩니다. 이렇게 되면 기본 안보의 면에서 한국의 입장은 현저히 약화되고 국내정치나 국제적 위상에 미치는 함의도 매우 어둡게 됩니다. 한국은 새로운 위험상황에 직면할 것이고 정치적 리더십은 심각한 곤경에 처할 것입니다. 때문에 한반도 상황은 어느 때보다 현재가 더 위험한 상황이라고 나는 보고 있어요. 위험이라는 말로 내가 뜻하는 것은 북한은 어떤 측면에서는 매우 약한 정권이지만 다른 측면에서는 매우 강한 정권이라는 의미가 됩니다. 강한 이유는 세계의 여러 지역을 위협할 수 있고, 특히 남한 국민들을 끔찍하게 압박할 수 있는 [핵 위협의] 능력을 각고의 노력으로 획득했기 때문입니다.[70)]

이런 현실에도 불구하고 그는 한반도에 지속가능한 평화를 가져올 수 있는 유일한 방안이 햇볕정책이라는 입장을 견지하고 있다. 그는 우선 정치적 분열의 극복과제를 꼽았다.

> 믿기 힘들만큼 폭력적이고 변덕스러운 무력충돌의 한국전쟁이 끝나고 정전협정이 이루어진 이래
> 한국에 남은 것은 한국인 사이의 지역적이지만 역사적이며 정치적인 심

---

70) 한상진, 〈한반도의 지정학적 변화와 평화의 과제: 존던 교수와의 대화〉, 《사회와 이론》 46집, 2023. 11월.

각한 분열입니다. 내가 김대중을 진정으로 좋아하는 한 가지 점은 이 분열이 얼마나 위험한 것인지, 이에 대해 투쟁하는 것이 얼마나 중요한 것인지, 한국인을 같은 나라의 시민으로 결합하는 것이 얼마나 중요한 것인지를 인식하는 정도가 매우 치열하다는 점입니다.[71]

이런 관점에서 존 던은 김대중의 햇볕정책의 의미에 관하여 다음과 같이 말했다.

> 김대중이 햇볕정책을 택하기로 결정한 것은 오직 이 정책노선을 따라야만 한반도가 장기적으로 받아들일 수 있는 성과를 낼 수 있고 또 그런 상태에 도달할 수 있다는 명석한 판단에 근거한 것이었다. (…) 모든 공동체는 상상력을 전제한다. (…) 분단으로 괴로워하는 공동체는 특히 고통스럽고 도전적인 역경에 직면한다. 광대한 아시아 대륙을 가로지르는 모든 공동체들 중에서, 한국인은 함께 살았지만, 가장 오랫동안, 가장 큰 규모로, 가장 잔혹하게 분단되었다. 김대중의 햇볕정책은 이러한 한반도의 슬픈 역사적 상처를 치유하기 위해 근본적인 심사숙고를 거쳐 내놓은 정치적 야심의 결정판이다. (…) 김대중은 이러한 상흔이 너무나 깊고 널리 퍼져서 빨리 쾌유되기 어렵다는 점을 분명하게 인식하면서도, 한반도를 분열시킨 야만적 전쟁의 장기적 파국을 상수로 받아들이거나 북녘 동포들을 영구히 군사독재 하에 방치하는 것을 거부하였다. 그가 보기에, 이 상처를 치유할 수 있는 유일한 방법은 남북 두 집단 간의 삶의 가능성과 기회의 점진적 수렴과, 상호 간의 소통과 교류를 지속적으로 더욱 두툼하게 만드는 데 있다.[72]

---

71) 한상진, 위의 대화 글.
72) 한상진, 〈한반도의 비핵화: 존던과의 대담〉, 한상진, 《탈바꿈: 한반도와 제2광복》, 중민출판사, 2019, 337-338

김대중은 2000년 6월에 평양에 가서 "남과 북은 지금까지의 대결의 시대에 종지부를 찍고 서로 협력해서 민족의 운명을 함께 개척해 나갈 수 있는 역사적 전환점"을 열었다고 선언했다. 그러나 존 던은 이것을 지나치게 낙관적인 것으로 보았으며 그런 돌파구는 열리지 않았다고 평가했다. 그렇지만 햇볕정책이 여전히 타당한 이유에 관하여 "북한 주민들과의 정상적이고 실현가능한 관계를 재창조해 남한의 입장을 개선할 수 있는 유일한 방법이 여기에 있기 때문"이라고 보았다. 다시 말해, "장기적으로 한반도가 안전해질 수 있는 유일한 방법은 남북한 사람들을 잇는 관계의 중복된 망을 두툼하게 다시 만드는 데 있다"는 것이다. "이것은 북한 사람들이 평화의 매우 큰 지분을 가지고 있음을" 뜻하는 것이며, "소수의 군사적 모험주의자들을 제외하고 모두가 평화에 관심을 갖게 만드는 사회적 기반을 구축해야 한다"고 역설했다. [73)]

풀어보자면, 오늘날 한반도를 둘러싼 지정학적 관계 변동의 핵심 쟁점은 미중 사이의 패권 갈등과 북한의 고도 핵무장에 있지만, 김대중의 햇볕정책의 진정한 의미는 이런 갈등의 해결을 위한 묘수를 제공하는 데 있는 것이 아니라 남북한의 지속가능한 평화를 위한 전제조건으로서 남북한 주민 사이의 두툼한 관계의 망과 신뢰의 토대를 구축하는 데 있다는 뜻이 되겠다. 북한의 핵위협에 대한 대처가 발등의 불이지만, 이 문제 해결의 실마리를 찾는다고 해서 평화가 보장되는 것은 아니다. 햇볕정책은 물론 지정학적 변수의 영향을 많이 받는다. 그러나 북한의 핵위협이 심각하다고 해서 햇볕정책을 폐기할 이유는 성립되지 않는다는 것이다. 더욱이 햇볕정책 때문에 북한의 핵무장이 가능해졌다고 말하는 것은 한반도를 둘러싼 지정학적 변수의

---

73) 윗글, 339.

보다 막중한 구조적 책임을 외면하는 입장에 가깝다. 이렇게 볼 때, 국제정치의 난맥상에도 불구하고 햇볕정책의 정당성과 타당성에 대한 존 던의 관찰은 경청할 가치가 있다.

13. 한반도의 탈바꿈 과제

그래서 좀 더 긴 안목으로 햇볕정책의 미래를 탐색할 필요가 있다. 김대중이 열고자 했던 제2근대 전환의 길은 곧 한반도 탈바꿈이라고 할 수 있다. 따라서 한반도 탈바꿈의 개념을 구성하여 햇볕정책의 과정과 성과를 정리할 필요가 있다.[74] 중국 고전《역경》이 제시하는 궁즉변窮則變의 비유가 좋은 실마리를 제공한다. 여기서 궁窮은 길이 완전히 닫혀 있어 한 치도 움직일 수 없는 상태를 가리킨다. 이 비유는 파국의 상태를 뜻한다. 파국은 인간의 삶에 대한 심각한 위협이지만 이를 극복하려는 사회로부터의 도전을 유발한다. 탈바꿈은 따라서 폐쇄된 길을 "여는" 것으로 시작된다. 토인비(Toynbee)의 '도전과 응전'의 관점을 취한다면 파국은 도전을, 이에 대결하는 인간의 실천은 응전을 뜻한다. 이렇게 닫힌 문이 일단 열리면, 우리는 다음 단계, 즉 변즉통變則通으로 이동한다. 이 단계의 핵심은 혁신을 통해 탈바꿈의 추진력이 안에서 공급되는 것이다. 그리고 나면 탈바꿈은 제도화의 마지막 단계로 나아간다. 이 단계에 오면, 한반도를 둘러싼 당사자들의 합의에 바탕을 둔 "탈바꿈의 자유로운 길"이 열린다고 할 수 있다.

김대중의 햇볕정책은 〈그림4〉에 표현된 한반도 탈바꿈의 3단계를

---

74) 이하의 글은 한상진, 《탈바꿈: 한반도와 제2광복》, 2019, 7장과 10장의 일부를 요약한 것이다.

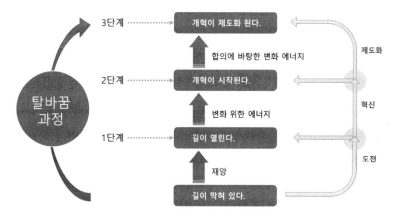

〈그림4〉 한반도 탈바꿈의 3단계

따라 이행했다고 할 수 있다. 출발점은 길이 꽉 막힌 파국의 상태다. 이런 상태에서 한반도의 숨통을 막은 분단의 파국을 넘어서기 위해 김대중은 일찍부터 노심초사했고, 햇볕정책은 이런 노력의 결실이다. 탈바꿈의 첫 단계는 남북정상회담이다. 이를 통해 다양한 남북교류협력 사업이 이루어진다. 앞서 간단히 살핀 개성공단 사업을 포함하여 금강산 관광사업, 이산가족 상봉, 남북 체육대회 개최, 경제교류와 협력, 학문 문화 예술 방송의 교류, 대북 비정부기구들의 활동 등 메뉴는 다양하다. 우여곡절이 많았고 때로는 기복이 심했지만 적지 않은 성과가 이루어졌다. 이 단계를 지나면 탈바꿈이 제도화되는 단계로 진입한다. 여기서 결정적으로 중요한 것은 남북한의 내부 변화만이 아니라 한반도를 둘러싼 당사자들의 참여와 합의에 기초하여 북한이 고립에서 벗어나 세계 공동체의 성원으로 안착하는 것이다. 특히 북한과 미국, 북한과 일본의 관계정상화가 중요하다. 이렇게 볼 때, 김대중의 햇볕정책은 한반도 탈바꿈의 제2단계까지는 무사히 진입하여 적지 않은 성과를 냈으나 제3단계 진입에서 큰 난관에 부딪쳤다고 할 수 있다. 여기에는 여러 요인이 작용했다. 북한의 단견

도 작용했고 정파를 초월하여 국민적 통합의 기초 위에서 햇볕정책
을 추진하는데 소홀함이 적지 않았던 김대중 정부의 문제점도 작용
했다. 그러나 가장 중요한 것은 한반도를 둘러싼 지정학적 관계의
구조적 변동이다.

이에 관해 매우 시사적인 것은 세계의 탈바꿈 연구에 앞섰던 사회
학자 울리히 벡과 한반도 탈바꿈 실천에 가장 적극적이었던 정치인
김대중이 2008년 4월 4일 김대중 사저에서 나눈 대담이다.75) 이
대담에서 김대중은 미국이 중국을 너무 압박하지 않는다면, 중국은
내부 문제, 즉 근대화 과정에 보다 집중할 것이고 그러면 중산층이
더욱 빠르게 증가할 것으로 보았다. 그렇다면 점진적인 자유화와 민
주화의 과정이 따를 수 있을 것으로 보았다. 그러나 반대로 미국의
압박이 강하면 중국은 권위주의의 길을 더욱 공고히 할 것으로 전망
했다. 이 대담이 시사적인 이유는 중국이 G2 국가로 부상하면서 중
국을 견제하려는 미국의 중국 포위 정책이 전면화되었기 때문이다.
이로 인한 미중 패권 경쟁이 한반도에 미친 영향이 막중하다. 또한
김대중의 햇볕정책이 한반도 탈바꿈의 세 번째 단계로의 진입을 가
로막은 측면이 적지 않다.

이런 경험에 기초하여 우리는 한반도 탈바꿈의 개념모델을 〈그림
5〉와 같이 표현할 수 있지 않을까 한다. 이 모델은 두 개의 축으로
구성되어 있다. 가로축은 탈바꿈의 차원이 구조적인가, 행위적인가
의 구분이고, 세로축은 탈바꿈을 이끄는 힘이 물질적 하부구조에서
나오는가 아니면 언어적 규범적 차원의 것인가를 구분한 것이다. 여
기서 보듯이, 탈바꿈 개념은 다차원적이다. 무엇보다 패권국이 전략
적 이해관계에 따라 세계정세를 관리하고 통제하려는 힘이 탈바꿈의

---

75) 〈김대중과 울리히벡 면담록〉, 2008년 4월 4일 10시30분–12시, 서울동교동 김대중
사저(미출판)

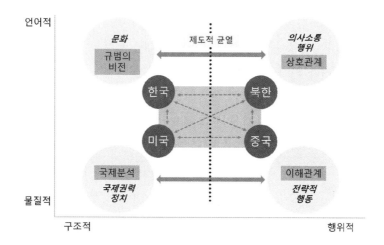

〈그림 5〉 한반도 탈바꿈의 개념 모델

진로에 큰 영향을 미친다. 이것은 인간의 의도와는 무관한 다양한 모순의 힘이 서로 얽혀 작동한다는 것을 뜻한다. 중국이 G2 강국으로 부상한 역사적 맥락에서 북한의 핵 무장을 둘러싸고 미국, 중국, 일본, 러시아 등 한반도 주변 열강들의 지정학적 권력게임과 전략적 이익 계산이 과거와 판이하게 달라지고 있다는 것이다.

　다른 한편, 탈바꿈의 규범적 차원도 중요하다. 규범과 상상력은 인간 행동에 영향을 미칠 뿐 아니라 국제 정치에도 깊은 영향을 끼친다. 앞의 물질적 구조적 차원이 그렇듯이 이 차원 또한 두 가지 요소를 포함한다. 하나는 문화의 논리고 다른 하나는 의사소통 행동이다. 더 나아가, '범주적' 차원의 탈바꿈 개념은 세상을 바라보는 시각에 근본적인 변화를 야기한다.76) 범주적이란 용어의 뜻은 탈바꿈 문제에 관하여 지정학적 틀의 한계를 인식하고 동아시아 평화라는 규범

76). Urlich Beck, The Metamorphosis of the World. New York: John Wiley & Sons, 2016, 76.

적 비전을 택하는 것을 의미한다. 이러한 변화는 새로운 세계관의 인식론적 기초를 제공한다는 점에서 '범주적'이다.

보다 구체적으로, 문화의 탈바꿈이 뜻하는 것은 지정학적 냉전의 흐름에 연관되어 정치의 표면을 가득 채웠던 적개심과 증오가 가치 체계의 근본적인 우선순위의 변화에 따라 평화의 가치로 대체되는 것을 의미한다. 냉전적 사고방식이 팽배할 때 평화의 가치는 오직 사회의식의 뒷전에 머물 수 있을 뿐이다. 그러나 탈바꿈이 시작하면 그 성공 여부에 따라 평화의 가치에 전면으로 떠올라 탈바꿈의 규범 적 목표로 작용할 수 있다.

이런 개념 틀로 김대중의 햇볕정책을 보자면, 무엇보다 한반도의 평화를 우선시하는 문화의 패턴과 국제정치의 전략적 이해를 중시하 는 패턴사이에서 제도적 균열이 증가된 것을 확인할 수 있다. 한반도 평화를 지향하는 김대중 햇볕정책의 규범적 호소력과 설득력은 높았 지만, 미중의 협력체계가 무너지고 미중갈등이 격화되면서 햇볕정책 의 전진을 가로막은 구조적 장애요소도 더 세졌다.

14. 김대중의 소통윤리

김대중은 이렇게 형성된 제도적 균열을 날카롭게 의식했으며 이 문제를 극복하는 길은 의사소통의 합리성 또는 소통윤리에 있다고 보았다. 이것은 그의 마지막 중국 방문에 잘 드러나 있다. 2009년 5월 초는 한반도에 긴장이 고조되기 시작한 때였다. 북한이 미사일 을 발사하고 북한을 규탄하는 유엔 안보리 의장의 성명이 발표되는 가 하면 이에 반발하여 북한은 6자 회담에서 탈퇴했다. 이런 상황에 서 김대중은 오직 중국만이 난관을 해결할 수 있는 열쇠를 가지고 있다고 생각했다. 이유는 간단하고 분명했다. 9·19선언을 이행하면 된다는 것이었다. 9.19 선언은 부시의 강경 대북정책이 실패하자 2005년 미국이 중국의 협력을 얻어 중국 주도로 마련한 북핵 문제 해결의 기본 틀이다. 북한은 핵을 완전히 포기하고 미국은 북한과 국교를 정상화하며 식량과 원유를 제공하고 한반도 평화제제 구축을 위해 북미 양국이 행동 대 행동의 상호주의 원칙으로 협력한다는 것이 핵심이다. 김대중은 이 합의가 존중되었다면 해결할 수도 있는 문제가 여러 이유로 방기되면서 상황이 어렵게 꼬였다고 보았다. 따라서 이 합의의 실천에 중국이 앞서 달라는 호소를 하기 위해 중국을 방문하여 당시 시진핑習近平 국가 부주석을 포함하여 여러 인사를 만났고 중국사회과학연구소와 베이징 대학 등에서 강의도 했다.

이렇듯 김대중은 생의 마지막 1년 동안 소통문제에 깊은 관심을 가졌다. 북한과 과연 어떻게 소통할 것인가? 김대중의 소통 방법론은 의외로 간명하다. 첫째, 북한 당국의 말과 행동을 주의 깊게 듣고 관찰할 것, 둘째, 북한의 언행을 남한에 익숙한 방식대로 해석하지 말고 상대방의 관점에서 이해할 것, 이것이 그 핵심이다. 우리가 익히 자주 듣고 있는 역지사지易地思之라는 말에 이미 소통의 방법론이 녹아 있다고 할 수 있다. 쉬운 것 같지만 결코 쉽지 않은 방법론이다. 특히 권력을 가진 강자에게 그렇다. 권력을 이용하여 상대의 복종을 끌어내고 합의를 힘으로 만들 수 있다고 생각하기 때문이다. 그러나 상대의 동의 없이 어떤 기준을 강요하는 것은 패권적 행태에 가깝다. 이것은 자칫 소통을 권력의 수단으로 전락시킬 위험이 있다. 누구나 소통에 참여할 수 있어야 하고, 자신의 주장을 개진할 수 있어야 하며, 이를 통해 서로 공유할 수 있는 공통분모를 찾는 것이 소통이다. 이런 지혜가 김대중을 위대한 지도자로 만들었고 세계의 다원성을 넓게 보는 사상가로 만들었다.

　김대중이 강조했던 9.19 선언으로의 복귀는 소통방법론에 뿌리들
둔 것으로 해석할 수 있다. 세계적 석학인 위르겐 하버마스 교수는
일찍이 그가 발전시킨 보편적 소통이론에서 소통의 3대 조건을 제시
한 바 있다. 1) 누구나 소통에 참여할 수 있어야 하고, 또는 누구도
소통에서 배제되어서는 안 되고 (주체의 보편적 포용성), 2) 상대의 관점
에서 쟁점을 보아야 하며 (모든 쟁점의 공정한 평가), 3) 사전의 소통을
통해 이루어진 합의 외에 어떤 강제력도 행사되어서는 안 된다는 것
이다.77) 세 번째 조건은 심각한 차이와 갈등에도 불구하고 행위자가
강제 없이 공유할 수 있는 공통분모를 가리킨다. 공통분모가 없다면
이것을 찾기 위해 공방이 가열되고 지루한 시간 낭비가 생길 수 있
다. 그러나 이것이 있으면 이 공통분모에 기초하여 소통은 앞으로
나갈 수 있다.

　김대중이 85세의 노구를 이끌고 중국을 방문하면서 그토록 심혈
을 기울여 호소하고 갈망했던 것은 다름 아닌 소통원칙의 복원이었
다. 미국과 북한을 향해 크고 작은 권력욕구를 자제하고 이미 합의했
던 9.19 선언으로 돌아오라는 것이었다. 김대중은 그를 음해하는 어
떤 인신공격이나 색깔공방에 개의치 않고 꼿꼿하게 자신의 철학과
비전을 실천에 옮겼다.

　북한의 행태에 분노하는 사람들은 아마도 이렇게 물을 것이다. 왜
김대중은 국제적 상식과 규범에 어긋나는 행동을 습관적으로 반복하
는 북한에 대해 단호하게 맞서지 않는가? 왜 북한의 행태를 규제하
려는 국제공조 체제에 동참하기보다 북한을 품에 안고 있는 중국을
찾아가 중국의 역할을 요청하는 것일까?

　만일 실효성 있는 억제 장치가 가동될 수 있다고 한다면 현실정치

---

77) j.Habermas, The Divided West, Cambridge: Polity Press, 2006, 185.

감각이 뛰어난 김대중은 이것을 고려했을 것이다. 그러나 그는 실효성 있는 장치가 가동될 수 없다고 보았다. 이것은 미국을 위시한 서방 국가들이 오랫동안 북한을 행해 일관되게 사용했던 고립과 격리 정책이 가져온 자업자득의 결과이다. 국제사회가 이용할 수 있는 전략적 지렛대가 너무 약하다는 것이다. 현실적으로 중국이 동참하지 않는 한, 북한을 규제할 수 있는 뾰족한 방책이 없다. 그런데 중국은 미국이 중심이 된 이런 대북 압박 정책의 칼날이 기실은 중국 자신을 겨냥하고 있다는 점을 너무도 잘 알기 때문에 이에 동조할 가능성은 없다. 이런 상황에서 북한에 대한 압박이 심화되면 북한의 중국 의존도만 심화시킬 것이다. 이것은 남한 정부의 심각한 모순이 아닐 수 없다. 김대중은 현실주의의 관점에서 대결정책이 가져올 시간과 에너지의 낭비를 걱정했다.

북한을 억제하려면 따라서 전쟁을 불사하는 단호한 의지로 북한에 맞서야 한다는 주장이 이런 배경에서 나올 수 있다. 그러나 김대중은 이에 대해 명확하게 "NO"의 입장을 견지했다. 어떤 경우에도 전쟁은 막아야 한다는 것이었다. 그러나 어떤 사람은 계속 이렇게 물을 것이다. "그렇다면 전쟁위험을 볼모로 삼아 벼랑끝 전술을 구사하는 북한에게 우리는 계속 질질 끌려가야만 하는가?" 우리는 이 질문에 대한 좋은 해답을 찾아야 한다. 전쟁은 안 된다는 소극적 해답을 넘어 어떤 비전으로 한반도에 평화를 정착시킬 것인가의 적극적인 해답이 필요하다. 더욱이 북한은 더 이상 벼랑끝 전술을 반복하는 입장이 아니다. 핵 강국의 위치에 올라섰다는 입장이다. 이런 변화된 상황에서 안보문제를 어떻게 해결하면서 햇볕정책으로 한반도에 지속가능한 평화를 정착시킬 수 있는가의 어려운 과제가 우리 앞에 놓여 있다.

맺음말

   이 글은 김대중을 한국의 근대화 과정에서 혁혁한 공적을 남긴 과거의 인물이 아니라 현재 진행형인 제2근대 전환의 선구자로 조명한 것이다. 이런 목적으로 제2근대 진입의 7가지 관문 가운데 6가지를 자세히 살폈다. 그러면서 김대중은 실천적으로 제2근대의 관문을 통과했지만, 그 자신이 제2근대의 개념을 발전시킨 것은 아니라고 논했다. 이 과제는 김대중 사상을 연구하는 후학의 몫이며 이 글은 이를 위한 초보적인 시도에 불과하다고 했다.

   이 글을 마치면서 두 개의 가능성을 생각하고 싶다. 하나는 미래로 가는 것이고 다른 하나는 과거를 다시 보는 것이다. 앞서 간략히 언급한 것처럼 2023년 9월 12일 김대중 탄생 100주년을 기념하는 국제학술대회가 서울에서 열렸다. 극심한 분열을 넘어 통합과 화해의 정치를 실천한 김대중, 브란트, 만델라의 공적을 비교하고 평가하자는 취지로서 공감되는 부분이 많았다. 김대중은 만델라를 높이 평가했고 브란트와는 오랫동안 깊은 교류를 했다.[78] 페니히(Pfennig)가 적절히 다루었듯이 세 인물사이에는 공통점이 많다. 다를 국정의 최고 위치에 올랐고 노벨 평화상을 수상했으며 분단과 분열로 인한 극심한 고통을 극복하고 치유하는 데 앞장섰다. 그들이 남긴 귀중한 정치유산은 적절히 조명되었다. 그러나 과거의 업적에 비해 미래를 향한 그들의 역할이 충분히 조명되지는 못했다. 어쩌면 제2근대 전

---

78) Kim, Dae-jung. "Willy Brandt's Ostpolitik and the Sunshine Policy: What can the Koreans learn? Han, S. J. (Ed.). Divided Nation and Transitional Justice (pp. 31-34). Boulder: Paradigm. 2012. 31-34; 김대중, 〈빌리 브란트와 나〉,《동방정책》과 '햇볕정책'. 유럽통합과 독일의 분단 통일 경험에 비추어 본 한국의 통일과제와 동아시아 공동체 구상," 2009년 5월 21일.
   http://knsi.org/knsi/kor/center/view.php?no=8795&c=1&m=4.

212

환의 개념은 김대중과 함께 브란트와 만델라에게도 적용될 수 있는 것이 아닌가 한다. 브란트는 동서독 관계와 독일 통일의 문제를 유럽 통합의 관점에서 일관되게 추진했고, 만델라는 그가 받은 온갖 박해에도 불구하고 용서와 화해로 새로운 정치공동체를 만들고자 혼신의 노력을 다했다. 김대중과 마찬가지로, 이들도 제2근대 전환의 개념은 없었지만 사실상 실천적으로 그 관문을 넘어섰다고 할 수 있다. 이것은 앞으로 우리가 탐색해야 할 가치 있는 중요한 과제가 아닌가 생각된다.

다른 하나는 김대중이 1998년 8.15 경축사에서 제안했던 제2건국의 개념이 제2근대의 개념과 호환 가능한 것이 아닌가 하는 것이다. 그는 제2건국의 개념으로 "총체적인 개혁의 미래상"을 제시하고자 했다. 그는 "민주주의와 시장경제라는 기본철학과 자유, 정의, 효율의 3대 원리 아래, 참여민주주의와 시장경제의 완성, [보편적] 세계주의와 지식기반 국가의 실현, 신노사문화의 창조와 남북 간의 교류협력 촉진"을 6대 국정과제로 삼아 제2건국의 길을 걷겠다고 선언했다.[79]

물론 개념의 뉘앙스로 볼 때, 제2근대와 제2건국에는 상당한 차이가 있다. 그러나 제2건국은 돌진적 근대화 과정에 깊숙이 내장된 구조적 결함의 극복을 지향했다는 점에서 제2근대의 발상과 유사한 측면도 있다. 제2근대 전환의 개념은 사실상 그가 세상을 떠난 이후에 등장했던 개념이기도 하다. 따라서 그에게 제2근대란 생소한 개념이었다. 그렇지만 그는 돌진적 근대화의 부작용과 위험사회의 참담한 실정을 온 몸으로 체감하는 위치에 있었으며 이를 넘어서려는 의지

---

79) 김대중 전 대통령의 1998년 8월 15일, 〈광복절 제54주년 경축사〉(행정안전부 대통령기록관 (https://pa.go.kr/research/contents/speech/index.jsp) 연설기록 참조).

를 제2건국의 개념으로 표현했다.

　이런 사정들을 고려할 때, 이 논문의 목표설정, 즉 김대중을 제2근대 전환의 선구자로 자리매김하는 것은 결코 자의적인 것이라고 할 수는 없을 듯하다. 오히려 제2근대 전환은 김대중의 사상을 미래지향적으로 탐색하고자 할 때,[80] 상당히 시사적이며 나름대로 의미 있는 상상력을 제공하는 개념이 아닐까 판단된다. (끝)

---

80) Sang-Jin Han (Ed.), Asian Tradition and Cosmopolitan Politics: Dialogue with Kim Dae-jung, Lextington Books, 2018; Beyond Risk Society, SNU press, 2017; Divided Nation and Transitional Justice, Paradigm, 2012

214

【참고문헌】

[김대중문헌]

김광수, 김대중. (1993). 〈인간 김대중의 역정과 비전〉. 《철학과 현실》
　　　　(겨울호, 통권 제19호), 88-156.

김대중. (1986). 《대중경제론》. 서울: 청사.

김대중. (1993). 《후광 김대중 대전집》(총15권). 중심서원.

김대중. (1994). 《나의 길 나의 사상》. 서울: 한길사.

김대중. (1994). 《새로운 시작을 위하여》. 서울: 김영사.

김대중. (1999). 〈김대중 대통령 특별기고: 충효사상과 21세기 한국〉.
　　　　《신동아》 1999(5월).

김대중. (2000). 《김대중 옥중서신》. 서울: 한울.

김대중. (2004). 《21세기와 한민족: 김대중 전 대통령 주요 연설·대담》
　　　　1998~2004. 돌베개.

김대중. (2008). 《2008 김대중 前대통령 연설·회견 자료집》.
　　　　김대중평화센터(편). 서울: 김대중평화센터.

김대중. (2009). 〈빌리 브란트와 나〉, 《'동방정책'과 '햇볕정책'》. 유럽통합과
　　　　독일의 분단 통일 경험에 비추어본 한국의 통일과제와 동아시아
　　　　공동체 구상〉, 2009년 5월 21일.
　　　　http://knsi.org/knsi/kor/center/view.php?no=8795&c=1&m
　　　　=4

김대중. (2010). 《김대중 자서전》(총2권). 삼인.

김대중. (2019). 《김대중 전집》(총30권). 연세대학교 김대중도서관(편).
　　　　연세대학교 대학출판문화원.

[국문문헌]

김경일, (1999) 《공자가 죽어야 나라가 산다》. 바다출판사김시호. (2011).
　　　　한국 민주화를 위한 김대중과 민중신학자의 연대성 연구.

한국문화신학회 11(2), 37-73.

김택근. (2012). 《새벽: 김대중 평전》. 파주: 사계절.

김하중. (2015). 《증언: 외교를 통해 본 김대중 대통령》. 비전과 리더십.

김학재. (2023). 〈김대중의 화해 사상과 정치〉 (박사학위논문, 고려대학교).

박성희, 김창숙. (2014). 〈'통일' 수사학의 현실과 이상: 김대중 전 대통령 베를린 연설과 박근혜 대통령 드레스덴 연설의 수사적 상황 및 의미 분석〉. 《수사학》 2014(20), 115-137.

연세대 인간평화와치유연구센터. (2023). 〈평화와 통합의 세계지도자: 김대중, 브란트, 만델라〉. 평화와 통합의 세계지도자: 김대중, 브란트, 만델라 특별국제학술회의 The World Leaders of Peace and Solidarity: Kim Dae-Jung, Willy Brandt, and Nelson Mandela, 2023년 9월 12일

이병천. (2016). 〈한국은 독일 통일 모델에서 무엇을 배울까: 박정희와 김대중을 중심으로〉. 《동향과 전망》 2016(10), 147-193.

임동원. (2008). 《피스메이커》. 서울: 중앙북스.

임순미. (2011). 〈정치리더의 메타포: 김대중 전 대통령의 자서전에 나타난 정치리더의 정체성〉. 《국제정치연구》 14(1), 125-159.

장신기. (2021). 《성공한 대통령 – 김대중과 현대사》. 시대의 창.

정진백(편). (2018). 《김대중 대화록》 1973-2008. 행동하는 양심.

최병철 (1999). 《공자가 살아야 나라가 산다》 시야출판사

최영태. (2014). 〈빌리 브란트와 김대중: 변방인들의 인문적 삶과 분단극복 정책〉. 《역사학 연구》 53, 319-350.

최영태. (2015). 〈5.18 민주항쟁과 김대중. 《역사학연구》 57, 185-211.

최영태. (2023). 〈김대중의 햇볕정책의 특징과 유산〉. 평화와 통합의 세계지도자: 김대중, 브란트, 만델라 특별국제학술회의, 2023년 9월 12일, 177-202.

한상진. (1993). 〈김대중은 무엇을 위해 탐구하는가, 캠브리지, 베를린에서 보낸 김대중과의 6일간〉. 《신동아》 1993(4월), 298-303.

한상진. (2004). 〈내가 본 인간 김대중과 그 사상. 김대중(저)〉, 《21세기와

한민족》. 서울: 돌베개.

한상진. (2013). 〈천하공생의 세계관과 김대중의 소통철학〉.《김대중 사상과
　　동아시아 미래》. 행동하는 양심 광주전남협의회, 2013, 1-16.

한상진(편). (2019a).《탈바꿈: 한반도와 제2의 광복》. 중민출판사.

한상진. (2019b). 김《대중 삶의 마지막 1년 재조명. 한상진(편),《탈바꿈:
　　한반도와 제2의 광복》(pp. 210-228). 중민출판사.

한상진. (2019c).《한반도의 비핵화: 존던과의 대담. 한상진(편),《탈바꿈:
　　한반도와 제2의 광복》(pp. 337-362). 중민출판사.

한상진. (2023). 〈한반도의 지정학적 변화와 평화의 과제: 존던 교수와의
　　대화〉,《사회와 이론》. 46집, 11월 출간 예정

함재봉 (2000).《유교자본주의와 민주주의》. 전통과 현대

행정안전부 대통령기록관.
　　https://pa.go.kr/research/contents/speech/index.jsp

홍을표. (1999).《김대중의 생각 : 공자인가, 존 로크인가》. 서울: 들녘.

황태연. (2023).《유교적 근대의 일반이론》. 서울: 한국문화사.

[영문문헌]

Beck, U. (1992). Emancipatory Catastrophism: What does it mean to
　　Climate Change and Risk Society? Current Sociology 63(1),
　　2015, 75-88.

Beck, U. (1992). Risk Society: Toward a New Modernity. London:
　　Sage.

Beck, U. (1999). World Risk Society. Cambridge: Polity Press.

Beck, U. (2008). World at Risk. Cambridge: Polity Press.

Beck, U. (2016). Varieties of Second Modernity and the Cosmopolitan
　　Vision. Theory, Culture & Society 33(7-8), 257-270.

Beck, U. & Grande, E. (2010). Varieties of Second Modernity. The
　　British Journal of Sociology 61(3), 409-443.

Beck, U. & Lau, C. (2005). Second modernity as a research agenda:

theoretical and empirical explorations in the "meta-change" of modern society. The British Journal of Sociology 56(4), 525 – 557.

Beck, Ulrich. Giddens, Anthony. & Lash, Scott. (1995). Reflexive Modernization, Cambridge: Polity.

Camorrino, A. (2018). The roots of "second modernity" imagery. Science, Nature, Web.

Clay, J. & George, R. (2016) Second modernity, (in)equality, and social (in)justice. Review of Education, Pedagogy, and Cultural Studies 38(1), 29 – 41. https://doi.org/10.1080/10714413.2016.1119641

Eisewicht, P., & Steinmann, N. M. (2023). Youth on the Move? On the Transformation of Political Engagement in the Second Modernity. Institutions and Organizations as Learning Environments for Participation and Democracy: Opportunities, Challenges, Obstacles (pp. 179–202). Cham: Springer International Publishing.

Fergnani, A. & Cooper, B. (2023). Metamodern futures: Prescriptions for metamodern foresight. Futures 149. https://doi.org/10.1016/j.futures.2023.103135

Han, S. J. (1996). Modernization versus Risk Society. Korea Focus, 3(4).

Han, S. J. (1998). The Korean Path to Modernization and Risk Society. Korea Journal 38(1), 5–27.

Han, S. J. (1999). Popular Sovereignty and a Struggle for Recognition from a Perspective of Human Rights. Korea Journal 39(2), 184–204.

Han, S. J. (2007). Paradoxical Modernity and the Quest for a Neo-Communitarian Alternative. Society and Development 36(1), 103–128.

Han, S. J. (2010a). Human Suffering and Forgiveness: A Dialogue with Kim Dae-jung from an East Asian Perspective. In Diawara M., Lategan B., & Ruesen J. (eds.), Historical Memory in Africa: Dealing with the Past, Reaching for the Future in an Intercultural Context. New York: Berghahn Books. 193-203

Han, S. J. (2010b). Redefining Second Modernity for East Asia: A Critical Assessment. coauthored with Shim, Y. H., British Journal of Sociology 61(3), 465-489.

Han, S. J. (2011). From Asian Value Debate to Cosmopolitanism: An Active Interpretation of the Political Thoughts of Kim Dae-jung. Korea Journal, Autumn, 196-222.

Han, S. J.(ed.) (2012).   Divided Nations and Transitional Justice. Boulder: Paradigm.

Han, S. J. (2014). Exploration of a Research Program of Global Risks from the Perspective of East Asia. Journal of Glocal Studies 1(1), 21-41.

Han, S. J. (2015a). Second-modern Transformation in East Asia: An Active Dialogue with Ulrich Beck. Socio 6, 45-64.

Han, S. J. (2015b). The Influence of Ulrich Beck in East Asia. Global Dialogue 5(2).

Han, S. J. (2016a). Introduction to the Special Section on Ulrich Beck. Theory, Culture, and Society 33(7-8), 253-256.

Han, S. J. (2016b). Cosmopolitan Sociology and Confucian Worldview: Beck's Theory in East Asia. coauthored with Shim, Y. H. & Park, Y. D., Theory, Culture and Society 33(7-8), 281-290.

Han, S. J.(ed.) (2017).   Beyond Risk Society: Ulrich Beck and the Korean Debate. Seoul National University Press.

Han, S. J. (2018a). The Global Economic Crisis, Dual Polarization, and Liberal Democracy in South Korea. co-authored with Shim, Y. H., Historical Social Research 43(4), 274-299.

Han, S. J. (2018b). Who is Kim Dae-jung? From Asian Value Debate to Cosmopolitanism. In Han, Sang-jin (Ed.), Asian Tradition and Cosmopolitan Politics (pp. xvii-xl). Rowman & Littlefield: Lexington.

Han, S. J. (2018c). The Historical Context of Social Governance Experiments in East Asia: The Challenges of Risk Society. Korea Journal 58(1), Spring, 12-40.

Han, S. J.(ed.) (2018d).   Asian Tradition and Cosmopolitan Politics: Dialogue with Kim Dae-jung. Rowman & Littlefield: Lexington Books.

Han, S. J. (2019a). Ulrich Beck and the Metamorphosis of the Korean Peninsula. Journal of Asian Sociology 48(1), 1-23.

Han, S. J. (2019b). Dialogue with John Dunn on Korean Denuclearization. Theory, Culture, and Society 36(7-8), 293-311.

Han, S. J. (2020). Confucianism and Reflexive Modernity: Bringing Community back to Human Rights in the Age of Global Risk Society. Brill.

Kesselring, S. (2016). The mobile risk society. In Tracing mobilities (pp. 77-102). Routledge.

Ketcham. R. (2021) Second Modernity Thought in Japan and China. In The Idea of Democracy in the Modern Era (pp. 111-148). University Press of Kansas. https://doi.org/10.2307/j.ctv1p2gr5g , https://www.jstor.org/stable/j.ctv1p2gr5g

Kim, D. J. (1987). Prison Writings. University of California Press.

Kim, D. J. (1994). Is Culture Destiny? The Myth of Asia's Anti-democratic Values Foreign Affairs 73(6), 189-194.

220

(Reprinted in The New Shapes of World Politics, Foreign Affairs Press, 1997, 234–241)

Kim, D. J. (1998, November 5). Era of 'Universal Globalism' Dawning. (A Special Contribution on the 48th Anniversary of the Korea Times.) The Korea Times. https://www.koreatimes.co.kr/www/nation/2023/09/113_5 0286.html

Kim, D. J. (2018). Confucian Pathway to Cosmopolitan Democracy: Reconstruction of Loyalty and Filial Piety. In Han, S. J. (Ed.), Asian Tradition and Cosmopolitan Politics: Dialogue with Kim Dae-jung (pp. 219–232). Rowman & Littlefield: Lexington Books.

Kim, D. J. (2012a). Ardent Dream of Divided Countries: Germany and Korea. (The Speech at the Free University of Berlin, Germany March 9, 2000.) In Han, S. J. (Ed.), Divided Nation and Transitional Justice (pp. 25–30). Boulder: Paradigm. (Original work published 2012)

Kim, D. J. (2012b). Willy Brandt's Ostpolitik and the Sunshine Policy: What can the Koreans learn? In Han, S. J. (Ed.), Divided Nation and Transitional Justice (pp. 31–34). Boulder: Paradigm. (Original work published 2012)

Kim, D. J. (2018). Why do I believe in Global Democracy? In Han, S. J.(Ed.), Asian Tradition and Cosmopolitan Politics (pp. 63–76). Rowman & Littlefield: Lexington. (Original work published 2018)

Lee, Y. A. (2022). Youth Optimism: What Shapes Young People's Lives in Second Modernity? Canadian Journal of Family and Youth/Le Journal Canadien de Famille et de la Jeunesse 14(2), 291–296.

Mads P. Sørensen. (2019). Second Modernity. First published: 19

November 2019.
https://doi.org/10.1002/9781405165518.wbeos1357

Pertierra, R. (2018). Are the Youngsters Taking Over? The Second Modernity and the Digital Generation. Social Transformations: Journal of the Global South 6(1).

Porcu, E. (2018). Religion, second modernity and individualization in Japan. Journal of Religion in Japan 7(2), 126-144.

Preyer, G. & Krausse, R. M. (2023). Second Modernity and Modernization. In Sociology of the Next Society (pp. 59-61). Emerging Globalities and Civilizational Perspectives. Springer, Cham.
https://doi.org/10.1007/978-3-031-29140-1_9

Schmidt, C. (2016). Civil Religion and Second Modernity in Japan: A Sociological Analysis. In: Sugita, Y. (eds), Social Commentary on State and Society in Modern Japan (pp. 7-30). Springer Singapore.
https://doi.org/10.1007/978-981-10-2395-8_2

Speck, S. (2017). Contemporary Social Theory and Religion: The Misconstrual of Religion in Theories of "Second" Modernity. In Religion, Theory, Critique: Classic and Contemporary Approaches and Methodologies (pp. 297-314). Columbia University Press.
https://doi.org/10.7312/king14542-030

Tooze, A. (2020). The Sociologist who could save us from Coronavirus. Foreign Policy August 1, 2020.
https://foreignpolicy.com/newsletters/

Tsironis, C. N. & Almpani, C. (2020). 'Uprooted'religion in a cosmopolitan world: a "second round" for religion in Second Modernity? Sociologia a Spolocnost/Sociology and Society 5(1), 2-18.

[사료 및 자료]

국정홍보처 국립영상간행물제작소. (1999). 김대중대통령연설문집 제1권.
　　　　대통령비서실.

국정홍보처 국립영상간행물제작소. (2000). 김대중대통령연설문집 제2권.
　　　　대통령비서실.

국정홍보처 국립영상간행물제작소. (2001). 김대중대통령연설문집 제3권.
　　　　대통령비서실.

국정홍보처 국립영상간행물제작소. (2002). 김대중대통령연설문집 제4권.
　　　　대통령비서실.

IV 김대중과 동서융합의 민주주의 사상

노명환 (한국외대 사학과/대학원 정보 · 기록학과 교수)

들어가기

김대중에게 민주주의는 무엇이며 왜 중요한가? 김대중은 인류의 사회적 삶에서 민주주의를 가장 중요한 자산이고 큰 힘으로 보았다. 왜냐하면 이를 통해 인간이 더불어 행복하게 살 수 있도록 인간이 할 수 있는 가장 생산적인 최선의 방법이 만들어지기 때문이었다. 그는 자유로운 의사소통, 참여, 자유, 경쟁, 상호 견제 속에서 이루어지는 민주주의를 인류가 발명한 최고의 제도로 평가했다. 그래서 민주주의를 실현해 가는 인류의 역사 방향을 또한 최고의 것으로 이해했다.

> "사회 구성원들이 다 같이 주인으로 참여해서 자아를 실현할 수 있는 그런 방향으로 발전해 나가고 있다고 봅니다. 즉 인간으로서 발명한 최선의 제도인 민주주의제도가 실현되어가는 방향입니다. 20세기를 봅시다. 20세기는 민주주의가 계속 승리해 온 역사입니다. 민주주의만이 인간의 자아를 구현시킬 수 있는 제도인데, 20세기에서 처음으로 민주주의가 전 세계적인 보편적 이념으로 등장했습니다."[1]

김대중은 역사의 승리를 위한 민주주의의 장점으로서 우선 의사소통의 효과와 가치를 다음과 같이 개진하였다.

> "왜 민주주의를 하면 승리하고 그렇지 않으면 좌절을 했는가. 거기에는 몇 가지 이유가 있다. 무엇보다도 민주정치를 하면 국민들의 의사가 언제든지 자유롭게 정부에 전달된다. 의사소통을 통해서 국정은 개선이 되고

---

1) 김대중 전집 Ⅱ, 제16권, 〈김광수 교수와의 대담〉(1993년 11월 28일), 341쪽. 이 대담은 《철학과 현실》, 1993년 겨울호에 〈인간 김대중의 역경과 비전〉이라는 제목으로 게재되었다.

만일 그것이 잘 안 될 때는 선거를 통해서 정권이 교체된다. 그러므로 국민의 의사를 무시하려고 해도 무시할 수가 없게 된다. 그러나 민주정치를 하지 않으면 위에서 아래로 명령만 내려갈 뿐, 아래로부터 위로 의사가 전달되지 않는다. 그래서 국민은 좌절하게 되고 적극적인 협력 대신 비협력과 저항의 길을 밟게 된다."[2]

그러면 그가 동東과 서西 사이에 융합해 내고자 한 민주주의는 어떤 것인가? 그것은 일단 온전한 지구민주주의였고 말할 수 있겠다. 그런데 이것은 변증법적으로 계속 만들어지는 과정에 있었다. 이는 그의 핵심 사상인 '모순과 대립 속에 조화 발전하는 변증법적 통일'[3], 다시 말해 '창조적이고 변증법적인 통일의 철학'[4]이 끊임없이 실현되는 과정을 의미했다. 그런데 필자가 보기에 민주주의 사상만이 아니라 김대중의 모든 사상은 근본적으로 융합이 핵심을 이루었다. 그러면서 그것은 지속적인 상호작용과 상호 구성을 내포하는 융합의 과정 가운데 있었다. 그에 따르면 민주주의는 이러한 융합을 가능하게 했다. 그러면서 또한 민주주의는 이러한 융합의 지속적인 과정 속에서 계속 변증법적으로 만들어져 갔다.

그러면 그에게 동양과 서양은 무엇인가? 일단 크게 그리고 편리하게 대충 구별해서 보면, 동양은 동아시아를 서양은 유럽과 북미를 뜻하는 것일 수 있겠다. 그러나 더 근본적으로 보면, 그에게는 東은 東이면서 西고, 西는 西이면서 東이다. 동양과 서양은 세계, 지구, 우주 같은 동일한 전체에 속하는 서로 다른 부분이면서 하나의 같은 구성체로서 전체 속의 하나다. 그러면서 東과 西는 세상 모든 지역을

---

2) 김대중, 《나의 길 나의 사상》, (서울: 한길사 1994), 384쪽.
3) 김대중, 《옥중서신》, (서울: 한울 2000), 33쪽.
4) 김대중, 《옥중서신》, 33쪽.

상징적으로 포괄한다. 인간과 자연도 포괄한다. 사실 東과 西는 상대적인 지역 개념일 뿐 절대적인 실제를 말해 주지 못한다. 어디가 西고 어디가 東인가? 東과 西라는 지역성은 인간 각자 또는 국가가 놓여 있는 위치에 따라서 결정된다. 신라 시대 최치원은 중국을 서국西國으로 호칭했다. 중국이 한반도를 동방東邦 혹은 동이東夷로 부를 때였다. 이렇듯 동東과 서西는 상대적인 개념이며, 절대적인 차원에서는 서로 존중하고, 작용하면서 융합적인 구성을 해가야 하는 지역들을 뜻한다.

동양과 서양이 세계, 지구, 우주와 같은 동일한 전체에 속하는 서로 다른 부분이듯이 자연과 인간의 관계가 또한 그렇다. 그것은 서로 다른 것이면서 같은 것이다. 이렇게 서로 같은 것이면서 다른 것들은 끊임없이 상호작용한다. 그러면서 전체를 이루고, 이 부분들과 전체는 끊임없이 상호작용하면서 지속적인 변화의 과정 가운데 존재한다. 부분과 부분의 상호작용이 잘 이루어지지 않을 때, 전체는 병들게 된다. 전체가 병들면 부분들도 병든다. 나만을 위해서 다른 부분을 해치면 전체가 병들게 된다. 전체가 병들면 내가 생존하기 어려워진다. 이것이 부분과 부분, 그리고 전체와의 관계다. 이는 마치 음양陰陽의 원리와 같다. 예를 들어, 동양과 서양, 인간과 자연 그리고 지구의 관계를 생각해 볼 수 있다. 동양과 서양, 인간과 자연 그리고 지구는 지속적인 상호작용 속에서 병들지 않고 생명력을 가져야 했다. 이를 위한 민주주의가 작동해야 했다. 이것이 김대중이 생각하는 지구민주주의의 근본 뜻이었다.

그런데 전체란 정해져 있지 않다. 한반도, 동북아, 동아시아, 유라시아, 세계, 지구, 우주 등 전체란 특정한 말로 표현할 수 없는 것이다. 김대중은 이 역동적인 변화 과정의 상황을 지속적인 변증법으로 이해했다. 이러한 변증법이 이루어지는 장이 민주주의였다. 김대중은 헤겔의 변증법을 자신의 사유와 삶의 철학적 기반으로서 청년 시기부터 일관되게 내재적으로 발전시켜왔음을 여러 곳에서 피력하였다. 자유의 보장과 민주주의를 위해서 서양의 민주주의 사상ㆍ제도와 동양의 사상 및 수양의 전통이 만나서 새로운 민주주의들을 만들어 내야 했다. 동양의 사상 및 수양의 전통 가운데는 풍류도風流道, 동학東學과 같은 한국 고유의 사상과 실제가 특히 중요했다. 이들의 융합 속에서 그는 구체적으로 '신명 나는 민주주의', '지구민주주의', '보편적 세계주의'를 제창했다. 디지털 시대에 이들을 효율적으로 실현할 수 있음을 내다보았다. 디지털 시대가 갖는 위험성의 도전은 인간의 창의적 노력의 응전으로 극복해야 했다. 이것이 위기에 처한 인류의 삶 그리고 지구가 살아갈 수 있는 길이었다. 이러한 내용들을 본고에서 구체적으로 알아본다.

1. 서양의 민주주의와 그 가치 및 한계

1) 로크(John Locke)의 사회계약론과 민주주의 사상

김대중은 서양에서 민주주의가 이론화되고 제도화되었다는 점을 높이 샀다.

> "오늘날과 같은 대의민주주의 제도 또는 국민주권의 국가를 제도화한 것은 서구입니다. 예컨대 정당과 의회와 같은 대의제도, 삼권분립의 행정체계, 선거제도 등을 만든 것은 서구가 먼저였습니다. 이것은 정말로 천재적인 발명입니다. 굉장히 높이 평가해야 합니다."[5]

---

5) 한상진 편, 《김대중 서울대 강의와 인권논쟁. 동양의 눈으로 세계를 향하여》, (서울:나

사회계약론의 등장을 이의 시발점으로 보았다. 그는 17-18세기의 여러 사회계약설 주창자 가운데서 특히 로크에 주목했다. 로크의 사회계약론이 담긴 '통치에 관한 두 개의 논문(Two Treatises of Government)', 한국에서 일명 '통치론'으로 번역되기도 한 책을 '근대 민주주의의 기준이 되는 경전'으로 평가했다. 그는 민주주의에 대한 어떤 글 또는 연설에서 거의 빠짐없이 로크의 민주주의 사상을 언급하고 있다. 예를 들어, 그는 1980년대 초 감옥에서 가족들에게 보낸 서신에서 로크의 사회계약론에 대해 다음과 같이 언급했다.

"그는 자연권을 더 완전하게 보전하기 위하여 서로 계약을 맺어서 그중에서 최고 권력자를 내세워 그에게 권력을 위탁한다고 했습니다. 그러므로 계약 당사자인 통치자가 국민의 자연권을 보장하는 한 그의 권력은 정당화되지만 그렇지 않을 때는 국민들이 저항하기 위해 권리를 유보한다고 했습니다."6)

그 이후에도 지속적으로 로크의 민주주의 사상을 언급했다. 예를 들어, 1993년 12월 10일의 아시아자유민주지도자회의(Liberal International Asia) 창립총회 기조연설에서 "이러한 사상은 17세기 영국의 철학자 존 로크(John Locke)가 주창한 '사회계약'이라는 개념과도 일치합니다. 여러분도 잘 아시다시피, 존 로크의 사상은 현대 민주주의의 '신성한' 철학적 기반으로 평가되고 있죠."7) 1994년 1월 《월간중앙》 기고문에는 다음과 같이 말했다.

남출판사 1998), 35쪽.
6) 김대중, 《옥중서신》, 368쪽.
7) 김대중 전집 II, 제16권, 410쪽.

"현대 서구민주주의의 이론적 지주들 가운데 하나는 17세기 말엽에 나온 존 로크의 사회계약론이다. 존 로크는 말하기를 통치자는 주권자인 국민과의 계약에 의해서 좋은 정치의 실시를 조건으로 정권을 수임한다. 국민은 집권자가 좋은 정치를 하면 계속 맡기고 이를 어길 때는 위임을 철회하고 집권자를 바꿀 권리가 있다. 이것이 근대 민주주의의 중요한 경전이 말한 핵심적 주장인 것이다."[8]

싱가포르의 전 총리 리콴유와의 논쟁의 일환으로서 1994년 *Foreign Affairs* 지에 실은 〈문화란 운명인가?〉라는 논문에서 로크와 그의 민주주의 사상 및 사회계약론을 다음과 같이 소개하고 있다.

"영국의 정치철학자 존 로크(John Locke)가 근대 민주주의의 기초를 세웠다고 널리 알려져 있다. 로크의 이론에 따르면 주권은 국민에게 있고 국민들과의 계약에 의거하여 지도자들이 통치권의 위임을 받는데, 통치를 잘하지 못했을 경우 이 통치권이 철회될 수 있다."[9]

2007년 5월 16일 베를린 자유대학교에서 '자유상'을 수상하면서는 로크의 자유와 민주주의 이론의 가치에 대해서 다음과 같이 말했다.

"자유는 인류의 본능적인 욕구입니다. 자유는 인간의 가장 소중한 인권입니다. 유럽과 아시아는 물론 아프리카의 중남미 어느 곳에서도 자유에 대한 인간의 갈망은 원초적으로 존재했습니다. 유럽에서는 17세기말에 존 로크가 자유와 민주주의에 대한 개념을 처음으로 분명하게 정립하였습니다. 존 로크는 1688년 영국의 명예대혁명을 대변하고 국민주권론을

---

8) 《월간중앙》 1994년 1월호, 김대중, 《나의 길 나의 사상》, 403–404쪽; 김대중 전집Ⅱ, 제17권, 1–29쪽, 22쪽.
9) 리콴유와의 논쟁, 김대중 전집Ⅱ, 제17권, 〈문화란 운명인가? 653–660쪽〉, 656쪽.

230

주장하며 국민의 저항권을 인정했습니다. 자유가 핵심이 되는 진정한 민주주의 이론을 정립한 것입니다."10)

그 외 수도 없이 많은 곳에서 존 로크와 그의 민주주의 사상에 대해 깊은 존경의 마음으로 언급하고 있다.

김대중이 보기에 로크에 따르면, 사람들이 생명과 재산을 보호하기 위해서 사회계약을 맺고 최고 권력자에게 권력을 위탁해야 한다고 했다. 인간은 주어진 자연을 소유할 수는 없으나 자신의 신체를 이용하여 자연에 노동을 가함으로써 재화를 생산해 내는 경우, 이는 신성한 사유재산으로 인정되고 보호되어야 했다. 최고 권력자는 국민의 생명과 재산을 보호하는 신성한 의무를 져야 했다. 최고 권력자는 입법부와 사법부를 말했다. 입법부는 행정부를 포함했다. 그가 보기에 로크는 삼권분립과 사유재산 보호라는 민주주의를 위한 기본 원칙을 위하여 역사적으로 주춧돌을 놓았다. 김대중은 로크의 자유주의, 개인주의, 저항권, 견제와 균형의 원리, 참여, 개인의 생명권, 재산권, 자연권을 보호하는 원리에서 큰 감동을 받았음을 알 수 있다. 그가 보기에 이러한 로크의 사상은 18세기 전 유럽으로 퍼져나갔다. 또한 1776년 미국독립선언서의 기초 사상이 되었다. "존 로크의 사상은 18세기말 프랑스 대혁명과 미국 독립투쟁에 큰 영향을 주었습니다."11)

이의 연장선으로 김대중은 미국에서 자리 잡은 19세기 링컨(Abraham Lincoln) 미국 대통령의 게티즈버그(Gettysburg) 연설문 전

10) 김대중 전집Ⅰ, 제10권, 34-35쪽; 김대중 전 대통령, 베를린 자유대학 수상 연설문 전문 – 신문고뉴스 – http://www.shinmoongo.net/1435.
11) 김대중 전집Ⅰ, 제10권, 35쪽; 김대중 전 대통령, 베를린 자유대학 수상 연설문 전문 – 신문고뉴스 – http://www.shinmoongo.net/1435.

문의 민주주의 개념을 대단히 좋아했다. 민주주의는 국민에 의한,
국민을 위한, 국민의 것이어야 했다. 특히, 국민에 의한, 국민 참여
민주주의의 가치를 강조했다.

> "민주주의의 핵심은 'by the people'이다. 국민의 충분히 자유로운 참여
> 없이는 국민의 이익을 도모한다 하더라도 민주주의는 아니다."12)

　그러면 여기에서 우리는 다음의 질문을 제기해 본다. 사회계약설
주창자들 가운데 대표로서 우리는 홉스(Thomas Hobbes), 로크(John
Locke), 루소(Jean-Jacques Rousseau)를 들 수 있는데, 김대중은 왜
유독 로크에 집중했을까? 이 질문에 대한 답을 일단 우리는 김대중
의 한 옥중서신 내용에서 찾을 수 있다. 여기에서 그는 사회계약론자
로서 루소에 대해서 대단히 비판적으로 설명하고 있는데, 홉스 및
로크와의 비교 관점을 보여주고 있다.13) 김대중은 먼저 홉스의 사회
계약론을 다음과 같이 민주주의와는 거리가 먼 것으로 설명했다.

> "홉스는 국민이 그의 자연권을 보호하기 위해서 계약을 맺고 주권자에게
> 이를 넘겨주자는 것이며, 주권자의 권력은 절대적이어서 계약자인 국민
> 은 주권자에게 절대 복종해야 한다고 했습니다. 여기서 홉스가 말하는
> 주권자란 사실상 절대군주를 의미하고 있으며, 따라서 그의 사회계약론
> 은 민주주의와는 아주 거리가 먼 것입니다."14)

---

12) 김대중, 《옥중서신》, 266쪽.
13) 1982년 11월 26일 옥중에서 가족에게 보낸 서신 내용. 여기에서 김대중은 서양의
　　사상가 가운데서 자신이 보기에 사람들에게 잘 못 알려져 있다고 판단되는 플라톤,
　　아리스토텔레스, 루소, 니체에 대해 극히 비판적으로 서술했다. 그런데 여기에서 우리
　　는 사회계약론자 홉스, 로크, 루소의 사상에 대한 김대중의 비교적 관점을 얻을 수
　　있다.
14) 김대중, 《옥중서신》, 368쪽.

김대중은 루소의 사회계약설에 대해 다음과 같이 설명했다.

"1) 계약이란 각자의 그 모든 권리와 온갖 양보를 공동사회에 돌린다. 양보는 남김없이 해야 한다. 2) 공동사회는 일반의지를 가지고 있으며, 각자는 이에 절대 복종해야 한다. 복종하지 않으면 강제할 수 있다. 일반 의지는 대중이나 국민의 뜻이 아니라 공동의 인격으로서의 국가의 의지 로서 결국은 공동체를 형성한 지도자의 의지가 되게 된다. 일반의지를 행사하는 주권력은 불양도성, 불분할성, 무류성無謬性, 절대성을 가지고 있다. 3) 일반의지가 표현의 방해가 되는 부분적인 사회가 되어서는 안 된다. 그러므로 각종 종교단체(국교 이외), 정치단체, 사회단체는 구성할 수 없게 된다."15)

이렇게 볼 때, 김대중은 루소의 사회계약설을 전체주의 독재사회 를 야기하고 정당화할 수 있는 매우 위험한 이론으로 파악하고 있음 을 알 수 있다. 이러한 관점에서 김대중은 루소에 대해서 다음과 같 이 또한 신랄하게 비판했다.

"루소는 봉건왕조와 전통에 강력히 반대하고 심정적으로는 가난한 사람 들의 편이었으나, 이미 본대로 그의 정치사상은 새로운 독재주의를 낳을 요소를 내포하고 있었습니다."16)

그러면서 다음과 같이 비판을 이어갔다.

"루소의 주장 중 가장 문제되는 것은 앞에 루소의 사회계약설의 첫째와

---

15) 김대중, 《옥중서신》, 369-370쪽.
16) 김대중, 《옥중서신》, 369쪽.

둘째에서 나타난 대로 국민의 권리를 전적으로 양도하고, 아무 유보도 하지 않으며 국가에 절대 복종해야 한다는 위험한 것입니다. 그렇게 되면 자유와 인권의 주장을 하기 어렵게 되고 저항도 불가능해지는 것입니다."[17]

김대중은 특히 루소의 이론이 국민이 주권자로서 주체적으로 적극적으로 참여하는 점을 전제하고 있지 않다고 비판했다.

"민주주의는 정치적으로는 국민이 주권자가 되어 권력을 주기도 하고 뺏기도 할 때 민주주의라 할 수 있는데 루소에게는 그것이 없습니다."[18]

김대중의 루소에 대한 이러한 가혹한 비판을 보면서 그의 로크에 대한 긍정적인 관점을 더욱 잘 이해할 수 있다.

"로크의 사상은, 통치자에게 유보없는 권력을 주며 국민은 그에게 절대 복종해야 할 뿐 아니라 통치자의 무류성이나 절대성 등을 인정한 루소의 생각과는 아주 다른 것입니다. 그러므로 학자들은 루소를 히틀러의 조상이며, 로크를 루즈벨트와 처칠의 조상이라고 하기도 합니다."[19]

김대중은 루소가 홉스에 가깝고 로크와는 거리가 있다고 보았다.[20] 김대중이 보기에 루소는 인간들의 의지의 최대공약수로서 일반의지를 정립했다. 김대중은 이러한 일반의지 개념을 파시즘을 가능하게 하는 것으로 보고 강력하게 거부한 것으로 보인다. 김대중의

---

17) 김대중, 《옥중서신》, 369쪽.
18) 김대중, 《옥중서신》, 370쪽.
19) 김대중, 《옥중서신》, 368-369쪽.
20) 김대중, 《옥중서신》, 368쪽.

이러한 루소 이해와 비판에 대해서는 많은 다양한 토론, 논쟁, 비판들이 제기될 수 있겠다. 그러나 이 지면에서는 김대중이 루소의 사회계약론을 어떻게 이해했는가를 로크의 것에 대한 비교 관점에서 살펴보는 것으로 족하고자 한다.

김대중은 로크를 '근대 자유주의 기반의 민주주의 이론 정립의 효시'로서 이해하고 좋아한 것으로 볼 수 있고, 이러한 김대중은 근본적으로 자유주의자였다는 평가도 가능할 수 있겠다. 김대중은 로크의 사상이 시장경제와 자본주의를 위한 기초이론이 되었다고 보았다. 그는 이에 기초해서 사회를 분석하는 틀로서 자신의 민주주의 사상과 시장경제 이론을 다듬어 갔다. 민주주의에 눈을 뜬 서구인들은 정치 영역의 민주주의를 넘어서서 사회·경제 측면에서의 민주주의를 추구하며 사회주의와 공산주의에 이르는 다양한 민주주의 모델들을 개발해 가기 시작했다. 사회는 다양한 이념의 대립과 투쟁을 겪게 되었다. 여기에서의 차이와 문제는 이러한 모델들과 사회적 실제가 자유와 민주주의 속에서 이루어지는가, 아니면 어떤 독재적 권력 속에서 이루어지는가 하는 점이었다. 이 주제의 역사를 공부하고 검토하면서 김대중은 개인의 자유, 자율적인 결정과 행위의 가치를 더욱 중요하게 생각하게 되었다. 이러한 자유와 자율 속에서 그의 사상의 핵심인 '모순과 대립 속에 조화 발전하는 변증법적 통일'[21], 다시 말해 '창조적이고 변증법적인 통일의 철학'[22]이 끊임없이 실현되어 갈 수 있고, 가장 좋은 융합의 결과들이 만들어져 갈 수 있었다. 이러한 고민을 그가 집중적으로 하기 시작한 것은 일제로부터 해방된 시기였다고 여러 곳에서 술회했다. 당시 그는 헤겔의 정반합正反合의 변증법에 심취되어 있었고, 역사 전개를 통찰하는 눈으로 가지게 되었다고 설

---

21) 김대중, 《옥중서신》, 33쪽.
22) 김대중, 《옥중서신》, 33쪽.

명했다. 이 변증법을 점차 음양陰陽 이론으로도 이해하기 시작했다. 이러한 변증법을 위해 가장 중요한 조건은 자유와 자율이었다.

이러한 뜻에서 그는 로크의 민주주의 사상과 이에 기초한 자유시장경제의 가치에 대한 신념을 강화해 갔다.

> "근대민주주의와 자유시장경제는 두 가지 모두 영국에서 처음으로 시작되고 발달되었습니다. 미국과 프랑스 그리고 많은 서구 나라들은 이 두 가지를 모두 수용했습니다. 그리하여 오늘날 우리가 보는 바와 같은 큰 성공을 이룩했습니다. 그러나 프러시아 독일과 메이지 일본은 시장경제만 받아들이고 민주주의는 거부했습니다. 그 결과 시장경제는 독점과 침략으로 왜곡되어 참담한 재난과 실패로 귀결되었습니다."23)

이처럼 김대중은 영국에서 시작된 민주주의와 시장경제의 병행 구조에 대한 사상의 단초를 로크에게서 보았는데, 민주주의 없이 시장경제는 번성할 수 없는 것이었다. 로크는 사회계약을 통해 개인의 소유, 사유재산을 보호하는 것을 강조했다. 인간이 자연을 소유할 수 없지만 인간이 자연에 대하여 노동을 가해 만들어 낸 생산물을 소유할 수 있게 되는데 국가는 이것을 사유재산으로서 보호해 주어야 했다. 누가 얼마만큼 더 열심히 성공적으로 자연에 노동을 가해 생산물을 만들어 내는가는 각 개인의 자유의지에 달려있었다. 이 자유의지를 존중해 주고 격려해 주어야 했다. 여기에 경쟁이 이루어질 수 있었고, 이를 기초로 민주주의와 시장경제가 병행 발전할 수 있었다. 이러한 측면에서 경쟁은 자연스러운 것인데 김대중은 어떤 경쟁이어야 하는가를 다음과 같이 설명했다.

---

23) 미국 조지타운 대학 명예박사학위 수여식 연설(〈아시아에서 민주주의의 가능성과 한국의 장래〉)《김대중 전집 I》, 제1권, 339쪽.

"경쟁에는 형제적 경쟁과 적대적 경쟁이 있다. 전자는 경쟁자와 협력하며 남을 살리면서 또는 남을 살리기 위해서 경쟁한다. 후자는 고립해서 투쟁하며 남을 파멸시키면서 또는 남을 파멸시키기 위해서 경쟁한다. 전자는 자기와 남을 다 같이 성장시키고 후자는 자기와 남을 다 같이 좌절시킨다."[24]

다음 절에서 우리는 그의 '형제적 경쟁'을 복지국가 민주주의와 함께 살펴본다.

2) 유럽의 사회경제적 민주주의와 복지제도

김대중에 따르면 세계공황 뒤 케인즈(John Maynard Keynes)의 수정자본주의 경제이론 전개와 맞물려 복지국가 이론과 제도들이 유럽에서 적극적으로 전개되었다. 그런데 이것은 앞에서 언급한 대로 자유주의·자본주의와 사회주의가 융합하는 방식의 사회민주주의 발전과 궤를 함께 하는 측면이 있었다. 김대중은 제2차 세계대전 뒤 1950년대부터 이러한 역사 전개에 주목하면서, 영국의 복지제도에서 영향을 받아 각자 나름 독특하게 발전하는, 특히 스웨덴, 핀란드, 덴마크 등 북구와 서독의 사회복지 제도를 눈여겨보았다. "우리는 이러한 건전국가의 모범을 서전瑞典, 분란芬蘭, 정말丁抹 등의 이른바 후생복지 국가에서 볼 수 있는 것이다. 예를 서전에 들면 이 나라는 미국과 같은 대경제력을 가진 것도 아니요 또 영국과 같이 무슨 식민지가 있는 것도 아니다. 그러나 이 나라의 정치는 전민중의 기본 생활의 안정, 즉 실업, 상傷병, 학업, 양로 급 흥작 등에 대한 보장을

---

24) 김대중, 《옥중서신》, 388쪽.

실현함으로써 여하한 때에도 국민 각자가 인간 이하로 전락하지 않을 수 있는 안정된 발판을 제공하여 주고 있는 것이다."25) 1950-60년대에 이미 김대중은 북유럽의 복지제도 및 수정자본주의의 일종인 서독의 사회시장경제 제도를 한국의 발전 모델로 설정하고 있었다. 이 지역의 사회민주주의에 대해 적극 연구해 갔다. 이 당시 이 지역의 사회민주주의와 사회시장경제 제도는 앞에서 김대중의 관점에서 본 '형제적 경쟁'의 개념을 담고 있었다. 자유로운 경쟁을 전제하는 제도이지만 경쟁에서 낙오한 사람들을 복지정책으로 품을 수 있는 '형제적 경쟁'의 제도였다.

　김대중이 이렇게 후생 복지국가론과 실제에 주목한 것은 자유민주주의 · 자본주의가 사회보장 제도를 통해 무산계급의 해방과 평등을 강조하는 공산주의에 대응하는 측면에 대한 관심이기도 했다. 그에 따르면 경제부흥은 반드시 민생안정과 복지 증진을 동반해야 했다. 그래야 공산주의가 자유주의 진영 내에서 발생하지 않고, 공산주의 독재 치하의 주민들이 자유와 민주주의에 토대를 둔 기본 생활권을 보장하는 자유 진영을 동경하게 된다고 생각했다. 이러한 맥락에서 이것이 공산주의를 이기는 중요한 방법이었다. 따라서 당시 그의 자본주의 모순 극복과 민생 · 복리증진의 정치 · 경제 사상은 '공산주의 성향을 나타내 주는 증표'가 아니라, 반공 · 승공의 방책을 내포하고 있었다. 그는 한국전쟁을 겪고 나서 이러한 측면의 고민을 크게 가졌다.

　이러한 관점에서 분단국인 한국의 김대중은 또한 다른 분단 국가인 독일의 서독 사회시장경제 제도에 주목했는데, 특히, 경제의 소득과 분배 그리고 노동자들의 지위에서 서독의 동독에 대한 절대적 우

---

25) 〈민생 · 멸공 · 통일 ―구호아닌 실천을―〉, 출처미상의 기고문, 김대중 전집Ⅱ, 제1권, 201-202쪽. 김대중 전집에서는 각 음화된 국가 이름들을 각주를 설정하여 설명하고 있다. 이 인용문에서 서전은 스웨덴, 분란은 핀란드, 정말은 덴마크를 말함.

위를 예의주시하였다. 그가 주목한 서독의 사회시장경제 제도는 자유와 민주주의 원리에 의거한 시장의 기능을 중시했다. 국가가 그 시장에서 공정한 경쟁이 이루어지도록 책임을 지고, 그 경쟁에서 소외·낙오되는 사람들의 후생을 위해 사전적事前的인 정책으로 개입했다.

이러한 사회복지제도는 시혜적 차원이 아니라 소득의 증대와 분배를 공정한 시장의 원리와 사회정의 차원에서 추구하는 것이었다. 누진세 조세 제도 등을 통해 이를 가능하게 하고, 노동자의 경영 참여를 제도화하고 중소기업 발전을 위한 제반의 정책적·제도적 장치를 마련하고 있었다. 사회 전반적으로 중산층의 육성에 초점을 맞추고 있었다. 김대중은 여기에서 자본주의와 사회주의가 자유와 민주주의 그리고 공정한 경쟁의 시장원리에 따라 변증법적으로 성공적인 융합을 하고 있다고 보았다. 그는 이러한 제도 아래서 노사 간 상생이 가능하고, 전 국민 대중의 경제활동 참여가 이루어지는 역동성을 보았다.

그가 서독의 사회시장경제제도를 구체적으로 처음 언급한 것은 1964년《비지네스》3월호의 기고문 "대중자본주의의 진로"에서였다. 이 시기 서독에서는 에르하르트(Ludwig W. Erhard)가 수상으로 있었다. "나치스 독재에서 벗어난 에르하르트(Ludwig W. Erhard)는 사회 시장경제 체제를 강조하였다. 그는 자유방임을 거부한다. 국가는 국민경제를 자유방임 밑에 맡기지 않도록 하되, 사회적 편의를 제공함으로써 '자유로운 인간을 종합하여 경제적 효용과 사회적 정의를 최대한 발휘시킬 수 있는 경제의 사회적 조직'을 주장하였다. 사회시장경제, 영국의 복지국가경제 등은 인민자본주의 또는 관리자본주의 등과 마찬가지로 전기적 자본주의 및 산업자본주의의 발전 단계를 거친 뒤에 이룩된 독점적 자본주의 단계에서 강조되고 있는

일종의 수정자본주의 형태임에 틀림없다."[26] 서독의 사회시장경제
제도는 북유럽의 영향을 받기도 했다. 그런데 이 복지국가 민주주의
이론과 실제는 자신의 국가 안에서, 자신의 국가를 단위로 해서만
발전되었다는 점을 김대중은 차후 점차 비판적으로 지적하기 시작했
다. 이러한 서구 모델의 기초 위에서 그러면서 동시에 이러한 한계성
에 대한 고민과 함께 김대중은 사회 · 경제적 영역을 포괄하는 지구
적 차원의 민주주의로서 그의 대중경제론을 발전시켜갔다.

3) 김대중이 본 서양 민주주의의 가치와 한계

앞에서 설명한 대로 김대중은 서구의 민주주의 사상과 제도화에
대해 아낌없는 찬사를 보냈다. 서구가 실천한 "민주주의는 분명히
위대한 발견 중의 하나입니다."[27] 그는 이를 받아들이고 모방하여
활용하고자 하였다. 그러면서 동시에 그는 서구 민주주의에 대해 다
음과 같은 한계점들을 지적하며 다른 지역의 것들과 융합시키면서
변증법적으로 새롭게 만들어 가고자 하였다. 그가 보기에 서양인들
은 자신들의 국가 안에서는 민주주의를 하면서도 다른 나라의 민주
주의는 인정하지 않았다. 그리하여 다른 나라를 거침없이 수탈하고
파괴했다. 서구인들은 더불어 살아야 한다는 생각을 하지 못했다.
그리하여 침략당한 지역은 물론 지구 전체가 병들어 갔다.[28]
    자신의 국가 안에서도 민주주의는 충분히 발전하지 못하였다. 김
대중에 따르면, 서구의 민주국가들은 근래까지만 해도 국가 안의 민

---

26) 김대중 전집 II, 제3권, 849–850쪽.
27) 미국 조지타운 대학 명예박사학위 수여식 연설(〈아시아에서 민주주의의 가능성과 한
    국의 장래〉) 《김대중 전집》 I, 제1권, 338쪽.
28) 김대중, 《나의 길 나의 사상》, 405–408쪽.

주주의에서도 정치적 차원의 형식적 민주주의에 머물렀고, 소수 부유 계층의 이익만을 주로 대변하고 있었다. 좀 더 폭넓은 다수의 이익을 도모하는 사회·경제적 복지제도의 모델에 기반한 민주주의는 앞 절에서 설명한 것처럼 영국에서 어렵게 도입되었지만 20세기에 들어서서야 주로 북유럽을 중심으로 제대로 발전하기 시작하였다. 제2차 세계대전 이후에 서독과 프랑스가 동참하였다.[29] 그러나 전반적으로 만족할 만한 발전의 상태에 이르지 못하였다. 미국은 복지제도의 모델에 기반한 민주주의가 21세기 초반의 현재에도 극히 취약성을 드러내고 있다.

김대중이 보기에 서양의 민주주의는 인간의 가치를 그리고 인간과 인간의 관계를 민족국가를 넘어서서 인식하지 못했다. 인간과 자연의 관계를 인간 중심으로만 보았다. 여기에서도 민족국가의 시각이 크게 작용하였다. 이리하여 서구의 민주주의가 이기주의적인 개인주의와 이분법의 사고에 기초하여 발전하였다. 서로 다른 것의, 즉 아我와 피아彼我의 관계를 대결 구도 속에서만 보고 더불어 사는 공동체를 위한 방향으로 발전해 가지 못했다. 그리하여 '남'을 포용하면서 '나'와 상호작용하고 새롭게 융합해 가는 민주주의의 장을 발전시켜 가지 못했다. 부분과 부분, 부분과 전체의 상호작용, 즉 전체와 개인의 민주적인 연계와 상호작용의 관계에 대해서 생각이 지극히 미흡했다. 그리하여 '모순과 대립 속에 조화 발전하는 변증법적 통일'[30], 다시 말해 '창조적이고 변증법적인 통일의 철학'[31]이 끊임없이 실현되어 갈 수 없었다. 가장 좋은 융합의 결과들이 만들어질 수 없었다. 즉, 헤겔의 정반합正反合 변증법이 실현될 수 있는 민주주의 기반을

---

29) 김대중 전집Ⅱ, 제17권, 658쪽.
30) 김대중, 《옥중서신》, 33쪽.
31) 김대중, 《옥중서신》, 33쪽.

만들어 가지 못했다. 동양에서와 같은 음양(陰陽)이론과 실천의 변증법 사상을 갖지 못했다.

다시 말해, 잘사는 나라와 못사는 나라 사이, 인간과 자연 사이의 조화를 이루는 민주주의를 생각하지 못했다. 이러한 상황에서 글로벌 차원의 빈부격차가 심화하고, 인간과 자연 사이의 조화를 이루지 못하고, 자연을 인간에 의한 개발과 정복, 수탈의 대상으로만 보았다. 그리하여 지구차원의 공동체 의식을 갖지 못하고 자원은 고갈되고 환경은 오염되고 황폐화되었다. 부분과 부분, 부분과 전체 사이의 상호작용과 조화를 이루는 지구 전체의 민주주의를 생각하지 못했다. 김대중이 보기에 이것이 서양 민주주의의 명확한 한계였다. 디지털 시대의 초연결 사회에서 이러한 한계점을 가지고 계속해 갈 수는 없었다. 자기 국가 내부에서 그리고 저개발 국가들을 포함한 모든 국가 간에도 자유와 번영과 정의를 도모하는 지구 차원의 민주주의를 창출해 내야 했다.[32] 공동체의 제대로 된 발전을 위해서는 구성원 모두가 수양을 수행하여 성숙성에 이르고 사회 속에 녹아들어 가야 했다. 그런데 서양인들은 수양과 성숙성의 개념을 갖지 못하고, 훈련(discipline)의 개념만을 가졌다.

2. 동서융합 민주주의를 위한 아시아와 한국 전통사상의 역할

1) 아시아와 한국 고유의 민주주의 사상과 전통

(1) 풍부한 동양의 민주주의 사상과 전통

---

32) 김대중, 《나의 길 나의 사상》, 405–408쪽.

김대중은 민주주의의 경전으로서 로크의 사회계약론을 거론하면서 항상 거의 빠짐없이 동양의 정치사상, 특히 맹자의 왕도정치와 역성혁명에 관해 이야기했다. 이는 로크의 민주주의 사상과 견주면서 아시아에 풍부한 민주주의 사상이 훨씬 이전부터 존재해오고 있음을 강조하기 위해서였다.

"아시아에서 민주주의와 상통하는 기본이념이 제기된 예를 우리는 여기저기서 찾아볼 수 있습니다. 2300년 전에 유교에서 공자 다음가는 대사상가였던 맹자는 임금은 하늘의 아들인 천자天子이다, 하늘은 그의 아들을 내린 것이다, 그런데 천자가 백성의 행복을 위한 통치를 하지 않고 나쁜 정치를 한다면 백성들은 일어서서 그를 쫓아낼 권리가 있다. 이렇게 방벌론放伐論과 역성혁명론易姓革命論을 주장했습니다. 이러한 주장은 18세기 영국의 존 로크의 사회계약론의 기본사상과 일치한 것입니다. 사회계약론은 근대민주주의의 기준이 되는 경전인 것입니다. 그리고 중국 유교의 교리는 왕보다도 백성 위주의 민본주의民本主義를 그 기본으로 하고 있습니다. 민심은 즉 천심이다(民心卽天心), 하늘의 뜻에 순종한 자는 흥하고 이를 거역한 자는 망한다(順天者興 逆天者亡)라고 한 것도 유교의 교리입니다."[33]라며 저항권은 다음과 같이 아시아에서 보편적인 것이었음을 설파했다. 그리고 "통치자는 백성을 위해서 좋은 정치를 해야 하며 그렇게 할 때만 그의 집권은 정당화된다는 사상은 아시아에서도 서구와 같이 보편적인 것입니다."[34]

33) 김대중, 〈아시아 민주주의의 가능성을 말한다〉, 1993년 12월 10일 태국 방콕에서 열린 '아시아 자유민주 지도자회의' 창립총회의 기조연설문, 김대중, 《나의 길 나의 사상》, 511–512쪽.
34) 김대중 전집Ⅱ, 제16권, 〈아시아자유민주지도자회의(Liberal International Asia) 창립총회 기조연설〉(태국 방콕, 1993년 12월 10일), 410쪽; 김대중, 《나의 길 나의 사상》, 511–512쪽.

라면서 그는 불교의 민주주의 사상 측면을 인간의 존귀함 선언과 만물의 평등 가치와 관련하여 설명했다.

> "불교에도 뚜렷한 민주주의적인 정신이 있습니다. 부처님은 이 세상에 태어나서 제일성을 천상천하天上天下 유아독존唯我獨尊이라고 했습니다. 이 세상에는 나 이상 더 존귀한 것은 없다. 이 말은 참으로 놀라운 인권선언이며 민주주의의 정신을 높이 선양한 것입니다. 인류 역사상 이 이상 더 장대한 인권선언은 없습니다. 불교에서의 자비·보시 등이 유교의 민본사상과 상통합니다. 그리고 불교의 가르침인 모든 만물이 불성을 가지고 있다(萬有佛性)는 것도 민주주의의 보편적인 국민주권론과 맥을 같이 한다고 볼 수 있습니다."[35]

그는 한국 동학의 인내천人乃天 사상에 대해서도 최고의 인권 사상으로 설명하였다.

> "우리 한국에서도 민족종교인 동학에서 그 창시자는 사람이 곧 하늘이다(人乃天), 사람 섬기기를 하늘 섬기듯 해야 한다(事人如天)고 주장하고 있습니다. 인간을 절대적인 존재로서 그 가치를 인정한 사상이 우리 아시아에도 분명히 있습니다."[36]

김대중은 2200년 전 진시황이 봉건제를 타파하고 군현제를 실시한 것에 대해서도 민주주의 전통을 수립한 것으로 보았다.[37] 그는

---

35) 김대중 전집Ⅱ, 제16권, 〈아시아자유민주지도자회의(Liberal International Asia) 창립총회 기조연설〉(태국 방콕, 1993년 12월 10일), 410쪽; 김대중, 《나의 길 나의 사상》, 511-512쪽.
36) 김대중, 《나의 길 나의 사상》, 511-512쪽.
37) 김대중 전집Ⅱ, 제17권, 〈문화란 운명인가? 653-660쪽〉, 656쪽; 한상진 편, 《김대

신라와 가야에서도 찾았다.

> "민주적인 원칙과 관행은 우리나라에도 있다. 신라와 가야의 건국설화를
> 보면 각 부락의 장들이 모여서 왕을 추대했다. … 이런 것들은 물론 역사
> 적 사실로 입증은 안 되었지만 바람직한 일로서 면면히 기억되고 전달되
> 었던 사실들을 볼 때 우리 국민들의 마음속에 민주적 싹이, 민주적 터전
> 이 있었다는 것을 알 수 있다."[38]

고대 한국에 민주주의를 위한 고유 도덕들이 이미 유교 이전에 있
었음도 언급하였다.

> "유교도덕 이전에 이미 이 나라에는 정직, 부녀의 정절, 인자, 평화, 예
> 의, 용기, 겸양, 효도, 후장厚葬, 검소 등의 훌륭한 고유 도덕이 있었던
> 것을 알 수 있습니다."[39]

이러한 맥락에서 김대중은 아시아의 민주주의에 대한 비관론자들
에 대해 다음과 같이 강하게 비판했다.

> "일부 서구사람들이나 혹은 아시아 지도자들 중에는 아시아에서 민주주
> 의는 그 철학과 전통의 기반이 없으므로 성공할 수 없다고 하기도 합니
> 다. 그러나 이것은 사실이 아닙니다. 아시아에는 훌륭한 민주주의 사상이
> 나 이념, 이와 상통하는 정신과 전통들이 있었습니다. 다만 이것을 제도
> 화하지 못했고 그 제도를 서구로부터 도입한 것뿐입니다."[40]

중 서울대 강의와 인권논쟁. 동양의 눈으로 세계를 향하여》, 23쪽.
38) 한상진 편, 《김대중 서울대 강의와 인권논쟁. 동양의 눈으로 세계를 향하여》, 23쪽.
39) 김대중, 《옥중서신》, 158쪽.
40) 김대중 전집Ⅱ, 제16권, 〈아시아자유민주지도자회의(Liberal International Asia)창

특히, 1984년 3월 하버드대 아시아법률센터에서 강연할 때, 다음의 질문을 받고 '울분을 토하면서' 동양의 풍부한 민주주의 사상 전통에 대해 앞에서 본 내용과 같은 것들을 열정적으로 설명하였다.

> "당신은 지금 망명까지 하면서 한국의 민주주의를 위해서 싸우고 있는데 그것이 과연 가능합니까? 민주주의는 서구사회의 산물입니다. 한국의 전통에는 민주주의 요소가 없지 않습니까? 더욱이 한국은 유교의 영향이 강한 나라이기 때문에 민주주의의 가능성이 희박하다고 생각하는데, 당신의 견해는 어떻습니까?"[41]

김대중은 질문에 임하면서 이런 질문을 대단히 많이 받았다고 토로했다.[42]

그러나 김대중은 민주주의에 대해서 그동안 서양이 이룬 것을 무시하고 대결로 가면서 아시아 중심주의 태도를 대단히 경계하였다.

> "저는 동양과 서양의 상호교류를 지지합니다. 서양이 무조건 우월하다든지 앞으로는 아시아가 제일 좋다는 식의 생각은 편협한 것이지요. 우리에게 민주주의의 철학과 전통은 풍부했지만, 우리가 국민주권의 민주적 제도나 행정체계를 발전시키지 못하고 있을 때 서구가 우리에게 모범을 보였기 때문에 우리가 이것을 빌려 쓰게 됐다, 이렇게 생각하는 것이 옳지 않나 생각합니다."[43]

립총회 기조연설〉(태국 방콕, 1993년 12월 10일), 410쪽.
41) 김대중, 《김대중 자서전》 1, 470쪽.
42) 김대중, 《김대중 자서전》 1, 470–471쪽.
43) 한상진 편, 《김대중 서울대 강의와 인권논쟁. 동양의 눈으로 세계를 향하여》, 35쪽.

그러면서 그는 서양 민주주의의 미비점과 문제점을 보완하여 융합할 수 있도록 아시아의 민주주의 사상의 가치를 적극적으로 발굴할 것을 제안했다.

"급격한 산업화로 야기되는 사회적 교란에 대해 서구의 문화를 희생양으로 삼기보다는 아시아 사회의 전통적 장점을 찾아내어 그것이 어떻게 더 나은 민주주의를 만들어 낼 수 있는가를 고찰하는 것이 좀 더 합당한 일이다."[44]

즉, 그는 동양과 서양이 대립과 자기주장만의 관계로 발전해서는 안 된다는 점을 강조하고, 변증법적 융합의 길을 가야 함을 제시했다.[45] 즉, 서구의 민주주의 사상과 제도를 비판적으로 보면서 동시에 아시아의 가치를 발견하고 발전시켜가야 하는 동시에, 서구가 그동안 이루어 온 것들을 존중해야 했다. 관련하여 이미 1980년대 초 옥중서신에서 다음과 같이 강조했다.

"서구 도덕을 무조건 영합해도 안 되지만 덮어놓고 배척해도 안 될 것입니다. 우리가 서구의 정치·경제·사회의 모든 것을 받아들이면서 그 속에서 형성된 도덕만은 우리 고유의 것으로 일관한다는 것은 난센스입니다. 서구 도덕 중 우리가 수용할 것은 그들의 근대화와 민주사회를 성취시킨 정신적 원동력이 된 도덕들입니다. 즉, 인격의 존중, 독립심, 합리성, 적극성, 모험심, 공공심, 근면, 실용주의, 인권 존중 등일 것입니다."[46]

그가 보기에 아시아에서의 민주주의는 자주성을 좀 더 장려해야

---

44) 김대중 전집Ⅱ, 제17권, 〈문화란 운명인가? 653–660쪽〉, 658쪽.
45) 김대중 전집Ⅱ, 제17권, 〈문화란 운명인가? 653–660쪽〉, 658쪽.
46) 김대중, 《옥중서신》, 162–163쪽.

하고 문화적 가치를 존중할 필요가 있었다. 이 같은 민주주의만이 국민의 의사를 참되게 반영하는 것이며, 이는 모든 사회의 구성원들이 빠지지 않고 참여함으로써 가능해지는 것이었다. 그래야 만이 민주주의는 그 국민의 비전을 반영할 수 있었다. 그리하여 다음 절에서 보듯이 '신명 나는 민주주의'를 발전시키고 문화적인 차원에서도 참여민주주의를 발전시켜 갈 수 있겠다.

《김대중의 생각》 저자 홍을표는 김대중의 이러한 시도에 대해서 김대중이 서양의 눈으로 동양을 보는 것이라고 생각했다.

> "디제이는 동양에도 민주주의적 전통이 충분히 있다고 한다. 그런데 그러한 전통을 인정한다 하더라도 그것을 판단하는 잣대가 서구의 것이 아닌가 하는 의문이 생긴다. 서구 정치사상의 기준으로 동양의 정치사상을 평가하는 것은 아닌가."[47]

그런데 필자가 보기에 김대중이 로크에 주목하고, 이를 기준으로 동양의 민주주의 사상 전통을 이야기한 것은 민주주의에 대한 세계 기준으로 이미 서양 것이 정립되어 있고, 민주주의에 대한 설명 설득을 위해서는 이러한 서양의 것을 사용해야 했기 때문으로 보아야 할 것이다. 이와 함께 그는 동양의 유사한 것을 제시하고, 끊임없이 동서양을 넘나들면서 융합·창발을 만들어 가는 지속적인 과정을 펼쳐갔다.

그런데 우리는 여기서 김대중이 아시아 정치사상 전통과 문화를 중심으로 새롭게 민주주의를 정립 발전시켜 가려 했다는 관점들에 대해서도 크게 귀 기울일 필요가 있다. 예를 들어, 이른바 '유교적 민주주의'를 김대중이 선호했다는 주장 등을 면밀히 살펴볼 필요가

---

47) 홍을표, 《공자인가, 존 로크인가 김대중의 생각》, (서울: 들녘 1999), 24쪽.

있다. 서양의 계몽주의 및 민주주의 발전에 동양의 공맹 사상이 결정
적으로 크게 영향을 미쳤다는 결론의 방대한 연구성과를 도출하고
있는 또한 동시에 김대중 사상 연구자인 황태연은 김대중의 '유교적
민주주의' 선호에 대해 다음과 같이 설명한다.

> "김대중은 공자철학과 극동의 정치문화가 유럽으로 전해져 유럽을 근대
> 화·민주화시킨 사실을 몰랐고 아시아 경제 발전의 근본 이유인 '시장경
> 제'의 중국적 기원에 대해서도 몰랐다. 그런데도 그가 흔들림 없이 공자
> 철학의 민주적 본질과 동아시아문화의 민주적 적합성을 확신하고 아시아
> 에서의 민주주의 승리를 예견했을 뿐만 아니라, 그리스철학·기독교 시
> 대가 가고 오늘날과 미래를 유교·불교 등 아시아 사상의 시대로 선언한
> 것은 실로 놀라운 통찰이 아닐 수 없다."[48]

이 인용문에서 볼 수 있는 '유럽을 근대화·민주화시킨 공자철학'
에 대한 논의가 활발히 이루어질 필요가 있다. 이는 현재의 관점에서
유교와 민주주의에 대한 김대중의 입장을 더 폭넓게 평가할 수 있게
해줄 것이다.

앞에서 설명한 서양 민주주의의 약점들을 어떻게 동양사상 차원에
서 보완해서 새롭게 융합·창발할 수 있는지는 다음 절들에서 상세
하게 설명한다.

(2) 민주주의를 위한 수양과 성숙성의 가치와 아시아의 전통

김대중은 구성원들이 수양을 통해 성숙해져야 민주주의를 실현할

---

48) 황태연, 《유교적 근대의 일반이론》, 上, (서울: 한국문화사 2023), 380쪽.

수 있고, 민주주의는 또한 수양의 장이라고 보았다. 김대중이 낙관적이었던 것은 그 자신 스스로 수양을 통해 가야 할 민주주의의 방향을 실천할 의지가 강했기 때문이었다. 그에 따르면 모든 것은 수양과 그 결과로서 성숙하게 된 인간에 의해서 제대로 실현될 수 있는데, 특히 민주주의 경우가 그러했다. 민주주의가 장점으로 작용하기도 하고 단점으로 기능할 수도 있는데, 그것은 오롯이 사람에 달려있다고 그는 생각했다. 이 점을 필자의 예로서 설명해 보면, 칼이 부엌에서 음식을 만들기 위해서 사용되거나 사람을 해치기 위해서 사용되는 것은 칼의 본질에 의해서가 아니라, 그것을 사용하는 사람에 의해서 결정되는 것과 같은 이치일 것이다.

> "좋은 정치에 왕도는 없습니다. 선진 민주국가가 모두 그렇듯이 결국 국민이 똑똑하고 성숙해야 합니다."[49]

김대중의 이러한 생각은 "민주주의는 성숙한 사회에서만 이루어질 수 있다."는 하버마스의 견해와 유사성을 보인다.[50]

김대중의 이러한 생각들을 살펴보면서 우리는 수양이 마음에서의 자유를 획득하게 해주고, 새로운 이해력을 갖게 해주며, 새로운 의미 만들기의 구조를 생성시켜 마음을 새롭게 구성하게 해준다는 측면을 새겨 볼 수 있다. 앞에서 설명한 대로 이는 김대중이 동서양의 민주주의 융합을 서양의 제도로서의 자유 보장과 소통으로서 민주주의, 그리고 동양의 마음에서의 자유와 소통으로서 민주주의의 융합으로 이해한 것과 일맥상통하다고 하겠다. 즉, 그에 따르면 진정한 자유와 민주주의는 제도적 보장과 구성원들의 수양 속에서 실현될 수 있다.

---

49) 김대중, 《나의 길 나의 사상》, 111쪽.
50) 김대중 전집Ⅱ, 제16권, 366쪽.

거꾸로 민주주의는 이러한 것을 가능하게 할 수 있다. 즉, 이 모든 것은 자유와 수양 속에서 이루어질 수 있다. 이러한 그의 민주주의와 수양의 관계에 대한 이해와 이에 기반한 다양한 풍부한 사상은 그로 하여금 다양성의 정치를 가능하게 하고, 그의 개인적 고난 극복을 가능하게 하기도 했다.

김대중은 이러한 민주주의를 위한 기본 전제로서 수양을 위해 동양의 사상과 전통에서 기본 개념과 추진력을 얻을 수 있다고 보았다. 이와 관련하여 특히 그는 유교 경전 가운데 하나인 《대학》에 나오는 '수신제가치국평천하修身齊家治國平天下' 개념을 강조하였다. 유교 정치철학의 궁극적인 목표를 세계평화(태평천하)의 실현으로 보고, 이의 실현을 위해서는 먼저 자신을 갈고닦아야 하고, 이를 기반으로 가정을 잘 다스릴 수 있어야 한다고 보았다. 물론 《대학》에서의 평천하 개념은 천하의 정복을 통한 제국주의적 평화를 의미하는 바가 크다고 할 수 있겠으나 김대중은 이를 오늘날의 민주적 세계평화의 개념으로 전이해서 제시하고 있다. 그에 따르면 유교에서 강조하는 인의예지仁義禮智에서 인의仁義는 예禮를 중심으로 실천되는데, 예禮는 수양과 성숙성에 의한 사회관계의 예절을 뜻했다. 그는 수양의 전통과 당위성을 노자와 장자의 자연과 인간의 합일을 위한 무위자연無爲自然의 철학에서 그리고 부처님의 자비의 윤리와 만유불성萬有佛性(모든 것에 불성이 깃들어 있다)의 교리에서도 찾았다. 그런데 그는 사람들에게 민주주의를 통해 먼저 자유를 보장해 주고 그다음에 각 개인의 수양을 요구할 수 있다고 생각했다. 민주주의가 각 사람에게 부분과 부분, 부분과 전체 사이의 조화와 균형을 이룰 수 있는 성숙성을 배양할 수 있는 자유와 기회를 가장 잘 제공해 준다고 보았다.

수양을 통해 성숙성을 배양함으로써 사회 각 구성원은 역지사지易地思之, 즉 다른 사람 입장에서 사안을 이해해 보는 자세를 가질 수 있으며, 부분과 부분, 부분과 전체의 관계를 파악할 수 있었다. 그리하여 나의 이익이 다른 사람의 이익을 침해할 수 있음을, 나의 자유가 남의 자유를 제약할 수 있음을, 그리하여 나의 이익은 사회 전체의 이익에 해가 되고, 즉 전체를 망가뜨려 결국 내게 해가 될 수 있음을 이해할 수 있었다. 이러한 성숙성의 이해력이 민주주의 사회를 이루어 가는데 필수적이라고 김대중은 본 것이다. 이는 인간 개인과 개인 사이, 개인과 국가 사이, 국가와 국가 사이, 인간과 자연 사이, 개인과 지구 사이 등 전체로서 통찰할 수 있는 능력을 각 개인이 가질 수 있도록 해줄 수 있었다. 이리하여 각자의 이익 추구, 대립과 갈등 속에서도 성숙한 상호작용을 통해 변증법적으로 조화와 균형을 이루어갈 수 있는 것이다. 이것이 민주주의 평화를 이루어가는 방법이었다. 이것이 다음 절들 속에서 설명할 그의 '신명 나는 민주주의', 지구민주주의, '보편적 세계주의'의 기본 개념이라고 할 수 있겠다. 이처럼 민주주의를 위한 기본 전제로서 그는 수양과 이를 통한 성숙성을 크게 강조했다. "기본적인 문제는 자아의 발견, 자아의 확립, 자아의 실현입니다."[51] 자유의 보장과 민주주의를 위해서 서양의 제도화와 동양의 수양이 만나서 융합·창발해야 했다. 이 수양과 성숙성을 위해 교육이 중요하고, 특히 동양의 사상과 전통에 대한 교육이 중요하다. 규율 속에서 함께 즐기고 노는 것이 또한 중요한데, 다음에 설명할 한국 전통의 풍류도風流道에 대해 김대중은 깊은 관심을 가졌다. 더불어 노는 것, 그래서 함께 '신나는 것', '신명을 내는 것'은 최고의 수양 방법이었다.

2) '신명 나는 민주주의'와 한국 고유의 전통·융합 사상으로서 풍류도 및 동학

---

51) 김대중 전집Ⅱ, 제16권, 360쪽.

김대중은 한국에 맞는 민주주의로서, 또한 아시아, 세계, 지구를 위한 것으로서 '신명 나는 민주주의'를 제시했다. 이 '신명 나는 민주주의'가 다음 장들에서 설명하듯이 그의 '디지털 시대 민주주의', 신인도주의, 지구민주주의, '보편적 세계주의' 같은 개념들과 깊이 연결되고 있음을 알 수 있다. 이러한 맥락에서 그의 '신명 나는 민주주의' 개념은 한국 고유의 사상과 종교 및 전통을 동양 및 서양을 비롯한 세계의 민주주의 사상들과 창의적으로 융합시킨 결과 그리고 융합하고자 하는 목표라고 할 수 있다. 이는 그동안 김대중이 신인도주의, 지구민주주의, '보편적 세계주의' 같은 개념들을 만들어 내는데 기초가 되었고, 앞으로 계속해서 우리가 이들을 실천하고 새로운 민주주의 개념들을 만들어 내는 데 있어서 또한 중요 기반이 될 수 있겠다.

김대중에게 '신명神明'은 '신바람'을 뜻했고, "'한'과 '멋' 등과 더불어 우리 민족만이 가지고 있는 독특한 정서를 나타내는 말"[52] 이었다. 즉, 그는 이들을 한국인의 민족적 성격을 나타내 주는 개념으로 보면서 각각의 뜻을 아래와 같이 정리했다.

> "한은 좌절된 소망을 안고 그것을 이루고자 몸부림치는 심정, 혹은 정신이다. …멋은 자유분방하면서도 규율이 있고, 묶여 있는 것 같으면서도 자유로운 것이다. … 신명은 목표를 이루고자 하는 개인과 집단의 의지이고 힘이자 용솟음치는 정열이다."[53]

그러면서 한은 복수를 해야 할 원인과 동기가 아니라 신명으로 멋

---

52) 김대중 전집 II, 제16권, 〈김광수 교수와의 대담〉, 360쪽.
53) 김대중, 《DJ의 문화·역사 에세이. 이경규에서 스필버그까지》, (서울: 조선일보사 1997), 249–250쪽.

있게 풀어야 할 목표이면서 대상이라고 말했다. 한풀이와 신명의 순
서와 상호 관계를 아래와 같이 설명했다.

> "먼저 한풀이가 돼야 하고, 다음으로 신명이 이루어져야 됩니다. 한풀이
> 라는 것은 보복이 아닙니다. 한이란 것은 내가 볼 때 민중들이 좌절된
> 소망을 안고 이것을 기어이 이루려고 몸부림치는 것이 한입니다."[54]

이러한 '기어이 이루려고 몸부림치는 것'으로서의 한풀이와 신명
은 같은 뜻이다. 이 과정에서 구성원들이 함께 참여하고 다이내믹스
를 발현할 수 있다.[55] 그는 이러한 한국 고유의 정서로서 '한, 멋,
신명' 속에서 역동적인 참여와 발산, 즉 다이내믹스 발현에 기초한
민주주의의 한국적 모델을 제시했다.

> "나는 우리에게 필요하고 우리 민족성에 알맞은 민주주의는 '신나는 민주
> 주의'라고 생각합니다."[56]

그는 신명을 품은 한국인의 민족성 그리고 평등하고 자발적인 주
체들의 참여와 민주주의를 통한 발산과 성취의 잠재력에 대해 다음
과 같이 설명했다.

> "신명은 우리 국민만이 가지고 있는 특성입니다. 우리 국민들은 수평적
> 신명나는 민주주의를 해야 합니다. 우리 민족은 신명만 나면 얼마든지
> 큰 일을 해낼 수 있습니다."[57]

---

54) 김대중 전집Ⅱ, 제16권, 353쪽.
55) 김대중 전집Ⅱ, 제16권, 351쪽.
56) 김대중 전집Ⅱ, 제16권, 360쪽.
57) 1993년 10월 《월간조선》에 실린 조갑제 부장과의 인터뷰, 김대중, 《나의 길 나의

254

평등한 수평적 관계의 주체들이 더불어 함께 즐기면서 신명을 일으키고, '신명 나는 민주주의'를 만들어 갈 수 있음을 제시했다. 즉, 자유와 함께 평등 그리고 연대가 가능하게 되는 민주주의에서 신명이 일어날 수 있었다. 거꾸로 신명은 이러한 민주주의를 가능하게 할 수 있었다.

그에 따르면 위에서 언급한 '한, 멋, 신명'의 상호작용 속에서 표출되는 멋은 자유분방함과 규범의 역동적인 변증법적 조화 과정이었다.

> "우리 한국사람의 멋은 무엇에도 묶이지 않고 자유분방한 가운데 나름대로의 규범이 있습니다. 또 틀에 묶여 있으면서도 틀을 초월한 자유의 세계를 추구합니다. 규범과 자유가 변증법적으로 역동적으로 통합된 게 한국의 멋입니다."[58]

이러한 멋을 담은 문화가 한국의 '신명 나는 문화'였고, 이를 가장 가치 있게 그리고 효율적으로 만들어 갈 수 있는 장이 '신명 나는 민주주의'였다. 국민 각자의 창의적이고 책임감 있는 노력 속에서 이러한 '신나는 문화와 민주주의'를 세계와 접목하면서 성공적인 세계화를 이루어 갈 수 있었다.

> "한과 멋과 신명, 이 세 가지 정서를 간직하면서 한국 문화를 발전시킬 때 세계와의 접목도 성공적으로 이루어질 수 있다. 그리고 그 책임은 우리 개개인에게 있다."[59]

사상》, 469쪽.
58) 1993년 10월 《월간조선》에 실린 조갑제 부장과의 인터뷰, 김대중, 《나의 길 나의 사상》, 470쪽.
59) 김대중, 《DJ의 문화·역사 에세이. 이경규에서 스필버그까지》, 249-250쪽.

이러한 그의 생각 및 관점들은 한국 풍류도風流道의 전통과 연결되었다. 풍류도는 가무강신歌舞降神, 즉 함께 즐겁게 노래하고 춤추며 노는, 즉 하늘을 향해 제사 지내는 가운데 신이 내려와 하늘과 땅 그리고 인간이 조화 일체를 이룸을 뜻했다. 여기에서 함께 노는 가운데 '신이 난다'는 말이 나왔고, '신난다'라는 한국인의 일상어로 자리 잡았다.[60] 신과 인간이 일체가 되는 신인합일神人合一, 즉 달리 말해 하늘과 인간이 일체가 되는 천인합일天人合一을 위해 그리고 그 결과로서 자유분방함과 규범의 역동적인 변증법적 조화 과정으로 함께 노래하고 춤추며 노는 수련 행위, 즉 하늘을 향해 제사 지내는 행사가 풍류도風流道의 한 중요한 요소였다. 이러한 풍류도가 신라시대의 화랑도 그리고 조선 시대 동학의 수련 및 포교 활동에서 중요하게 자리 잡았다.[61]

김대중은 '신명 나는 민주주의'를 위한 풍류도의 가치에 대해서 유동식의 저작들을 통해 깊이 사유하고 깨우친 것으로 보인다. 그는 1981년 3월 19일 가족들에게 보내는 옥중 편지에서 유동식 저작의 《한국종교와 기독교》[62]라는 책을 차입해달라고 했다.[63] 두 달 후인 5월 22일의 서신에서 자식들에게 유동식의 이 책을 포함하여 15권[64]을 읽고 각자 집안 서가에 비치하여 두고두고 기본 교양을 위해

---

60) 김용환, 〈동학 무극대도에 나타난 공공작용 연구〉, 《동학학보》 23집(2011), 209쪽.

61) 유동식, 《韓國宗敎와 基督敎》, (서울: 대한기독교서회 1965); 유동식, 《風流道와 한국의 종교사상》, (서울: 연세대학교 출판부 1997); 김용환, 〈동학 무극대도에 나타난 공공작용 연구〉, 208–213쪽.

62) 유동식, 《韓國宗敎와 基督敎》, (서울: 대한기독교서회 1965).

63) 김대중, 《옥중서신》, 81쪽.

64) 15권의 책은 아래와 같이 세 분야로 나뉘어 표기되어 있다. 종교분야 1. 제2차 바티칸 공의회 문헌 2. 유동식 《한국종교와 기독교》 3. 월터 닉 《위대한 성인들》 4. 《하나의 믿음》, 역사부문 1. 진단학회 《한국사》(전 7권) 2. 라이샤워 · 페어뱅크 공저 《동(東)아시아 문화사》 3. 토인비 《역사의 연구》(圖說축소판도 있음), 사회경제 1. A. 토플러 《제3의 물결》 2. J.J.S. 쉬라이버 《미국의 도전》 3. 로스토우 《경제발전의 단계》 4. 드러커 《단절의 시대》 5. 갈브레이드 《불확실성의 시대》 6. 갈브레이드 《경제학과

필독할 것을 권했다.

> "이 책들은 일생을 두고 재독, 삼독할 책이니 각기 자기 장서로 준비하여
> 라. 그리고 너희들 전공과 어학은 따로 알아서 공부하여라."[65]

그가 유동식 저작의 《한국종교와 기독교》라는 책에 얼마나 큰 가
치를 두었는지 뚜렷이 알 수 있는 대목이다.

다음 해인 1982년 1월 29일 가족에게 보내는 편지에서 유동식
책의 핵심 주제 가운데 하나인 한국의 고유 도덕과 화랑정신의 바탕
으로서 그리고 유불선을 융합적으로 포괄하고 있는 것으로서 풍류도
風流道에 대해 언급했다.

> "신라 말엽에 최치원이 쓴 글 난랑비서문鸞郎碑序文에도 화랑정신이 연
> 결된 우리의 고신도古神道에 대해서 우리나라의 오묘한 도가 고대로부터
> 있었으니 유불선儒佛仙 삼교의 요소가 이미 이 풍류도 속에 내재해 있었
> 다고 했습니다."[66]

그러면서 그는 아래와 같이 한국의 문화에 내재해 있는 '지속적인
융합의 성격'에 대해 강조했다.

> "…우리의 고유의 도덕은 불교·유교와 융합하면서 꾸준히 유지되어 온
> 것입니다."[67]

공공목적》 7. 변형윤 《한국경제의 진단과 반성》 8. G. 뮈르달 《경제학 비판》. 이 리스
트는 김대중, 《옥중서신》, 81-82쪽에 실려있음.
65) 김대중, 《옥중서신》, 82쪽.
66) 김대중, 《옥중서신》, 158쪽; 풍류도에 관한 이러한 내용은 유동식의 《한국종교와 기독
교》, 24쪽에서 다루어지고 있다.
67) 김대중, 《옥중서신》, 158쪽.

유동식의 위 저서에서 보면 단군신화나 풍류도 모두 한국의 전통적인 무속 신앙과 연결된 것으로 상호 관계성을 갖고 있음을 이야기한다. 그런데 이 책을 중시한 김대중은 단군신화에 내재된 사상을 오늘의 민주주의를 위한 융합적 의미의 차원에서 다음과 같이 평했다.

> "단군신화의 홍익인간의 이상에서도 공자의 인, 맹자의 왕도정치, 오늘의 민주주의, 사회정의와 연결된 정신을 보게 됩니다."[68]

그런데 김대중의 '신명, 한, 멋' 등에 대한 이해와 사상은 그의 성장 과정에서 이미 형성되어 갔다. 특히, 아버지로부터 판소리, 농악 등을 듣고 배우면서, 그리고 자신에게서 나타나는 이러한 한국 전통의 음악에 대한 소질 등을 접하면서 이 주제의 생각들을 심화시켰다.[69] 그는 자주 "우리 민족의 한이 잘 나타나 있는 것이 이른바 판소리"[70] 라고 말했다.

> "나는 판소리를 우리 민족이 만든 최고의 예술로 생각합니다. …이 판소리는 훌륭한 원작자가 쓴 것이 아니라 장바닥에서 광대와 짐꾼들이 만든 민중의 작품입니다."[71]

---

68) 김대중, 《옥중서신》, 158쪽.
69) 김대중, 《DJ의 문화·역사 에세이. 이경규에서 스필버그까지》; 노명환, 〈한류를 위한 김대중의 기여와 미완의 김대중 사상 정책의 완성을 위한 한류의 의미와 역할: 민주주의 평화 상생 한반도의 분단극복과 세계시민주의를 위하여〉, 《역사문화연구》 제83집 (2022.08).
70) 김대중 전집Ⅱ, 제16권, 〈김광수 교수와의 대담〉(1993년 11월 28일), 353쪽; 김대중, 《DJ의 문화·역사 에세이. 이경규에서 스필버그까지》.
71) 김대중 전집Ⅱ, 제16권, 〈조선일보 조갑제 기자와의 대담〉, (1993년 8월 24일), 165쪽 (월간조선 1993년 10월호에 '김대통령이 기록될 역사의 페이지와 나의 페이지는 다르다'라는 제목으로 게재됨); 김대중, 《나의 길 나의 사상》, 468쪽. 전자에서의 '짐꾼'이 후자에서는 '장꾼'으로 표기되어 있다.

필자가 보기에 이러한 그의 사유와 지식이 감옥에서 유동식의 저서와 같은 내용을 접하면서 더욱 깊어지고, '신명 나는 민주주의'의 이론화를 이루어갔다.

특히, 그는 유동식의 이러한 저작들을 통해 풍류도를 수운 최제우의 사상인 동학과 연결하여 또한 많이 사색한 것으로 보인다. 김대중이 읽은 유동식의 이 저서에 따르면 수운 최제우는 그의 12대 선조인 고운 최치원이 소개한 풍류도風流道를 수용했다. 유동식은 이 저서에서 풍류도와 동학을 무교巫敎의 전통, 즉 샤머니즘을 매개로하여 큰 축으로 연결하고 있다. 그는 이러한 연결고리를 최제우가 천주로부터 받았다고 하는 21개 글자의 주문呪文 내용(至氣今至 願爲大降 侍天主 造化定 永世不忘 萬事知)에 초점을 맞추면서 설명했다. 그에 따르면 풍류도의 가무강신歌舞降神 개념은 최제우의 동학에서 시천주侍天主 사상으로 집약되었다. 가무강신歌舞降神을 위해 사람들이 노래하고 춤추며 제사 지내는 것처럼, 최제우는 동학을 위해 믿음을 가지고 위의 주문을 외우면 신이 내려와 함께 한다고 보았다. 이는 곧 사람들이 신을 모시는 일, 시천주侍天主를 행하는 행위였다. 그래서 사람이 곧 신(하늘)이 되었다. 즉, 시천주侍天主를 통한 신인합일神人合一, 즉 천인합일天人合一의 인내천人乃天 경지에 이르게 되는 것이었다. 최제우는 사람들이 가무강신歌舞降神을 위해 노래하고 춤추며 제사 지내는 행위 자체를 동학 수행과 포교의 한 중요한 요소로 채용했다.

이와 관련하여 유동식은 최제우가 제시한 주문呪文 가운데서 '시천주侍天主 조화정造化定'의 의미에 대해 특별히 주목하였다.

"하나님을 내 안에 모시고 無爲而化(무위이화) 곧 나의 좁다란 人爲(인위)를 버리고 大自然(대자연)의 法道(법도)를 따라 無爲自然(무위자연)하도록 마음을 定(정)하고 決斷(결단)한다는 뜻이다. 侍天主(시천주) 이것이

天道敎(천도교)가 말하는 人乃天(인내천) 사상의 근거가 된다."[72]

이는 사람이 하느님을 모심으로써 하늘의 뜻이 사람의 뜻이 되고 하늘의 마음이 사람의 마음이 됨을 뜻했다.[73] 이러한 맥락에서 유동식은 "'시천주 조화정'이란 사상은 실로 무교巫敎와 동양의 삼교三敎와 기독교의 사상까지도 포함한 것이요, 포월적包越的인 풍류도의 동학적 표현이다."[74]라고 했다.

유동식에 따르면,

"東學(동학)은 儒敎(유교)의 三綱五倫(삼강오륜)을 高調(고조)하고 佛敎(불교)의 修性覺心(수성각심)과 道敎(도교)의 無爲自然(무위자연)을 표방하며 地上天國(지상천국)을 理想(이상)으로 하고 있다. 다시 말하면 天道敎(천도교)는 儒佛仙 三敎(유불선 삼교)의 融合 折衷(융합 절충)한 것이라 할 것이다. 그뿐 아니라 당시의 民間 信仰(민간 신앙)인 샤머니즘과 西敎(서교)인 天主敎(천주교)의 要素(요소)까지도 삽입함으로써 韓國(한국)의 모든 宗敎(종교)를 融合(융합)한 一大 混合宗敎(일대 혼합종교)였다. 이러한 函三爲一(함삼위일)의 混合主義(혼합주의) 또는 折衷主義(절충주의)는 일찍이 花郞道(화랑도)로부터 시작된 한국의 한 特性(특성)이요 理想(이상)이기도 하였다."[75]

---

72) 유동식,《韓國宗敎와 基督敎》, 106쪽. 인용문 안의 괄호 한자음 한글 표기들은 본 논문의 필자에 의한 것임.

73) 유동식,《風流道와 한국의 종교사상》, 163쪽. 본 논문의 필자는 유동식의《풍류도와 한국의 종교사상》이 1997년에 출판되었는데, 1965년의《韓國宗敎와 基督敎》내용을, 특히 풍류도와 동학 부분(pp. 161~170)을 더 쉽고 명료하게 해설해 주고 있다는 느낌을 받는다. 이리하여 이 부분에 한해서 1965년 저서의 내용을 명료하게 설명하기 위해서 1997년 저서의 것을 사용한다. 이를 기초로 차후 1997년《風流道와 한국의 종교사상》이라는 책을 출간하였고 여기에서 위의 내용을 더 자세히 설명하였다. 김대중은 1997년의 이 책을 필히 읽었을 것으로 추측된다.

74) 유동식,《風流道와 한국의 종교사상, 163쪽. 인용문 괄호의 한자 표기는 본 논문의 필자에 의한 것임.

그에 따르면 최제우는 지상에서 신선의 국가를 만들어야 한다고
보았다. 이는 도교의 신선 사상을 담고 있다고 볼 수 있는데, 여러
측면에서 유불선 3교 가운데 특히 도교와 본래적 공통점 및 새로운
융합이 강한 풍류도의 면모를 보여주었다.

유동식은 1997년에 출간한 《風流道와 한국의 종교사상》에서 다음
과 같이 풍류도, 화랑도, 동학의 관계를 규정했다.

> "동학은 화랑도와 함께 한국의 민족적 영성인 풍류도의 문화적 꽃이다.
> 천인합일을 기초로 한 풍류도의 재현이요, 유불선 삼교뿐만 아니라 천주
> 교의 사상까지도 포함한 포월적 '한' 사상의 표출이었다. 천인합일의 신
> 앙은 인권에 대한 신념을 초래했고, 이것이 곧 인간화 운동을 촉진했다.
> 동학혁명 운동과 3·1독립운동이 바로 그것이다. 풍류도가 지닌 '삶'의
> 역사적 전개였던 것이다."[76]

유동식은 '조화정造化定'을 풍류도에서 말하는 특별히 무위이화無
爲而化, 접화군생接化群生의 뜻으로 이해했다.[77] 즉, 그는 최제우가
동학에 풍류도를 받아들임으로써 동학에 무위이화無爲而化, 접화군
生接化群生의 개념이 자리 잡게 되었다고 보았다. 유동식에 따르면,
'무위이화無爲而化'는 '무위이민자화無爲而民自化'를 줄인 말로 성인이
인위적인 통치를 하지 않고 스스로 그러한 본래의 모습에 따라 다스
리면 백성들이 저절로 감화된다는 뜻을 가졌다. '접화군생接化群生'은
사람이 사람을 포함한 만물을 사랑의 감정으로 접하여 상호작용하면
서 서로를 변화·성숙시키고, 평화롭게 행복하게 공존하도록 하는

---

75) 유동식, 《韓國宗教와 基督教》, 108쪽.
76) 유동식, 《風流道와 한국의 종교사상》, 169쪽.
77) 유동식, 《風流道와 한국의 종교사상》, 163쪽.

정치를 뜻했다.[78] 연구자들은 최제우가 동학의 포교 단위인 접接과 포교사인 접주接主의 개념과 실제를 만들고 전개할 때 '접화군생接化群生'을 염두에 두었다고 설명한다. 즉, 동학의 포교는 천인합일을 통하여 사람들 사이의 그리고 자연과 인간 사이에 접화군생하는 목표를 가졌음을 설명하고 있다.[79] 유동식은 "접화군생하는 풍류도의 '삶'의 전개"가 짧은 시간 안에 동학이 많은 사람들 사이에서 큰 호응을 받았던 이유 가운데 하나였다고 본다.[80]

김대중은 유동식의 위 저서에 자주 나오는 이 두 개념을 잘 알고 있었을 것이나, 필자가 지금까지 살펴본 바에 따르면, '무위이화無爲而化'라는 말은 극히 몇 차례 사용했고, '접화군생接化群生'이라는 개념은 사용하지 않은 것으로 보인다. 일반 사람들이 쉽게 이해하도록 이 개념들을 항상 풀어서 쉬운 내용으로 말한 것 같다. 특히, 다음 절들에서 보는 것처럼 지구민주주의를 설명하는 데서 그렇다. 필자가 볼 때, 이 '접화군생接化群生' 개념이 김대중의 '신명 나는 민주주의'와 지구민주주의를 관통하는 것으로서, 이 둘을 연결하여 이해하는데 핵심이 된다.

풍류도 연구가인 최영성은 '접화군생接化群生'에서 '접接'을 '접촉하다', '만나다' 등의 뜻을 넘어 '서로 다른 것이 만나서 상호작용 · 융합 · 창발하다'의 뜻을 포괄하는 것으로 본다. '화化'는 변화하는 것을 나타내 준다. 그리하여 '접화군생接化群生'은 만물이 지속적으로 상호작용 · 융합 · 창발하면서 변화 · 생성 및 생성 · 변화를 이루고, 함께

---

78) 신운용, 〈최치원 사상의 종착점과 '풍류'의 발현〉, 《仙道文化》 제14권(2013.2), 177 – 217쪽.
79) 이상만, [사자성어] 접화군생(接化群生), 시니어신문, 2017.08.19. 11:20 (http://www.seniorsinmun.com/news/articleView.html?idxno=13458); 최영성, 〈한민족의 전통 사상, 풍류사상〉 강의. (https://www.youtube.com/watch?v=yiBTVpzAhjs)
80) 유동식, 《風流道와 한국의 종교사상》, 166쪽.

살아가는 것을 뜻한다. 이는 만물, 특히 인간이 수양하고 성숙해지는 과정이기도 했다. 특히, 그는 '접接'을 남녀의 교접 같은 융합으로 이해해야 하고, 아이를 낳는 것 같은 새로운 창발, 즉 변화로서 '화化'를 가능하게 하는 것으로 보아야 한다고 주장한다. 그에 따르면 '신난다'에 해당하는 신을 맞이하는 접신接神은 인간이 신을 만나 일체가 되어 황홀경 속에서 상호작용하는 것이다.[81] 이러한 관점에서 본다면 '접화군생接化群生' 사상은 김대중이 몹시 좋아한 떼이야르 드 샤르댕 신부의 '창조적 진화론(creatvie evolution theory)' 개념과 매우 유사하다. 김대중이 이해하는 떼이야르 드 샤르댕의 이 개념에 따르면, 신은 세상을 불완전하게 만들었고, 인간에게 자유의지를 주었다. 인간은 이 자유의지를 가지고 자신의 책임 아래 다른 인간을 포함한 만물과 지속적인 관계 맺기와 상호작용, 융합·창발의 진화 과정을 이루어간다. 이러한 진화 과정을 그는 서로 다른 것들 사이의 사랑의 과정으로 표현했는데, 예를 들어 남녀가 서로 사랑하며 자식을 낳는 지속적인 융합·창발과 이와 함께 쌓여가는 복잡화(complexification)의 변증법 과정을 뜻했다.[82]

풍류도와 창조적 진화론의 이러한 유사성은 '접화군생接化群生' 개념을 보편적인 차원에서 김대중의 중요한 사상의 틀로서 볼 수 있게 해주는 측면이다. 이는 김대중의 핵심 사상인 '모순과 대립 속에 조화 발전하는 변증법적 통일'[83], 다시 말해 '창조적이고 변증법적인

---

81) 최영성, 〈최치원의 풍류사상 이해와 그 기반 - 진흥왕순수비 및 《주역》 觀卦·豊卦와 관련하여〉, 《한국철학논집》 40호(2014), 7-32쪽; 최영성, 〈한국사상의 원형과 특징 - 풍류사상, 민족종교와 관련하여〉, 《한국철학논집》 55호(2017), 9-14쪽; 최영성, 《고운사상의 맥》, (서울: 심산 2008); 최영성, 〈한민족의 전통 사상, 풍류사상〉 강의, https://www.youtube.com/watch?v=yiBTVpzAhjs.

82) 김대중, 《옥중서신》, 324-326쪽; 김성동, 〈떼이야르 드 샤르댕에서의 인간의 문제〉, 《철학탐구》 29 (2010), 31-61쪽; 노명환, 〈김대중의 용서·화해 사상과 분단극복·지구평화〉, 박명림외, 《김대중의 사상과 정치: 평화·민주주의·화해·협력》 2, (서울: 연세대학교 출판문화원 2023), 339-340쪽.

통일의 철학'의 개념과 같은 것으로 '신명 나는 민주주의', 지구민주주의, '보편적 세계주의'를 관통하는 사상체계로 볼 수 있다. 즉, 이는 김대중의 이러한' 사유의 계보를 이해하는데 하나의 중요한 창慾이다.

김대중은 수운 최제우 동학의 핵심 정신을 1980년대 초 옥중서신에서 다음과 같이 설명하였다.

> "최수운이 창시한 동학의 핵심 정신은 '하느님을 모시면 조화가 정해지고, 하느님을 영원히 잊지 않으면 만사가 저절로 깨달아진다(侍天主造化定永世不忘萬事知)'라는 주문에 집약되어 있다 할 것입니다."[84]

김대중의 '신명 나는 민주주의'와 '지구 만물의 생명권'의 개념을 유동식의 저서들을 매개로 하여 풍류도와 최제우의 동학의 연결 고리 속에서 '무위이화無爲而化', '접화군생接化群生' 등의 개념과 함께 이해할 필요성이 대단히 크다.

김대중이 보기에, 한국 그리고 동양의 전통 사상과 문화의 융합인 이러한 풍류도가 서양의 천주교와 또한 융합을 이룬 것이 동학이었다. 그는 가족들에게 보내는 편지에서 다음과 같이 썼다.

> "최수운의 동학은 기독교에서 받아들이고 유교·불교·도교를 참작하면서 한국 전래의 샤머니즘을 바탕한 민족적 독창의 종교였습니다."[85]

이러한 맥락에서 김대중은 "최수운의 탄생은 참으로 이 땅에 정신

---

83) 김대중, 《옥중서신》, 33쪽.
84) 김대중, 《옥중서신》, 139쪽.
85) 김대중, 《옥중서신》, 139쪽.

사의 이적이며 한국인의 사상적 창조성의 한 표본이기도 할 것입니다.” 라고까지 평가하게 된 것 같다.[86] 여기서 김대중이 말하는 한국 전래의 샤머니즘은 앞의 유동식의 저서에서처럼 특히 풍류도를 의미하는데, 풍류도는 유불선 3교를 융합적으로 포함했고, 동학은 천주교와 이 유불선을 포함하고 있는 풍류도와의 융합의 종교 및 사상체계였다.

김대중은 앞에서 유동식이 설명하는 것처럼 최제우 동학의 이러한 지속적인 풍류·융합의 세계화 철학의 목표가 근본적으로 하늘과 인간 사이의 합일로 수렴되는 것에 주목하였다. 천인합일天人合一에 이르는 이러한 지속적인 융합의 과정은 최고의 수양 과정이며, 그 결과는 이상적인 지상의 국가를 만드는 것으로 귀결될 수 있었다.

> “최수운의 주장은 사욕을 버리고 천인합일天人合一로 인간성을 회복하여 현세를 바로잡아 지상 신선의 나라를 건설하자는 것이었습니다.”[87]

김대중에 따르면, 이 ‘지상 신선의 나라’가 신명 나는 한국의 민주주의 사회였다. 이는 동시에 세계와 지구의 민주주의의 기반이 되어야 했다. 이러한 김대중의 사상에 따르면 풍류·신명은 이상적인 인간사회 공동체를 위한 최고의 수양 과정 및 방법이었다. 이 인간사회 공동체는 인간과 인간들이 그리고 인간과 자연이 지속적인 융합 과정을 통해 함께 어우러지면서 만들어 가는 성숙한 지구사회였다. 지구차원의 실질적인 접화군생接化群生이었다. 다음 장들에서 살펴볼 신인도주의, 지구민주주의, 보편적 세계주의는 이러한 ‘신명 나는 민

---

86) 김대중, 《옥중서신》, 138쪽. 김대중은 최제우가 탄생한 해로부터 100년 후에 태어났다. 2024년은 김대중이 탄생한 지 100년, 최제우가 탄생한 지 200년이 되는 해이다.
87) 김대중, 《옥중서신》, 139쪽.

주주의'가 지구차원에서 실현되어가는 과정이었다.

풍류·신명의 수양에 기초한 이러한 지속적인 융합을 통한 확산의 과정과 방법을 우리는 동학에 내재한 풍류도의 전통사상 그리고 동학의 '궁궁ㄹㄹ', '궁을ㄹ乙'의 개념과 방법에서 볼 수 있다. '궁궁ㄹㄹ'과 '궁을ㄹ乙'은 동학사상 전문가 김용환의 설명에 따르면 최제우가 정감록鄭鑑錄[88]에 있는 '궁궁을을ㄹㄹ乙乙'[89]에서 조합해 낸 것으로 이 둘은 같은 뜻이다. 이들은 최제우가 무극無極과 태극太極 그리고 그 사이에 기중其中을 설정하고 이들 사이에 이루어지는 지속적인 상호작용과 조화를 나타내는 말로 세상의 근본 이치를 나타내는 것이었다.[90] 이는 동학의 삼태극三太極 사상으로 이어졌다. 이러한 '궁궁ㄹㄹ' 및 '궁을ㄹ乙'의 개념은 만물이 지속적인 상호작용과 조화 과정 속에 존재한다는 최제우의 우주 사상을 나타내 준다고 볼 수 있다. 수운에 따르면 인간을 포함하는 우주 만물은 내적으로 신령神靈을 가지고 있고, 외적으로는 기氣의 작용에 의해 생성·소멸한다. 다른 존재들과 관계 맺기, 상호작용 등 자신의 생명 및 존재 가치를 실현하기 위해 필요한 우주적·사회적 활동을 지속적으로 수행하는 존재들이다. 인간은 내적으로 하늘의 한 면인 신령을 정성으로 모시고, 신령과 상호작용·구성을 한다. 인간은 외적으로는 하늘의 다른

---

88) 《한국민족문화대백과사전》에 따르면 "《정감록》은 조선시대 민간에 널리 유포되었던 도참서이다. 우리나라의 대표적 예언서로, 여러 가지 감결류와 비결서를 집성한 것이며 이본이 많은 것이 특징이다. 저자나 성립 시기는 분명치 않다. 반왕조적이며 현실 부정적인 내용을 담고 있어서 조선시대 이래 금서에 속하여 민간에서 은밀히 전승되어 왔다. 난세에 풍수설에 따라 정해진 피난처에서만 복을 누릴 수 있으며, 궁극적으로 정씨 성의 진인이 출현하여 이씨 왕조가 멸망하고 새로운 세계가 도래한다는 것이다. 동학을 기점으로 속출한 한국의 종교운동과도 맥이 닿아 있어 민중의식에 커다란 영향을 끼쳤다."

89) 정감록에 나오는 궁궁을을(ㄹㄹ乙乙)은 활 모양(ㄹ)과 새의 목 모양(乙)을 표현한 글자를 각각 반복한 것으로 백성들의 '피난처'를 뜻하는 것으로 일반적으로 알려져 있다.

90) 김용환, 〈동학 무극대도에 나타난 공공작용 연구〉, 220–221쪽.

한 면인 기氣의 작용, 즉 기화氣化에 지속적으로 참여한다. 하늘을 모시고 있는 모든 우주 만물은 기氣의 작용을 통해 하늘과 연결되어 우주의 기氣로서 지기至氣를 이룬다. 최제우는 이러한 활동들을 '천주를 모시는 행위'라는 뜻으로 '시천주侍天主'라고 표현했다.[91]

김용환에 따르면, 풍류·신명은 "서로 어우러져 우주와 내가 상통하고 나와 타인의 구분이 무너지면서 최고로 기분이 좋은 흥興과 열락悅樂을 의미했다."[92] 이 "순간을 한국인은 가장 인간적이고 미적으로도 아름다운 경지라고 여겨 신이 내려와 그 신이 드러난다는 뜻에서 '신명, 혹은 신이 난다'고 표현하였다."[93] 이 상태가 '궁궁弓弓'과 '궁을弓乙이었다. 이에 따르면 '즐거움의 뜻인 흥興'과 '신 바람의 뜻인 신명神明'의 풍류와 함께 '너'와 '나'는 지속적으로 '우리'되는 과정 속에 있다. 즉, '안과 밖', '아我와 타他'의 구별 없이 지속적인 상호작용 및 구성을 통해 끊임없이 '우리'를 만들어 간다. 풍류·신명 속에서 기존의 구별되는 개인적·사회적 단위체들이 끊임없이 상호작용하면서 '다양성 속의 통일'의 상태로 하나로 합일되어 간다. 종래에는 하늘과 인간이 합일된다.

이는 풍류·신명 속에서 지속적으로 부분과 부분이 상호작용하면서 전체를 이루어가는, 그러면서 부분들과 전체가 상호작용 및 조화하는 메커니즘을 설명해 준다. 이러한 사유는 또한 풍류도와 동학의

91) 김남희, 〈천도교 영성의 드러남과 나눔, 덕(德)과 동덕(同德): 천도교 영성 교육의 회복을 위하여〉,《신학과 철학》제24호 (2014), 165-167쪽; 김용휘, 〈수운 최제우의 시천주 사상〉, 예문동양사상연구원·오문환편저,《수운 최제우》, 예문서원 2005, 104-125쪽; 김경재, 〈수운의 시천주 체험과 동학의 신관〉, 예문동양사상연구원·오문환편저,《수운 최제우》, 예문서원 2005, 84-102쪽; 오문환, 〈시천주' 주문을 통해서 본 수운의 인간관〉, 예문동양사상연구원·오문환편저,《수운 최제우》, 예문서원 2005, 131-136쪽; 박세준, 〈수운 최제우와 근대성〉,《한국학논집》제73집 (2018), 103-128쪽.
92) 김용환, 〈동학 무극대도에 나타난 공공작용 연구〉, 209쪽.
93) 김용환, 〈동학 무극대도에 나타난 공공작용 연구〉, 209쪽.

사상에 내재해 있는 '원융무애圓融無礙' 사상과 세계의 작동 원리에 해당하는 것이었다. 이는 불교에서 받아들인 것으로서 풍류도의 '접화군생接化群生'과 유사한 뜻을 갖는 개념이다. 원융圓融은 원만하게 두루 서로 연계되고 작용하면서 의존하고 있다는 연기緣起의 의미를 가지고 있으며, 무애無礙는 서로 막힘이 없이 작용하여 완전한 조화를 만들어 간다는 의미를 내포하고 있다.[94] 오늘날의 융합 사상을 위하여 이 '원융무애圓融無礙' 사상은 대단히 중요한데, 풍류 · 신명 개념이 이를 담고 있다. 중중무진重重無盡으로 끝도 없이 서로 연결되어 있고 상호작용하는 '원융무애圓融無礙'의 화엄華嚴 세계를 상징하는 인드라망[95]은 다음 장에서 설명하는 바와 같이 디지털 시대의 '신나는 민주주의'를 위해, '접화군생接化群生'을 위해 그 의미하는 바가 대단히 크다.

이와 관련하여 우리는 김대중의 사유와 이에 대한 다른 사람들의 이해에 대해 주목해 볼 필요가 있다. 1997년 9월 26일 서울대학교에서 강의를 하였는데, 그 내용은 아시아의 민주주의 전통 관련, 싱가폴 리콴유 수상과의 논쟁 속에서 저술한 그의 논문, 〈문화란 운명인가?〉[96]를 기초로 해서 이루어졌다. 여기에서 그는 민주주의를 위한 아시아적 전통과 사상의 가치를 강조하면서도 서양이 이미 이룬 업적을 높게 평가했다. 그러면서 두 문명권의 상호교류와 작용 및 융합의 당위성을 설파했다. 인간과 자연 사이의 상호작용과 조화를

---

94) 김용환, 〈동학 무극대도에 나타난 공공작용 연구〉, 208쪽.
95) 인드라망은 천신天神들의 왕인 인드라, 즉 제석천이 머무는 궁전 위에 끝없이 펼쳐진 그물이다. 사방으로 끝없는 이 그물의 그물코에는 보배구슬이 달려 있고 어느 한 구슬은 다른 모든 구슬을 비추고 그 구슬은 동시에 다른 모든 구슬에 비춰지고, 나아가 그 구슬에 비춰진 다른 모든 구슬의 영상이 다시 다른 모든 구슬에 거듭 비춰지며 이러한 관계가 끝없이 중중무진으로 펼쳐진다. 이처럼 인드라망의 구슬들이 서로서로 비추어 끝이 없는 것처럼 법계2의 일체 현상도 중중무진하게 관계를 맺으며 연기한 것이어서 서로 아무런 장애가 없다고 화엄교학에서는 이 세계의 실상을 설명한다.
96) 김대중이 1994년 12월 Foreign Affairs에 게재한 논문.

내포하는 그의 신인도주의 사상을 설명하였다.97) 이를 들은 당시 한 학생인 김형중은 위의 논문과 강의에 집약된 김대중 사상의 핵심을 다음과 같이 설명했는데, 위에서 설명한 동학의 '궁궁㐀㐀' 및 '궁을㐀 乙, '원융무애圓融無礙', '접화군생接化群生' 사상과 관련하여 그 의미가 대단히 크다.98)

> "인간의 사고에는 항상 '나'와 '남'이라는 이분법이 존재한다. 인간은 본질적으로 '나'를 위하고 '남'에게 무관심하게 된다. 이것은 옳고 그름을 떠나서 어쩔 수 없는 사실이다. 민주주의와 인권보장이라는 것은 결국 '남'이라고 생각하던 대상이 본질적으로 '나'와 다르지 않음을, 내가 가치있는 삶을 누릴 권리가 있듯 그들도 똑같은 권리가 있음을 깨달아 그들, 즉 '남'을 '나'의 범위로 포용하는 것이라고 생각할 수 있다. …역사의 진전이란 '나'의 범위를 점점 확대해 온 것이라 할 수 있다. '남'이 '나'와 본질적으로 같음을 깨달아 결국은 그들을 '나'로 함께 느끼어 그 '나'의 범위를 확대하려는 노력에 민주주의와 인권사상의 핵심이 있을 것이다. …인간과 자연 사이의 관계가 인간과 인간 사이의 관계와 본질적으로 같음을 받아들일 때 모순 없는 민주주의와 인권보장을 이룩할 수 있다는 것이 DJ의 주장이라고 생각한다."99)

---

97) 한상진 편, 《김대중 서울대 강의와 인권논쟁. 동양의 눈으로 세계를 향하여》, 35쪽, 41–42쪽.

98) 이 강의는 당시 서울대학교 교양과목 수업의 일환으로 사회학과 교수 한상진의 초청으로 이루어졌으며, 강의 후 한교수는 참여 학생들이 소감문을 작성하도록 했다. 이 소감문 가운데 선별하여 그는 이듬해 한상진 편, 《김대중 서울대 강의와 인권논쟁. 동양의 눈으로 세계를 향하여》, (나남출판사)를 출간하였다. 이들 가운데 또 선별하여 2018년 그의 영문 편저, Han Sang-Jin (edt.), Asian Tradition and Cosmopolitan Politics. *Dialogue with Kim Dae-Jung* (Lexington Books 2018)에 포함시켰다. 아쉽게도 당시 김형중 학생의 글은 여기에는 실려 있지 않다.

99) 김형중, 〈자연관으로 본 DJ의 민주주의와 인권사상〉, 한상진 편, 《동양의 눈으로 세계를 향하여》, 120–122쪽.

바로 이러한 측면에서 우리는 김대중의 중심사상인 '모순과 대립 속에 조화 발전하는 변증법적 통일'[100], 다시 말해 '창조적이고 변증법적인 통일의 철학'[101]이 끊임없이 실현되는 과정을 이해할 필요가 있다. 이는 한반도의 신명 나는 민주주의와 통일, 아시아의 민주주의, 세계화와 지구민주주의를 이루어가는 길이었다. 이와 같은 맥락에서 동학의 '궁궁ㄹㄹ' 및 '궁을ㄹ乙', 불교의 '원융무애圓融無礙', 풍류도의 '접화군생接化群生'의 개념과 연계하여 파악할 필요가 있다. 즉, 김대중은 풍류도 속에서 구성원 모두가 즐겁게 참여하며 다이내믹스를 이루고, 한국의 문화와 세계 각 민족의 문화가 지속적으로 융합하여 세계 및 지구 차원의, 즉 인간과 자연이 하나 되는 경지까지의 '신명 나는 민주주의'를 제안했던 것이다. 이들은 김대중의 민주주의와 평화 사상과 정책의 요체였다. 앞에서 언급했듯이 개방성과 지속적인 역동성을 융합적으로 포함하는 한국의 대중문화, 세계와 한류, 국민적 다이내믹스와 지구의 생명력을 살려갈 수 있다.[102] 다음 장들에서 더욱 상술하듯이 그의 신인도주의, 지구민주주의, 보편적 세계주의 정책과 사상 속에서 우리는 그의 '신명 나는 민주주의'의 구체적인 모습을 볼 수 있다. 앞에서 설명한 대로 김대중은 민주주의가 성공하려면 구성원들이 수양을 통해 성숙해져야 한다고 했다. 그런데 바로 이 풍류·신명은 민주주의를 위한 최고의 수양 방법이고 과정이었다. 오늘날 세계의 한류 팬들이 세계의 민주주의와 인권, 세계시민주의, 지구 살리기 운동 등을 전개하는 모습들 속에서 김대중의 '신명 나는 민주주의'의 일단을 볼 수 있는 것도 같다. 그가 IT정책과

---

100) 김대중, 《옥중서신》, 33쪽.
101) 김대중, 《옥중서신》, 33쪽.
102) 김대중, 《나의 길 나의 사상》, 115-119쪽.

융합하여 한국의 대중문화를 세계화하는 데 치열한 노력을 쏟아부은 이유도 우리는 무엇보다도 이러한 그의 '신명 나는 민주주의' 사상의 추구에서 찾을 수 있겠다.

이와 같은 방식으로 우리는 아我와 피아彼我 사이에, 사회의 경쟁에서 진 사람과 이긴 사람, 억압받는 자와 억압하는 자, 가난한 자와 부자, 빼앗기는 자와 빼앗는 자 모두가 신명 나는 민주주의 잔치에 적극적으로 참여할 수 있도록 해야겠다. 그리하여 모든 것이 조화를 이룰 수 있어야 하겠다. 김대중은 이것을 정치의 예술로 표현했다.[103)

> "진정한 정치가 할 일은 억압받는 자와 가난한 자의 권리와 생활을 보장하고 그들을 정치의 주체로서 참여케 하는 것이다. 그러나 이러한 과정에서 억압하던 자와 빼앗던 자들도 그들의 죄로부터 해방하여 대열에 참여케 해야 한다. 그 점에서 정치는 예술이다."[104)

그의 중심사상인 '모순과 대립 속에 조화 발전하는 변증법적 통일'[105), 다시 말해 '창조적이고 변증법적인 통일의 철학'[106)을 끊임없이 실현하는 것이었다. 결론적으로 우리는 위와 같이 '신명 나는 민주주의'를 정치의 예술로 실현해야 한다. 이것이 세계민주주의 사상에 대한 그의 융합의 결과이며 지속적으로 추구하는 목표였다.

---

103) 유동식, 《풍류도와 예술신학》, (서울: 한들출판사 2006).
104) 김대중, 《옥중서신》, 389쪽. 유동식은 '풍류도와 예술신학'을 이야기 하였다. 사유 방식에서 일정 측면 두 사람은 유사성을 보인다.
105) 김대중, 《옥중서신》, 33쪽.
106) 김대중, 《옥중서신》, 33쪽.

3. 디지털 시대 지식정보사회와 동서 민주주의의 융합

김대중은 지식정보사회의 등장·심화와 함께 민주주의가 세계적
으로 빠르게 확산될 것으로 보았다. 이 과정에서 특히, 아시아의 민
주주의가 그 경제·사회적 동력과 함께 필연적으로 크게 역동적 발
전을 구가할 것으로 기대되었다. 거꾸로 그는 민주주의가 확산되고
발전할 때만 지식정보사회가 제대로 발전하고 긍정적으로 제 기능을
수행할 수 있을 것으로 내다봤다.

"아시아 국가들의 경제가 자본과 노동집약적인 산업체제에서 정보와 기
술집약적인 체제로 변해가고 있다. 전문가들에 따르면 이 같은 새로운
세계 경제 질서하에서 성공하기 위해서는 자유가 보장되어 정보가 물 흐
르듯이 막힘 없이 흐를 수 있어야 하며 창의력이 억제됨이 없이 발휘되어
야 한다. 이 같은 것들은 민주적 사회에서만 가능한 것이다. 따라서 아시
아는 민주주의를 수용하는 방법 외에 현실적 대안이 없다. 민주주의는
이제 치열한 경쟁의 시대로 접어든 세계 경제질서에서 살아남기 위한 조
건이기 때문이다. 또 한편 세계 경제체제가 정보와 기술 위주로 변해가고
있다는 사실은 정보의 흐름이 그만큼 커졌고 쉬워졌다는 것을 의미하며,
그것이 또한 아시아의 민주화 과정을 크게 도와주고 있다는 사실을 지적
하지 않을 수 없다."[107]

이러한 논리의 상황에서, 아시아의 민주주의 발전과 지식정보시
대는 발전적 방향의 상호보완 관계에 있었고, 이러한 시대에 민주주
의의 동서융합이 또한 크게 촉진될 수 있었다.

---

107) 김대중 전집Ⅱ, 제17권, 〈문화란 운명인가?(Is Culture Destiny?)〉, 657-658쪽.

그런데 지식정보사회는 아시아에서뿐만 아니라 전 세계적으로 그리고 전 사회에 걸쳐 민주주의를 열어갈 것이었다.

"21세기에는 아시아로부터 시작해서 아프리카에 이르기까지 빠짐없이 민주제도가 실현될 것이다. 정치적 민주주의뿐 아니라 경제·사회·문화에 이르기까지 심도 있는 민주주의를 지향해 나갈 것이다. 그러면서 국가·기업·학교 등 대중적 조직을 중심으로 한 민주주의로부터 각 개인의 인권과 복리가 중요시되는 민주주의로 이행될 것이다."108)

앞에서 서양의 민주주의가 정치적 차원에서 시작하여 경제·사회적 후생 복지 차원으로 발전해 가는 것을 보았다. 그러나 거기에는 여러 한계점이 놓여 있음을 김대중은 지적하였다. 지식정보사회에서 경제·사회·문화에 이르는 총체적이고 진정한 민주주의가 동서융합, 즉 세계 차원의 융합으로 실현될 수 있다고 보았다.

김대중에 따르면, 지금까지 민주주의는 국가를 단위로 해서 이루어졌다. 그러나 이제 지식정보사회에서는 초국가주의적인 세계공동체 및 이를 단위로 한 민주주의가 이루어져야 했다. 왜냐하면 이 시대의 지식과 정보는 국경을 초월하여 빠르고 거대하게 흐르기 때문에 이에 걸맞는 지구적 공동체 단위의 민주주의가 정립되어야 했던 것이다. 그는 1981년 9월 23일 가족들에게 보내는 옥중서신에서 지구촌 시대, 세계주의 시대를 다음과 같이 내다봤다.

"21세기에는 문자 그대로 지구촌 시대가 올 것입니다. … 인류는 공통의 세계어로 대화하게 될 것이며, 인간의 대량적인 이동이 행해져서 어느 나라든지 각 민족이 혼재하고 국제결혼이 성행할 것입니다. 민족의 특성

---

108) 김대중, 《나의 길 나의 사상》, 397쪽.

은 보존되고 문화는 존중되겠지만, 이기적 민족주의 시대는 가고 세계주의 시대가 올 것입니다."[109]

이러한 측면에서 그는 디지털 시대에서 특별히 각 국가와 민족들의 다양성을 인정하고 함께 공존의 길을 찾는 데 적극적이어야 함을 주창했다. 달리 말해, 각 민족과 국가는 세계·지구공동체 차원에서만 자신들의 이익을 확보할 수 있음을, 그래서 기존의 민족주의 체제를 벗어나 다양성 속의 통일, 경쟁과 협력의 원리에 따른 '보편적 세계주의'를 추구해야 함을 강조했다.

"21세기는 자기 민족만이 잘사는 그러한 이기적인 자세로서는 문제를 해결할 수가 없고 오직 세계와 더불어 한편으로 경쟁하고 한편으로는 협력하는 그런 길로 나가야 한다. 민족주의는 배타성과 이기주의로 인정돼서 매우 어려운 처지에 들어갈 수 있다. 우리는 오히려 민족의 이익을 지키기 위해서도 세계와 하나가 되는 보편적 세계주의를 적극적으로 추구해야 한다. 이렇듯 세계적인 문명사적 변화는 지구공동체를 기반으로 한 보편적 세계주의를 향한 인류의 발걸음을 더욱 재촉하고 있다."[110]

지식정보시대에 자기 민족의 이익을 위해서도 보편적 세계주의를 추구해야 한다는 그의 주장은 진정한 선각자로서 제기한 사상이라고 하겠다.

이 시대에 세계의 사람들은 저마다 가난을 극복하고 다양성을 인

---

109) 김대중, 《옥중서신》, 107-108쪽; 노명환, 〈김대중의 용서·화해 사상과 분단극복·지구평화〉, 박명림외, 《김대중의 사상과 정치. 평화·민주주의·화해·협력》 2, 361쪽에서 재인용.
110) 김대중 전집 I , 제2권, 〈코리아타임스〉 창간 48돌 기념 특별기고, 144쪽.

정받는 가운데 풍요롭고 평화롭게 사는 인권과 민주주의의 지구공동
체를 만들어 가야 했다. 공동체 구성원들이 함께 그 혜택을 누려야
했다. 이러한 측면에서 지식정보사회는 인권과 민주주의를 지구적인
차원에서 발전시킬 수 있는 강력한 동력을 가졌다.

"제3의 물결로 불리는 정보화 혁명은 인류에게 지식기반경제라는 새로운
가능성을 열어주었습니다. 지식과 정보가 부를 창출하는 핵심요소로 등
장한 것입니다. 가난한 나라의 가난한 계층도 컴퓨터를 잘 활용하면 누구
나 새로운 부의 창조에 참여할 수 있게 되었습니다. 이것은 과거 토지와
자본 · 노동력 등 유형적 거대한 자원에 의존했던 산업사회의 한계를 극
복하는 새로운 패러다임입니다. 아울러 시공을 초월한 엄청난 규모의 정
보유통으로 세계화는 더욱 가속화되고 있습니다. …상품과 서비스, 자본
이 국경을 자유롭게 넘나들게 되면서 말 그대로 하나의 지구촌시대가 열
리고 있는 것입니다. …정보화와 세계화의 혜택은 인류 전체가 함께 누려
야 합니다. 모든 국가, 모든 민족의 이해관계와 다양성이 존중되어야 합
니다. …이와 함께 인권과 민주주의가 인류보편의 가치로서 존중되고 실
천되어야 할 것입니다."[111]

그러면서 그는 이렇게 더는 민족이 단위가 아닌 세계가 하나의 단
위가 되는 상황에서 무엇보다도 특히 경제를 더는 민족 단위로 운영
해 갈 수 없음을 강조했다.

"이제 세계는 달라지고 있다. 민족 단위의 경제로는 이러한 세계의 변화

---

[111] 김대중 전집 I, 제7권, 248~249쪽. 이것은 노르웨이 방문 중 〈노벨 평화상 제100주
년 기념 심포지엄〉의 주제발표문으로서 (2001년 12월 6일) "대화와 협력으로 세계
평화를 실현합시다" 영문 원고가 HAN SANG-JIN (edt.), *Asian Tradition and
Cosmopolitan Politics, Dialogue with Kim Dae-Jung*, pp. 253~257.

에 적응해 나갈 수 없다. 그동안 세계는 교통과 통신에 있어서 엄청난 변화를 가져왔다. 무엇보다도 결정적인 것은 정보화시대가 다가온 것이다. 거대한 양의 정보가 순식간에 전 세계로 전파된다. 세계 어느 곳에서든지 세계 모든 나라의 정보를 순식간에 입수할 수 있게 되었다. 민족단위가 아닌 세계가 하나의 단위가 된 시대가 온 것이다."[112]

이러한 관점들을 이미 그가 1980년대 초 감옥에서 앨빈 토플러와 피터 드러커의 저작들을 읽으면서 생각했고 그 이후 일관되게 발전시켰다. 그는 이때 감옥에서 이미 세계를 포괄하는 지식정보화시대의 도래를 알게 되었고 세계의 근본적인 변화를 내다보면서 '보편적 세계주의' 개념을 생각했다. 그가 또 이러한 정보화시대에서 한국을 강국으로 만들 비전을 품은 것도 이러한 보편적 세계주의 틀을 내다보았기 때문이었다. 보편적 세계주의 체계에서 각 국가들은 경쟁과 동시에 협력하면서 살아갈 수밖에 없음을 설파했다.

"우리는 세계 속으로 나가야 하고 세계는 우리 안으로 들어오게 된다. 경쟁과 협력이 같이 이루어지게 된다. 이것은 피할 수 없는 것이고, 이것을 적극적으로 수용해서 실천할 때만이 각 민족은 세계 속에서 뒤처지지 않고 나름대로 생존권을 지키고 발전해 나아갈 수 있는 것이다. 이제 경제적 시장 규모는 민족을 단위로 한 규모로부터 전 세계를 하나의 단위로 한 규모로 확대되었다."[113]

그는 이러한 과정에서 많은 문제가 발생할 것을 직시하고 이에 대한 철저한 대비를 주문했다.

---

112) 김대중 전집Ⅰ, 제2권, 〈코리아타임스〉 창간 48돌 기념 특별기고, 143쪽.
113) 김대중 전집Ⅰ, 제2권, 〈코리아타임스〉 창간 48돌 기념 특별기고, 144쪽.

276

"이러한 과정에서 남북문제, 약소국의 생존권문제, 농업의 파탄문제 등
허다한 문제들이 제기될 것이다."[114]

위의 인용문에서 그는 특히 경쟁과 협력의 동시성을 강조하고 있
는데, 여기에서 경쟁과 협력은 서로 다른 또는 서로 대립하는 것들의
지속적인 상호작용, 상호구성을 의미한다고 할 수 있겠다. 이렇듯
'보편적 세계주의'에 의한 지구촌 공동체는 구성원 간의 끊임없는 상
호작용 및 상호구성, 즉 지속적인 다양성 속의 통일이 이루어지는
과정에 존재한다. 그는 21세기 지식정보사회의 경제와 사회의 변화
상을 다음과 같이 내다보았다.

"21세기의 경제는 정보지식산업이 중심이 되는데 이 정보화시대에서는
컴퓨터 · 신소재 · 반도체 · 비디오텍 그리고 케이블 텔레비전 등이 주종
을 이룬다. 거기에다가 생명공학과 우주항공산업 등의 첨단산업이 큰 몫
을 하게 될 것이다. 봉급생활자들의 집단적인 사무실 근무체제는 축소되
는 반면 정보매체의 도움을 얻어 자택 근무제도가 늘어날 것이다. 공장은
로봇이 주로 작업을 하게 되어 노동자 수는 격감하게 될 것으로 예상된
다. 모든 기업의 경영과 생산 그리고 유통은 정보매체를 통해서 이루어지
게 될 것이 틀림없다. 생산은 소비자의 다양한 기호를 만족시키기 위해서
다품종 소량생산체제가 됨으로써 수 명 또는 수십 명의 단위 기업이 보편
화될 것이다."[115]

그런데 이러한 초연결의 사회에서 지구환경 자체가 인류를 위해

114) 김대중, 《나의 길 나의 사상》, 398쪽. 여기에서 '남북문제'는 세계의 잘 사는 북반구
지역과 못사는 남반구 지역의 격차 문제를 뜻한다.
115) 김대중, 《나의 길 나의 사상》, 398쪽.

하나의 생활권으로 들어왔다. 이러한 시대에 다음 절에서 자세히 설명하듯이 인간만이 아니라 이 지상에 존재하는 모든 동식물과 무생물, 땅과 물과 공기까지도 다 포괄하는 지구민주주의를 실현해 가야 했다.116)

　김대중은 이러한 초연결의 디지털 시대에서 경쟁과 협력, 부분과 전체의 동시성으로 표현되는 '이기주의적利己主義的 이타주의利他主義, 이타주의적利他主義的 이기주의利己主義'의 사유를 담은 '보편적 세계주의' 담론을 제시했다. 이는 자신의 이익을 위해 남의 이익을 배려하고, 남의 이익을 배려함으로써 나의 이익을 도모하는 것을 뜻했다. 이러한 초연결의 지구촌 공동체 사회에서 경쟁은 앞에서 설명한 대로 형제적 경쟁이어야 했다. 이 내용은 본 논문의 현재의 논의 맥락에서 더욱 중요한 것이어서 앞에서 인용한 것을 여기에서 반복한다.

　　"경쟁에는 형제적 경쟁과 적대적 경쟁이 있다. 전자는 경쟁자와 협력하며
　　남을 살리면서 또는 남을 살리기 위해서 경쟁한다. 후자는 고립해서 투쟁하
　　며 남을 파멸시키면서 또는 남을 파멸시키기 위해서 경쟁한다. 전자는 자기
　　와 남을 다같이 성장시키고 후자는 자기와 남을 다 같이 좌절시킨다"117)

　그의 이러한 관점과 논리는 경쟁과 협력의 동시성과 '이기주의적 이타주의, 이타주의적 이기주의' 내용을 대단히 간명하고 적절하게 표현해 주고 있다. 그는 이러한 시대의 국면에서 풍류도와 동학 같은 사상과 전통을 가지고 '신명 나는 민주주의'를 주도해 갈 수 있는 한국이 강력한 경쟁력을 자랑하고 세계적 지도국이 될 수 있음을 확신했다. 디지털 시대 세계를 선도하게 할 수 있는 정치 철학적 비전을

---

116) 김대중 전집Ⅱ, 제16권, 343쪽.
117) 김대중, 《옥중서신》, 388쪽.

품었다. 관련하여 우리는 김대중이 무척 좋아하고 자신의 학문과 사상의 스승으로 생각했던 토인비가 "21세기 세계가 하나 되어 돌아가는 날이 온다면 그 중심은 동북아시아일 것이며 그 핵심 사상은 한국의 홍익인간 사상이 되어야 한다고 확신한다."[118]는 언급을 특별히 음미해 볼 필요가 있다. 이러한 두 사람 사유의 유사성 속에서 또한 김대중이 토인비를 학문·사상의 스승으로 명시한 이유도 확인해 볼 수 있을 것 같다.

'형제적 경쟁', '이기주의적 이타주의, 이타주의적 이기주의'와 같은 내용의 사유는 그가 1990년대 초부터 일관되게 주장해온 신인도주의로서 지구민주주의를 실현하는 구체적 비전이고 방법론이기도 했다. 이러한 초국가적인 세계공동체의 민주주의를 위해 김대중은 서양의 기존 제도와 사상의 바탕 위에서 동서양의 사상들이 적극적으로 상호작용하여 융합·창발하면서 새로운 민주주의를 만들어 가야 한다고 보았다. 지식정보시대는 그렇게 할 수 있는 적기였다.

이러한 맥락의 연장선에서 김대중은 디지털 시대에 '신명 나는 민주주의', 지구민주주의, '보편적 세계주의'를 위해 심오한 철학적 기반을 다져갔다. 예를 들어, 디지털 시대에 김대중이 강조하는 불교의 만유불성萬有佛性 사상은 앞에서 설명한 풍류도와 동학의 접화군생接化群生, 원융무애圓融無礙 사상으로 더 자연스럽게 연계될 수 있었다. 이는 저마다 불성을 가지고 있는 만물이 서로 관계를 맺고, 서로 막힘없이 소통되고, 상호작용·구성하게 되는 것을 의미했다. 이리하여 서로를 위해 귀한 의미가 되어주는 인드라망으로 연결될 수 있었다. 김대중 자신이 원융무애, 접화군생, 인드라망 같은 용어들을 사용하지는 않았지만, 해당하는 내용을 곳곳에서 지속적으로 상세히

---

118) 1973년 1월 1일 토인비의 동아일보와의 인터뷰.

개진하였다. 궁극적으로 그가 설명하는 디지털 시대의 지구민주주의, '보편적 세계주의', 디지털 기술과 대중문화가 결합한 한류의 내용들이 바로 이러했다. 풍류도 및 이들 사상적 개념들은 디지털 시대 초연결 사회를 위한 훌륭한 사상적 기반이 될 수 있었다.

이들 개념은 또한 끊임없이 상호작용하면서 융합·창발하는 것을 뜻하는 동학의 궁궁ㄹㄹ 및 궁을ㄹ乙, 무극대도無極大道 개념들과도 연결되는 사상이었다. 디지털 시대에는, 특히 풍류도·동학에서 말하는 만물이 서로 관계 맺어 사랑하면서 서로를 성숙하게 변화시키고 함께 사는 접화군생接化群生을 매우 뜻깊게 실현할 수 있었다. 이러한 가운데 무위자연無爲自然, 무위이화無爲而化가 본래의 의미를 가지고 작동할 수 있었다. 이러한 디지털 시대의 초연결 사회가 제대로 작동하기 위해서는 유교의 인의예지仁義禮智와 같은 윤리에 기초하여 사람과 사람 사이는 물론 만물들 사이의 신뢰성을 확보할 수 있어야 했다. 이렇게 하여 다음 장에서 설명할 지구민주주의가 온전하게 실현될 수 있는 시대로 자리매김하도록 해야 했다. 디지털 기술과 대중문화가 융합하여 풍류도風流道의 가무강신歌舞降神, 천인합일天人合一의 '신명 나는 민주주의'를 실현할 수 있는 토대도 마련할 수 있어야 했다. 현실적으로 '신명 나는 민주주의'를 실현할 수 있어야 했다. 김대중이 위의 용어들을 하나씩 다 사용한 것은 아니지만 그 내용과 논리에서 심오함과 정치함을 보여주고 있다. 오늘날 디지털 시대는 이른바 4차 산업혁명 시대로 진화해 가고 있으며 서로 다른 데이터들의 지속적인 융합·창발로 대변된다. 이러한 상황에서 위에서 설명한 동양 사상들이 더욱 큰 의미를 갖게 되고 4차 산업혁명의 기본 원리로서의 과학 이론들과 서로 연결되어 전세계적으로 대단히 활발하게 설명·이해되고 있다. 김대중의 동서융합의 민주주의 사상은 앞으로 이러한 상황과 연계되어 연구될 필요성이 더욱 크다.

그런데 우리는 여기에서 여러 의문을 제기할 수 있다. 지식 정보의 많은 자유로운 흐름이 반드시 인간을 위해 좋은 것인가? 진정으로 민주주의의 확산에 도움이 되는가? 오히려 자유를 잃고 일망감시체제의 빅브라더 사회로 변화해 가지는 않겠는가? 많은 사람은 일자리를 잃고, 무력감과 빈곤에 시달리는 그러한 현실이 이어지지 않겠는가? 첨단 기술을 소유한 사람들과 그렇지 못한 사람들 사이에 빈익빈 부익부 현상이 극단적으로 강화될 수 있지 않겠는가? 전염병의 빠른 세계적 확산이 가능한 코로나 상황에서 보았듯이 초연결이 반드시 좋은 것은 아니잖은가? 같은 맥락에서 테러와 같은 무서운 범죄 및 전쟁들이 빠르게 확산될 수 있지 않겠는가? 국가 간 빈익빈 부익부의 현상이 더욱 커지고, 정보화로 개도국의 선진국에 의한 종속화가 더욱 심해지지 않겠는가? 이러한 초연결 속에서 국제적 충돌이 더욱 잦아지고 힘들어질 수 있지 않겠는가? 가짜 뉴스가 난무하고, 자신이 좋아하는 정보만 선택해서 취하는 정보 소통의 고립화가 일어나고, 범죄적 정보 해킹 등으로 말미암아 정보, 특히 사생활의 개인정보에 대한 무자비한 침해가 일상화되지 않겠는가? 그리하여 이른바 말하는 디스토피아가 현실로 나타나지 않겠는가? 이미 이러한 현상들이 우리 사회의 현실에서 심각하게 나타나고 있다.

이러한 비관적인 우려와 현실 비판에 대한 답으로서 김대중은 이러한 도전에 대한 창의적인 응전의 성공 여부는 오롯이 인간에게 달려있다는 점을 강조했다. 그는 앞에서 설명한 낙관주의 관점을 강하게 제시하였는데, 인간이 지식정보사회를 인간에게 유토피아가 되게 하도록 강한 의지력으로 노력할 것임을 전제하고 있었다. 그의 이러한 관점을 우리는 예를 들어, 어떤 사람이 칼로 다른 사람을 해칠 때, 칼의 본질에 문제가 있는 것이 아니라 그것을 사용하는 인간에게 달려있음을 생각해 보면서 이해해 볼 수 있겠다. 그에 따르면 지식정보사회의 기술이 유토피아 사회를 위한 원동력이 되도록 인간이 성숙해져야 했다. 이러한 성숙성을 위해 인간은 수양을 해야 했다. 이렇게 한다면 민주주의가 제대로 실현될 수 있고, 인류의 삶은 풍요로워질 수 있었다. 즉, 김대중은 앞에서 설명한 대로 인간이 수양을 통해 성숙하게 됨으로써 디스토피아가 아닌 유토피아를 만들 수 있다고 생각했다. 이러한 측면에서 수양을 통한 인의예지仁義禮智, 자비慈悲와 같은 아시아의 사상과 전통은 이 시대에 큰 역할을 할 수 있었다. 1981년 9월 청주 감옥에서 가족들에게 보낸 서한에서 그는 다음과 같이 말했다.

> "21세기에는 지금 생각하기 어려운 정치적, 사회적 변화가 올 것 같습니다. 그러나 올더스 헉슬리가 그의 유명한 소설 《아름다운 신세계》에서 그린 것 같은, 인간이 기계 앞에 파멸되고, 노예적 통제사회가 이루어질 가능성은 희박한 것으로 봅니다. 오히려 그보다는 인간이 처음으로 평등한 교육과 경제적 생활, 안정의 조건 속에서 자기의 개성과 자질을 마음껏 발휘하는 대중적 자유와 정의의 시대가 올 가능성이 더 크다고 믿습니다. 그러기 위해서는 물론 우리들의 후손을 위한 노력과 헌신이 필요함은 더 말할 것이 없겠습니다."[119]

김대중에 따르면, 지식정보사회에서 세계가 하나로 연결된다 해도 개인과 각 지역 및 국가문화들은 각별히 존중되어야 했다. 이 세계는 각 개인, 지역 및 국가들이 지속적으로 상호작용하고 상호구성하는 과정에 있었다. 이는 그의 중심 사상인 '모순과 대립 속에 조화 발전하는 변증법적 통일'[120], 다시 말해 '창조적이고 변증법적인 통

---

119) 김대중, 《옥중서신》, 109쪽.
120) 김대중, 《옥중서신》, 33쪽.

일의 철학'121)을 끊임없이 실현하는 것이었다. 앞에서 설명하였듯이 김대중은 이를 위한 원동력을 동양의 사상에서 찾았다. 즉, 김대중에 따르면 인간이 수양하고 노력함으로써 지속적인 융합·창발의 과정을 통해 인간에게 편리하고 풍요롭고 평화로운 세상이 만들어질 수 있다고 보았다. 이미 널리 알려져 있는 바, 김대중 스스로 그 자신의 삶 속에서 수양을 통한 성숙성을 위해 대단히 큰 노력을 기울였다. 그에 따르면 이렇게 초연결되는 세상에서 각 구성원들이 수양을 통해 성숙한 사람이 된다는 것은 우선 전체를 생각할 줄 아는 것, 전체의 관점에서 부분을, 부분들과 전체의 연관성을 이해할 수 있는 능력을 갖게 되는 것을 말했다. 즉, 전체가 망가지면 부분도 망가지는데, 내가 또는 나의 나라가 상대방으로부터 이익을 취한다 하더라도 그것이 전체를 망가뜨리는 데 영향을 미친다면 나도 나의 나라도 모두 망가지게 되었다. 성숙성이란 이러한 것을 깨닫고 이에 따른 실천을 할 수 있는 능력을 의미했다. 김대중은 지식정보시대의 초연결 사회에서 이러한 수양과 성숙은 전체와 부분, 예를 들어 지구와 개별의 나라 및 개인의 생존을 위해 필수라고 생각했다. 지식정보시대의 초연결 사회에서 이러한 논리와 과정을 통해 한반도의 통일도 평화적으로 달성할 수 있을 것으로 생각했다. 무엇보다도 '이기주의적 이타주의, 이타주의적 이기주의' 원리를 깨닫고 실천할 수 있어야 했다.

김대중은 이러한 시대에 무엇보다도 정보 격차의 문제를 해소해야 한다고 생각했다. 이 디지털 시대의 정보 격차 문제는 국가 사회 안에서 그리고 국가 간에 빈부격차를 심화시키고 지구환경을 파괴할 수 있었다.

"오늘날 지식경제 시대에 있어서 국가 간의 정보화 격차는 급격한 소득격

---

121) 김대중, 《옥중서신》, 33쪽.

차를 가져옵니다. 이런 현상을 그대로 방치한다면 개도국과 선진국의 격
차는 더욱 심화될 수밖에 없을 것입니다. 지금 세계 도처에서 일어나고
있는 파괴적인 원리주의나 반세계화 운동의 저변에는 이러한 빈부격차에
대한 분노가 짙게 깔려 있습니다. 또한 정보화 격차는 개도국들의 자기생
존을 위한 난개발을 초래함으로써 전 지구적인 환경파괴도 촉진시키게
됩니다."[122]

   이러한 시대와 세계에 대한 예리한 성찰 속에서 김대중은 대통령
으로서 정보 격차(digital divide) 해소를 위해 다양한 정책을 적극적으
로 펼쳤다. 예를 들어, 국내에서 가정주부, 노인, 장애인, 농촌 및
도서 벽지 주민들, 군인들과 교도소 제소자들에게도 컴퓨터와 인터
넷 교육을 실시하도록 했다. 그리하여 2001년 3월 인터넷교육 이수
자 총 누적 집계 천만 명을 달성하였다.[123] 국제적인 정보 격차 해소
를 위한 해외 지원을 특히, 국제교류협력단 사업을 통해 적극적으로
수행하였다.
   디지털 시대에 대통령으로서 그는 행정의 투명성과 편리성을 확보
하고자 했다. 전자정부 정착을 위해 진력했다. 즉, 그는 지식정보시
대의 초연결 사회에서 전자정부를 완성하여 투명하고 신속한 의사소
통이 가능한 사회 및 참여민주주의를 가능하게 하고자 하였다. 그의
정부는 2001년 1월부터 2002년 11월까지 근 2년 만에 대부분의
행정 절차와 서비스가 디지털로 이루어지는 전자정부를 완성했다.
그 결과 시민들이 디지털로 행정에 적극 참여할 수 있게 되었다. 이
는 디지털 시대의 민주주의를 새로운 차원에서 추진할 수 있는 바탕
이 되었다.

---

122) 김대중 전집Ⅰ, 제7권, 248쪽.
123) 김대중, 《김대중 자서전》2, 442-443쪽.

"내가 그토록 외쳤던 정보 강국, 그 사이버 공간은 어떻게 진화할 것인가. 아마 더 이상 불의를 방치하지 않을 것이라는 생각이 들었다. 구조적 비리나 집단이기주의 같은 사회악은 숨을 곳이 없을 듯싶었다."124)

그는 디지털 시대에 진정한 민주주의를 실현할 수 있다고 확신했는데, 특히 그는 대통령직 퇴임 후 온라인 및 오프라인 조직을 통하여 이루어지는 촛불집회를 보면서 무서운 파급력을 주시했다. 정보통신 기술과 함께 인터넷의 파급효과 속에서 세계적 차원에서 하버마스의 공론장 같은 민의의 장을 그리고 직접민주주의의 가능성을 시민들이 보여주고 있었다. 이를 통해 국제적인 사건은 물론 특정 지역의 현안에도 세계 시민들이 연대하고 각 개인이 영향을 미칠 수 있음을 그는 확인했다.

"나는 '대~한민국'을 외치며 붉은 악마들이 포효하던 길거리와 광장에서 촛불시위가 벌어지고 있는 것을 예사롭지 않게 바라보았다. 인터넷에서 '촛불을 들자'고 하면 삽시간에 광장을 촛불로 덮고, 그 불길은 전국으로 번져 나갔다. 앞으로는 여론이 인터넷에서 형성될 것이라 보였다. 어떤 사건이나 의견에 대한 댓글은 참으로 묘했다. 짧은 글 하나의 위력은 대단했다. 하나의 사건이 나라 간의 갈등으로 번질 수 있다는 것을 보여주었다. …한미 사이에 '불평등'을 사르겠다는 촛불시위는 직간접적으로 제16대 대통령 선거에도 많은 영향을 미쳤다."125)

디지털 시대에 세계 · 지구적 차원에서 접화군생接化群生이 대단히 효율적으로 실현될 수 있었다.

---

124) 김대중, 《김대중 자서전》2, 495쪽.
125) 김대중, 《김대중 자서전》2, 495쪽.

 김대중은 특히, 지식정보사회에서 아테네 직접민주정치 같은 것
도 가능할 수 있음을 확인했고, 자신이 실현한 관련 정책들을 회고하
면서 자부심도 가졌다. 앞에서 보았듯이 그가 비판했던 루소의 비현
실적 직접민주정치가 이 시대에 와서는 제대로 실현되는 것인지도
모를 일이었다.

> "촛불시위가 예사롭지 않았다. 인터넷과 휴대전화의 문자 메시지를 통한
> 직접민주주의는 아테네 광장에서 있었던 직접민주주의 이래 인류 역사상
> 처음일 것이다. 참으로 놀라운 우리 국민의 지혜와 힘이었다. 그 기반은
> 국민의 정부가 심혈을 기울여 이룩한 정보화사회였다."[126)

 이는 디지털 시대에 구성원들이 주체적으로 상호작용하고 참여하
면서 이러한 직접민주주의를 세계적 차원에서 실현해 갈 수 있음을
또한 의미했다. 즉, 국내적 국제적 차원에서 시민사회 정치, 참여민
주주의가 가능할 수 있었다.

> "인터넷이나 문자 메시지에 아이디어나 의견을 올리면 순식간에 전국에
> 퍼지고 사이버 공간에서 토론을 거쳐 광장으로 나왔다. 그리고 집회가
> 끝나면 각자 돌아갔다. 행사는 유쾌한 문화 행사가 주류였다. 과거의 대
> 중 집회와 달리 주최자도 기획자도 없었다. 선전도 동원도 하지 않았다.
> 물론 돈도 들지 않았다. 그런데도 대중적 파급력은 엄청났다."[127)

 김대중 정부는 디지털 시대에 발맞추어 대중문화를 세계적 차원에
서 활성화하고 문화산업으로 육성하고자 하였다. 세계적 차원에서

126) 김대중, 《김대중 자서전》2, 571-572쪽.
127) 김대중, 《김대중 자서전》2, 571-572쪽.

'신명 나는 민주주의'를 실천하고자 했다. 한국인들의 분단의 한을 신명으로 풀고자 했다. 디지털 기술과 대중문화가 융합하여 풍류도風流道의 가무강신歌舞降神, 천인합일天人合一의 '신명 나는 민주주의'를 실현하고자 했다. 이러한 관점에서 그는 남북관계를 개선하면서 통제의 명분이었던 분단 상황을 창의적 문화예술의 원동력으로 승화시키는 적극적인 노력을 기울였다. 이렇게 하여 민주화를 더욱 가속화했고 문화예술계에서 분단 주제의 타부를 제거했다. 그 결과 국민들은 분단의 아픔 속에서 그동안 축적해왔던 수없이 복잡다기하고 굴곡진 다양한 감정과 이에 대한 표현 방식들을 신명으로 발산하기 시작했다. 문화·예술가들은 자유로운 새로운 의식 속에서 분단의 경험과 그 구조를 읽고 창작하기 시작했다. 2000년에 첫 상영된 〈공동경비구역〉 같은 영화가 그 대표적인 것이었다

〈공동경비구역〉 영화와 방송 드라마 〈대장금〉의 스타였던 이영애는 2014년 10월 24일 홍콩 《밍바오明報》와의 인터뷰에서 "민주화가 한국의 성세盛世를 만들었다. 한국은 1998년부터 민주화가 시작돼 금기를 타파하고, 창조력을 발휘할 수 있어 한류가 발전할 수 있었다."128)고 말했다. 김대중 자신도 한류의 한 원인으로서 이러한 한국의 현대사 속에서 이루어진 처절한 민주화 투쟁과 쟁취의 역사를 들었다. "우리의 힘으로 얻어낸 민주주의에서 새로운 창의력이 나온 겁니다."129) 이는 그의 중심 사상인 '모순과 대립 속에 조화 발전하는 변증법적 통일'130), 다시 말해 '창조적이고 변증법적인 통일의 철학'131)을 끊임없이 실현하는 것이었다.

---

128) 강준만, 《한류의 역사. 왜 사람들은 BTS와 〈기생충〉에 열광하는가?》, 476쪽에서 재인용.
129) 김대중의 언론 인터뷰 중에서. 김흥균, 한기흥, 《김대중, 희망을 위한 여정》, (서울: 도서출판 고즈윈 2006), 127쪽에서 재인용.
130) 김대중, 《옥중서신》, 33쪽.

그는 체육 관광 등의 분야도 디지털 기술과 연결하여 세계적으로
발전시키고, 세계인들과의 교류와 상호작용 및 상호 이해를 넓히고
자 하였다. 디지털 시대에 이것이 한국이 가야 할 길이었다.

> "민족 국가라는 개념이 차츰 쇠퇴해 가고 전 세계가 하나가 되어 가는
> 마당에 우리의 문화가 매몰되지 않고 살아남으려면 세계성을 가져야 한
> 다. 그래야 세계를 이끌고 나가는 중심 국가가 될 수 있다. …문화가 경제
> 발전에서 제 몫을 하려면 주체성 있는 세계문화를 창조해야 한다. 우리는
> 개성 있고 예술성 높은 우리의 전통적인 민중문화의 가치를 바르게 인식하
> 고 이를 세계로 진출시키는 동시에 세계의 우수한 문화를 과감하게 받아들
> 여 우리 것과 접목, 한국적인 세계문화를 만들어 가야할 것이다."132)

그는 이렇게 디지털 시대의 세계문화 융합을 강조하는 동시에 또
한 디지털 기술과 연결하여 지구환경 보존의 길을 찾았다. 즉, 디지
털 시대에 지구환경 보호도 새롭게 획기적인 차원으로 수행할 수 있
다고 생각했다. 이러한 그의 사유와 정책들은 디지털 시대에 가능한
'신명 나는 민주주의', 지구민주주의를 실현하고자 하는 노력의 일환
이었다.

4. 동서 융합의 민주주의와 지구민주주의 · 보편적 세계주의

앞에서 보았듯이 김대중은 서양에서 시작된 민주주의 사상과 제도
가 동양의 사상들과 융합하여 온전한 민주주의 사상과 제도로 재정

---

131) 김대중, 《옥중서신》, 33쪽.
132) 김대중, 《DJ의 문화 · 역사 에세이, 이경규에서 스필버그까지》, 253-254쪽.

립되면서 지구민주주의를 실현해야 함을 역설했다. 그는 서양이 그동안 이루어 온 것을 배척하지 않고 비판적으로 계승하면서 동양의 사상들과 융합시켜 변증법적 통합을 이루어가야 함을 강조했다. 그렇게 하여 지구민주주의, 또한 동시에 '보편적 세계주의'를 실현해가야 했다. 지구민주주의는 신인도주의를 실현하기 위한 것으로 김대중은 다음과 같이 설명했다.

> "자기 국민국가 안에서의 자유와 정의의 실현뿐만 아니라, 지역 연방 안에서의 자유와 정의도 실현되고, 세계적으로도 실현되어야 합니다. 그리고 그것은 인간만을 위해서만 아니라 이 지상에 있는 모든 존재, 꼭 동식물만이 아니라 땅과 물과 공기까지도 다 인도주의적 입장에서 생각하고 존중하는 새로운 인도주의의 실현이 될 것입니다. 나는 영국 케임브리지에서 당대의 석학인 앤서니 기든스와 이야기하면서 이러한 나의 견해를 '지구적 민주주의(global democracy)'라는 표현을 써서 설명한 적이 있습니다."[133]

인도주의가 인간을 중심에 두고 인간에 대한 주체성과 함께 타자에 대한 배타성을 갖는 사상이라고 한다면, 그의 신인도주의는 이 배타성을 극복하고 진정한 공존을 실현하는 것이었다.[134]

앞 절에서 소개한 것처럼 그는 '보편적 세계주의'에 대해서는 1998년 11월 〈코리아타임스〉 기고문을 통해서 설명하였는데, 이기적인 민족주의에 대한 철저한 반성과 지구공동체를 기반으로 한 세계주의의 필요성을 강조하였다. 그의 지구민주주의와 보편적 세계주의를 연결하여 볼 때, 그가 보편적 세계주의에 기반한 지구공동체를

---

133) 김대중집 II, 제16권, 343쪽.
134) 김대중집 II, 제16권, 344–347쪽.

이루는 것을 목표로 하고 있음을 알 수 있다. 그의 판단에 따르면 세계는 이미 그러한 방향을 진행해 가고 있었다.

"지금 각국의 경제가 한 국민국가의 틀을 벗어나서 EC같이 자국 주변의 대지역으로 나갈 뿐 아니라, 다국적기업·범국적기업 같이 모든 것을 세계 규모에서 계획하고 집행하고 있습니다. 거기다 교통과 통신이 순식간에 전 세계에 연결이 되어 있습니다. 공해가 서로 공동대처를 안 하면 안 되게 되고, 지구의 문제를 공동대처 안 하면 인류 전체가 파멸합니다. 그리고 소외된 사람들, 소외된 민족, 소외된 지역의 문제를 해결하지 않으면 원리주의가 대두되어서, 종교적 원리주의, 민족적 원리주의 등이 이 세계를 혼란과 분규로 몰고 갑니다."135)

필자가 보기에 서양과 동양의 변증법적 통합의 정점에 김대중의 지구민주주의, '보편적 세계주의' 개념이 자리했다.

"기원전 5세기 이래 인류는 일련의 사상혁명을 경험하였다. 중국, 인도, 그리스, 이스라엘의 사상가들이 위대한 사상의 혁명을 주도하였는데 우리는 아직도 그들의 심오한 사상의 영향 아래 살고 있다. 특히 지난 수백 년간 인류는 그리스와 기독교 사상의 지배적 영향하에 있었다. 그러나 이제는 인류가 중국과 인도 등의 아시아의 사상에서 새로운 정신혁명의 원천을 찾아야 할 것이다. 우리는 모든 인간이 자기발전의 권리를 보장받을 뿐만 아니라 모든 생물과 무생물까지도 건전한 존재의 권리가 보장되는 새로운 민주주의를 실현하기 위해 노력할 필요가 있다."136)

---

135) 김대중 전집Ⅱ, 제16권, 342쪽.
136) 김대중 전집Ⅱ, 제17권, 〈문화란 운명인가?(Is Culture Destiny?)〉, 653-660쪽, 659쪽.

우리는 이러한 내용을 김대중의 1997년 9월 26일 서울대학교 강연에서도 확인할 수 있다.[137] 이와 관련하여《김대중의 생각》저자 홍을표의 다음과 같은 요약·정리는 매우 흥미롭다.

> "이러한 디제이 생각의 핵심을 요약하면, '동아시아에도 민주주의와 인권을 존중하는 문화적, 철학적 전통이 풍부하게 존재하고, 그것을 바탕으로 서구의 민주주의가 지닌 모순적인 모습들(후진국에 대한 침략, 자연의 파괴 등)을 극복하는 지구적 민주주의를 이룩할 수 있다'는 것으로 요약된다."[138]

그런데 홍을표의 위의 글을 위해 참고자료로 작용하기도 한 당시 강의를 들었던 한 학생인 김형중의 리포트 내용은 크게 주목할 부분을 담고 있다. 김형중은 강의 내용과《포린 어페어스》에 기고된 김대중 글을 비교 분석하면서 "그의 주장의 핵심은 민주주의와 인권을 존중하는 기본적인 생각과 문화적, 철학적 전통은 유럽과 동아시아는 물론 어느 민족, 어느 나라에도 존재한다는 것으로 보아야 할 것 같다."[139]고 했다. 계속해서 김형중은 다음과 같이 서술했다.

> "즉 그의 주장의 무게중심은 동아시아에도 이러이러한 전통이 있다는 것이 아니다. 오히려 그의 주장의 핵심은 세계 어느 민족, 어느 나라에도 민주주의와 인권을 존중하는 전통이 있고, 따라서 민주주의와 인권은 어느 문화의 어느 한 특징만을 과장, 왜곡하여 부정할 수 있는 것이 아닌, 보편적이고 당위적인 것이라는 쪽으로 이해할 수 있다."[140]

---

137) 한상진 편, 《김대중 서울대 강의와 인권논쟁. 동양의 눈으로 세계를 향하여》, 23-43쪽.
138) 홍을표, 《김대중의 생각》, 14쪽.
139) 김형중, 〈자연관으로 본 DJ의 민주주의와 인권사상〉, 한상진 편, 《김대중 서울대 강의와 인권논쟁. 동양의 눈으로 세계를 향하여》, 118쪽.
140) 김형중, 〈자연관으로 본 DJ의 민주주의와 인권사상〉, 118쪽.

필자가 본 논문의 '들어가기'에서 강조하였듯이 김대중이 말하는 서양과 동양은 세계 전체를 뜻하고, 동아시아에 집중된 그의 언급은 서양, 즉 유럽과 미국이 아닌 각 지역을 예시하는 것으로 보아야 할 것이다.

그러면서 필자가 보기에 김대중의 지구민주주의와 '보편적 세계주의'의 사유 방식은 민주주의에 대한 사회적 단위의 확대 과정의 변증법을 담고 있었다. 이는 앞에서 보았듯이 풍류도와 동학에서 끊임없이 변증법적 융합의 확대 과정이 이루어진 것과 유사했다. '나'를 포함하며 '우리' 내부를 나타내는 '안'과 '나'를 포함하지 않고 '우리' 외부를 나타내는 '밖'이 따로 구별되어 고정되어 있지 않았다. 끊임없이 '안'과 '밖'이 상호작용하여 함께 '안'으로 되어 갔다. 즉, 지속적으로 '너'와 '내'가 상호작용하여 '우리'가 되는 과정에 있었다. 위와 같은 김대중의 사상은 앞에서 설명한 동학의 궁궁ㄹㄹ 사상과 매우 유사하다.

필자가 보기에 김대중은 대한민국 국민 한 사람 한 사람이 상호작용하면서 '우리' 되어 가는 대한민국의 민주주의, 남과 북이 상호작용하면서 '우리' 되어 가는 한반도의 민주주의, 아시아의 제 국민이 상호작용하면서 '우리' 되어 가는 아시아의 민주주의, '우리' 되어가는 세계 시민을 단위로 하는 세계민주주의, 인간과 자연이 상호작용하면서 조화를 이루고 '우리' 되어가는 지구민주주의로 민주주의 단위가 끊임없이 확대되어 가는 것을 상정했다. 지구민주주의는 이러한 사회적 정체성 단위의 확대 과정으로서 한 단계였다. 김대중의 이러한 논리에 따르면, 지구민주주의는 다시 '우주민주주의' 등으로 계속해서 확대될 수 있는 것이었다. 이렇듯 민주주의는 끊임없이 '모순과 대립 속에 조화 발전하는 변증법적 통일'141), 다시 말해 '창조적이고 변증법적인 통일의 철학'142)이 이루어지는 과정 중에 있었다.

그런데 그의 지구민주주의는 이러한 과정의 한 단계만이 아니라 지구 자체 차원의 생존 문제, 즉 환경 문제에 대한 절박한 의식에서 시작되는 측면이 또한 컸다. 지구가 더 이상 유지되기 어려울 만큼 위험한 상황에 처해 있어서 지구구성원들은 각성하고 지구를 살려야 하는데, 지구민주주의는 그 한 방법이었다. 김대중은 새로운 의식으로 자연까지도 지구구성원으로 받아들여, 인간과 자연이 상호작용하면서 지구 차원의 민주주의를 시행하자고 주창했다. 이렇게 하여 지구를 살리고 온전한 민주주의를 실현하자는 제안을 했다. 또한 동시에 그는 이러한 지구적 차원의 공동의 위기의식 속에서 위에서 언급한 민주주의의 각 단계에서 여러 구성원들 사이의 상호작용과 '우리' 되는 과정이 더 실효성 있게 가능하게 되고, 온전한 지구민주주의가 실현될 수 있다고 보았다.

그러면 김대중의 정치적 강령으로서 신인도주의에 기반한 지구민주주의에 대한 생각은 어떻게 발전한 것일까? 첫째, 그의 지구 위기에 대한 진단과 해결 방법을 살펴보자. 필자가 지금까지 찾은 김대중의 지구환경의 위기에 대한 공식적인 발언은 평민당 총재로서다. 그는 1990년 12월 21일 "90년대 환경정책과 평민당의 입장"이라는 주제로 발표를 하고 언론 인터뷰를 하였는데, 이러한 지점이 1992년 대통령 선거를 위한 정치적 강령으로서의 신인도주의를 정립해 가는 시작점이었을 것으로 생각된다.

"인류 역사를 보더라도 이 환경문제가 얼마나 무서운가를 알 수 있습니다. 이 지구가 생겨서 46억 년, 지금의 생물이 바다에서부터 시작되었는데 36억 년 되었습니다. 그동안에 지구환경 변화로 말미암아 몇 번이고

---

141) 김대중, 《옥중서신》, 33쪽.
142) 김대중, 《옥중서신》, 33쪽.

생물이 전멸하고 다시 나오고 이런 상태였습니다. (…) 이렇게 해서 환경의 힘, 기후 혹은 생태계 등 이러한 것들의 변화가 얼마나 무섭다는 것을 알 수 있는데, 지금 20세기의 종반 마지막 단계에 있는 우리에게 바로 그러한 옛날의 시대, 몇백만 년 혹은 10억 년 전후 시대의 일이 남의 일이 아니라고 생각됩니다. 이것은 일반 사람들, 저같은 아마추어들이 그냥 느끼는 느낌이 아니고 환경문제의 전문적인 대가들, 세계적인 과학자들이 거듭 이것을 경고하고 있습니다. 이대로 잘못 가면 지구는 파멸한다. 보다시피 지금 겨울의 기온이 따뜻해지고 지구전체가 따뜻한 방향으로 변화된 것을 몸소 느끼고 있습니다. 오존층 파괴라든가 해양 혹은 사막이 확대되어 가는 것을 눈으로 보고 있습니다.

우리가 볼 때 한반도는 지금 38선 또는 휴전선으로 45년 동안 나라가 두 동강이 되어 있습니다. 그러나 환경문제는 휴전선도 없고 38선도 없습니다. 공기는 자유롭게 이동하고 있고, 물도 높은 데서 낮은 데로 남북의 경계없이 흐르고 있고, 바닷물도 흐르고 있습니다. 공기오염, 바다오염, 강물오염, 이것이 남쪽, 북쪽을 다 같이 망치는 그러한 상황을 우리에게 보여주고 있습니다. 중국 해안 지대에서 일어난 대기 오염이 지금 바람에 날려서 우리나라에 와 가지고 산성비를 내리고 있습니다. 그래서 우리나라에서 동아시아 지역의 환경 회의를 열자는 이러한 말도 나오고 있는 실정입니다.”[143]

　　이러한 고민의 연장선상에서 그는 1992년 대통령 선거에서 신인도주의를 제창하였는데, 국민국가 안에서는 물론 제3세계를 포함한 전 세계에서 자유와 정의 실현, 그리고 “이 지구상에 있는 들짐승·날짐승·물고기·공기·물·흙·나무와 들판에 나라나는 풀에 이르

---

143) 김대중 전집Ⅱ, 제14권, 616~618쪽.

기까지 모든 존재의 생존권을 사랑과 속죄의 심정으로 보장할 것"144)을 제시했다.

대선에서 패했지만 그는 지속적으로 이 신인도주의에 기반한 지구 민주주의 문제를 고민했다. 앞에서 언급한 것처럼 그는 1993년 케임 브리지대학교에서 머물면서 더욱 깊이 사유하고 그곳의 석학들과 토론했다. 귀국 후 1993년 11월 어느 한 대담에서는 지구환경의 위기에 대해 아래와 같이 말했다.

> "환경은 날로 오염되어서 물을 마음 놓고 먹을 수 있습니까, 공기를 마음 놓고 마실 수 있습니까? 지금 우리가 들을 귀를 가지고 듣고, 보는 눈을 가지고 보면 사람뿐 아니라 이 나라 산천초목, 짐승, 물고기, 전부가 숨 막혀서 못 살겠다고, 아파서 못 살겠다고 아우성치는 소리가 우리에게 들려옵니다. 이렇게 생명들이 짓밟히고 있습니다."145)

그는 이러한 내용을 여러 곳에서 열정적으로 토로하였다.146)

김대중은 이러한 지구환경 파괴의 주범으로서 근대 시기의 세계를 이끌어온 서양 사상의 한계성을 다음과 같이 지적하면서 비판했다.

> "근대 민주사회에서 사람은 인간의 존엄성은 생각했지만 우리의 어머니 인 이 지구에 함께 생존하는 자연의 모든 생물과 존재들에 대해서는 그 권리를 전혀 인정하지 않았다. 그들은 자연을 파괴하고 자연을 수탈하는 깃 등을 인간의 당연한 권리로 생각해 왔다. 그들은 창세기에 하나님이 인간을 만드시고 자기가 창조한 만물을 다스리라고 한 것을 그들의 건전

---

144) 김대중, 《나의 길 나의 사상》, 407쪽.
145) 김대중 전집 II, 제15권, 216쪽.
146) 예를 들어, 1997년 9월 26일 서울대 강의에서, 한상진 편, 《김대중 서울대 강의와 인권논쟁. 동양의 눈으로 세계를 향하여》, 41쪽.

한 생존과 발전을 위한 책임의 부과로 생각지 않고 만물을 인간이 멋대로
처리해도 좋다는 것으로 오만된 사고방식을 가졌던 것이다. 물론 요즘
환경 문제가 인간의 안전과 존립에 중대한 위협이 되니까 환경보존을 들
고 나오지만, 근대에는 기본적으로 자연 자체를 생각하는 철학이 미약했
다고 본다."147)

유사한 비판을 다른 곳에서 다음과 같이 더 구체적으로 제기하고,
성서 내용을 정확히 해석할 것과 관련하여 동양사상을 대안으로 제
시했다.

"오늘의 산업 사회가 자연에 대해서 잘못을 범한 것은 성서에 대한 편협
한 해석 때문이었습니다. 하느님이 세상을 창조하시고 인간에게 '다스리
라'고 말씀하신 것을 인간이 자연을 마음대로 짓밟고 착취해도 된다고
해석하여 자연을 훼손하고 파괴하게 된 것이지요. 그러나 하느님께서 자
연을 '다스리라'고 말씀하신 것은 '자연을 잘 가꾸고 보살피면서 같이 잘
사는 방향으로 활용하라'는 것으로 해석해야 할 것입니다. 그래야 하느님
이 창조하신 만물이 제대로 본질을 발휘할 수 있을 것이며, 하느님의 사
랑이 보편적으로 실현될 수 있을 것입니다. 나무는 나무대로, 새는 새대
로 본성을 잘 발휘할 수 있게 해야지요. 그런 의미에서 불교에서 말하고
있는 만유불성의 사상은 참으로 배울 점이 많이 있습니다."148)

이러한 맥락에서 볼 때, 김대중의 지구민주주의, '보편적 세계주
의' 사상과 비전은 서구의 민주주의 사상의 기초가 되는 이분법을
비판하면서 동양의 변증법의 가치를 강조하는 것이었다. 이는 또한

---

147) 김대중, 《나의 길 나의 사상》, 406-407쪽.
148) 김대중 전집Ⅱ, 제16권, 337쪽.

서양과 동양의 사상 간에 융합의 필요성을 역설하는 것이기도 했다. 왜냐하면 그가 보기에 지구환경 문제의 근원은 서양의 이분법적인 사고에 있었기 때문이었다. 서양의 이분법은 사안을 명료하게 구분 짓고 제도화하기에 편리했으며, 일반적인 사람의 심성에 맞았다. 그러나 그 인식과 가치 실현에서 한계성이 컸다. 서양 이분법의 가장 큰 문제점은 타자화, 적대화를 통해 부분으로서 '우리'의 정체성을 확대 · 재생산하는 메커니즘에 있었다. 그리하여 민족주의와 제국주의의 문제, 전쟁의 문제, 제국주의 수탈의 문제, 자연 파괴의 문제를 야기했다.

김대중이 보기에 서양 사상에서는 부분과 부분 그리고 부분과 전체가 이분법적으로 파악된다. 인간과 인간 사이, 인간 사회와 인간 사회 사이, 인간과 자연 사이에 이분법이 작용한다. 이와 달리 동양 사상에서는 변증법에 기초하고 있다. 부분과 부분, 부분과 전체 사이 변증법의 상호작용이 이루어진다. 즉, 전체는 부분들 사이의, 부분과 전체 사이의 지속적인 상호작용의 연속선상에 있다. 또한 거꾸로 부분과 부분, 부분과 전체 사이의 지속적인 상호작용은 전체를 보는 관점에서 가능하게 된다. 부분을 파악해야 전체를 알 수 있고, 전체를 파악해야 부분을 알 수 있다. 부분이 건강해야 전체가 건강하며, 전체가 건강해야 부분이 건강할 수 있다. 김대중은 이러한 이치를 자주 나무와 숲의 관계로 설명하였다. 그리하여 김대중은 이러한 지구환경의 위기를 아래와 같은 동양사상과의 융합을 통해 극복하고 지구민주주의를 이루어 갈 것을 제안했다.

"아시아 문화는 자연과 인간을 분리할 수 없는 하나로 파악하는 특징이 있다. 서로 아끼고 같이 살아가야 할 동반자로 생각을 했다. 자연을 공경하고 자연을 어머니 같이 생각하면서 아끼고 보호해 왔다. 노자 · 장자의 가르침은 이러한 점에 있어서 특히 두드러진다. 부처님은 자연과 인간의 구별조차 하지 않았다. 자연 속에 생존하는 모든 존재들 속에서도 불성을 인정한 것이다."[149]

그는 동시에 여러 곳에서 유교의 인仁과 불교의 자비慈悲 정신과 도덕적 규범이 민주주의 발전의 정신적 원천이 될 수 있음을 표명하였다.[150] 관련하여 이해할 수 있는 것으로서 김대중은 지구민주주의를 아래와 같이 정의했다.

"지구적 민주주의는 우리가 서로를 존중해 주는 것이 자연을 존중해 주는 것과 연관된다는 사실을 인식할 것이며, 후세대의 이익을 위한 정책을 추구해 나갈 것이다. 오늘날 우리는 모든 동식물에 파괴의 위기를 가져다 주었고 환경의 존속 자체를 위협하고 있다. 우리의 민주주의는 하늘과 땅과 그 안에 있는 모든 것들을 참다운 형제애로 감싼다는 의미의 지구적인 민주주의가 되어야 한다."[151]

이처럼 그에 따르면 동양의 변증법은 상호작용, 상호구성의 총체적 과정을 전제했다. 전체적인 인식과 실천을 가능하게 해준다. 그러나 이를 실천하는 데서 인仁과 자비慈悲와 같은 더 높은 차원의 수양과 성숙성을 필요로 한다. 지구민주주의는 구성원들에게 이러한 과정과 능력을 요구한다. 이러한 수양의 과정과 성숙성은 궁극적으로 '너'와 '내'가 '우리' 되는 지속적인 과정을 가능하게 해준다. 민주주의는 이러한 새로운 의식 속에서 새로운 방향으로 재정립되어야 했다.

149) 김대중, 《나의 길 나의 사상》, 407쪽.
150) 김대중, 《나의 길 나의 사상》, 406쪽.
151) 김대중 전집Ⅱ, 제17권, 659쪽.

"자연 그 자체를 우리의 어머니요, 형제요, 분신으로 생각하는 마음이 없이는 오늘의 이 상태에서 자연과 화해하고 자연과 더불어 번영해 나갈 수 없다. 인간을 위한 환경보존이 아니라 우리는 자연의 공생과 공영을 추구해야 한다. 이러한 정신적 일대 혁명을 수반하는 민주주의는 수천 년 내 모든 천하를 구별 없이 포용해 왔지만 자연과 일체 속에 살아온 사상적 토양을 가진 아시아에서 창조되고 재정립되어야 한다고 나는 생각한다."[152]

이러한 김대중의 사상을 우리는 앞에서 논의한 접화군생接化群生, 원융무애圓融無礙, 궁궁ㄹㄹ 및 궁을ㄹ乙의 관점에서 이해할 필요가 큰 것이다.

그런데 여기에서 우리는 이러한 신인도주의, 지구민주주의 사상을 실현하는 것이 현실적으로 가능한가? 실현 불가능한 어떤 이상주의 도덕은 아닌가? 하는 의문을 제기할 수 있다. 이에 대해 김대중은 지구의 생명력을 보존하자는 뜻임을 설명하면서, 신인도주의에 기반한 지구민주주의가 추상적인 도덕적 이상주의가 아님을 강조했다. 그는 인간이 자신들을 위해 자연을 이용하고 동식물을 얼마든지 섭생할 수 있는데, 자연의 생명력 균형을 유지시켜야 한다는 점을 설파했다.

"사람이 먹고 살자면 동식물을 잡아먹어야 하고, 집을 짓자면 나무를 베어야 합니다. 그래서 과연 인간이 참으로 인간 아닌 다른 존재를 절대적인 의미에서 위할 수 있느냐 하는 근본적인 문제가 있습니다.

나는 이러한 문제가 신인도주의의 정신을 공허한 것으로 만들지는 않는다고 생각합니다. 자연도 생물체들을 죽입니다. 지진도 나고 폭풍이 일기도 합니다. 동물들도 서로 잡아먹고 풀도 뜯어 먹습니다. 자연도 어떤

---

152) 김대중, 《나의 길 나의 사상》, 407–408쪽.

의미에서는 자연을 파괴하는 것이지요. 그렇다고 해서 우리는 정말로 자연의 공존 체계가 깨어진다고는 보지 않습니다. 하느님이 주신 자연의 모습은 넘치는 생명력입니다. 자연은 이 생명력을 균형 있게 유지하는 방향으로 늘 움직이고 있는 것입니다. 그런데 인간이 자기들만의 이기적인 목적으로 이 공존 체계의 균형을 파괴하면서 다른 생명체들의 존재를 파괴합니다.

개발하지 않을 수 없고 경제성장을 하지 않을 수 없습니다. 그러나 인간은 그것도 자연의 생명력을 손상하지 않는 방식으로 해야 합니다. …이것은 동시에 인류의 종말을 피하는 노력이기도 합니다."153) 이러한 자연의 생명력 존중이라는 측면에서 우리는 그의 다음과 같은 말도 이해할 수 있어야 하겠다. "'보호'란 것은 말이 안 되는 소리입니다. 자연도 우리와 똑같이 생존의 권리를 갖고 있습니다. 따라서 이것을 존중해야지요."154)

이러한 관점의 맥락에서 보면, 지구민주주의가 정치한 현실적 이론임을 우리는 인정할 수 있겠다. 이렇게 자연이 스스로의 생명력을 균형 있게 유지하도록 하기 위해서는 인간이 지구 전체의 본질을 파악할 수 있어야 하고, 또한 자기들만의 이기심을 극복할 수 있도록 수양해야 했다. 무엇보다도 지구가 파괴되면 내가 생존할 수 없다는 인식과 의식을 전 세계인이 공유할 수 있어야 한다. 여기에서 세계인은 공동의 지구 보존 의식을 가질 수 있게 된다고 보았다. 이것이 또한 세계인들을 설득할 수 있는 근거였다. 김대중은 지구민주주의가 실현될 것이라는데 낙관적이었다. 그것은 인간의 합리성에 대한 믿음에 기인했다.

---

153) 김대중 전집Ⅱ, 제16권, 344-345쪽.
154) 한상진 편, 《김대중 서울대 강의와 인권논쟁. 동양의 눈으로 세계를 향하여》, 42쪽.

"인간은 영악한 동물이어서 꾸준히 계몽을 하면 결국에 가서는 이 점을 깨닫게 되고 자연의 생명력을 균형 있게 보존하는 방식으로 행동하게 될 것이라는 것이 제 생각입니다."[155]

이러한 전체와 부분의 관계에 대한 인간의 합리성은 앞에서 설명한 것처럼 동양 사상과 그에 따른 수양을 통해 성숙성에 도달하면서 획득될 수 있었다.

이러한 김대중의 지구민주주의를 앞 절들에서 설명한 한국 고유의 사상·문화의 전통에 의거해서 보면, 풍류도의 가무강신歌舞降神, 동학의 시천주侍天主 사상이 보여주는 천인합일天人合一, 달리 말해 천지인天地人 삼재三才의 조화 개념과 유사성을 보인다. 같은 맥락에서 무위자연無爲自然, 무위이화無爲而化, 접화군생接化群生 같은 개념과 실제들이 공동으로 자리할 수 있음을 알 수 있다. 여기서 무위자연無爲自然은 자연에 대해 아무것도 하지 않는 것을 의미하는 것이 아니라, 자연의 생명력을 균형 있게 유지하게 하는 것을 말한다. 이를 통해 접화군생이 가능해진다. 이러한 측면에서 그의 지구민주주의는 그의 '신명 나는 민주주의' 개념 및 실제와 유사하다고 볼 수 있다. 이는 우리가 김대중의 '신명 나는 민주주의', 지구민주주의, '보편적 세계주의'를 풍류도와 동학의 전통 속에서 더 정확하고 풍부하게 분석하고 이해할 수 있음을 의미한다.

김대중은 이러한 사상과 정책을 실현하기 위해 앞 절에서 설명한 디지털 민주주의의 유효성에 대해 깊은 생각을 했고, 이를 실현하기 위해 그는 대통령 재임 시기 이른바 'IMF 위기'의 상황에서도 IT정책을 그렇게 치열하게 펼쳐나갔던 것으로 볼 수 있다. 그리하여 디지털

---

155) 김대중 전집 Ⅱ, 제16권, 345쪽.

시대의 민주주의를 대중문화와 연결하면서 풍류도와 동학의 전통 속에서 볼 수 있는 바와 같은 지속적으로 '너'와 '내'가 '우리'되는 접화군생의 한류Korean Wave 현상을 만들어 내는 데도 크게 기여하였다. 이처럼 '신명 나는 민주주의'로서 대중문화 및 문화산업 정책을 열정적으로 추진했던 것도 지구민주주의와 '보편적 세계주의'의 맥락에서 조명할 수 있겠다.

맺음말

　본 고에서 보았듯이 김대중에 따르면, 만물의 서로 다른 것들은 지속적으로 새로운 것들을 만들어 내기 위해 서로 필수적으로 필요한 관계 맺기와 상호작용의 과정 속에 존재한다. 따라서 서로 다른 것들이 적대 관계와 전쟁으로 귀결되게 해서는 안 되고, 끊임없이 풍요롭게 새로운 것들을 만들어 내게 해야 한다. 이것이 정치의 예술이고, 이를 위해 민주주의의 역할이 필요하다.

　김대중에 따르면 민주주의는 서양의 사회계약론에 기초한 합리성, 법제도 등의 기초위에서 시작되었다. 이는 그동안 여러 장단점을 보여주었다. 이제 여기에 동양의 민주주의 사상과 전통을 융합하여, '신명 나는 민주주의', '보편적 세계주의', 지구민주주의와 같은 인류를 위한 새로운 차원의 민주주의를 실현해 가야 한다. 이러한 관점으로 우리는 김대중의 동서융합의 민주주의 사상과 정책들을 확실하게 이해할 수 있어야 하겠다. 그런데 여기에서 우리가 논한 동양과 서양은 같은 전체, 즉 예를 들어 세계, 지구, 우주에 속하는 서로 다른 부분이면서 하나의 같은 구성체로서 전체 속의 한 부분이다. 자연과 인간의 관계가 그렇다. 그것은 서로 다른 것이면서 같은 것이다. 이렇게 서로 같은 것이면서 또한 다른 것들로서의 만물들은 끊임없이 상호작용한다. 그러면서 전체를 이루어가고, 이 부분들과 전체는 끊임없이 상호작용하면서 지속적인 변화의 과정 가운데 존재한다. 이것이 우주의 질서다.

이러한 맥락에서 필자는 김대중의 햇볕정책도 단순히 그의 대통령 재임시에 추구된 남북화해 · 통일 정책이 아니라, 오랜 생애 동안 정립해온 사상, 특히 이러한 '신명 나는 민주주의', 지구민주주의, '보편적 세계주의' 차원에서 분석하고 이해할 필요성을 제기한다. 햇볕정책은 대단히 효율적인 공론장을 형성하면서 지구 전체에 대한 위기의식 또는 공동의 이익에 대한 비전을 공유하고, 이를 통해 국내, 남북, 국제 차원의 정치와 사회의 각 부분을 설득하여 점차적으로 확대되는 분단극복 · 세계평화 · 지구민주주의 실현 전략이었다. 또한 동시에 거꾸로의 방향으로 진행되는 지구민주주의 · 세계평화 · 분단극복의 방법이었다. 그에 따르면, 디지털 시대는 이 전략과 방법을 실현할 적기였다.

이 논문이 쓰이고 있는 시점에서 하마스 무장세력의 테러에 의해 촉발되어 이스라엘의 보복과 함께 현재 진행되고 있는 이스라엘 · 팔레스타인 분쟁의 해결책도 접화군생接化群生, 원융무애圓融無礙 같은 개념의 사상에 기초를 두고 있는 김대중의 햇볕정책, '신명 나는 민주주의', 지구민주주의, '보편적 세계주의' 같은 사유에서 찾을 수 있다고 생각된다. 만물의 서로 다른 것들은 지속적으로 새로운 것들을 만들어 가기 위해 서로를 필수적으로 필요로 하며 관계 맺기와 상호작용을 해야 함을 직시해야 한다.[156] 이러한 부분과 부분, 부분과

---

156) 필자는 이러한 측면에서 헌팅턴(Samuel Huntington)의 '기독교 세계와 이슬람 세계 간 문명충돌론'을 비판하면서 동아시아의 음양오행이기(陰陽五行理氣)의 성리학 개념에 의거한 상호 인정과 지속적인 상호 작용 및 변화 · 생성속의 공존 필요성을 제기한 바 있다. Meung-Hoan Noh, "Eine kritische Betrachtung über S.

전체의 상관 관계를 그가 자주 나무와 숲의 관계로 설명하였던 점을
상기해 보자.

이러한 김대중의 사상에 따르면, 엄정한 보복으로만 문제를 해결
할 수가 없다. 보복은 보복의 악순환으로 이어가기에, 한풀이는 보복
이 아닌 신명과 용서로 이루어야 한다. '신명 나는 민주주의'가 필요
하다. 지구 차원에서 서로 다른 것을 인정하고 다양성의 상호작용
속에서 끊임 없이 풍요롭게 새로운 것들을 만들어 내게 해야 한다.
'보편적 세계주의', 지구민주주의가 필요하다. 이것이 김대중 용서
철학의 핵심이다.[157] 그는 자주 비폭력 저항 투쟁의 전략적 가치를
강조했다. 무차별 테러가 저항의 수단이 될 수 없음을, 야만적인 범
죄 행위임을 상기하자. 테러에 대한 전쟁의 명분으로 무고한 시민에
게 쉴새 없이 폭탄을 쏟아붓는 반인륜적인 범죄 행위를 멈춰야 한다.

지구 평화와 상생을 위해 우리 인간은 지속적인 수양을 통해 성숙
성을 길러가야 한다. 김대중은 평화를 위해 유네스코 헌장의 내용을
인용하면서 우리의 마음을 닦아야 할 이유를 다음과 같이 강조했다.

> "유네스코헌장의 전문에 '전쟁은 인간의 마음에서 시작한다.'고 했습니
> 다. 우리 모두 마음속에 있는 전쟁의 문화를 씻어 냅시다. 그리고 그 자리
> 에 대화와 협력의 문화를 심읍시다."[158]

9 · 11테러 이후 그는 다음과 같이 말했다.

Huntingtons These: 'Zivilisationskollision' aus der Sicht von Sunglihak", Peter Nitschke (Hg.), *Der Prozess der Zivilisationen: 20 Jahre nach Huntington, Analyse für das 21 Jahrhundert*, (Berlin: Frank & Timme 2014), 241–251쪽.

157) 노명환, 〈김대중의 용서 · 화해 사상과 분단극복 · 지구평화〉, 박명림외, 《김대중의 사상과 정치. 평화 · 민주주의 · 화해 · 협력》 2, 329–344쪽.

158) 김대중 전집 I , 제7권, 250쪽.

"우리는 이러한 비겁하고 잔인한 반문명적 테러행위를 근절시켜야 합니다. 그러나 당면해서 테러세력을 응징하는 동시에 장기적으로는 그 뿌리를 다스려야 합니다. 빈부격차의 문제야말로 종교·문화·인종·이념 갈등의 저변을 차지하고 있습니다. 정보화와 세계화의 혜택은 인류 전체가 함께 누려야 합니다. 모든 국가, 모든 민족의 이해관계와 다양성이 존중되어야 합니다. 가난하고 고통받는 나라의 사람들이 언제까지나 참기를 기다려서는 안 됩니다."159)

테러 문제의 뿌리를 다스리기 위해서 '너'와 '내'가 '우리' 되는 접화군생接化群生, 원융무애圓融無礙, 궁궁弓弓 및 궁을弓乙의 '보편적 세계주의', 지구민주주의를 실현해야 한다.

따라서 당연히 김대중의 동서융합의 민주주의 사상에는 이슬람 세계의 민주주의 사상과 전통들이 세계의 다른 모든 것들과 함께 당연히 변증법적으로 포괄되어야 한다. 민주주의는 끊임없이 '모순과 대립 속에 조화 발전하는 변증법적 통일'160), 다시 말해 '창조적이고 변증법적인 통일의 철학'161)을 실현하는 과정에 존재한다. 한반도의 남북관계 및 한일관계도 이러한 과정에 존재해야 한다. 김대중의 민주주의 사상 유산과 함께 진정으로 세계·지구를 위해 실현되는 '신명 나는 민주주의'와 '보편적 세계주의', 지구민주주의를 기대해 본다. 오늘의 4차 산업혁명 시기가 이를 위한 적기가 되도록 우리 모두가 수양을 통한 성숙성을 갖추어 가야겠다.

---

159) 김대중 전집 I, 제7권, 247쪽.
160) 김대중, 《옥중서신》, 33쪽.
161) 김대중, 《옥중서신》, 33쪽.

【참고문헌】

[김대중 문헌]

김대중, 《김대중 자서전》1, (서울: 도서출판 삼인 2010).

김대중, 《김대중 자서전》2, (서울: 도서출판 삼인 2010).

김대중, 《나의 길 나의 사상》, (서울: 한길사 1994),

김대중, 《옥중서신》, (서울: 한울 2000).

김대중, 《DJ의 문화·역사 에세이. 이경규에서 스필버그까지》, (서울: 조선일보사 1997).

연세대학교 김대중도서관 편, 김대중 전집 I, (연세대학교 대학출판문화원 2015)

연세대학교 김대중도서관 편, 김대중 전집 II, (연세대학교 대학출판문화원 2019)

한상진 편, 《김대중 서울대 강의와 인권논쟁. 동양의 눈으로 세계를 향하여》, (서울:나남출판사 1998).

Han, Sang-Jin (edt.), *Asian Tradition and Cosmopolitan Politics. Dialogue with Kim Dae-Jung* (Lexington Books 2018).

[국문문헌]

김홍균, 한기홍, 《김대중, 희망을 위한 여정》, (서울: 도서출판 고즈원 2006).

박명림외, 《김대중의 사상과 정치. 평화·민주주의·화해·협력》 2, (서울: 연세대학교 출판문화원 2023)

유동식, 《韓國宗敎와 基督敎》, (서울: 대한기독교서회 1965).

유동식, 《風流道와 한국의 종교사상》, (서울: 연세대학교 출판부 1997).

유동식, 《풍류도와 예술신학》, (서울: 한들출판사 2006).

최영성, 《고운사상의 맥》, (서울: 심산 2008).

홍을표, 《공자인가, 존 로크인가 김대중의 생각》, (서울: 들녘 1999).

황태연, 《유교적 근대의 일반이론》, 上, (서울: 한국문화사 2023).

김남희, 〈천도교 영성의 드러남과 나눔, 덕(德)과 동덕(同德): 천도교 영성
　　교육의 회복을 위하여〉, 《신학과 철학》 제24호 (2014),
　　165-167쪽.

김성동, 〈떼이야르 드 샤르댕에서의 인간의 문제〉, 《철학탐구》 29 (2010),
　　31-61쪽.

김용환, 〈동학 무극대도에 나타난 공공작용 연구〉, 《동학학보》 23집(2011),
　　203-230쪽.

노명환, 〈한류를 위한 김대중의 기여와 미완의 김대중 사상 정책의 완성을
　　위한 한류의 의미와 역할: 민주주의 평화 상생 한반도의 분단극복과
　　세계시민주의를 위하여〉, 《역사문화연구》 제83집(2022.08),
　　171-235쪽.

노명환, 〈김대중의 용서 · 화해 사상과 분단극복 · 지구평화〉, 박명림외,
　　《김대중의 사상과 정치. 평화 · 민주주의 · 화해 · 협력》 2, (서울:
　　연세대학교 출판문화원 2023), 321-376쪽.

박세준, 〈수운 최제우와 근대성〉, 《한국학논집》 제73집 (2018). 103-128쪽.

신운용, 〈최치원 사상의 종착점과 '풍류'의 발현〉, 《仙道文化》
　　제14권(2013.2), 177 - 217쪽.

최영성, 〈최치원의 풍류사상 이해와 그 기반 - 진흥왕순수비 및 《주역》
　　觀卦 · 巽卦와 관련하여〉, 《한국철학논집》 40호(2014), 7-32쪽.

최영성, 〈한국사상의 원형과 특징 - 풍류사상, 민족종교와 관련하여〉,
　　《한국철학논집》 55호(2017), 9-14쪽.

[영문문헌]

Noh, Meung-Hoan, "Eine kritische Betrachtung über S. Huntingtons
　　These: 'Zivilisationskollision' aus der Sicht von Sunglihak",
　　Peter Nitschke (Hg.), *Der Prozess der Zivilisationen: 20
　　Jahre nach Huntington, Analyse für das 21 Jahrhundert*,
　　(Berlin: Frank & Timme 2014), pp. 241-251.

V 김대중 평화사상의 형성과 실천

김귀옥 (한성대 소양·핵심교양학부 교수)

들어가기

2000년 12월 10일, 김대중 전 대통령(이하 김대중)은 한국인 최초의 노벨 평화상을 수상했다. 그러나 2000년 10월, 당시 제1야당인 한나라당은 노벨 평화상 로비설을 흘리기 시작하여, 모함과 훼방을 하려는 듯한 부끄러운 일이 있었다. 급기야 이명박 정부 당시 국가정보원은 김대중 노벨 평화상 취소 소동[1])까지 벌이기도 했다. 또한 동아일보의 한 주필은 "너무나 투쟁적이고 갈등 지향적이어서 노벨 평화상 정신과는 거리가 먼 인물이 아닌지 의심을 불러일으킨다"[2]) 는 칼럼을 작성하여 반김대중 정서를 부추겼다.

김대중 노벨 평화상 수상에 결정적인 역할을 한 것은 2000년 6·15남북공동선언이었음은 두말할 나위가 없다. 노벨 평화상과 김대중의 '평화' 이미지와 관련지어 보면, '김대중'에게는 긍정적 이미지 또는 부정적 이미지가 공존하고 있는 듯하다. 1971년 대통령 후보 당시부터 김대중과 관련된 대표적인 이미지나 선입견, 즉 빨갱이, 과격분자, 권위주의자, 투쟁지향적 인물 등과 같은 부정적인 이미지가 있었던 게 사실이다. 1997년 12월, 그가 대통령으로 당선되었을 때 많은 사람은 환호했겠지만, 적지 않은 사람들은 정권 교체에 대해 비관적이었을 것이다. 그러나 또 어떤 사람들에게 그는 포용적이고 온건한 태도와 정책으로 화합과 협력의 정치를 했던 것으로 기억될 것이다.[3]) 김대중에게 평화는 어떤 의미이고, 그의 평화 개념은 정치

---

1) 이명박 정부 당시 국가정보원(당시 원장 원세훈)이 김대중 전 대통령의 노벨 평화상 취소 공작을 벌이면서 보수단체 간부에게 수상 취소 청원서를 보낼 노벨위원회 주소까지 알려주는 등과 같은 공작 계획이 수립되었음이 2017년 밝혀지게 되었다. 연합뉴스 편집국, 〈DJ 노벨상 취소 청원〉 보낼 주소까지 일러준 MB국정원(종합)〉《연합뉴스》, 2017년 10월 21일.
2) 배인준, 〈반MB가 오뉴월에 MB를 도왔다〉, 《동아일보》, 2009년 7월 1일.
3) 한상진, 〈내가 본 인간 김대중과 그 사상〉《21세기와 한민족》(서울: 돌베개, 2004),

적 수사어인가, 아니면 평화사상으로 내재화된 것일까?

돌아보면, 평화는 모든 사람이 갈망하는 욕망이자, 이상이라고 할 수 있다. 그런데 평화의 정의는 십인십색이다. 한 연구에 따르면 2000년 이래로 발표된 영문 논문 제목에 포함된 평화라는 말에는 40여 개의 서로 다른 정의가 내포되어 있다.4) 그런데도 20세기 한국의 평화 담론은 취약하기 짝이 없었다. 일제 강점기, 분단과 전쟁, 그리고 70년의 정전체제 속에서 한국 정치권은 평화를 국방력과 유사한 개념으로 사용했다. 2023년 제97주년 국군의 날 기념식에서 대통령은 "강한 국군, 튼튼한 안보, 힘에 의한 평화"와 "강한 군대가 진정한 평화를 보장"함을 역설했다5). 즉 압도적 힘에 의한 평화(peace keeping)로서의 국력이 강조되었다. 이러한 인식은 일제 강점기 대동아공영권과 평화6)를 등치시켰던 인식과도 연속선상에 있을 정도로 정치가들은 종종 압도적인 무력이나 전쟁을 정당화할 때 평화를 사용하기도 한다.

1945년 유엔이 창설된 후, 유엔헌장에서 침략전쟁과 대비되는 독립권 또는 자위권을 지키기 위한 조치로서 인정된 정의의 전쟁(Jus ad bellum; just war)은 폭력과 윤리와 관련된 논쟁을 남기게 되었다. 서구의 68혁명 당시 국가폭력에 대항한 저항폭력과 테러의 정당성을 둘러싼 논쟁은 최근까지도 계속되고 있다.7) 반면 한국에서는

339쪽.

4) 홍용표, 〈평화문화와 지속가능한 평화: 한국에서의 의미와 과제〉, 《문화와 정치》 제5권 2호 (2018), 6쪽.

5) 매일신문 편집국, 〈윤 "적에 두려움 주는 강한 군대 만들겠다" 힘이 진짜 평화 실현〉, 《매일신문》, 2023년 9월 27일.

6) 마쓰오카 요스케(松岡洋右) 외상, 〈동조인 우방과 제휴, 대동아공영권확립〉《조선일보》 1940년 8월 20일. 당시 일제의 마쓰오카 요스케 외상은 "대동아공영권을 확립"하고자 하는 것은 "내종(乃終)에 힘차게 황도를 선포하여 공정한 세계평화의 수립에 공헌하는 도정에 올르는[오르는] 소이(所以)"라고 설명했다.

7) 정대성, 〈독일 68운동의 비판과 반(反)비판 –폭력문제를 중심으로–〉《서양사론》제

2000년대 들어 독립운동8)이나 4·3항쟁, 민주화운동9)을 비롯한 민중의 저항폭력10)의 폭력성 문제에 대해 성찰하기 시작했다. 그러나 20세기 한국에서는 이러한 폭력이나 전쟁 문제에 대해서 이념적으로 접근했을 뿐, 논쟁하고 성찰하지 못해왔다. 2000년대 한국 사회에서 평화/폭력 논의에는 평화학 주창자인 요한 갈퉁의 적극적 평화론의 영향력을 빼고 얘기할 수 없을 것이다. 그는 평화를 단순히 '전쟁 없는 상태'를 의미하는 소극적 평화(negative peace)만이 아니라, 폭력을 넘어 불의, 불평등, 차별과 편견을 지양하는 적극적 평화론을 주창하여 평화 문제를 확장해 왔다.11) 특히 평화적 수단에 의해 평화의 목표를 실현하는 것은 과거 힘 또는 폭력에 의한 평화론을 전환하는 데 중요한 영향력을 끼쳤다.

대부분의 사람은 시대와 문화로부터 자유롭지 않다. 김대중이 정치인으로 첫 발걸음을 뗀 한국전쟁 직후의 1950년대나 40대 기수론을 들고 제7대 대통령 후보로 나왔던 1970년대에도 성숙한 평화/폭력을 둘러싼 고찰은 없었다. 그러한 척박한 시기 김대중은 평화사상의 실체는 무엇이고 어떻게 만들어진 것일까? 그간 김대중의 평화사상은 통일사상 또는 평화통일방안, 대북정책 등의 맥락에서 이해되어 왔다.12) 물론 1971년 대통령 후보 당시의 통일방안의 제안이

138호, (2018), 194쪽.

8) 김용훈, 〈안중근 의사의 저격 행위에 대한 소고―테러리즘에 대한 분석 및 법적 평가를 겸하여〉《법학논고》, 제74호, (2018), 107~137쪽.

9) 이동윤·박준식, 〈민주화과정에서 저항폭력의 정당성―5.18 광주 시민군의 무장투쟁을 중심으로―〉《민주주의와 인권》, 제8권 1호, (2008), 19~49쪽.

10) 임미리, 〈한국 대중시위에서 폭력의 수용과 배제〉《담론201》, 한국사회역사학회, 제26권 2호 (2023), 65~98쪽.

11) Galtung, Johan 저, 강종일 외 역, 《평화적 수단에 의한 평화》 (서울: 들녘, 2000), 18쪽.

12) 이런 관점에서 연구된 업적들을 정리해 보면 다음과 같다. 최용섭, 〈김대중 정부의 대북 화해협력정책에 대한 평가〉《한국동북아논총》 제25호, 2002; 정경환, 〈김대중 정부의 대북정책 평가와 향후 과제〉《통일전략》 제2권 2호, 2002; 박성희·김창숙,

나 2000년 6·15남북정상회담은 한반도 현대사에서 획기적임에 틀림없다. 그러나 그의 사상과 정치 철학을 통일방안으로만 국한하기에는 좁은 것이라고 본다. 김대중의 사상을 담을 그릇으로서 평화사상을 제안하며, 김대중의 평화사상이 어떻게 만들어지고 실천되었는가를 재구성해 보고자 한다.

이제 본격적으로 이 글에서는 우선 김대중의 평화주의 사상은 어떻게 만들어졌는가를 살펴볼 것이다. 다음으로 김대중의 대표적인 정치적 트레이드마크이다시피 했던 평화통일론의 방점이 통일론에서 평화론으로 옮겨가게 된 과정을 살펴보고자 한다. 다음으로 김대중의 정치인생과 함께 했던 호남에 대한 지역차별주의 문제를 살펴보면서 차별이라는 폭력을 평화로 극복하는 모습을 살펴볼 것이다. 이제 마지막으로 사회구조적 폭력으로서의 계급적 차별과 성차별 문제에 대한 관심과 지향과 함께 평화운동을 위한 주체로서의 시민사회 형성에서 김대중의 역할을 간략하게 살펴보고자 한다.

1. 김대중의 평화주의 사상의 형성 과정

2000년대 초반까지만 해도 평화학은 새롭거나 통일론의 부수적인 존재였다. 그러나 2020년 즈음하여 평화가 대세를 이루며 평화학에 대한 관심이 높아져 있다. 평화에 대한 관심을 확산시키는 데에는

〈'통일' 수사학의 현실과 이상: 김대중 전 대통령 베를린 연설과 박근혜 대통령 드레스덴 연설의 수사학 상황 및 의미 분석〉《수사학 21》제21집, 2014; 김학재, 〈김대중의 통일·평화사상〉《통일과 평화》9집 2호, 2017; 최정준, 〈대북 포용정책이 국방정책에 미친 영향 분석: 김대중 정부의 햇볕정책을 중심으로〉《사회과학연구》58집 2호, 2019. 필자의 관점에서 가장 가까운 글은 김학재의 〈김대중의 통일·평화사상〉이지만, 필자는 평화적 관점에서 김대중의 사상과 실천을 재구성하려 한다는 점에서 차이가 있다.

김대중, 노무현 두 전임 대통령의 대북 화해협력방안이나 특히 김대중의 햇볕정책, 최근 문재인 대통령의 한반도 평화·번영방안이 중요한 역할을 했다.

그런 과정에 갈퉁(J. Galtung)의 평화와 폭력이 국내에도 널리 소개되기 시작했다. 갈퉁은 평화와 반대되는 개념인 폭력으로서 전쟁이 직접적 폭력이라면 계급차별, 정치적 억압, 인종차별, 성차별, 문맹, 기아 등은 구조적 폭력, 그러한 폭력을 정당화하는 문화적 폭력으로 구분했다. 평화의 개념으로는 전쟁이 없다는 의미의 평화가 '소극적 평화(negative peace)'라면, 모든 폭력의 부재 상태를 '적극적 평화(positive peace)'라고 보았다.[13] 개념적으로 평화와 폭력을 구분했으나, 모든 추상 수준의 개념에는 보편성과 특수성이 있다. 주관적 평화가 아니라면 평화라는 보편성은 시대나 사회, 문화마다 특수한 모습을 띠게 되어 있다. 세계적인 평화주의자로 존경을 받는 간디나 톨스토이 역시 시대와 나라는 다르지만 한 국가의 민주주의, 인권, 독립, 평화의 가치에서 나아가 인류의 평화를 위해 헌신했다.[14] 이제 과연 김대중의 평화주의 사상은 무엇이며 어떻게 만들어졌는가를 살펴보도록 한다.

1998년 김대중이 대통령으로 선출되기 전까지 오랫동안 그에게는 용공 과격분자라는 낙인이 찍혀 있었다.[15] 2000년 6·15 당시 국정원장이자 2001 통일부 장관에 이어 대통령 외교안보통일 특별보좌역을 역임했던 임동원조차도 1994년 김대중이 아시아태평양평화재단 사무총장으로 임동원을 영입코자 비서실장 정동채를 보냈으

13) Johan Galtung 저, 강종일 외 역, 《평화적 수단에 의한 평화》(서울: 들녘, 2000), 18쪽.
14) 박홍규, 《함석헌과 간디: 평화를 향한 같고도 다른 길》(서울: 들녘, 2015).
15) 이희호, 《이희호 자서전 동행》(서울: 웅진지식하우스, 2008), 154쪽.

나, 임동원은 김대중이 빨갱이, 과격분자, 거짓말쟁이라는 선입견을 떠올려 제안을 거절했다는 얘기는 세간에 유명하다.[16] 용공 과격분자로 오랫동안 인식되어온 김대중은 어떻게 평화주의자의 삶을 살았는가?

시몬느 드 보부아르(Simone de Beauvoir)는 "여성은 태어나는 것이 아니라 여성으로 만들어진다"라는 말했다. 이 말을 좀 더 깊이 성찰하면 여성만이 아니라 모든 인간은 태어날 뿐만 아니라 만들어지는 것이다. 즉 인간은 태생적으로 획득된 자연 그 자체가 아니라, 주변 사회환경과 사회관계에 깊은 영향을 받으면서 자라게 된다. 또한 인간은 사회관계에 반응하는 조건이나 개별적 성향에 따라 크고 작은 차이를 형성하게 된다.

김대중 역시 태어날 때부터 평화주의자였다고 보기는 힘들 것이다. 김대중이 수감 중 막내 아들 홍걸(21대 무소속 국회의원)에게 보냈던 옥중서신(1980년 12월 7일자)을 잠시 살펴보자.

> 사랑하는 홍걸아! 아버지는 누구도 원망하지 않고 누구도 미워하지 않는다. 아버지가 이런 마음의 변화를 갖게 된 것은 지난번 3년의 감옥 생활 당시에 하느님의 가르침에 대한 많은 책을 읽고 예수님의 말씀과 행동을 묵상하여 내 것으로 받아들이는 가운데 내가 참으로 예수님의 제자가 되려면 그 길밖에 없다는 것을 깨달았기 때문이다. 그뿐 아니라 아버지는 나 자신이 일생 동안 저지른 잘못 그리고 품었던 사악한 마음을 남은 몰라도 스스로는 알고 있다. 그러한 나의 죄를 스크린에 비치듯이 주님 앞에서 하나하나 열거해갈 때 과연 내가 누구를 심판하며 누구를 단죄할 수 있겠는가 하는 것을 뼈저리게 느끼는 것이다. 우리는 우리가 죄인이기 때문에 남을, 원수조차 용서해야 한다.

---

16) 《경향신문》 2020년 5월 30일.

용서는 하느님 앞에 가장 강한 사람만이 할 수 있으며 용서는 모든 사람과의 평화와 화해의 길이기 때문에 기쁜 마음으로 해야 한다. 예수님이 십자가에 못 박히면서 자기를 처형한 사람들을 용서하신 것을 우리는 헛되어 해서는 안 된다. 용서를 위해서는 상대방의 입장에 한번 서서 이해해보는 것이 아주 효과적인 방법일 수 있다. 나는 네가 일생 동안 남을 이해하고 용서하고 사랑하는 생활을 하려고 노력한다면 반드시 너의 장래는(물질적으로나 사회적 지위와 명성으로는 어떠한 처지에 있건) 결코 후회 없는 평화와 기쁨의 일생을 보낼 수 있으리라고 확신한다. 아버지는 이러한 일을 너무 늦게 깨달은 것을 한스럽게 생각한다.17)

투옥 중인 그는 수시로 아내인 이희호 여사(이하 이희호로 칭함)와 일상적인 대화의 글이나 정치 활동과 관련된 메시지를 주고받았다. 편지 가운데 아들들, 조카들, 며느리, 손주에게도 격려를 보내거나 미안함과 감사의 인사를 하기도 하고, 부모이자 선배로서의 덕담과 조언을 아끼지 않았다. 어린 막내아들에게 보낸 글에서도 아버지의 자식 사랑이 짙게 배어 있었다. 때로는 좋은 책을 안내하거나 세상을 보는 관점이나 태도를 얘기하는 멘토이기도 하고, 때로는 인생을 먼저 살아온 선배처럼 편하게 말하기도 한다. 편지 곳곳에서, 그는 갖은 시국사건으로 고통을 겪고 있어서, 사춘기 아들에게 아버지로서 역할을 제대로 할 수 없음에 대해 죄책감과 사랑을 표했다. 자신의 고백적인 표현처럼 원래 평화주의자는 아니었을지 모르지만, 그는 정치적 시련 속에서 예수와 기독교에 대한 믿음을 키웠다. 또한 그는 독서와 사색을 통해 역사와 사상을 포함한 다방면의 공부를 거치면서 용서와 평화, 화해의 가치를 신념화하게 된 것으로 보인다. 물론

---

17) 김대중, 《옥중서신1》(서울: 시대의 창, 2009), 174~175쪽.

기독교 신심이 깊은 여성운동가이자 지성적인 지식인이고 낙천적이면서도 당찬 아내였던 이희호와의 깊은 신뢰와 사랑과 존경[18]이 김대중의 인격을 보다 더 성숙하도록 도와주며 평화주의자가 되게 하는 데 결정적인 역할을 했던 것으로 짐작할 수 있다.

김대중은 1973년 김대중납치사건, 1976년 '3·1민주구국선언'을 주도한 혐의로 긴급조치 9호에 최종 5년형, 병원 및 가택 연금 등으로 수난의 청·장년기를 겪었다. 1980년, 너무도 짧았던 '서울의 봄'과 '김대중내란음모사건'[19]이라는 초대형 조작사건으로 그는 사형선고를 받았다. 그 후 미국 망명(사실상의 추방) 생활과 귀국 후 거듭되는 가택 연금, 1987년 6월항쟁과 정치적 해금과 사면 복권, 1987년 제13대 대통령 선거 낙선, 1992년 제14대 대통령 선거 낙선과 정계 은퇴 선언과 같은 넘어도 넘어도 끝이 없을 것 같은 지리산 능선을 그는 인동초처럼 뚜벅뚜벅 넘어갔다. 그는 감옥에서나 가택의 연금 생활에서 시간을 헛되이 보내지 않으려 했다. 성경 공부부터, 토인비의《역사의 연구》외 동서양 역사책, 칸트의《실천이성 비판》, 갈브레이드의《불확실성의 시대》와《경제학과 공공목적》, 솔제니친의《암병동(영문)》[20] 등이나 국제 뉴스를 놓치지 않고 따라가기 위해《코리아 타임즈》나 Time, Newsweek를 비롯한 국내외 신문 등도 쉬지 않고 읽었다. 수감 중에 그가 가족들에게 영치하도록 주문을 했던 옥중 독서 목록 중 하나인 〈표 1〉을 보자.

18) 이희호,《이희호 자서전 동행》, 390~391쪽.
19) 1980년 5월 17일, 그해 4월부터 시작된 민주화운동이 5월 중순이 되어 전국으로 확산되자 전두환 신군부정권은 비상계엄을 선포하면서 김대중 등을 체포 구속하여 '김대중내란음모사건'을 조작하였다. 9월 17일 고등군법회의는 그에게 사형 선고를 했고, 12월 4일 대법원에서 사형을 확정했다. 사형 확정 선고를 당하여 아들에게 이러한 평화주의적 편지를 썼다는 것만으로도 평범한 사람으로서는 생각하기 어려운 일이라 할 수 있다.
20) 이희호,《이희호 자서전 동행》, 197쪽.

〈표 1〉 김대중의 옥중 독서 목록의 사례(1981. 03. 19)

1) 월터 닉, ≪프리드리히 니이체≫(분도출판사)
2) 월터 닉, ≪도스토예프스키≫(")
3) 월터 닉, ≪위대한 성인들≫(")
4) 니체, ≪짜라투스트라는 이렇게 말했다≫(문예출판)
5) B. 레설, 최민홍 역, ≪서양철학사≫ 상·하(")
6) 마루야마, ≪일본의 현대사상≫(종로서적 출판부)
7) 존 힉, ≪종교철학≫(")
8) 최명관 역, ≪플라톤의 대화≫(")
9) 지베스, ≪과학정신과 기독교신앙≫(")
10) W. 리프만, ≪민주주의의 몰락과 재건≫(대한기독교서회)
11) 진단학회, ≪한국사≫(제7권, 을유문화사)
12) ≪일본문화의 원류로서의 비교 한국문화≫(삼성)
13) 버클리, ≪바울로의 인간과 사상≫(기독교문화)
14) 로빈슨, ≪신에게 솔직히≫(대한기독교서회)
15) 코헨, ≪만인의 탈무드≫(")
16) 노만 제이콥스, ≪대중시대의 문화와 예술≫(")
17) 버논, ≪다국적 기업≫(현암사)
18) 변형윤, ≪한국경제의 진단과 반성≫(지식산업)
19) 임종철, ≪국제경제론≫(일신사)
20) 토인비, 강기철 역 ≪도설, 역사의 연구≫(")
21) ≪신전략 사상사≫(기린원)
22) E. 카잔, ≪아메리카 아메리카≫
23) 유동식, ≪한국종교와 기독교≫

문학부문
1) 도스토예프스키, ≪백치≫≪악령≫≪미성년≫
2) 톨스토이, ≪부활≫
3) 고골리, ≪죽은 넋≫
4) 까뮈, ≪이방인≫(신문출판사)
5) 디킨스, ≪크리스마스캐롤≫(")
6) S. 모옴, ≪인간의 굴레≫(")
7) 파스테르나크, ≪의사 지바고≫(")
8) 까뮈, ≪시지프스의 신화≫(왕문사)
9) 니체, ≪인간적인 너무나 인간적인≫(인문출판사)
10) 司馬遼太郎(시바 료타로), ≪德川家康≫상·하(")

* 출처: 김대중, 《옥중서신1》, 205~206쪽.

　김대중의 박학다식함이 평소의 꾸준한 독서 생활에서 나왔다는 것은 정평 난 사실이다. 감옥도 인동초의 꿈을 꺾을 수 없었다. 열악한 감옥 속에서 그는 성실한 독서 생활을 통하여 인동초에 자양분을 제공했다. 또한 그가 감옥에서 이희호에게 지속적으로 부탁했던 비밀 물품에는 볼펜, 연필, 글을 쓸 수 있는 작은 못이 있었다. 일제 강점기로부터 한국의 구금 시국사범에게는 볼펜 등 필기도구 소지가 불가사항[21]으로 되어 있었기 때문이다. 김대중은 수감생활에서 비밀리에 반입된 못을 포함한 필기도구로 편지는 말할 것도 없고, 적지 않은 분량의 보고서를 작성했다. 성경 공부, 국내와 세계 정세, 운동 방향과 전략 · 전술, 신앙고백, 회고록, 독서 메모 등의 내용이 관제 엽서에 깨알같이 쓰여 있거나 과자 종이나 껌 종이에 못으로 눌러져 기록되었다.

　열악한 감옥 생활과 가택 연금, 해외 생활 중에서 독서와 사색, 글쓰기, 강연 및 인터뷰 등으로 그의 평화와 통일의 관점은 좀 더 풍부해지고 현실화하여 갔다.

　1978년 8월 29일[22] 그는 이희호를 통해 정치적 동지들에게 전달하는 박정희 독재정권에 대한 저항 운동 지침을 담은 옥중서신에 평화적 운동 방식을 명확히 하고 있다.

　　⑤ 결론의 (가) 상대의 약점을 찔러야 함

　　　ⓐ 무슨 사건에서 상대가 선별적으로 구속하지 못하도록 참가자 전원이

---

21) 《경향신문》 1991년 2월 23일.

22) 1976년 3월 1일, 김대중은 윤보선, 정일형, 함석헌, 문익환, 김지하 등 재야 민주화운동 지도자들과 '3 · 1 구국선언'을 주도한 혐의로 긴급조치 9호에 의해 구속되어 1심에서 징역 8년형 선고를 받고, 1977년 3월 23일에는 대법원에서 징역 5년, 자격 정지 5년형을 확정받았다. 1977년 12월 22일, 그는 납치 및 고문 후유증에 따른 지병으로 서울대 병원으로 이송되어 교도소 때보다 제한된 감시를 받던 상황이었다. 그해 12월 27일, 옥고 2년 9개월 만에 형집행정지로 가석방되어 장기 가택 연금을 당했다. 조한서, 《고난의 언덕에 핀 꽃 김대중》(서울: 작은 씨앗, 2009), 228쪽.

자진해서 실어가는[23) 버스에 타거나 경찰서로 몰려가는 시위와 투쟁이
필요하다. 간디와 킹 목사에게서 배워야 한다.

ⓑ 지금의 구속이 저들만의 장점이 아니라 우리의 장점이 되어가고 있다.

ⓒ 구속당하는 자가 두려워하지 않고 오히려 자원하면 그 효과가 역으로
됨은 전기 간디와 킹 목사의 경우는 물론 지금 우리의 현실에서도 입증된
다.

ⓓ 항시 말하지만 전국의 감옥을 정치범으로 채울 각오를 하면 우리는
승리한다.

ⓔ 한국의 여건에서 폭력투쟁은 나라를 위해 불리하고 상대가 또 이를
악용한다.

ⓕ비폭력으로 집요하게 투쟁해야 할 것임.[24)

그는 간디와 킹 목사의 비폭력저항방식을 한국 민주화운동의 전략
으로 제시했다. 실제로 그 방식이 현실화된 것은 1979년 4월 윤보
선, 함석헌, 문익환 등과 함께 그는 공동의장으로 참여한 '민주주의
와 민족통일을 위한 국민연합' 주도의 반독재투쟁 과정이었고, 그는
비폭력저항운동으로 3차례 연행되었다.

김대중의 비폭력저항운동의 근저에는 신앙적 차원 외에 민주주의
에 대한 두터운 신념이 있었던 것으로 보인다. 그는 폭력투쟁으로는
독재를 뿌리 뽑지 못하고 오히려 독재자가 악용하게 되므로 비폭력
으로 집요하게 투쟁해야 승리할 수 있다는 신념을 밝혔다. 그런 점에
서 20년 가까운 앙숙이자 김대중을 고난의 삶으로 밀어 넣었던 박정
희 전 대통령(이하 박정희로 칭함)에 대한 피격사건을 그는 기뻐하지
않았다.

---

23) '실려가는'으로 표기해야 하지만, 원문 그대로임을 밝힘. 김대중, 《옥중서신1》, 88쪽.
24) 김대중, 《옥중서신1》, 88~89쪽.

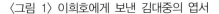

〈그림 1〉 이희호에게 보낸 김대중의 엽서

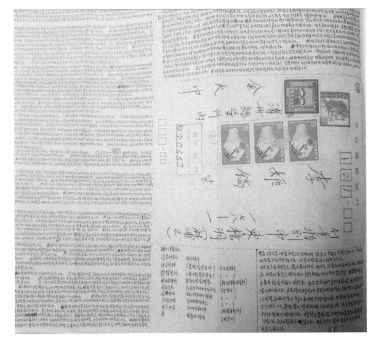

＊ 출처: 김대중, 《옥중서신 1》, 부록.

박정희 씨가 죽음으로써 한국은 기로에 섰었는데, 실은 김재규 씨의 암살
사건이 없었더라면 한국 사람은 그때 자력으로써 민주 해방이 되었을 것
입니다. 그러했었더라면 전두환 씨의 집권은 있을 수 없었을 것입니다.
그런데 유신체제가 그대로 남아서 머리만이 잘려진 셈입니다. 사람은 머
리를 잘리면 죽지만 조직은 머리가 잘리면 다른 머리로 갈아 붙입니다.
정권도 그렇습니다. 그리하여 전두환 씨가 제2의 머리로 나온 것입니
다.25)

25) 야스에 료스케(安江良介)는 당시 일본의 이와나미쇼텐(암파서점) 편집장으로서 1983
년 5월 워싱턴에서 체류하고 있던 김대중을 인터뷰하여 그 결과물을 세카이((《世界》)

김대중이 역사를 보는 관점은 평화주의적이자 총체적이다. 그는 아무리 폭력적이고 독재적인 상대일지라도 평화적이고 민주적으로 이겨야 또 다른 폭력과 독재의 회귀를 막을 수 있다고 보았다. 그는 김재규의 암살사건으로 오히려 정국이 불안의 소용돌이 속으로 빠져들고 민주화운동을 전두환이 집권을 위한 빌미로 삼으며 공포정치에 의해 민주주의가 지연되고 말았다고 보았다.

그는 민주주의를 신뢰하면서 평화적 방식으로 정권을 창출하는 것을 순리로 보았다. 김대중의 민주주의 개념과 사상은 Foreign Affairs 1994년 11~12월 기고문, 〈문화란 운명인가?〉에서 잘 나타나 있다. 1994년 당시 김대중은 아ㆍ태평화재단 이사장으로서 정치 복귀를 선언하였다. 그는 그 기고문에서 싱가포르 전 수상 리콴유(李光耀)가 Foreign Affairs 1994년 3~4월에 인터뷰했던 내용에 대한 반박을 토대로 자신의 사상을 드러냈다.[26] 리콴유의 주장은 아시아와 서유럽 간의 문화적 차이로 서구의 민주주의와 인권이 아시아에는 적용될 수 없다는 것이다. 이에 대해 김대중은 아시아나 한국에는 유럽과 다른 철학과 전통의 민주주의가 있고, 오히려 아시아에는 서구 민주주의보다 높은 수준의 민주주의를 발전시킬 수 있는 조건을 가지고 있다고 주장을 했다. 그 근거로서 맹자의 혁명 사상과 동학의 인내천 사상을 민주주의 사상으로 해석하였다.[27]

그런데 김대중의 그러한 사상과 주장은 이미 1970년대부터 그 맹아를 찾을 수 있다. 그는 중국 유교의 순천자順天子 사상이나 맹자의

9월호에 게재했다. 야스에 료스케ㆍ김대중, 〈한국 현대사가 묻는 것〉(《世界》 9월호, 1983), 정진백 엮음, 《김대중 대화록 1973~2008》(광주: 도서출판 행동하는양심, 2018), 103쪽.

26) 김대중, 〈문화란 운명인가?〉 *Foreign Affairs* 11~12월, 1994.

27) 한상진은 김대중이 리콴유의 '아시아적 가치'를 부정한 것이 아니라 다른 시각으로 봤음을 강조했다. 즉 아시아 문화에 존재하는 인권과 민주주의에 부합하는 요소가 많음을 논증한 것으로 설명했다. 한상진, 〈내가 본 인간 김대중과 그 사상〉, 355~356쪽.

폭군방벌暴君放伐론 속에서 "만일 인민을 위해 봉사하지 않는 임금이
있으면, 그런 임금은 인민이 일어나서 쫓아낼 권리가 있다"[28]고 하
여 인민에 의한 민주혁명의 맹아를 보았다. 물론 공자나 맹자의 폭군
방벌론이나 선양론은 결과론적으로 승자의 권력창출이나 쿠데타를
정당화하는 논리로 사용되었다[29]는 점을 놓쳐서는 안된다. 또한 김
대중은 동학의 인내천 사상과 동학 운동에서 민주주의의 가능성을
보았다. 즉,

> 그들은 노예를 해방시켰습니다. 그때까지 젊은 여성이 결혼해서 남편이
> 죽으면 일생 동안 과부로 지냈어야 했는데, 그런 바보스러운 일은 없다고
> 재혼을 허락했습니다. 탐관오리의 재산을 몰수하여 농민에게 나누어 주
> 고, 토지는 균등하게 분작시키는 생각을 내놓는 등, 농민 중심의 개혁을
> 하려고 했습니다. 이 갑오년 봉기는 청일전쟁으로 일본이 개입하여 일본
> 의 무력으로 부수어지고, 전봉준 등은 처형되고 말았습니다. 만일 일본이
> 개입하지 않았더라면, 그때에 민주혁명이 성공했을 것입니다.[30]

　김대중은 동학의 인내천 사상과 평등사상을 민주주의의 근간으로
보았고, 독재를 민주주의의 적으로 보았다. 1961년 5 · 16쿠데타로
집권한 박정희가 독재자가 된 것도 당연한 순서로 보았다. 그는 야스
에와의 인터뷰에서 박정희 정권의 첫째 특성은 군사정권인데, 군사
주의적 사고의 특징은 적에 대해 "죽여 버리지 않으면 안된다"는 사

---

28) 安江良介(야스에 료스케) · 김대중, 〈한국 민주화의 길〉(《世界》 9월호, 1973), 정진백
　　엮음, 《김대중 대화록 1973~2008》(광주: 도서출판 행동하는양심, 2018), 45쪽.
29) 장현근, 〈방벌(放伐)과 선양(禪讓)의 이중주 – 초기 유가사상의 정권에 대한 정당화〉
　　《한국정치학회보》 제46권 1호, (2012), 22~23쪽.
30) 당시 세카이(《世界》) 편집장이었던 야스에 료스케(安江良介)와의 인터뷰는 1973
　　년 7월 13일, 도쿄에서 이루어졌다. 安江良介(야스에 료스케) · 김대중, 〈한국
　　민주화의 길〉, 46쪽.

고방식에 있다고 보았다.[31] 그러한 특성에 따르면 박정희에게 민주주의야말로 자신의 뜻을 거스르는 적일 수밖에 없으므로 그는 힘이 약할 때는 민주주의를 보호하는 태도를 취했지만, 막강한 권력을 갖게 되던 1969년 3선개헌 이래로 1972년 유신 개헌까지 밀어붙일 수 있었던 것으로 김대중은 이해하였다. 그러한 독재정권 앞에 목숨을 내놓고 저항하는 김대중에 대해 박정희는 참을 수 없는 것이었고, 그 결과 박정희정권 하에서 김대중은 4번의 죽을 고비에 직면하게 되었다.

2. 통일에서 평화로

이 글에서는 김대중의 평화사상과 실천을 네 가지 점에서 살펴보고자 한다. 우선 김대중의 평화통일론에 담긴 평화론, 둘째, 문화적 폭력으로서의 지역차별주의 문제, 셋째, 사회적 폭력 문제로서 노동자차별과 성차별 문제를 짚어보고, 마지막으로 평화적 방법으로서의 시민사회운동과 비폭력저항운동에 대해 살펴보고자 한다.

김대중의 평화통일론[32]은 1971년 대통령 후보 이전으로 거슬러 간다. 이미 1960년대 김대중은 국회의원이었던 시기부터, 통일논의

31) 安江良介(야스에 료스케)·김대중, 〈한국 민주화의 길〉, 32쪽.
32) 대통령 후보 중 최초로 평화통일론을 표명한 사람은 조봉암이다. 조봉암의 '우리의 당면과업과 진보당(1956년 11월 10일 창당)추진위원회 당론으로 평화통일론을 발표했다. 조봉암은 한반도 분단이 강대국의 패권정치의 결과로 인식하여 민족의 힘만으로는 국제적 제약을 극복할 수 없음을 직시하여 중도민주역량을 통해서 평화통일을 달성해야 한다고 주장했다. 진보당 창당 이후에는 국제적 여건보다 남북 당국의 역할을 제고하는 것으로 변화시켰다. 그러나 구체적인 통일안은 공개하지 않았다. 정진아, 〈조봉암의 평화통일론 재검토〉《통일인문학》통권48호, (2009), 80쪽; 이현주, 〈조봉암의 평화통일노선에 대한 검토(1946~1958)〉《한국근현대사연구》제18호, (2001), 216쪽.

를 용공으로 몰아 탄압하고 야당과 양심세력을 반공법과 국가보안법
으로 억압한 박정희 정권의 폭압정치를 규탄했다. 1964년 10월 26
일 국회 본회의 대정부 질의에서 구소련의 흐루시초프의 실각, 중공
(중국)의 핵실험 성공, 영국 노동당 정권의 등장, 한일회담의 급격한
추진 등 급변하는 내외 정세 속에서 정부도 통일문제에 대한 제대로
된 접근이 필요하다고 주장하였다. 또한 통일문제 연구 전담 방안을
제안하면서, 중립화 통일론의 가능성에 대해 발언하기도 했다.[33] 당
시만 해도 통일부[34]가 설치되기 전이었다. 통일 및 남북문제에 대해
서 대통령과 중앙정보부가 독점하고 있던 상황이어서, 정부 방침과
다른 주장을 하는 사람은 반공법이나 국가보안법에 저촉될 수 있는
때였다.

그 무렵 황용주 필화사건이 발생했다. 월간지《세대》의 자문위원
이었던 황용주(1918~2001)는 박정희와 대구사범학교 입학 동기
(1932년)였다. 그는 일제 강점기 독서회 사건으로 퇴학당한 바 있다.
그는 와세다대학 불문과를 거쳐 학병으로 갔다 왔고, 해방 후 의열단
장 약산 김원봉의 비서로 일을 했던 전력이 있었다. 박정희의 5·16
군사쿠데타를 민족주의적 입장에서 동조했던 것 같다.[35] 월간《세
대》(1963년 1월 창간)에 황용주는 1964년 7월호부터 한국의 반공적
정치 분위기나 유엔(사실은 미국) 의존 문제에 대해 통렬하게 비판하기
시작했다. 그해 11월호에 쓴 황용주의 글, "강력한 통일정부에의 의
지"라는 글에서 "오늘날 왜 우리들 한반도 안에 통일되고 강대국으로
부터 완전히 독립된 정부가 수립되어 있지 않을까" 하는 문제를 제기
했다.[36] 그는 민족자주에 기반한 중립화 통일론을 제창했다는 혐의

---

33) 김대중,《공화국연합제》(서울: 학민사, 1991), 11~25쪽.
34) 통일부는 1969년 국토통일원으로 출범하였다.
35) 안경환,《황용주: 그와 박정희의 시대》(서울: 까치, 2013), 366쪽.

로 그해 11월 11일 구속되었고, 1965년 4월 30일 징역 1년, 집행유예 3년, 자격정지 1년을 선고받고 반년 만에 출소했다.

황용주 필화사건 직후인 11월 16일 경향신문 편집부는 김대중을 포함한 각계 저명인사들에게 황용주 사건에 대한 의견을 질문했고, 김대중은 다음과 같이 답했다.

용공容共적 동기 아니면 　 김대중(국회의원, 민주당)

우리가 당면한 통일논의는 원칙보다 방법이 문제이다. 방법은 원래 다양적인 것이고 따라서 통일론 또한 여러 가지 면에서 검토 제기될 수 있다. 물론 우리의 입장에서는 통일을 논할 때도 반공의 일선은 명확히 해야 하지만, 반면에 이를 대하는 정부 또한 그것이 용공의 동기에서 출발한 것이 아닌 한 통일논의에는 상당히 넓은 폭을 주고 모든 국민의 내재적 견해를 양성화시켜야 할 것이다.

그리하여 정부의 견해와 상이된 점에 대하여는 이를 지도·설득시키는 것이 민주정부가 취할 자세일 것이며 이러한 자세야말로 민족의 단결된 역량으로 통일과업을 성취시키는 길이 될 것이다. 물론 법적으로도 용공적인 동기와 내용이 아닌 이상 처벌 될 수는 없는 것이다.[37]

김대중은 사상과 표현의 자유에 '용공' 또는 '반공'이라는 기준을 설정해 뒀으나, 통일논의를 위한 방법론적 다양성의 표현을 법적으로 인정하자고 주장하고 있다. 아마도 그런 과정에 김대중의 통일문제에 대한 인식이 좀 더 깊어지고 방법론에 대한 생각도 다각화되어 갔을 것으로 짐작할 수 있다. 또한 1966년 7월 1일 국회 본회의의

---

36) 안경환, 《황용주: 그와 박정희의 시대》, 420쪽.
37) 《경향신문》 1964년 11월 16일.

대정부 질의는 보다 더 날카로웠다. 공화당 정부의 반공통일정책이
나 냉전적 외교정책 등을 비판하면서 세계가 데탕트 분위기로 변하
고 있음에 따라 한국도 실리, 자주 외교를 추진해야 하며, 야당 탄압
을 위한 반공논리를 중단하고, 야당 정치가들이나 학자들에게 통일
논의의 자유를 부여할 것을 주장하기 시작했다.[38]

　　1971년 3월 24일, 그는 7대 대통령후보 선거공약으로 '3단계 평
화통일론'을 내놓았다.[39] 구체적으로 살펴보면 다음과 같다.

> 제1단계는 전쟁억제 · 긴장완화, "우리가 무력에 의한 침략은 하지 않는
> 다. 무력에 의한 통일은 하지 않는다. 이북이 전쟁을 해오지 않는 이상은
> 우리는 전쟁 안한다" 이런 태도를 천명할 필요가 있어요. (…) 동시에 우
> 리는 소련이건 중공이건 모든 나라에 대해서 "그쪽에서 우리를 괴롭히지
> 않는 한 우리가 적대하지 않는다"하는 그러한 평화선언을 할 필요가 있습
> 니다. (…) 제2단계, 우리는 남북간의 교류를 확대시켜 나가야 합니다.
> 기자교류 · 체육교류 혹은 편지교환, 예술인들 · 문화인들 왕래를 해, 이
> 렇게 해서 서로 이북도 가고, 이북서 여기에 오고, 라디오도 서로 듣고,
> 이러한 가운데에서 우리가 차츰 상대방에 대해서 이해를 갖게 되고 또
> 적대감이 감소됩니다. (…) 그리고 제3단계로는 정치적 통일을 꾀해야
> 합니다. 그러나 이것은 지금 현재 남북간의 극단의 대립과 30년 동안
> 전연 이질적으로 발전되고, 정치적 · 경제적 · 사회적 제도, 이러한 여건
> 으로 해서, 또 국제정세로 보아서 아까 말씀한 바와 같이 이 통일이 그렇
> 게 빨리 쉽게 올 걸로는 보지 않습니다.[40]

---

38) 김대중, 《공화국연합제》, 26~56쪽.
39) 김대중, 《공화국연합제》, 91~101쪽.
40) 김대중, 《공화국연합제》, 121~122쪽.

김대중의 평화통일론은 제7대 대통령 선거의 판세를 바꾸었다. 그해 4월 27일 선거일까지 김대중에 대한 끊임없는 용공조작은 말할 것도 없고 온갖 모함, 방해 공작, 지방색 부추기기 등에도 불구하고 김대중이 유세하는 곳곳마다 사람들이 운집하였다. 박정희 정권은 선거운동으로부터 투·개표에 이르는 전 과정에 부정을 저질렀다.41) 심지어 김대중과 이희호의 표가 무효 처리되는 상황에서 김대중은 94만 7천여 표 차이로 낙선했다. 대통령 선거운동 과정에서 그는 한국 내에서는 말할 것도 없고, 국제적으로도 지명도가 생겼던 것으로 보인다. 1972년 3월 11일, 종로구 수운회관에서 열린 미국, 영국, 프랑스, 독일, 일본 등 5개국 순방 귀국보고 강연회에서 3단계 평화통일론을 앞으로도 계속 전개해 나갈 것을 다짐했다.42)

한편 1961년 5·16군사 쿠데타 이래로 박정희와 그 정권은 혁명공약 1호로서 반공제일주의를 내세워 북한과의 평화통일논의 자체를 금기시해왔다. 1971년 선거 과정에 김대중이 평화통일론을 제창하자, 그는 용공·좌경 빨갱이로 낙인찍혔다. 그러던 박정희 정권은 1971년 7월 적십자회담을 북측에 제안하여 이산가족찾기 남북합의를 가져오더니, 급기야 북한과의 비밀회담을 통해 1972년 7·4남북공동성명을 발표했다.

그 외 박 정권은 김대중의 대통령 후보 공약 중 하나였던 향토예비군 제도 대폭 개선을 시행하며 민심의 누수현상을 막는 제스처를 취했으나, 1972년 10월 17일 유신헌법을 선포하여 영구집권의 길을 다지기 위해 긴급조치 시대를 열었다.

김대중의 트레이드마크가 된 평화통일론이 새로운 변화를 하게 된

---

41) 이희호, 《이희호 자서전 동행》, 102~109쪽; 조한서, 《고난의 언덕에 핀 꽃 김대중》, 110쪽.
42) 《동아일보》 1972년 3월 13일.

것은 1993년이었다. 그는 1992년 대통령선거에서 다시 낙선하고 정계 은퇴선언을 한 이후 1993년 영국 캠브리지대학에서 연구활동을 할 때였다. 그는 통일 독일, 유럽공동체의 관점에서 유럽과 미국의 관계를 연구하는 과정에 한반도 평화 통일에 대한 새로운 가능성과 전망을 고찰하게 되었던 것으로 보인다. 1993년 7월, 그는 귀국하여 1994년 아태평화재단(전 아시아태평양평화재단)을 세워 한반도의 평화적 민주적 통일의 이념과 정책을 연구 개발하고 민주화의 확고한 정착 방안을 모색하며 장차 세계평화에 기여할 수 있는 방안을 적극 연구 개발하려는 목표로 활동해나가기 시작했다. 그는 임동원[43]을 비롯한 각 방면의 정치가, 전문가 등을 영입하거나 교류했던 것 같다. 1995년 7월, 그는 정계 복귀를 선언하고 새정치국민회의를 창당하면서 대통령을 향한 길로 다시 나아갔다. 귀국 후 그가 밝힌 평화 통일 방안을 살펴보도록 하자.

> 우리가 명심해야 할 것은 독일식 흡수 통합을 꿈꾸어서는 안된다는 것입니다. 흡수 통합을 하게 되면 경제적 부담과 오랫동안 갈라져 있던 정신적 갈등을 막을 길이 없습니다. 그러므로 우리는 평화 공존 · 평화 교류 · 평화 통일의 3원칙 아래 3단계 방식에 의한 통일을 추진해서 아주 확실하고 안전하게 통일을 추진해 나가야 합니다. 한마디로 말하면 "통일은 빨리 시작하되 진행은 단계적으로 하자"는 것입니다.[44]

---

43) 임동원 전 통일부장관을 영입하는 과정에서 김대중이 삼고초려한 것은 유명하다. 임동원은 김대중과의 만남에서 나눴던 예리한 분석력과 판단력, 통일철학과 비전, 논리 정연함에 감탄했다고 기록하고 있다. 임동원, 《피스메이커》(서울: 중앙북스, 2008), 308~316쪽.
44) 김광수, 〈세계사의 흐름과 철학의 위치〉《현실과 철학》겨울호, (1993); 정진백 엮음, 《김대중 대화록 1973~2008》(광주: 도서출판 행동하는양심, 2018(재수록)), 388~389쪽.

김대중은 통일의 3원칙 3단계안을 1971년부터 2000년 남북정상 회담에 이르기까지 일관되게 주장했다. 공화국연합제 안은 유지하였 으나, 독일식 흡수 통합(통일)을 명백히 반대하면서, 한반도에 전쟁을 피할 수 있는 모든 접촉/ 교류를 하면서 북한이 체제를 전환하지 않 더라도 개방하여 미국이나 서방 국가들과의 관계가 정상화되도록 지 원하는 태양정책(sunshine policy)[45]을 통하여 화해협력을 모색하며, 평화 공존의 길을 찾으려 했다. 김대중의 통일 원칙은 아태평화재단 을 수립하고 난 후 1997년 12월 대통령 선거 과정에 보다 구체화 되었다.

> 그리고 남북한의 직접 대화를 통해서 우리 문제는 우리 민족끼리 해결하
> 는 것을 모색하겠습니다. 여기에는 남북합의서이행이 가장 중요한 요건
> 이 될 것입니다. 남북합의서는 남북한 양쪽이 함께 준수해야 할 국제적인
> 조약입니다. 저는 북한에 대해 남북합의서에 기초한 대화의 재개를 제안
> 합니다. 현재 우리의 목표는 한반도의 평화와 안정이며, 남북한 간의 교
> 류와 협력입니다. 통일은 그 이후 점진적으로 실현해야 할 문제입니다.
> 남북한 특사를 교환해서 남북합의서 실천방안을 논의할 것을 북한 측에
> 제안합니다. 또 필요하다면 김정일 총비서와 정상회담을 갖는 것도 제안
> 하겠습니다.[46]

1997년 12월 19일 대통령당선자로서 기자회견을 했던 김대중은

---

45) 1993년 당시 김대중은 태양정책(sunshine policy)이라는 용어를 사용했으나, 이후 햇볕정책으로 호명했다. Scalapino, Robert · 김대중, 〈북한과 북한의 핵을 어떻게 볼 것인가〉(1993), 정진백 엮음, 《김대중 대화록 1973~2008》(광주: 도서출판 행동 하는양심, 2018), 435쪽.
46) 연세대학교 김대중도서관 편, 《김대중 전집I, 제1권》(서울: 연세대학교 대학출판문화 원, 2015), 4쪽.

1992년 남북기본합의서를 이행하면서 한반도 평화와 안정, 교류와 협력을 제1의 실천방안으로서 제시하며, 통일은 후대 문제로 남겨 두었다. 이는 1998년 1월 22일 아사히신문과의 인터뷰에서도 "지금 은 통일보다는 평화와 공존으로 나아가야할 단계"[47]임을 명시적으로 이야기했고, 자신의 역할의 방향을 설정했다.

1998년 2월 25일, 15대 대통령 취임사에서도 자신의 평화에 대한 소신을 다음과 같이 밝혔다.

> 남북관계는 화해와 협력, 그리고 평화정착에 토대를 두고 발전시켜 나가 야 합니다. 분단 반세기가 넘도록 대화와 교류는커녕 이산가족이 서로 부모형제의 생사조차 알지 못하는 냉전적 남북관계는 하루빨리 청산되어 야 합니다. 1,300여 년간 통일을 유지해 온 우리 조상들에 대해서도 한없 는 죄책감을 금할 길이 없습니다. 남북문제 해결의 길은 이미 열려 있습 니다. 1991년 12월 13일에 채택된 남북기본합의서의 실천이 바로 그것 입니다. 남북 간의 화해와 교류 · 협력, 불가침, 이 세 가지 사항에 대한 완전한 합의가 이미 남북한 당국 간에 이루어져 있습니다. 이것을 그대로 실천만 하면 남북문제를 성공적으로 해결하고 통일에의 대로를 열어나갈 수 있습니다.
>
> 저는 이 자리에서 북한에 대해 당면한 3원칙을 밝히고자 합니다.
>
> 첫째, 어떠한 무력도발도 결코 용납하지 않겠습니다.
>
> 둘째, 우리는 북한을 해치거나 흡수할 생각이 없습니다.
>
> 셋째, 남북 간의 화해와 협력을 가능한 분야부터 적극적으로 추진해 나갈 것입니다.[48]

---

47) 연세대학교 김대중도서관 편, 《김대중 전집I, 제1권》, 36쪽.
48) 연세대학교 김대중도서관 편, 《김대중 전집I, 제1권》, 74쪽.

취임사의 논조를 같은 날 대통령 취임 경축 만찬에서도 "한반도 평화는 우리의 지상과제"라고 명시하고 있다.[49] 1971년 대통령후보 시절 기상 높았던 김대중의 평화통일론이 1998년 제15대 대통령에 취임하면서 평화 공존과 남북 화해와 교류·협력 노선으로 변화한 것은 어찌 보면 적극적인 통일의 관점에서 보면 후퇴일 수 있다. 그러나 50년이 넘는 분단 시대 남북의 크나큰 차이와 대결과 깊은 불신을 그냥 두고 통일을 얘기하는 것은 오히려 비현실적으로 보일 수 있다는 점을 고려한다면, 통일에서부터 평화로 강조점이 이행된 김대중의 현실주의적 정치관을 시사하는 것이라 할 수 있다. 2000년 6·15남북정상회담을 성공리에 마치고, 6·15남북공동선언을 통하여 이산가족 문제와 경제 분야, 군사 분야의 문제를 해결하기 위한 당국간 회담이 다음과 같이 추진되었다.[50]

〈표 2〉 김대중정부 5년간 남북대화 추진상황

구분	합계	1998	1999	2000	2001	2002
합　계	71회	2회	2회	26회	8회	33회
남북정상회담 및 관련 접촉	12회			12회		
남북장관급회담 및 실무접촉	9회			4회	2회	3회
남북군사분야회담	16회			4회	2회	10회
남북경제분야회담	20회			3회	3회	14회
남북접십자회담 및 실무접촉	6회			2회	1회	3회
남북체육분야 회담	2회					2회
남북특사회담	2회			1회		1회
정상회담 이전 남북회담	4회	2회	2회			

* 통일부, 《국민의 정부 5년간 대북정책 성과》(서울: 통일부, 2002); 최용섭, 〈김대중 정부의 대북 화해협력정책에 대한 평가〉《한국동북아논총》 제25호, (2002), 82쪽(재편집하여 인용함).

49) 연세대학교 김대중도서관 편, 《김대중 전집I, 제1권》, 77쪽.
50) 최용섭, 〈김대중 정부의 대북 화해협력정책에 대한 평가〉《한국동북아논총》 제25호, (2002), 81쪽.

분야별 당국간 회담에서 가장 많은 분야가 경제분야이다. 2위가
군사분야이다. 군사분야회담은 전쟁 없는 평화의 한반도 수립을 직
접적인 목표로 두고 있다. 그런데 경제분야회담을 둘러싼 김대중의
생각은 경제적 이익에만 치중되어 있지 않다.

> (…) 과거 남북 경협에 있어서는 통제가 있었지만, 이제는 정경분리 원칙
> 에 의해서 남한의 기업들이 북한에 가서 활동하도록 하고 있습니다. 남한
> 과 북한 간의 경협은 남북 간 화해에 도움이 되고, 양측 경제에도 도움이
> 됩니다. 일반적으로 사람은 장사를 같이 하면 싸우지 않습니다. 남북이
> 서로 같이 머리를 맞대고 돈벌이를 하고 이해관계를 갖게 되면 눈에 보이
> 지 않는 화해와 협력이 생길 수 있습니다.[51]

김대중은 청년시절 회사원으로, 관리인, 경영인으로 사업을 했던
경험을 살려 남북경제협력은 경제적 이익만 주는 것이 아님을 강조
했다. 즉 경제협력이야말로 평화를 낳는 힘임을 입증해나갔다.

전쟁 없는 평화의 한반도 수립에 걸림돌로 되는 문제 중 하나가
주한미군 문제이다. 1971년 대통령후보 시절 '3단계 평화통일론'에
서도 "한·미방위조약과 주한 미군의 계속 주둔에 의한 동맹 안보태
세의 유지"를 안보정책의 기본방향으로 제시했다.

2000년 6·15남북정상회담에서 김대중은 김정일 위원장과 나누
었던 주한미군 문제를 독일 언론 Die Welt 기자와의 인터뷰에서 밝
혔다.

> 한반도가 통일되더라도 주한미군이 이 지역에서 힘의 균형을 유지하기
> 위해서 주둔해야 된다는 데 의견을 일치를 보았습니다. 소련의 붕괴 이후

---

51) 연세대학교 김대중도서관 편, 《김대중 전집I, 제1권》, 226쪽.

에도 유럽에 나토군이 주둔하고 있는 것처럼 주한미군은 매우 중요한 의
미를 지닙니다. 동북아시아의 미군은 유럽의 나토군보다도 더 중요한 역
할을 한다고 봅니다. 이에 대해서는 김정일 위원장도 제 의견에 동의했었
습니다.[52]

주한미군 문제에 대해서 김정일 위원장은 남한의 미군이 북한을 공격하
지 않는다는 보장이 확실하다면 현재는 물론 통일 후에도 미군이 한반도
에 주둔하는 것이 한반도의 평화와 안정에 도움이 된다고 말했습니다.[53]

　두 번째 인용문은 연세대학교 김대중도서관이 개최한 6·15남북
공동선언 5주년 기념 국제학술회의에서 김대중의 발표문 내용이다.
두 인용문의 내용을 연결해서 보면 한반도와 동북아시아 평화를 위
해서 주한미군이 필요함을 남북 모두 인정하되, 주한미군이 북한을
공격하지 않는다는 보장이 우선시되어야 한다는 것이 북한 김정일
국방위원장의 주장이다. 다시 말해 주한미군이 대북 불가침 보장과
한반도 평화의 역할이 되도록 하기 위해서는 한반도에 평화협정을
통한 평화체제 수립이 필수불가결하다고 할 수 있다. 한반도 평화체
제 수립 문제는 결국 현재 남북, 북미간의 교착상태를 가져오게 된
근본 원인과 직결되어 있다. 북한이 2000년대 핵무기를 갖게 된 결
정적인 원인은 1990년대 구소련의 해체와 중국과의 관계 악화 등으
로 핵우산이 없어진 상황에서 2001년 부시 정부의 강대국 미국과
직접 대결해야 했던 상황과 관련이 있다. 미국의 북한 적대시 정책과

---

52) 연세대학교 김대중도서관 편,《김대중 전집I, 제5권》(서울: 연세대학교 대학출판문화
　　원, 2015), 118쪽.
53) 김대중,〈한반도 평화의 새로운 진전을 위하여〉《6·15 남북공동선언 5년과 한반도
　　평화》(서울: 연세대학교 출판부, 2006), 43쪽.

맞물려 북한의 핵실험과 핵무장 문제가 현재와 같은 초강력 대북제재국면을 낳았다. 2000년 제1차 남북정상회담을 했던 상황에 비해 특히 이명박·박근혜 정부가 미국의 대북제재 정책을 적극 지지했던 상황은 한반도 평화번영 시대를 열어가는 데 크나큰 걸림돌로 작용하고 있다. 특히 금강산 관광의 중단과 개성공단의 철수 및 폐쇄와 같은 상황이나 북미간의 인권 및 북핵문제를 둘러싼 제재와 대결과 전쟁위기 상황이 10년째 지속되고 있다. 북한의 입장에서는 비핵화를 수용하는 대신 체제보장과 대북제재해지에 대한 요구를 할 수밖에 없고, 트럼프 미 대통령의 입장에서는 북한이 핵확산금지조약(NPT) 체제에 복귀하여 완전한 IAEA사찰을 받아 내려는 상황이 2년째 계속되고 있다. 20년전 김대중 정부가 했듯이 문재인 정부의 남북정상회담이 성과를 내기 위해서는 2018년 4·27판문점선언과 9·19평양남북공동선언·군사합의서에만 의지해서는 안 된다. 남북의 자율적 공간이 협소해질 대로 협소한 상황에서 현 국면을 타개하기 위해서 차기 정부는 용기와 지혜, 결단이 필요하다.

3. 지역차별주의의 문화적 폭력을 화합으로 치유하자

평화의 반대말은 전쟁이 아니라, 폭력이다. 전쟁은 폭력의 일종이다. 나라간, 민족간, 집단간 전쟁은 폭력의 한 형태이고, 가장 파괴적일 뿐만 아니라 사람을 포함한 생명에게도 치명적인 폭력이다. 평화학의 대표학자인 요한 갈퉁(Johan Galtung)은 폭력을 "인간의 기본적인 욕구를 모독하는 것"이라 정의하고 폭력을 직접적(물리적) 폭력과 구조적 폭력과 문화적 폭력으로 유형화했다. 직접적 폭력에는 전쟁이나 사형, 살인 등으로, 구조적 폭력에는 정치적 억압, 경제적 착취 사회적 차별 등으로, 문화적 폭력은 직접적 폭력이나 구조적 폭력을 정당화하는 문화 등으로 분류했다.[54]

거시적으로 보면 김대중은 독재와 분단의 직접적 폭력과 구조적 폭력, 문화적 폭력의 피해자였다. 그러나 김대중은 피해자에서 멈추지 않고 평화와 민주주의라는 무기로 폭력에 저항해온, 즉 폭력을 평화와 화해로 전환한 비폭력저항운동가이자 정치인으로 살아왔다. 30년 가까이 독재정권은 그를 세 차례 6년여 동안이나 투옥 시켰을 뿐만 아니라, 10여 년의 가택 연금을 통해 정치적 폭력을 가했다. 또한 내란음모사건처럼 조작 수사와 고문은 말할 것도 없고, 납치 및 수장 협박, 망명, 외국 추방 등과 같은 직접적 폭력을 가했다. 그 외에도 김대중에 대한 감시, 도청 등의 일상적 폭력을 가했다. 그의 주변 지인들에 대한 괴롭힘과 사회적 배제시키기, 지역차별주의를 양산하여 호남인 차별하기, 언론 등에 의한 빨갱이, 용공·좌경, 과격주의 등의 낙인찍기 등과 같은 사회적 폭력이나 문화적 폭력을 전방위적으로 가했다. 수차례 죽음의 공포 속에서 형성되었을 지도 모르는 트라우마를 극복하여 평화주의자로 살아가려고 결심하고 노력한 김대중의 모습은 그것만으로도 대단하다고 말할 수 있다.

돌아보면 김대중은 85년 인생에서 몇 차례에 이르는 위대한 용서와 화해를 했다. 첫째, 자신을 가두고 고문하고 납치하여 수장시키려 했던 박정희를 용서하며 화해를 선언했다. 그 맥락에서 자신에게 내란음모죄를 조작하여 씌우고 사형선고를 하면서 군부집권의 정당성을 삼았던 전두환, 노태우 전 대통령을 사면[55]했다. 둘째, 역사적으

---

54) Johan Galtung 저, 강종일 외 역, 《평화적 수단에 의한 평화》, 19~20쪽.
55) 김대중은 대통령 당선 직후 김영삼 전 대통령(이하 김영삼)과의 면담 과정에서 전두환 노태우 두 전직 대통령에 대한 사면을 결정했다. 《연합뉴스》 1997년 12월 20일. 평화

로뿐만 아니라 분단의 원인제공을 하면서 독재정권을 옹호하여 자신을 투옥하고, 사형을 선고한 남한 정권을 비호했던 미국과 일본 정부에 대해서도 비판을 할지언정 적으로 삼지 않았으며 일본과도 역사적 화해를 하여 평화의 동아시아를 만들려고 했다.56) 셋째, 거시적으로 보면 북한은 한국전쟁을 도발한 주범이고, 개인적으로 보면 김대중은 한국전쟁 과정에서 인민군에 잡혀 죽을 뻔했던 위기57)를 가져왔던 북한과도 화해하고 포용하며 전쟁 없는 한반도 평화의 길을 열고자 했다. 이러한 화해의 정치적 행위 기저에는 정치적 현실주의뿐만 아니라 평화주의 사상이 있기에 가능했을 것이다.

그에게 가해진 문화적 폭력의 결과물 중 하나는 호남지역, 호남사람 차별과 편견이라는 지역차별주의와 연결되어 있다. 어느 나라나 시대마다 나름대로 특정 지역에 대한 선입견과 지역감정, 지역차별은 있을 수 있다. 그리고 자신이 태어난 지역에 대한 애향심을 갖는 것은 어느 정도 자연스러울 수 있다. 그러나 한국 현대사에 1961년 이래로 1997년까지 나타난 영남 권력은 특히 호남지역에 대한 사회적 차별과 배제, 선입견의 문화를 생산 및 재생산했다. 결과적으로 김대중은 호남지역주의에 기대어 대통령에 당선될 수 있었던 점도 있으므로 정해구가 해석하듯이 오히려 지역주의의 수혜자라고도 할 수 있다.58)

주의적 시각이나 정치적 관점에서 보면 전두환·노태우 사면은 의의가 있다. 그러나 사법적 또는 역사적 관점에서 보면 반인륜적 범죄에 대해 철저하게 진상규명을 하지 않은 채 사면함으로써 불철저한 과거사 청산의 나쁜 선례를 남기게 되었다고도 볼 수 있다.

56) 연세대학교 김대중도서관 편, 《김대중 전집Ⅰ, 제1권》, 103~104쪽.

57) 조한서, 《고난의 언덕에 핀 꽃 김대중》, 56~57쪽.

58) 정해구, 〈김대중·노무현 대통령의 지역주의 극복 정책〉《내일을 여는 역사》 37호, (2009), 60쪽. 정해구의 이러한 해석에 대해서 다음과 같은 이견도 있다. 김대중의 4번에 걸친 대권 도전 중 3번 패배의 주 원인은 선거과정에서 호남지역차별주의의 바람과 지역주의적 투표성향과 관련된다면 1997년 15대 대통령 당선의 주 원인으로

　어쨌든 호남차별 30년은 독재 30년, 근대화 30년과 동시대적으로 진행되었다. 다시 말해 박정희에 의해 주도되어온 개발독재 (developmental dictatorship)[59]는 저임금·저곡가정책에 의지하여 진행되었는데, 저곡가정책의 주요 대상이 한국 곡창지대인 호남지역이었음은 주지의 사실이다. 경인지역과 영남지역을 잇는 고속도로는 산업 성장의 상징이었으나, 호남은 경제성장에서 소외되어 있었다. 심지어 군대나 공무원의 인사에도 심각한 지역차별이 이루어졌다.[60] 박정희 정권의 지역 편중적 경제개발이나 인사정책을 포함한 지역차별주의 정책이 1980년 5·18민중항쟁을 불러일으키는 기본 배경[61]이 되었고, 항쟁 과정에 수많은 가짜 뉴스와 정보로 인해 영·호남간의 지역감정은 더욱 악화되었다. 김대중은 광주와 전남의 5·18민중항쟁을 1894년 동학혁명으로부터 1919년 3·1운동, 1960년 4월혁명으로 이어지는 민중·민족·민주의 정신을 계승하고 있는 것으로 보았지만 광주·전남지역의 희생[62]이 지대함을 강조했다.[63] 1980년 5·18의 고통과 자신이 내란음모 조작 혐의로 사형선고까지 당했던 5·17내란음모 조작사건의 고통은 인동초 김대중에게도 트라우마가 되었던 것 같다. 1982년 5월 25일 이희호와

　는 DJP연합으로 일컬어지는 지역 연합에 기인한다고 볼 수 있다. 정태환, 〈김대중 정권의 성립과 위기: 지역주의 정치 동학을 중심으로〉《사회와이론》 통권 제12집, 262쪽.

59) 이병천, 《개발독재와 박정희 시대》(서울: 창비, 2003).

60) 김대중, 《대중경제론》, 67쪽.

61) 한홍구, 〈한국민주주의와 지역감정-남북분단과 동서분열〉《역사연구》 37호, (2019), 678쪽.

62) 安江良介(야스에 료스케)·김대중, 〈한국 민주화의 길〉, 97쪽.

63) 야스에 료스케와의 인터뷰에서 김대중은 광주·전남지역만의 희생을 주장하지는 않았다. 반유신·반독재·민주화 운동의 맥락에서 1979년 10월 16일의 '부산·마산사태'(현 부마민주항쟁)를 이해해야 하고, 1970년대 반독재민주화투쟁의 연속성에서 민중항쟁을 인식하고 있다. 安江良介(야스에 료스케)·김대중, 〈한국 민주화의 길〉, 99~100쪽.

가족들에게 보내는 편지를 잠시 보자.

> 존경하고 사랑하는 당신에게(그리고 사랑하는 자녀들에게)
> 우리에게 가장 가슴 쓰라린 5월달도 이제 지나고 있습니다. 슬픔과 고독
> 그리고 한이 맺힌 지난 2년이었습니다. 두 해가 지난 지금도 그 당시를
> 회고할 심정이 되지 않습니다. 지난 2년은 가족과 벗들을 위해 그리고
> 우리 겨레를 위해 하루도 빠지지 않는 기도의 나날이기도 했습니다. 면회시
> 에도 말했듯이 주님과의 대화 속에 얻은 위로와 격려가 없었던들 또 어떠
> 한 고난과 좌절 속에서도 주님을 통하여 새로운 가능성을 발견할 수 있다
> 는 믿음이 없었던들 오늘과 같이는 도저히 유지해내지 못했을 것입니
> 다.[64]

1981년 5월에도 착잡한 마음으로 가족에 대한 미안함을 표현했고
신앙으로 이겨나가리라고 다짐했다.[65] 구속된 지 2년째가 되면서
좀 더 고난과 좌절 속에서 희망을 찾아가고 있는 뉘앙스를 띠며, 감
사와 용서의 마음을 키우면서 증오와 보복심을 극복하려 노력하는
마음을 적었다. 그 결과 가운데 하나가 위에서 지적했던 전두환·노
태우에 대한 평화주의적 사면 행위로 나타나지 않았을까 싶다. 그리
고 김대중은 15대 대통령 후보 공약에서나 국민의 정부 출범 후에도
거듭해서 지역주의 청산의 의지를 피력했다. 1998년 4월 30일, 대
구 시민회관에서 열린 〈제5회 대구·경북지역 국가기도회〉에 한 그
의 연설문을 보자.

이제 우리는 분열과 갈등의 역사를 청산해야 합니다. 그리하여 당면한

---

64) 김대중, 《옥중서신1》, 344쪽.
65) 김대중, 《옥중서신1》, 215~216쪽.

국난을 극복하고 치열한 국제경쟁에 대처할 수 있는 국민화합의 시대를 우리 손으로 만들어야 합니다. 이를 위해서는 무엇보다도 동서간의 화합이 중심축이 되어야 합니다. 동서의 화합이야말로 우리 사회의 분열과 갈등양상을 치유하고 극복하는 결정적인 열쇠이기 때문입니다.

저는 우리가 망국적인 지역감정을 버리고, 서로의 권리와 능력을 존중하면서 함께 사는 열린 마음을 가질 때, 진정한 동서화합이 이루어진다고 믿고 있습니다. 저는 이를 뒷받침하기 위해 국민의 정부 아래에서는 인재등용과 지역개발에 있어서 어떠한 차별도 있을 수 없다는 것을 강조하고자 합니다.[66]

물론 그가 전두환을 사면했다고 해도 전두환은 진심 어린 사과는 커녕, 잘못에 대한 시인조차도 하지 않고 있다.[67] 또한 김대중이 아무리 '망국적인 지역감정'을 버리자고 호소하고, 인재등용과 지역개발에 차별이 없도록 한다고 선언을 해도 지역주의의 뿌리는 여전히 뽑히지 않은 채 남아 있다. 박근혜 전 대통령 탄핵 이후에도 대구경북주민들은 새로운 정치의 가능성을 열어주지 않았고, 민주개혁진영도 지역 내의 새로운 가능성의 기반을 닦는데, 과감한 노력을 기울이지 못한 것으로 보인다.[68] 심지어 2020년 21대 국회의원 선거에서도 보았듯이, 특정 지역의 지역주의가 위기의식 속에서 결집되고 있는 양상마저 보인다. 그러나 이제는 지역차별주의 자체가 폭력이자, 반인권임을 각성하게 되었고, 과거처럼 지역차별주의가 사회적 차별과 배제 문제, 즉 사회적 폭력으로 공공연하게 작동하기는 어려울 것이다. 그러한 인식을 바탕으로 평화문화를 만들기 위해서는 지

---

66) 연세대학교 김대중도서관 편, 《김대중 전집I, 제1권》, 208쪽.
67) 전두환, 《전두환 회고록1》(서울: 자작나무숲, 2017).
68) 한홍구, 〈한국민주주의와 지역감정–남북분단과 동서분열〉, 680쪽.

역차별주의를 포함한 차별근절을 위한 제도화와 평화문화 형성 (peace building)의 노력이 동시에 진행되어야 할 것이다.

4. 사회적 차별도 폭력이다

김대중은 한국 경제 문제나 여성 문제에 대한 관심을 지속적으로 가져왔지만, 그러한 노동자 문제나 경제적 문제, 성불평등 문제 자체를 사회적 폭력 문제로까지 인식했다고 보기에는 관점에 따라 해석이 분분할 것 같다.

일반적으로 사회적 폭력으로서의 사회불평등은 전 시대적으로도 보편적인 문제 가운데 하나이자 자본주의 사회의 치명적인 문제다. 그럼에도 불구하고 사회불평등은 경쟁 자본주의를 넘어 신자유주의 체제하에서 개인의 빈곤을 넘어 빈익빈 부익부를 심화시키며, 가족이나 공동체의 해체를 확산시키고, 사회범죄나 사회해체를 가속화시키게 된다. 2015~2016년 '헬조선', '금수저, 흙수저론'이 한국 사회에서 등장할 때 사회불평등 문제는 악화될 대로 악화되었다. 2016년 박근혜 · 최순실 국정농단 문제가 불거지고, 이화여자대학생들이 "총장 물러가라"는 슬로건을 내걸고 시위를 전개한 배경에도 사회불평등 문제가 깔려 있었다. 2016년 10월말 촛불시위가 점화되었을 때 거리로 나온 많은 사람들의 국정농단에 대한 분노의 저변에는 사회불평등 상황에 대한 분노와 절망감이 작동했다.[69] 1960년대 김대중은 국회의원으로 활동하면서도 사회불평등 문제를 깊게 조망했다. 1968년 2월 7일 국회에서 반공을 제1국시로 삼던 박정희 정권을

---

69) 김귀옥 · 박석운 외, 《촛불 이후 사회운동의 과제 및 전망》(서울: 도서출판 선인, 2019).

향한 대정부 비판의 목소리를 들어보자.

무엇이 승공하는 길인가

(…)

또한 나는 이러기 때문에 김일성이가 무력통일을 할 수 있다고 자신을 갖지 않느냐 생각하는데, 남한에 있어서 이 농민의 말할 수 없는 빈곤과 소외, 이번에 한꺼번에 탄광지대에서 수만 명의 노동자가 쫓겨난 것과 같은 그러한 가난한 우리 동포들에 대한 거의 방기 ·…… 보호권[70] 외에 방기하는 상태, 부익부하고 빈익빈한 이런 경제의 격차 ·…… 명색이 민주주의를 한다면서 정보기관이 야당과 국민을 4중, 5중으로 감시하고 언론기관에 무시로 출입해서 신문의 제작에 간섭하고, 학생들 사이에 정보원들이 죽 깔려 학생을 가장해 가지고 학원의 자유가 여지 없이 파괴되고, 반정부 ·……. [71]

당시 김대중 주장의 핵심은 반공을 주장하지만 말고, 노동자, 농민들을 잘 살게 하면 저절로 승공勝共할 수 있다는 것이었다. 박정희 정권은 반공국가를 유지하기 위해 정보기관이나 경찰 등의 국가기관을 통해 국민과 언론을 감시 및 간섭, 탄압하고 있었다. 김대중의 관점에서 보면, 당시 한국의 사회불평등에는 경제적 불평을 탄압하려는 독재에 의한 정치적 문제와 사회적 문제도 얽혀 있었고, 물리적 폭력과 구조적 폭력이 혼재되어 있었다. 심지어 정부는 1960~80년

---

70) 1962/1969년 개정헌법 30조 "①모든 국민은 인간다운 생활을 할 권리를 가진다. ② 국가는 사회보장의 증진에 노력하여야 한다. ③생활능력이 없는 국민은 법률이 정하는 바에 의하여 국가의 보호를 받는다."에 따르면 사회보장, 국가의 보호개념이 등장한다. 그러나 1968년까지도 김대중 국회의원의 대정부 비판에서도 나왔듯이 당시 조항은 사실상 화중지병이었고, 당시 사회보장제도는 서구의 1930년대에 머물러 있는 실정이었다. 《경향신문》 1968년 7월 17일.
71) 김대중, 《공화국연합제》, 77~78쪽.

대 개발독재 과정에서 노동자를 반정부세력으로 간주하여 민주적 노동조합을 불법시하고 노동운동을 탄압하고 저임금 구조를 유지하면서 수출위주의 대기업을 키웠다. 노동운동을 불법으로 규정하여 탄압하기 위해 농성하는 노동자들에 대해 경찰이나 구사대를 동원하여 무차별적 폭력을 가하고, 해고 노동자에 대해서는 블랙리스트를 만들어 직장을 구할 수 없도록 만들었다. 그러한 상황에서 김대중은 노동조합 간부에 대해서 중앙정보부가 가한 폭력과 투옥 문제를 비판했다.[72] 노동자에 대한 정확한 이해와 노동자, 농민을 국민으로 인식하여 국민이 잘 사는 세상, 차별 없는 민주주의가 구현되어야 안보가 보장된다고 이해했다.

> 진정한 안보위기는 그러한 직접 남침의 가능성보다는 대한민국 내에서의 문제에 있다. 국민이 대한민국 내에서의 독재와 부패와 경제적 · 사회적 부정의에 분노하면서도 이를 해결할 길이 없다고 절망할 때 제2 월남 · 제2 필리핀의 위기가 배태된다. (…) 그러므로 진정한 안보를 위해서는 정치 · 경제 · 사회분야에 걸쳐서 민주적 자유와 정의가 실현되어야 하거나 또는 실현된다는 의심할 여지없는 희망을 주어야 한다. 이것만이 안보에 성공하는 유일의 길이다.[73]

김대중의 안보관은 총체적이고 구조적이다. 즉 강력한 안보가 군대에서만 나오는 게 아니라고 보며, 민주적으로 잘 훈련된 군대조직과 함께 백성이 잘 먹고 잘 살아야 실현이 된다고 하는 생각이었다.

또한 그는 노동자, 농민, 국민이 정의롭고 행복한 세상에 살도록 하기 위해서는 사회복지정책이 필요하다고 보았다. 특히 위생 · 보건 정책에 대해 깊은 관심을 기울여, 1998년 대통령 공약 이행에 따라

---

72) 김대중, 《대중경제론》, 121~128쪽.
73) 김대중, 《대중경제론》, 220~221쪽.

2000년 7월 1일부터 전국민 건강보험제도가 명실상부하게 작동하게 되었다. 그 전에는 227개 지역의료보험조합과 139개 직장의료보험조합 및 공무원, 사립학교 교직원 의료보험관리공단이 별도로 운영되어 지역과 직장 간 의료보험료 차이가 4배 정도 되었다. 그런 과정에 농민, 시민, 노동단체들의 보험료 거부운동을 비롯하여 투쟁도 많았다. 2000년 되어서야 이원화되어 있던 체계를 통합하여 전국민 건강보험제도가 탄생될 수 있었다.[74]

또 한편 김대중은 노동조합을 민주주의 제도의 필수조건으로 보았다. 한국의 개발독재 과정에 형성된 억압적 노동환경과 노동조합을 둘러싼 폭력적 생태계 문제를 해결하겠다는 오래된 다짐이 있었던 것 같다. 게다가 1997년 외환위기로 한국 경제가 총체적으로 흔들리면서 유례없이 단행되었던 정리해고 문제에 대해 다음과 같이 해결의 의지를 표명했다.

> 김 차기대통령은 "정리해고가 말이 쉽지 당사자에게는 사형선고와 같고 가족들의 명줄을 끊는 것"이라며 "노동자 여러분은 나와 40년 동지다. 일생을 노동자를 위해온 내가 대통령이 됐으니 나를 신뢰하고 이 문제를 풀어나가는데 협조해 달라."고 거듭 당부했다.[75]

김대중은 1997년 외환위기로 조성된 IMF차관경제 상황에서 집권했기 때문에 오랫동안 주창해왔던 "대중경제론"에 입각한 경제민주주의의 과제 이행을 우선시하지 않고, 경제위기 상황을 먼저 해결해야 했다. 그는 해결 방식으로서 자신이 오랫동안 꿈꿔온 협치민주주의 정신을 살린 '노사정위원회'(현 '대통령 소속 경제사회노동위원회')의

---

74) 참여연대 사회복지위원회, 《건강보험통합 쟁취사》(서울: 참여연대, 2010).
75) 연세대학교 김대중도서관 편, 《김대중 전집I, 제1권》, 23쪽.

틀 속에서 찾아 나가고자 했다. 노사정위원회는 1997년 12월 24일 당선자 신분으로 제안되었고, 1998년 1월 15일 김대중 대통령 당선인이 참석한 가운데 출범하게 되었다. 그의 처음 구상은 노사정위원회가 출범하면서 노사정 간에 합의문을 도출하여 선행조치로서 정리해고는 인정하되, 탈법적 해고에 대해서는 금지하도록 하고, 기업 차원의 노사협력을 증진, 설날에 대비한 임금 체불을 예방하고, 구속 노동자를 석방, 사면, 복권할 수 있도록 하는 것이었다.[76] 그러나 정리해고 문제는 노동계의 뜨거운 감자가 되어 노사정위원회는 출발부터 먹구름이 끼어 있었다. 그러한 IMF차관경제 상황이나 김종필 세력과의 타협으로 탄생시킨 정치 국면에 김대중은 평소 소신을 펴기란 근본적인 한계가 있을 수밖에 없었다.

김대중의 성불평등 문제에 대한 인식을 살펴보자. 1971년 대통령 후보 공약에서는 "인신보호법의 제정"[77]이 들어 있다. 일제 강점기 이래로 당시 – 사실은 최근 – 까지 여성이나 청소년, 노약자에 대한 인신매매는 심각한 사회 문제 가운데 하나이다. 여성인신매매의 사례는 비일비재한데 1960년 후반에도 적용 법규마저 없었다.[78] 납치, 사기, 사실상의 노예제로서의 인신매매 문제는 사회적 폭력이며 반인권적 심각한 문제이지만, 당시 여성단체들조차도 제대로 대응하지 못했다.[79] 1959년 세워진 한국여성단체협의회와 같은 단체도

---

76) 《연합뉴스》 1998년 1월 17일.
77) 김대중, 《공화국연합제》, 93쪽.
78) 《경향신문》 1967년 6월 20일.
79) 인신매매문제는 빈곤과 성매매 문제가 결합된 문제의 하나이다. 1927년 여성계의 좌우합작으로 출발한 근우회는 7개 행동강령 가운데 "인신매매 및 공창 폐지"를 포함시켰다. 해방 후 1945년 12월에 설립된 진보계열의 여성단체인 조선부녀총동맹은 이를 계승하여 "송사창제와 인신매매철폐"를 주장했다. 그러나 1946년 결성된 독립촉성애국부인회나 그 후신인 1949년 출발한 대한부인회, 이를 계승한 1959년 한국부인회 등은 1960년대까지 인신매매 문제에는 관심을 기울이지 않았다. 김귀옥, 〈분단과 전쟁으로 한 쪽 날개 꺾인 한국여성운동: 보수 여성단체의 지배와 지연된 여성주의적

1980년대에야 이 문제를 사회문제로 인식했던 것으로 보인다. 가정 법률상담소에서도 인신매매문제를 가족 문제나 인권 문제로 주로는 1980년대에서야 관심을 보였다. 특히 이 문제에 관심을 가졌던 것은 진보적 여성단체라 할 수 있는 한국여성단체연합(약칭 여연)과 여성의 전화, 교회여성연합회 등이 주축이 되어 인신매매추방, 기생관광반대, AIDS추방, 도색미국문화추방, 퇴폐영화광고 제거운동을 벌이면서이다.[80] 이런 여성운동사의 맥락에서 보면 인신매매의 주요 대상인 하층여성을 대변할 시민사회가 거의 부재했음을 시사하는 것이라는 점을 볼 때 1971년 김대중의 이러한 정책적 공약은 나름 중요한 의미를 갖는다고 볼 수 있다.

또한 그는 기타 사회정책으로 "여성의 능력개발과 지위향상을 위해 대통령 직속하에 여성지위향상위원회의 설치"[81]를 공약했다. '여성지위향상위원회' 설치의 꿈은 1998년 제15대 김대중 대통령의 국민의 정부 출범 이후에야 대통령 공약 사항 이행으로 대통령직속 '여성특별위원회'로 실현되었다. 이후 2001년 1월 29일에는 여성부(현 여성가족부)가 탄생하게 되었다.

1997년 외환위기 이후 구조조정과 정리해고 선풍이 불던 당시 여성해고 '0순위'라는 말이 있었다. 이에 김대중은 "여성노동자가 우선 해고대상이 되고 있다는 성차별적 해고사례"에 대해서도 "노동부장관에게 그런 문제가 없게끔 정부가 철저히 조사하고 단속하도록 요청했으며 앞으로 이를 막는 데 최선을 다하겠다"[82]고 했다. 그런데 이러한 사정은 1980년대 초·중반에는 더욱 심각하여, "한국에서

성의식〈평화들〉제2권 2호(게재예정).
80) 《한겨레신문》 1988년 12월 22일.
81) 김대중, 《공화국연합제》, 100쪽.
82) 연세대학교 김대중도서관 편, 《김대중 전집I, 제1권》, 23쪽.

여성들의 직장진출 기회가 극히 제한되어 있을 뿐만 아니라 직장을 얻은 여성들은 직장 내에서의 차별대우를 받고 있다"는 지적을 하면서 성별 차별이 심각한 사회문제임을 직시해 "차별대우의 폐지"를 역설했다.[83]

국민의 정부 출범 과정에서 힘을 얻은 여성계에서는 한반도 평화의 문제에도 여성이 적극적으로 참여할 수 있는 기회를 보장하라고 주장하게 되었다.

> 여성들은 보다 구체적인 제안으로 1) 정상회담과 그 후속과정에서 민간 단체의 민주적인 참여와 여성의 참여확대를 요구하고, 2) 여성의제를 함께 제기하면서, 이후 경제교류가 진행될 경우 여성에 대한 배려와 우대조치를 보장하고, 3) 모성파괴와 열악한 어린이 건강상태를 개선하기 위한 인도적인 지원을 실행하고, 4) 남북 모두 평화교육을 제도화할 것을 제기하였다(남북정상과 국민들에게 드리는 건의문)[84]

이러한 주장과 남북여성단체들의 연대 속에서 분단 이래로 처음으로 2002년 남북여성 통일대회가 성사되었고 여러 차례 여성단체들의 교류가 지속되었다. 그러나 이명박 정부 이래로 남북문제가 교착 및 대결 상태로 빠지게 되면서 남북여성의 대화와 교류도 답보상태에 놓여 있다. 현재 한국 사회에는 민주주의의 성숙 속에서도 여전히 성차별과 불평등을 포함한 가부장 문화가 내재되어 있다. 이런 상황에서 남북 화해협력과 평화의 시대를 연다고 하여 저절로 그러한 고질적인 문제를 해결하기는 어렵다. 김대중 전 대통령이 성차별 없는

---

83) 김대중, 《대중경제론》, 114~116쪽.
84) 정현백, 〈국가와 여성평화운동 −김대중·노무현정부의 평화정치를 중심으로〉《여성과 역사》 제20집, (2014), 230쪽.

성평등 문화를 만들기 위한 조건으로서 여성 국가기구를 만들어 둔 바탕 위에서 남한을 너머 한반도와 동아시아에서 성평등한 사회와 문화를 확산시키기 위한 여성들의 주체적인 노력이 절실하다.

5. 시민사회와 민주주의, 그리고 평화

지구촌 국가들을 보면 대체로 민주주의가 발달할 사회일수록 시민사회가 활성화되어 있는 경향이다. 역사 이래로 인간 사회에는 사회 불평등과 차별, 체제의 모순이 심한 상황에서 어떤 식으로건 저항운동이 생기기 마련이다.[85] 체제의 성격이 비민주적인 독재 정체에서는 시민사회가 합법적으로 존재하기 어렵기 때문에 국가권력과 저항하는 사람들이 직접 대항을 하게 되어 투쟁이 더욱 격렬하고, 국가폭력의 강도도 강하고 진압방식도 더욱 폭력적인 경우가 허다하다. 그러다 보니 저항세력들도 정당방위를 위해 폭력 사용에 정당성을 부여하게 되니, 사회 전체적으로는 도미노현상처럼 폭력이 넘치게 된다. 그러나 민주주의 사회에서는 국가권력의 문제에 대해 개인이 직접 나서서 문제를 제기하기보다는 시민사회단체가 문제해결의 주체가 되는 것이 용이하다. 문제 제기 방법이 법적으로 보장되어 있고, 방법 자체도 다양하다.

그러나 김대중이 정치사회로 뛰어들 때로부터 1980년대까지는 독재 정권이 강력한 힘을 휘두르면서 시민사회가 억눌려 있었다. 관제성 집회를 제외한 학생이나 지식인, 시민, 노동자들의 집회 및 시위에는 의례껏 페퍼포그 차량이나 무장한 전투경찰이 등장했다. 특

---

85) 조희연, 〈운동과 저항, '오래된 현재'〉《사회를 보는 새로운 눈》(서울: 도서출판 한울, 2008), 219~220쪽.

히 1970~1980년대 시민사회가 취약했던 상황의 한국민주화운동에서는 대학생들의 역할이 커질 수밖에 없었다.[86] 그 이유 가운데 하나가 열악한 시민사회의 환경에서, 대학생은 학교를 바탕으로 한 각종 학생 동아리들이나 노동자 또는 기층 민중과 연대하는 '야학', 사회과학서점이나 학사주점 같은 문화공동체가 합법·비합법 형태로 조직화되었다. 3·1운동 이래로 형성된 학생들의 희생정신이 일종의 선비정신이자 파토스(pathos)처럼 인식되어 있었기 때문이라고 할 수 있다.

한국민주화운동 과정에서 시민사회가 미약하게나마 존재하게 되는 데에는 김대중의 영향이 적지 않았다. 1971년 제7대 대통령 선거 과정에서 근소한 차이로 박정희가 승리하게 되자, 김대중을 회유, 굴복시키려 했으나 그에 저항하자, 주지하듯 납치 후 수장시키려고까지 했다. 기사회생으로 그는 서울로 돌아왔으나, 귀국하자마자 가택 연금과 구속을 당하게 되었다. 그후 그는 재야(在野)인사가 되었고, 본의 아니게 재야라는 대항 정치사회 또는 일종의 시민사회를 이끄는 지도자가 되었다. 1979년 김대중은 윤보선, 함석헌, 문익환 등과 함께 '민주주의와 민족통일을 위한 국민연합'을 결성하여 공동의장으로 반독재투쟁에 앞장서서, 비폭력저항운동, 또는 시민불복종운동[87]을 몸소 실천했다. 또한 1984년 5월 18일에는 구여권 재야정치인들이 제5공화국 정권에 대항하고 민주화운동을 전개하기 위해 '민주화추진협의회'를 조직하여 공동의장으로 김영삼과 김대중[88]이 맡았다. 1985년 2월 김대중이 미국에서 귀국한 후에도 김대중은 사면

---

86) 조희연, 〈운동과 저항, '오래된 현재'〉, 232쪽.
87) 박상필, 〈시민참여와 시민운동〉《NGO학》(서울: 아르케, 2005), 271~309쪽.
88) 당시 김대중은 미국으로 추방되어 미국 체류 중인 상태여서 김상현이 공동의장 대행을 했다.

348

복권이 되지 않아 정치 활동이 금지되어 있었다. 그런 가운데서도 1986년 2월에는 민추협 대표의 한 사람으로서 대통령 직선제를 회복하기 위해 제5공화국 헌법 개헌 청원 백만인 서명운동을 주도하나가면서 재야인사, 지식인, 학생들, 시민들과의 연대를 형성해 나가며, 1987년 6월항쟁을 승리로 이끄는 주역의 일원이 되었다.[89] 심지어 1973년 김대중납치사건이나 1980년 5·18과 '김대중내란음모사건' 등을 전후로 하여 1973년 7월, 미국에서 '한국민주회복통일촉진국민회의'(한민통 약칭)가 결성되고, 같은 해 8월 일본에서는 '한국민주회복통일촉진국민회의 일본본부' 등이 결성[90]되어 해외한인 민주화운동단체는 한국내 시민사회나 종교계, 학계 등에도 영향을 미쳤다. 물론 당시에는 현실정치에서 배척당한 정치인, 대학이나 언론사 등에서 정치적인 이유로 해고당했던 교수·언론·지식인의 공간으로서 '재야'라는 개념이 사용되었다. 반공과 독재의 틈바구니에서 재야 정치인, 지식인 등과 함께 김대중은 초기적 형태로서의 시민사회를 1987년 6월항쟁에 이르기까지 함께 지켜나갔다. 시민사회와 시민운동은 앞에서 지적했듯이 폭력을 금기시하며 수단으로서의 평화, 즉 '비폭력저항운동'을 한국 민주화운동의 기본 전략으로 제시하고 실천해 나갔다.

맺음말: 평화의 수단으로 한반도 평화의 길을 열고자

김대중을 평화주의자로 만든 것은 독재의 탄압과 정치적 실패, 그

---

89) 조한서, 《고난의 언덕에 핀 꽃 김대중》, 228~229쪽.
90) 이미숙, 〈1980년 '일한연대' 활동의 성격과 의미: 일본 시민사회의 광주 5·18과 '김대중 구명운동' 자료를 중심으로〉《민주주의와 인권》 제19권 4호 (2019), 66쪽.

속에서도 신앙생활과 이희호나 가족과의 사랑과 유대, 동지들과의 깊은 신뢰의 힘이었다. 물론 그의 쉼 없는 독서와 사유, 글쓰기의 과정이 그를 객관적이고 논리적으로 사고하게 만들었다. 또한 독재 정권과의 대결의식과 탄압 속에서 정치적 노련함이나 현실주의 정치관도 단련되고 강화되었을 것이다. 그러나 그를 평화주의자로 만든 것은 가족이나 동료들과의 신뢰의 관계와 자기 성찰을 하게끔 도와준 신앙의 힘, 역사와 민주주의에 대한 믿음이었던 것 같다. 그러한 힘이 있어서 수많은 죽음의 고비에서도 트라우마와 증오, 복수심을 극복할 수 있었다. 또한 역사에 대한 깊은 성찰은 세상을 바꿀 수 있는 원동력이 폭력에서 나오기 보다는 비폭력이지만 끝까지 저항하는 정신, 즉 비폭력저항정신에서부터 나옴을 배울 수 있었고, 그는 간디나 톨스토이, 마틴 루터 킹목사를 공부하면 자신의 생각에 정당성을 부여할 수 있었던 것 같다. 그런 과정에서는 그는 평화주의자로 스스로 만들어진 것으로 추론된다.

그의 평화통일론은 조봉암의 평화통일노선(론)보다 확실히 구체적이고 실현가능한 내용을 담고 있었다. 그러나 반공과 독재가 횡행했던 비이성의 시대에는 시기상조일 수밖에 없었으나, 한반도의 기본적인 분단 문제를 대통령선거 공약으로 만들어낼 만큼 통찰력과 추진력을 그는 보여줬다. 세계적 탈냉전 이후 한반도 통일과정이 좀더 장기적이 될 수밖에 없음을 직시한 그는 급속한 통일단계보다는 점진적 화해협력교류단계를 강조하면서, 통일에서 평화로 강조점을 바꾸었다. 2000년 6·15남북정상회담과 남북공동선언을 통해 남과 북의 위기를 탈출하면서도 평화의 한반도 가능성을 극적으로 세계에 보여줄 수 있는 기회로 만들어 나간 김대중의 돌파력과 인동초 정신을 인정할 수밖에 없다.

그의 평화사상은 여기에서 그치지 않고, 지역차별주의를 혁파하고, 화합으로 만들어 나가려 했다. 사회적 폭력으로서 계급적 차별, 노동자에 대한 차별을 노사정 대화의 길을 열어 바꾸려 했고, 가부장제 문화에서 배태된 고질적인 성차별과 성불평등을 해결하기 위해 최초로 여성부(현 여성가족부)를 만들어 제도적 수준에서 성평등의 길을 열어 두었다. 나아가 힘이 없는 민중 또는 시민이 목표를 달성하기 위해서는 시민사회, 사회단체가 받쳐주어야 비폭력저항운동을 실천할 수 있음을 실천적으로 보여주었다.

어떤 사람도 완벽할 수 없고, 모든 문제를 해결할 수 없다. 그리고 공인으로서 김대중의 사상과 실천을 전체적으로 접근한다는 것은 애초에 제한적일 수밖에 없다는 점에서 이 글은 한계가 있다. 그럼에도 대결과 폭력이 아닌 평화의 수단과 대화로서 문제를 해결할 수 있는 조건과 제도를 만든 것만으로도 김대중의 '국민의 정부'는 새롭고, 김대중 자신의 평화주의적 사상을 최대한 현실화시키려 한 것은 사실이다. 많은 정치가는 대체로 최고의 권력을 갖게 되면 받은 만큼 돌려주는 함무라비식 '응보적 정의(retributive justice)'를 실천해 왔다면 김대중은 평화의 관점에서 피해회복을 목표로 두는 '회복적 정의(restorative justice)' 개념을 포함한 창조적 정의(creative justice)[91]를 통해 새로운 정의·화해의 길을 제시했던 것도 사실이다. 이제 그가 남긴 평화사상과 실천을 더 높은 가치로서 발전시키느냐, 퇴행시키느냐는 당대인들과 후대인들의 몫일 것이다. (끝)

---

91) 박명림, 〈정의의 회복과 과거 극복의 완전성의 문제: 거창사건을 중심으로〉《일강법학》 제42호, (2019), 44쪽.

【참고문헌】

[김대중문헌]

김대중. 《대중경제론》. 서울: 청사, 1986.

김대중. 《공화국연합제》., 서울: 학민사, 1991.

김대중. 〈한반도 평화의 새로운 진전을 위하여〉.《6 · 15 남북공동선언
　　　　5년과 한반도 평화》, 서울: 연세대학교 출판부, 2006.

김대중, 《옥중서신 1》. 서울: 시대의 창, 2009.

[국문문헌]

김귀옥. 〈김대중 평화사상의 형성과 정치적 실천〉.《통일과 평화》제12권 2호
　　　　(2020), 7-51쪽.

김귀옥. 〈김귀옥, 〈분단과 전쟁으로 한 쪽 날개 꺾인 한국여성운동: 보수
　　　　여성단체의 지배와 지연된 여성주의적 성의식〉《평화들》제2권
　　　　2호(게재예정).

김귀옥 · 박석운 외, 《촛불 이후 사회운동의 과제 및 전망》., 서울: 도서출판
　　　　선인, 2019.

김용훈. 〈안중근 의사의 저격 행위에 대한 소고-테러리즘에 대한 분석 및
　　　　법적 평가를 겸하여〉.《법학논고》제74호 (2018),
　　　　107-137쪽. 박상필. 〈시민참여와 시민운동〉. 《NGO학》. 서울:
　　　　아르케, 2005.

김학재. 〈김대중의 통일 · 평화사상〉.《통일과 평화》 9집 2호 (2017),
　　　　59-90쪽.

박명림. 〈정의의 회복과 과거 극복의 완전성의 문제: 거창사건을 중심으로〉.
　　　　《일강법학》 제42호 (2019), 39-70쪽.

박성희 · 김창숙. 〈'통일' 수사학의 현실과 이상: 김대중 전 대통령 베를린
　　　　연설과 박근혜 대통령 드레스덴 연설의 수사학 상황 및 의미 분석〉.
　　　　《수사학 21》 제21집 (2014), 115-137쪽.

박홍규. 《함석헌과 간디: 평화를 향한 같고도 다른 길》. 서울: 들녘, 2015.

안경환. 《황용주: 그와 박정희의 시대》. 서울: 까치, 2013.

연세대학교 김대중도서관 편. 《김대중 전집 I, 제1권》. 서울: 연세대학교
대학출판문화원, 2015.

연세대학교 김대중도서관 편. 《김대중 전집 I, 제2권》. 서울: 연세대학교
대학출판문화원, 2015.

연세대학교 김대중도서관 편. 《김대중 전집 I, 제5권》. 서울: 연세대학교
대학출판문화원, 2015.

이동윤 · 박준식. 〈민주화과정에서 저항폭력의 정당성〉. 《민주주의와
인권》제9권 1호. (2008), 19-49쪽.

이미숙. 〈1980년 '일한연대' 활동의 성격과 의미: 일본 시민사회의 광주
5 · 18과 '김대중 구명운동' 자료를 중심으로〉. 《민주주의와 인권》
제19권 4호 (2019), 59-96쪽.

이병천. 《개발독재와 박정희 시대》. 서울: 창비, 2003.

이현주. 〈조봉암의 평화통일노선에 대한 검토(1946~1958)〉.
《한국근현대사연구》 제18호 (2001), 195-223쪽. 이희호. 《이희호
자서전 동행》. 서울: 웅진지식하우스, 2008.

임동원. 《피스메이커》. 서울: 중앙북스, 2008.

임미리. 〈한국 대중시위에서 폭력의 수용과 배제〉. 《담론201》제26권 2호
(2023), 65-98쪽.

장현근. 〈방벌(放伐)과 선양(禪讓)의 이중주 – 초기 유가사상의 정권에 대한
정당화〉. 《한국정치학회보》제46권 1호 (2012), 5-24쪽. 전두환.
《전두환 회고록1》. 서울: 자작나무숲, 2017.

정경환. 〈김대중정부의 대북정책 평가와 향후 과제〉. 《통일전략》 제2권 2호
(2002), 79-103쪽.

정대성. 〈독일 68운동의 비판과 반(反)비판 – 폭력문제를
중심으로-〉. 《서양사론》제138호 (2018), 192-225쪽.

정진백 엮음. 《김대중 대화록 1973~2008》. 광주: 도서출판 행동하는양심,
2018.

정진아. 〈조봉암의 평화통일론 재검토〉. 《통일인문학》 통권48호(2009),
63-86쪽.

정태환. 〈김대중 정권의 성립과 위기: 지역주의 정치 동학을 중심으로〉. 《사회와이론》 통권 제12집 (2008), 261-291쪽.

정해구. 〈김대중 · 노무현 대통령의 지역주의 극복 정책〉. 《내일을 여는 역사》 37호 (2009), 60-79쪽.

정현백. 〈국가와 여성평화운동 ─김대중 · 노무현정부의 평화정치를 중심으로〉. 《여성과 역사》 제20집 (2014), 217-254쪽.

조한서. 《고난의 언덕에 핀 꽃 김대중》. 서울: 작은 씨앗, 2009.

조희연. 〈운동과 저항, '오래된 현재'〉. 《사회를 보는 새로운 눈》. 서울: 도서출판 한울, 2008.

참여연대 사회복지위원회. 《건강보험통합 쟁취사》. 서울: 참여연대, 2010.

최용섭. 〈김대중 정부의 대북 화해협력정책에 대한 평가〉. 《한국동북아논총》 제25호 (2002), 77-97.

최정준. 〈대북 포용정책이 국방정책에 미친 영향 분석: 김대중 정부의 햇볕정책을 중심으로〉. 《사회과학연구》 58집 2호 (2019), 299-331쪽.

통일부. 《국민의 정부 5년간 대북정책 성과》. 서울: 통일부, 2002.

한상진. 〈내가 본 인간 김대중과 그 사상〉. 《21세기와 한민족》. 서울: 돌베개, 2004.

한홍구. 〈한국민주주의와 지역감정─남북분단과 동서분열〉. 《역사연구》 37호 (2019), 677-707쪽.

홍용표. 〈평화문화와 지속가능한 평화: 한국에서의 의미와 과제〉. 《문화와 정치》 제5권 제2호 (2018), 5-30쪽,

[외국어문헌]

安江良介(야스에 료스케) · 김대중. 〈한국 민주화의 길〉《世界》 9월호, 1973). 정진백 엮음. 《김대중 대화록 1973~2008》. 광주: 도서출판 행동하는양심, 2018.

安江良介(야스에 료스케) · 김대중. 〈한국 현대사가 묻는 것〉《世界》 9월호, 1983). 정진백 엮음. 《김대중 대화록 1973~2008》. 광주: 도서출판 행동하는양심, 2018.

Galtung, Johan 저. 강종일 외 역. 《평화적 수단에 의한 평화》. 서울: 들녘, 2000.

Scalapino, Robert · 김대중. 〈북한과 북한의 핵을 어떻게 볼 것인가〉(1993). 정진백 엮음. 《김대중 대화록 1973~2008》. 광주: 도서출판 행동하는양심, 2018.

[신문 · 잡지 · 방송]

松岡洋右(마쓰오카 요스케) 외상. 〈동조인 우방과 제휴, 대동아공영권확립〉. 《조선일보》. 1940년 8월 20일. https://newslibrary.naver.com/viewer/index.naver?articleId=1940080200239201001&editNo=1&printCount=1&publishDate=1940-08-02&officeId=00023&pageNo=1&printNo=6914&publishType=00020 (검색일: 2023년 10월 13일).

매일신문 편집국. 〈윤 "적에 두려움 주는 강한 군대 만들겠다" 힘이 진짜 평화 실현〉. 《매일신문》. 2023년 9월 27일. https://news.imaeil.com/page/view/2023092618082740779 (검색일: 2023년 10월 13일).

배인준, 〈반MB가 오뉴월에 MB를 도왔다〉 《동아일보》 2009년 7월 1일. https://www.donga.com/news/article/all/20090701/8750578/1 (검색일: 2020년 8월 1일).

연합뉴스 편집국, 〈'DJ 노벨상 취소 청원' 보낼 주소까지 일러준 MB국정원(종합)〉. 《연합뉴스》 2017년 10월 21일. https://www.yna.co.kr/view/AKR20171020127451004?section=search (검색일: 2020년 8월 1일).

VI 김대중의 여성주의 정치이념

이영재 (한양대학교 학술연구교수)

들어가기

한국 정치사에서 사상가로 꼽을 수 있는 대통령은 드물다. 물론 정치지도자가 꼭 사상가여야 하는 것은 아니다. 국민을 불행으로 몰고 가는 위험천만한 사상을 고집하는 경우에는 오히려 국민이 불행할 수 있기 때문이다. 대통령이 일방적으로 사상가를 자처한다고 사상가로 인정받을 수 있는 것도 아니다. 국민들이 사상가로 인정할 수 있는 정치지도자라면 공적인 삶과 경험 속에서 형성된 자신의 철학과 세계관이 있어야 하고, 이를 토대로 국민과 더불어 시대적 과제를 해결하고, 사회를 변화시킬 수 있는 비전을 보여줄 수 있어야 한다.

시대가 사상가로서의 정치지도자를 필요로 하기도 한다. 군부독재의 폭압 통치 때문에 민주헌정질서가 유린되고, 권위주의 유산이 사회에 팽배하고, 구태舊態의 잔재가 만연해 국가적 발전을 가로막았던 우리 현대사가 그런 시대였다. 우여곡절 많았던 한국 현대사는 시대적 질곡을 극복하기 위해서 국민과 함께, 때로는 한발 앞서 혹한의 세월을 견디고, 담금질 되면서도 더 나은 대한민국을 위한 희망을 실천할 수 있는 사상가로서의 정치지도자가 필요했다. 군부독재의 어둠 속에서 횃불을 밝히고, 엄혹한 유신체제에서 국민과 더불어 목청껏 민주화를 외치며 격동의 시대를 헤쳐 나오고, 1987년 6월 민주항쟁 이후 민주주의에 다시 생기를 불어 넣어야 할 때 '겨울을 견뎌내는 풀' 인동초忍冬草로 상징되었던 정치지도자 김대중의 역할이 그러했다.

김대중 대통령은 정치인으로서는 보기 드물게 일찍부터 남녀의 평등한 권리 보장을 위해 노력했다. 대통령이 된 이후에도 일관되게 자신의 여성주의 정치이념을 실천한 정치인이자 사상가였다. 정치인 김대중의 여성주의 정치이념이 공약으로 제시된 것은 제7대 대통령 선거부터다. 1970년 10월 31일 인천에서 열린 대통령 선거유세 연설문 초안을 살펴보면, '대통령 직속 여성지위향상위원회' 신설을 위한 구체적인 방안까지 제시되어 있다.

> 1. 신민당은 집권하면 대통령 직속 하에 여성지위향상위원회를 신설한다.
> 2. 1,600만 여성의 지위향상과 능력의 개발은 민주주의의 기본권리에 속하는 문제인 동시에 국력의 증강을 위해서도 극히 중요한 일이다.
> 3. 일찍이 UN은 여성지위향상을 위한 기구를 가지고 있으며 세계 많은 국가들이 이에 따르고 있다.
> 4. 여성지위향상위원회에서는 여성의 정치, 사회, 문화 각 분야 진출을 위한 특별한 여건 조성, 근로여성과 처우 향상 문제, 어머니와 아내…
> 1)

제7대 대통령 후보 김대중은 인천 선거유세부터 11월 14일 서울 효창운동장 선거유세2)를 비롯해 각종 기자회견 등 선거운동 기간 내내 여성의 지위를 향상하겠다는 포부를 한 번도 빠뜨리지 않고 제시했다.3) 명연설로 손꼽히는 1971년 4월 18일 제7대 대통령 선거 장충단공원 유세에서도 마찬가지였다.4) 이 유세에서 김대중 후보는

---

1) 김대중, 〈제7대 대통령 선거 인천 선거유세 연설문 초안〉(1970년 10월 31일). 《김대중 전집II》(6권).
2) 김대중, 〈제7대 대통령 선거 서울 효창운동장 선거유세 연설〉(1970년 11월 14일). 《김대중 전집II》(6권).
3) "여성의 지위 향상과 능력개발을 위해서 대통령 직속하에 '여성지위향상위원회'를 둠으로써 우리나라에 위대한 어머니, 훌륭한 아내, 그리고 정치·경제·사회 각 분야에서 여성의 능력이 최대한도로 발휘되도록 하겠습니다." 김대중, 〈제7대 대통령 선거 서울 효창운동장 유세 연설〉(1971년 11월 4일). 《김대중 전집II》(6권).

358

국민의 자유를 소생시키기 위해 정치적 구태를 해소할 것을 약속했다. 정권을 잡으면, 독재의 아성인 중앙정보부를 폐지하고 지방자치제를 실시하여 민주주의 기초를 확립하고, 여성의 지위를 향상하겠다고 호소했다.

> 중앙정보부는 공산당은 잡지 않고, 독재의 총본산이오, 따라서 만일 이와 같은 정보 정치를 그대로 놔두어 가지고는 이 나라의 암흑과 독재를 영원히 제거할 수 없기 때문에 내가 정권을 잡으면 이런 암흑 독재의 무덤을 이루고 있는 중앙정보부를 단호히 폐지함으로써 국민의 자유를 소생시키겠다는 것을 여러분에게 약속하는 것입니다 … 내가 정권을 잡으면 지방자치제를 실시해서 민주주의의 기초를 확립하고, 대통령 직속 하에 여성지위향상위원회를 두어 … 5)

　구름같이 모인 장충단공원의 청중을 향해 대통령 후보 김대중은 왜 당시 정치인들이 앞다투어 선택했음직한 거창한 장밋빛 청사진이 아니라 여성의 지위 향상에 힘쓰겠다고 공언했을까? 그에게 여성해방은 인도주의, 인권, 민주주의 시대가 도래해서야 비로소 실현될 수 있는, 그리고 그 시대의 도래를 앞당길 수 있는 거대한 정치적 목표이자 양보할 수 없는 중차대한 정치적 과제였기 때문이다.
　제7대 대통령 선거의 배경이 되는 1960-1970년대는 비단 농촌

---

4) 1971년 4월 18일 장충단공원 선거유세 내용은 연세대학교 김대중도서관에서 2024년 김대중 대통령 탄생 100주년을 맞이하여 미공개 연설 자료(음성 및 동영상) 중 첫 번째로 공개를 결정한 〈김대중의 역사적 연설 최초공개 시리즈〉1.에 나온다. 영상기록물은 다음 링크 참조.
　https://www.youtube.com/playlist?list=PLM3KYQ3ld15FS1VbLvJotxYLv2e-EPntP.
5) 김대중, 〈제7대 대통령 선거 서울 장충단공원 유세 연설〉(1971년 4월 18일), 《김대중 전집II》(6권).

뿐만 아니라 거의 전역에서 여성들이 국민학교(초등학교), 잘해야 중학교 이상의 교육을 받기 어려웠고, 도시로 올라와 공장에 취업하여 급여의 대부분을 오빠나 남동생의 학비로 보내주는 경우가 허다했던 시절이었다.6) 정치나 선거 같은 공적영역에서 남성주도적인 문화가 강하게 작용하던 시절에 정치인이 여성주의 정치이념을 고수하는 것은 지극히 드문 일이었다. 선거의 속성을 피부로 체감할 줄 아는 정치인이 왜 이 기성의 주류 질서에 편승하지 않고, 배제되고 차별받던 여성의 권리 회복을 정치적 목표로 제시했을까?

정치인 김대중에게 정치는 시대적 소명이었던 것으로 보인다. 인도주의, 인권, 민주주의 사상은 정치인 김대중의 공적인 삶과 경험 속에서 배태된 것으로 정치는 이를 실천하기 위한 수단이자 시대적 소명이었다. 인도주의, 인권, 민주주의의 가치는 김대중에게 타협 불가능한 가치였다. 그의 여성주의 정치이념은 이 정치적 핵심 가치의 기반 위에 서 있다.

사상가 김대중의 여성주의 정치이념을 조명하기 위해서는 두 가지 차원의 전제가 중요하다. 첫째, 그의 여성주의 정치이념은 반민주적 전통을 청산하고 민주주의를 정착시키기 위한 지향을 갖는다. 이는 남성중심주의와 가부장주의라는 한국사회의 구태를 극복하고 새로운 시대를 예비하고자 하는 일종의 이행기 정의(transnational justice)7)적 지향 차원에서 이해할 수 있다. 1974년 7월 13일 일기에 기록한 내용을 살펴보면, 김대중은 민주주의의 정착을 위해 3가지 요소와의 투쟁이 필요하다고 밝혔다.

---

6) 김원, 《여공》(서울:이매진, 2006); 이영재, 《공장과 신화》(서울: 학민사, 2006). 참조.
7) 이행기 정의는 주로 과거 권위주의 통치의 잔재를 청산하고, 민주정 정의를 구현하고자 하는 차원에서 사용되는 개념이다. 이에 대해서는 이영재, 〈이행기 정의의 본질과 형태에 관한 연구〉, 《민주주의와 인권》 제12권 1호(2012); 〈다층적 이행기 정의의 포괄적 청산과 화해 실험〉, 《정신문화연구》 38(4). 참조.

우리가 진정으로 민주주의를 이 땅에 정착시킬려면 이를 방해하는 세 가지 요소와의 투쟁에서 승리해야 한다. 하나는 물론 푸로레타리아 독재와의 투쟁이요, 둘째는 개발독재 내지는 반공을 빙자한 독재와의 투쟁이요, 셋째는 봉건적 사고방식 및 제도와의 투쟁이다. 지금 우리나라 구석구석에는 아직도 많은 봉건적 요소가 뿌리 깊히 남아 있다 … 좋은 전통은 살리되 반민주적 전통은 과감히 청산해나가야 한다. 민주주의는 개인의 인권, 자주성, 평등 가치의 확립 없이는 달성될 수 없다.[8]

질적으로 새로운 시대를 예비하기 위해서 세 가지 청산 대상이 모두 관련되겠지만 특히 김대중의 여성주의 정치이념과 직접적인 관련성을 갖는 것은 세 번째 봉건적 요소의 청산이다. 계승의 지향은 개인의 인권, 자주성, 평등의 가치 기반 위에서 도래하는 민주주의다.

둘째, 김대중의 여성주의 정치이념은 단순한 남성−여성의 대립 또는 여성주의−반여성주의의 대립이 아니라 인도주의와 인권, 민주화라는 보편적 시대적 지평 위에서 정립되었다. 여성주의 연구자들의 경우 법적 차원에서 평등권을 확보하기 위한 한국여성운동의 실천을 기존의 가부장적 권력관계에 변화를 추구하는 반가부장적 세력과 이를 고수하려는 가부장적 세력 간의 갈등과 투쟁의 과정으로 평가하는 경우가 많다.[9] 그러나 김대중의 여성주의 정치이념에 따르면, 한국 여성운동의 성장은 민주화의 진전과 결부되어 있으며, 남녀의 문제를 넘어서는 인도주의와 인권, 민주화의 지평이 확장되는 바탕 위에서 비로소 여성주의 정치이념이 구현될 수 있는 것이다.

---

8) 연세대학교 김대중도서관 편, 《김대중 전집II》(제8권), 연세대학교 대학출판문화원 (2019), 602쪽; 장신기, 《김대중과 현대사》(서울: 시대의창, 2021), 268쪽, 재인용.
9) 윤이화, 〈한국여성운동의 전략변화에 대한 영향요인분석〉(경북대학교 대학원 정치학과 박사학위논문)(2010), 3쪽.

이하에서는 먼저 김대중의 여성주의 정치이념이 형성된 배경을 살펴보고자 한다. 1장은 김대중의 여성주의 정치이념이 배태된 배경을 동학사상에 기초한 만민평등원리와 인도주의 차원에서 살펴보고, 2장에서는 또 하나의 배경으로 민주화와 여성해방의 차원을 다룬다. 3장에서는 여성주의의 이론적 맥락에서 김대중의 여성주의 정치이념의 위치를 평가하고, 4장에서는 민주화 이후 중요한 여성주의적 성과인 가족법 개정의 의미를 살펴보고, 끝으로 5장에서는 국민의 정부에 투영된 여성주의 정치이념을 살펴보고자 한다.

1. 만민평등원리와 인도주의에 기초한 여성주의 정치이념

김대중의 여성주의 정치이념을 이해하기 위해서는 그 기반이 되는 민주주의 사상에 천착할 필요가 있다. 김대중은 서구 민주주의에 주눅들거나 경도되지 않고, 한국사상과 전통에 대한 자긍심이 강했던 철저한 민주주의 사상가였다.

1994년 싱가포르 리콴유(李光耀) 전 총리가 미국 국제정치학술지인《포린 어페어스(Foreign Affairs)》와 인터뷰에서 이질적인 제도(서구 민주주의-필자)를 '적용할 수 없는 사회(아시아, 보다 구체적으로는 싱가포르-필자)에 무차별적으로 강요하지 말라'는 입장을 피력한 바 있다.[10] 김대중 대통령이 아태평화재단 이사장 시절 그에 대한 반박 인터뷰를 한 적이 있는데, 여기에 김대중의 민주주의 사상에 영향을 미친 만민평등원리와 인도주의에 대한 내용이 잘 드러나 있다.

김대중은 이광요와 달리 아시아적 전통에서 서구 민주주의보다 높

---

10) 이광요, 〈문화란 숙명이다〉 Foreign Affairs, 3-4월호(1994). 참조.

은 수준의 민주주의로 발전시킬 수 있는 민주적 토대를 찾는다. 인터뷰 내용을 간략히 소개하면 다음과 같다. 로크의 저항권보다 2000년 앞선 시기 동양에 맹자의 가르침이 있었다. "왕이 악정을 하면 국민은 하늘의 이름으로 봉기하여 왕을 권좌에서 몰아낼 권리가 있다고 하였다. 왕이 하늘로부터 위임받은 통치권을 잃게 되면 백성의 충성을 받을 자격이 없다고 했으며, 백성이 첫째이고, 국가(사직)가 둘째이며, 그 다음이 왕이라고 말했다. 중국의 민본정치 철학에 따르면 '민심이 천심이다'라고 했으며, '백성을 하늘로 여겨라'고 가르치고 있다." 서구 민주주의보다 높은 수준의 민주주의가 가능한 사상적 토대로 동양의 맹자사상을 소개한 연후 김대중은 만민평등원리와 인도주의에 기초한 한국의 동학사상을 소개하면서 어떤 사상보다 민주주의의 근본원리에 가장 충실한 사상이라고 평한다. "동학은 그보다 더 나아가 '인간이 곧 하늘'이라고 했으며, '사람을 섬기기를 하늘같이 하라'고 가르치고 있다"[11]는 것이다.

동학에 대한 언급이 여기서만 일회성으로 등장한 것은 아니다. 김대중의 민주주의 사상에 있어 동학이 차지하는 비중은 상당히 크다. 관련 기록을 살펴보면, 1967년 국회 본회의 회의록에서부터 2009년 〈하의3도 농민운동가들에의 헌사〉(2009. 4. 24)에 이르기까지 86건이 넘는 주요 회의, 유세, 강연, 연설 등에서 동학사상이 제시되고 있다. 1960년대 후반 국회 본회의 질문에서도 국가의 비정에 항의한 동학농민운동의 사례를 활용했을 정도다.[12] 김대중의 선거유세, 법

---

11) 김대중, 〈문화란 운명인가?(Is Culture Destiny?)〉 Foreign Affairs, 11–12월 (1994).

12) 김대중, 〈국회회의록〉 제6대 국회 제59회 제7차 본회의 회의록: 2.정부 경제정책 및 농촌 문제 전반에 관한 질문. (1967. 1. 27).; 〈국회회의록〉 제7대 국회 제63회 제6차 본회의 회의록: 1. 중요한 국내외 정세에 관한 질문. (1968. 2. 7); 〈국회회의록〉 제7대 국회 제66회 제12차 본회의 회의록: 3. 1968년 산하곡 매입가격결정에 관한 동의안. (1968. 7. 3).

정 최후진술, 강의, 연설 등에서 동학사상이 빠지지 않고 등장한다. 그 내용을 살펴보면 동학의 만민평등원리에 기초한 인간존중 사상에 서부터 동학농민운동의 역사적 의의에 이르기까지 광범위한 차원에 걸쳐 있다.

1971년 제7대 대통령 선거 서울 효창운동장 유세에서는 우리 국민의 자긍심을 '동학혁명', '3.1운동', '4.19혁명'을 일으킨 국민이라는 데에서 찾았다.[13] 1976년 3.1민주구국선언 사건 항소심 최후진술에서는 재판부를 향해 인간존중의 동학사상이 민주주의의 대원리이며 세계사적인 한국민의 긍지라고 역설했다. "'사람은 곧 하늘이다'라고 하는 인간존중의 민주주의의 대원리가 태어났어요. 그리고 이 혁명에서 노예의 해방, 과부의 재혼, 토지개혁이라는 민주주의적인 실천이 나타난 거에요. 기적입니다. 세계사에 대해서 자부해도 좋지 않겠습니까."[14] 1983년 하버드 대학에서 한 강연에서는 동학 농민혁명이 한국의 인권과 민주주의에 지대한 영향을 준 기반이라고 강조했다. "1894년 동학혁명은 민주적 성격을 가진 농민들의 혁명 운동이었습니다. 그들은 토지개혁과 노비해방, 과부들이 재가할 수 있는 권리, 엄격한 신분제도의 폐지 그리고 반제국주의 투쟁을 요구했습니다 … 이것은 인권과 민주주의를 추구하는 우리의 노력에 지울 수 없는 영향을 남겼습니다."[15]

1993년《새로운 시작을 위하여》에서는 동학사상의 정수인 인내천 人乃天, 사인여천事人如天을 국민주권에 일치하는 사상이라고 강조했다. "동학은 '사람이 곧 하늘'이라는 인내천과 '사람 섬기기를 하늘

---

13) 김대중, 〈제7대 대통령 선거 서울 효창운동장 유세 연설〉(1971년 11월 4일), 《김대중 전집Ⅱ》(6권).

14) 김대중, 〈3.1민주구국선언 사건 항소심 최후진술문(1976. 12. 20.)〉, 《민족시보》 (1977년 11월 11일자).

15) 김대중, 〈하버드대 강연: 한국역사에서의 민주주의〉(1983. 3. 10.).

섬기듯 하라'는 사인여천을 기본 사상으로 하고 있습니다. 민주주의의 핵심인 국민주권(of the people)의 생각에 이만큼 일치하는 사상은 또 없을 것입니다."16) 1994년《나의 길 나의 사상》에서는 동학농민혁명이 반봉건, 반제국주의에 기초하여 올곧게 민주주의를 지향하고 있었음을 강조했다. "우리는 전봉준의 동학혁명을 보면 참으로 기적같은 생각을 갖습니다. 어떻게 해서 그 당시 일개 서당의 접장 머릿속에서 반봉건 반제국주의 이념이 나왔는가 하는 것입니다. 만일 일본이 개입하지 않고 그 당시에 동학혁명이 성공해서 그들이 정권을 잡았더라면 반드시 반봉건적이고 민주적인 개혁의 방향으로 갔을 것입니다. 참으로 그 당시로서는 다시없는 민주주의적 방향을 지향했는데 이는 우리 5천년 역사에 가장 빛나는 백성에 의한 혁명의 사실이 될 것입니다."17)

2007년 베를린 자유대학 제1회 자유상 수상연설에서도 반봉건, 반제국주의를 내걸고 싸우다 수만 명의 농민이 목숨을 바친 동학농민운동을 소개하면서, 이를 16세기 독일의 아나밥티스트(Anabaptist)의 뮌체(Müntzer) 농민혁명에 버금가는 혁명으로 비유했다.18)

이렇듯 김대중 사상의 형성에 많은 영향을 미친 동학사상은 그의 여성주의 정치이념 형성이 배태되는 중요한 토대가 되었다. 김대중의 여성주의 정치이념에 직접적인 영향을 미친 것은 동학의 보편적 인간존엄 이념이다. 동학은 당시의 사회적 약자라 할 수 있는 여성에 대해서 가히 파격적이라고 할 만큼 과감하게 보편적 인간존엄의 원

---

16) 김대중, 《새로운 시작을 위하여》(파주: 김영사), (1993).
17) 김대중, 《나의 길 나의 사상》(파주: 한길사), (1994).
18) 김대중, 〈베를린 자유대학 제1회 '자유상' 수상 연설〉, (2007. 5 · 16.). 김대중도서관 홈페이지.

리를 적용했다. 실제 동학의 포덕 과정에서부터 여성이 중시되었다. 《용담유사》가 순국문의 가사체인 이유도 농민들과 부녀자들이 쉽게 읽을 수 있도록 한 배려였다. 〈안심가安心歌〉에서 여성은 거룩한 존재로 지칭된다. "거룩한 내 집 부녀 이 글 보고 안심하소…거룩한 내 집 부녀 근심말고 안심하소."[19]

당시 지배질서라 할 수 있는 여성비하적인 성리학적 규범질서에 비추어 보면, 동학사상에 내재한 '거룩한' 내 집 부녀란 질적으로 다른 새로운 여성관(또는 인간관)의 제시라 할 수 있다. 동학사상이 부녀들도 일도—道하여 수련하기만 하면 도성덕립道成德立의 군자가 될 수 있다는 평등관을 제시했다는 것은 보편적 인간존엄 원리에 대한 각성이 아니고서는 불가능한 일이다.[20] 동학의 여성에 대한 존중은 수운에서 해월로 이어져 심화된다. "지난 때에는 부인을 압박하였으나 지금 운을 당하여서는 부인도통으로 사람 살리는 이가 많으니라. 이것은 사람이 어머니의 포태 속에서 자라는 것과 같으니라."[21] 이러한 동학사상의 인간존중 원리에 기초한 남녀평등관은 시천주와 동귀일체관의 구현이자 만민평등사상의 근원으로 이어져 왔다.[22]

이렇듯 1860년 수운 최제우에 의해 창도된 동학은 인간평등·신분해방·여성해방의 가치 실현을 통해 '대동·평등' 세상을 실천하려고 했으며, 궁극적으로 어머니의 사랑이 실천되는 세상인 모정사회

---

19) 《용담유사》 〈안심가〉; 윤석산 주해, 《東學經典》, 385, 394쪽.
20) 박용옥, 1981, 〈東學의 男女平等思想〉, 《歷史學報》(91), 109–143쪽 참조.
21) 《海月神師法說》, 〈夫和婦順(18–1)〉. 더불어 〈婦人修道(18–1)〉, 342쪽. 또 〈夫和婦順(17–4)〉: "부인은 한 집안의 주인이니라(婦人一家之主也)." 등도 참조. 동학사상에는 여성과 더불어 어린이에 대한 존중사상이 들어 있다. "어린 자식 치지 말고 울리지 마옵소서. 어린아이도 한울님을 모셨으니 아이 치는 것이 곧 한울님을 치는 것이오니, 천리를 모르고 일행 아이를 치면 그 아이가 곧 죽을 것이니 부디 집안에 큰 소리를 내지 말고 화순하기만 힘쓰옵소서." 《海月神師法說》 〈內修道文(26–1)〉, 369쪽.
22) 양삼석, 〈제6장 수운(水雲) 최제우의 남녀평등관〉, 《민족사상》6(4) (2012), 159쪽.

를 지향했다. 동학은 세계사적으로도 상당히 이른 시점에 근대성을 내장하고 있었으며, 미래사회의 모형인 모정사회를 지향했다는 점에서 상당히 선진적이었다.[23] 김대중의 여성주의 정치이념에도 이러한 모정사회를 위해 모성의 권리를 보호하겠다는 의지가 나타난다. 1998년 대통령 취임 첫해 여성주간 기념식 연설을 보면 "주부 가사노동의 가치를 제도적으로 반영하고, 모성의 권리를 보호하며 사회참여를 실현하는 방안을 강구해 나갈 것"[24]이라고 국정의지를 피력했다. 그리고 김대중은 국민의 정부 당시에 근로기준법, 남녀고용평등법, 고용보험법 등 '모성보호 관련 3법'의 개정을 위해 노력했다.

김대중의 여성주의 정치이념의 일단을 보여주는 일화가 있다. 1963년 4월초 동교동으로 이사하면서 만든 공동 명의의 문패가 그것이다. 김대중 대통령과 이희호 여사는 일산과 청와대에서 지냈던 시절을 제외하면 40여 년 동안 동교동 178-1에서 지냈다. 이 무렵 동교동은 포장이 안된 변두리여서 아내보다 장화가 더 필요한 곳이었다고 한다. 집수리를 마치고 김대중이 국회에서 귀가하여 '金大中', '李嬉鎬' 2개의 문패를 내놓았다. "우리 대문에 당신과 내 문패를 나란히 답시다." "가정은 부부가 함께 이뤄나가는 거 아닙니까", "부부는 동등하다는 걸 우리가 먼저 모범을 보입시다." 이희호 여사는 "남녀가 유별하고 남편을 하늘이라 믿고 따르라고 가르친 그 시대에, 더욱이 시어머니를 모시고 살면서 며느리 문패를 단다는 것은 가히 혁명적 발상이었다"고 회고한다.[25] 김대중의 자서전《나의 삶 나의 길》에 보면 "말 만들기 좋아하는 사람들은 전시용 문패라고 했다"는

---

23) 김종욱, 《근대의 경계를 넘은 사람들》(서울: 모시는 사람들), 198쪽.
24) 김대중, 〈제3회 여성주간 기념식 연설: 위대한 한국 여성의 힘〉(1998.07.03.),《김대중대통령연설문집》제1권/대통령비서실/대통령기록관 검색(2023. 02. 13).
25) 이희호, 《동행》(서울:웅진지식하우스, 2008), 118쪽.

말이 나온다. 이런 세간의 비아냥에도 아랑곳하지 않고 정작 김대중은 "막상 그렇게 하고 나니 문패를 대할 때마다 아내에 대한 동지의식이 무럭무럭 자라났다. 미처 생각하지 못한 감정이었다"고 술회하고 있다.26)

20여 년이 지난 1987년 9월 〈여성동아〉와의 인터뷰에서도 "문패에 두 분 이름이 나란히 새겨졌던데 무슨 특별한 뜻이라도 있습니까?" 하는 질문이 나왔다. 김대중은 "무엇보다도 서로 격려하고 존경한다는 점에서 이름을 나란히 적는다는 것은 오히려 당연한 일일 수 있지 않겠습니까?"라고 답했다. 그리고 이어지는 남녀의 문제에 대한 질문에 답을 하면서 김대중은 남녀의 동등성을 특별히 강조했다. "남자와 여자가 전적으로 동등한 인격이라는 인식이 중요합니다. 이것이 관념으로써만이 아니라 실제로 우리들의 생활이나 감정의 밑바닥에서부터 여성을 남성과 동등한 인격자로 대하는 그런 자세가 필요하다는 생각이지요…."27)

2. 민주화가 곧 여성의 해방

김대중의 민주주의는 이렇듯 인간의 평등, 인간에 대한 존엄에 바탕을 두고 있다. "우리는 모든 인간이 자기 발전의 권리를 보장받을 뿐만 아니라 모든 생물과 무생물까지도 건전한 존재의 권리가 보장되는 새로운 민주주의를 실현하기 위해 노력할 필요가 있다. 이러한

---

26) 이희호, 《동행》(서울:웅진지식하우스, 2008), 118쪽. 재인용.
27) 김대중 인터뷰, 〈아내의 생각과 단절된 남편은 불행한 사람〉, 《여성동아》 9월호.(1987. 9.) 참고로 인터뷰를 진행한 인터뷰어 이두엽은 함께 대화를 나눈 지하서재에 수많은 장서가 가지런히 분류되어 있었는데 여성문제에 관한 서가가 별도의 항목으로 따로 되어 있는 것이 눈에 띄었다고 현장에서 느낀 인상을 적어 두고 있다.

민주주의를 실현하기 위한 자연스러운 첫 걸음은 1948년에 UN에서 채택된 세계인권선언을 완전하게 준수하는 것이다." 그리고 아시아 (특히 한국)가 해내야 할 과제로 "우리는 시급히 민주주의를 확립하고 인권을 개선해야 한다. 여기에 있어서 가장 큰 장애요소는 …권위주의적 지도자들과 변명자들의 저항"[28]이라고 밝히고 있다.

김대중의 이러한 민주주의관은 그의 여성주의 정치이념을 구성하는 중요한 배경이 된다. 그는 인도주의와 인권, 민주화라는 넓은 범주에서 여성주의 정치이념을 정초했다. 가장 지근거리에 있었던 1세대 여성운동가인 이희호 여사는 김대중의 여성주의 정치이념이 "인권신장과 민주주의 성숙이라는 관점"에 기반해 있다고 평한다.[29]

1987년 〈여성동아〉와의 인터뷰에서 김대중은 민주화가 여성해방운동이라고 말한다.

> "민주화를 어느 면에서는 여성해방운동이라고도 볼 수 있습니다. 왜냐하면 그동안 여성이 이중삼중으로 여러 가지 고통 속에서 그 권리가 박탈당해 왔기 때문입니다. 아내로서 여러 가지 열악한 위치에 놓여 있고 법률적으로도 오랫동안 차별 대우를 받았으며 지금도 받고 있지 않았습니까? 민주화운동을 여성운동의 측면에서 보면 인구의 반을 차지하고 있는 여성을 남성과 같이 똑같은 권리를 갖게 하고 똑같이 사회에 참여할 수 있게 하고 똑같이 행복을 누릴 수 있는 기회를 만들자는 것입니다."[30]

김대중의 여성주의 정치이념은 특히 같은 여성이지만 엘리트 여성

---

28) 김대중, 〈문화란 운명인가?(Is Culture Destiny?)〉 Foreign Affairs, 11-12월 (1994).
29) 이희호, 《동행》(서울:웅진지식하우스, 2008), 330쪽.
30) 김대중 인터뷰, 〈아내의 생각과 단절된 남편은 불행한 사람〉, 《여성동아》 9월호.(1987. 9.)

보다는 더 첨예하게 사회적 불평등의 사각지대에 있는 여성들을 향해 있다. 위 인터뷰에서도 김대중은 "도시의 빈민이나 근로여성, 농촌여성, 이런 사람들이 겪고 있는 특별하게 불리한 여건, 즉 비인간적인 여건을 조속히 시정하는 데 민주화의 중요한 목표를 두어야 할 것"[31]이라고 강조했다. 이런 맥락에서 그는 1970년대 반독재 투쟁 과정에서의 여성의 역할을 한국여성운동사의 중요한 사례로 평가한다. "동일방직, 원풍모방, 컨트롤데이터 등에서 일어난 여성 노동자들의 민주노동운동은 비인간적인 작업환경과 열악한 근무조건을 개선하기 위한 소중한 투쟁이었으며, 기본적으로는 인간으로서 존엄성을 회복하고 부당한 정치·사회적 제약에 대하여 항거하는 인간해방의 실천과정이었다"는 것이다.[32]

실제 김대중은 1970년대 민주노조 운동을 주도했던 여성노동자들과의 인연이 적지 않다. 그리고 한국 역사 속에서 민주주의를 설명한 하버드대 강연[33]이나 해방 50년의 역사적 성과를 제시한 아태평화재단 1주년 기념 연설을 비롯한 각종 강연, 연설 등에서 동일방직이나 YH사건 등 1970년대 여성노동자들의 민주화 투쟁을 자주 소개했다.[34] 자식들이 반독재투쟁을 하다가 구속된 부모들로 구성된 민가협 회원들도 동교동에 자주 드나들었다. 민가협 어머니들이 전하는 정치인 김대중, 동교동에 대한 회고다.

---

31) 김대중 인터뷰, 〈아내의 생각과 단절된 남편은 불행한 사람〉, 《여성동아》 9월 호.(1987. 9.)
32) 김대중 인터뷰, 〈아내의 생각과 단절된 남편은 불행한 사람〉, 《여성동아》 9월 호.(1987. 9.)
33) 김대중, 〈하버드대 강연: 한국 역사에서의 민주주의〉(1983. 3. 10.).
34) 김대중, 〈아태평화재단 창립 1주년 기념연설문: 해방 50주년과 우리 민족의 장래〉(1995. 1. 25).

"동교동 거기 있을 때 갔는데 가면은 마루에서 차를 다 대접을 해 거기는. 그래서 마루에 앉아서 차 먹고 뭐 얘기하고 (…) 어쩜 우리들한테 그렇게 얘기를 잘 해줘. 처음을 만나든 두 번을 만나든 만나서 우리가 얘기할 수 있는 그 시간을 줘. 그래서 얘기를 하고 서로 어떻구 뭐 그렇게 얘기를 잘해줘요."[35]

"그 양반한테는 단식할 때도 가 봤고, 집에도 가 봤고. 고맙게도 그 양반이 달달이 저기 저 민가협에다가 회비를 특별회비를 냈잖아요. 계속 후원했다고."[36]

민가협과 얽힌 하나의 일화를 소개한다. 민가협은 해마다 12월이 되면 '양심수를 위한 시와 노래의 밤'이라는 공연을 하면서 후원금도 모으고, 자식들이 구속된 부모님을 위로하는 문화공연을 했다. 1996년에는 한양대에서 공연하기로 되어 있었는데, 공연 하루 전날까지도 경찰이 학교를 원천봉쇄해서 공연을 하기 어려운 상황이었다. 다급한 마음에 민가협 총무가 마지막 방법으로 동교동에 전화를 했다.

"한밤중이었어요. 이희호 여사님이 전화를 받으셨죠. 그래서 말씀을 드렸어요. '아 그런데 어떡하지 선생님이 지금 지방을 가셨는데'라고 하셨어요. 당시 김대중 총재, 김대중 선생님은 민가협 어머니들을 너무 사랑해서 당신의 생일날 민가협 어머니들을 초대해서 밥을 대접하기도 했어요. 그만큼 민가협을 사랑했죠. 근데 우리가 뭐 평민당이나 이런 데서 농성하면서 만나거나 면담을 해서 만날 때는 결코 우리 앞에서 뭐 좋은 말 하시는 분이 아니었어요. 늘 논쟁을 하려고 하셨고 그랬지만 어머니들

---

35) 민주화운동기념사업회, 〈1980년대 가족운동 구술:민가협 정순녀〉(2021).
36) 민주화운동기념사업회, 〈1980년대 가족운동 구술:민가협 김정숙〉(2021).

을 무척이나 사랑을 하셨던 분이죠. 그래서 제가 정말 마지막 순간에 전화를 했어요. 그랬더니 이희호 여사님께서 지방엘 갔는데 어떡하지라고 하시면서 저한테 근데 뭐 밤늦게 뭐 새벽에라도 뭐 전화 통화할 수 있을 거라고 만약에 오시면. 어차피 오늘 집에 못 간다고 언제든지 연락 주시면 좋겠다고 했더니 새벽 1시인가 2시인가 정도 돼서 김대중 선생님께 전화가 왔어요. 그리고 그 새벽 사이에 일을 해주셨어요."[37]

　우여곡절 끝에 민가협은 '양심수를 위한 시와 노래의 밤' 공연을 할 수 있었다.

　민주화와 여성해방운동을 같은 기반 위에서 사고했던 김대중은 민주화가 동등한 여성권 확립을 위한 토대라고 보았다. 그리고 여성의 권리를 확보하는 주체는 여성들이어야 한다고 강조했다. "진정한 민주화 없이 인간화된 세상은 만들기 어렵고, 자주적이고 평화적인 통일의 길이 닦여지지 않는 한 이 땅의 진정한 안정은 불가능하지 않겠습니까? 그리고 여성의 권리를 여성 스스로가 진지하게 노력을 해서 찾아야지요 (…) 여권 신장에 대한 일이라면 자다가도 벌떡 일어설 만큼의 열정을 지녀야 더 나은 내일을 가져올 수 있지 않겠어요?"[38]

　만민평등원리에 기초한 인도주의, 인권과 민주주의로부터 도출되는 김대중의 여성주의 정치이념은 '남녀평등', '남녀가 더불어 사는 사회'로 집약할 수 있다. 이는 1993년 UN 비엔나 세계인권대회 이후 국제적으로 널리 통용되기 시작한 '남녀평등(gender equality)' 개념과도 일맥상통하는 것이다. 남녀평등이란 평등권에 기초하여 남성 또는 여성이 성을 이유로 하는 차별과 폭력, 소외와 편견을 받지 않

---

37) 민주화운동기념사업회, 〈1980년대 가족운동 구술: 민가협 남규선〉(2021).
38) 김대중 인터뷰, 〈아내의 생각과 단절된 남편은 불행한 사람〉, 《여성동아》 9월 호.(1987. 9.)

고 인간의 존엄과 권리 및 자유를 동등하게 보장받는 한편, 개성과 성별에 따른 고유한 특성을 존중받으며 가정과 사회에 동등하게 참여하고 책임을 분담하는 것을 말한다.[39)]

이러한 맥락에서 보자면 김대중에게 여성운동은 남성을 대립자로 여겨 남성을 정복하고 탈취하는 운동으로 한정되지 않는다. 김대중에 있어 여성운동의 목적은 여성에게 가해지는 억압을 드러낼 수 있는 민주주의를 정착시키고, 여성이 남성과 동등한 인간임을 주장할 수 있도록 보편적 인권의 지평을 넓히고, 인간으로서의 해방을 추구하는 것에 있다. 김대중의 여성주의 정치이념은 이러한 바탕 위에서 남녀 모두의 인간해방을 꿈꾸는 현대 여성주의 이념과 조우할 수 있다. 현대 여성주의는 남녀간의 지배 · 피지배적 위계구조를 해체하고 왜곡된 여성과 남성을 새로운 인간형으로 복원하고자 하며, 결국 여성뿐만 아니라 지배적 존재로서 왜곡된 남성을 해방하고 전 인간을 해방하는 차원으로까지 나아간다. 대립적으로 상정되는 남녀 사이의 이분법적 차원을 넘어 '상호의 공존을 꾀하는 남녀 모두의 인간해방'을 꿈꾸는 것이다.[40)]

3. 김대중 여성주의 정치이념의 위치

신분적 · 혈통적 예속을 걷어낸 서구 시민혁명으로 시민적 평등성이 보편적으로 관철되었다. 이 근대 시민적 평등성이 관철될수록 역설적으로 여성의 불평등성이 부각되었다. 이렇듯 근대 혁명기에 태

---

39) 김엘림, 《남녀평등과 법》(한국방송통신대학교출판문화원, 2006). 참조.
40) 윤이화, 2010, "한국여성운동의 전략변화에 대한 영향요인분석," 경북대학교 대학원 정치학과 박사학위논문. 40쪽.

어난 서구 여성주의41)는 "모든 인간은 평등하다"는 강력한 메시지가 얼마나 여성들에게 추상적인 허구였는지를 폭로하였다. 영국혁명은 '종교적 자유'를, 미국혁명은 '대표권 없는 곳에 과세 없다'는 슬로건을, 프랑스 혁명은 '권리 없는 의무 없고, 의무 없는 권리 없다'는 주장으로 여성들을 현혹시켰다. 서구 여성주의는 "그리고 여성도 평등하다"는 기치를 내걸었다.42)

여성주의는 "인간평등" "인간해방" 등을 기치로 하는 자유주의, 급진주의 또는 사회주의 이론과 결합하였다. 그들은 인간 평등과 인간해방을 보증하는 여러 이론들과 결합함으로써 여성평등 및 여성해방을 이루고자 했다. 여성주의 논의에서는 이를 제1세대 여성주의자들로 분류하고 이들의 이념을 "인간주의적 여성주의(humanistic feminism)"로 명명한다.43) 제1세대 여성주의 정치이념은 여성도 남성과 같은 인간 능력을 가진 주체이므로 동등한 참정권 및 교육의 기회를 가져야 하며 가정에만 머물 것이 아니라 나아가 공적 영역에서 활동해야 한다는 주장으로 이어졌다. 그러나 남성과의 동일성을 강조하는 성 중립성 주장은 여성의 남성화 혹은 여성성의 배제로 귀결되는 한계를 노정했다. 여성들은 가족이라는 사적 영역에서 여성의 역할 혹은 여성 특유의 가치를 스스로 평가절하하고, 남성적 가치에 동화되는 것을 목표로 했다.44)

---

41) '페미니즘(Feminism)'은 이미 외래어로 정착되어 여성주의 연구에서 보편적으로 사용되고 있으나 여기서는 김대중의 여성주의 정치이념과의 조응성을 고려하여 페미니즘 대신 여성주의로 통일해서 사용한다.
42) 이성숙, "서양 근대혁명과 여성." 김은하·윤정란·권수현 편《혁명과 여성》(서울: 선인, 2010), 300쪽.
43) Iris Marion Young, "Humanism, Gynocentrism and Feminist Politics" in Women's Studies International Forum, Vol. 8, Pergamon Press, 1985, 173-183쪽.
44) 이현재, 〈진보/보수에서 여성주의/반여성주의 구도로〉, 《哲學硏究》 第100輯, (2006), 136쪽.

　　미국의 68운동 이후 여성주의 운동에 대한 성찰이 진행되었다. 제1세대 여성주의 운동을 여성참정권운동으로 규정하고, 그동안 평가절하 되었던 여성의 모습과 가치를 되돌아보는데 주력하는 제2세대 여성주의자들이 등장했다. 그들은 인간해방을 위한 이론들이 기초로 삼고 있던 보편적 원리나 이성적인 인간주체가 결과적으로 타자로서의 여성을 배제한다고 보고 자신의 규범적 정체성을 인간적인 것이 아닌 "여성적인 것(feminine)"에서 발견하고자 했다. 이들은 여성을 남성과 동일한 인간주체로 파악하기 보다는, 남성과 다른 여성으로 정초하고자 했다. 이와 같이 차이를 강조하는 제2세대 여성주의를 "여성중심적 여성주의(gynocentric feminism)"라 부른다.[45]

　　2세대 여성주의 논자인 캐롤 길리건(Carol Gilligan)은 남성중심적으로 경도된 합리론을 성편견과 여성 비하를 함축하는 논의로 비판하고, 서구권 남성 집단이 목표로 삼는 단일한 가치체계에 포섭되지 않는 '다른 목소리'에 주목하고, 감성에 기반한 배려윤리, 돌봄의 가치를 강조했다.[46] 제2세대 여성주의자들은 단일한 기준에 따른 획일적 평등 대신 여성성에 기초한 '차이의 인정'을 정치적 이슈로 삼았다.[47] 반면 보편적 기준으로 매개하기 어려운 급진적 타자성의 인정으로까지 논의가 확산되면서 여성주의 진영 내에서는 동일성이나 차

45) Iris Marion Young, "Humanism, Gynocentrism and Feminist Politics" in Women's Studies International Forum, Vol. 8, Pergamon Press, 1985, 173-183쪽

46) Gilligan, Carol. 1993. In a Different Voice: Psychological Theory and Women's Development. Cambridge: Harvard University Press(1stedition, 1982). 참조.

47) 여성연구자 이현재는 2세대 여성주의주자들이 강조하는 "차이의 인정"이 호네트나 테일러 혹은 후쿠야마 등의 인정이론가들이 말하는 인정의 범위를 넘어선다고 본다. 2세대 여성주의자들의 또 다른 갈래에서는 보편언어로 매개될 수 있는 "상대적 다름(Andersheit)"뿐 아니라 보편 언어로 매개될 수 없는 "급진적 타자성(Anderheit)"까지도 인정되어야 한다고 주장하기 때문이다. 이현재, 〈진보/보수에서 여성주의/반여성주의 구도로〉, 《哲學硏究》第100輯, (2006), 137-138쪽.

이를 희생양으로 삼지 않는 제3세대 여성주의의 필요성이 제기되기도 했다.

여성주의는 다양한 과제와 한계에 도전하고 실천하는 과정 속에서 정립되어 왔기 때문에 단일한 이데올로기가 아니며, 모든 여성주의자들이 동일한 목표를 상정한 것이 아니게 때문에 다양한 이념적 스펙트럼을 갖는다.[48] 따라서 논의를 더 진전시켜 광범위하게 분화된 현대 여성주의 이론을 일별하기는 어렵다. 다만 제1세대와 제2세대 여성주의자들이 각기 강조한 '평등성(또는 동일성)'과 '타자성(또는 차이)' 문제는 여성주의 철학을 구성하는 중심축이라는 점에서 정치인 김대중의 여성주의 정치이념이 갖는 위치를 고찰하는데 유용한 시사점을 제공해 준다.

마샬(T. H. Marshall)은 시민권의 개념사적 발전을 시민적, 정치적, 사회적 권리의 순서로 제시했지만, 실제 권리가 정형화된 개념틀에 따라 획일적 방향으로 발전해 온 것은 아니다.[49] 시민적 권리로 통칭되는 시민적, 정치적, 사회적 권리의 확립은 지배와 피지배의 사회적 동학을 반영하게 마련이다. 아울러 시민적 권리와 달리 정치적 권리는 이미 존재하는 권리를 인구의 다른 부분에 허용하는 방식으로 권리의 확대가 이루어졌다. 남성 가운데서도 부와 교육의 정도가 높은 순으로 정치적 권리가 차등적으로 부여되는 경우가 많았다. 이 과정에서 여성의 정치적 권리 요구 투쟁이 제기되었고, 여성주의의

---

[48] 《페미니즘 사상(Feminist thought)》(1989)의 저자인 로즈마리 퍼트넘 통 (Rosemarie Putnam Tong)은 페미니즘 관점의 다양성을 강조한다. 그녀는 《페미니즘 사상》의 다섯 번째 개정판을 내면서 페미니즘을 자유주의 페미니즘부터 급진주의, 마르크스주의 페미니즘, 정신분석 페미니즘, 돌봄 중심 페미니즘, 에코페미니즘 등 10가지 관점으로 나누어 설명한다.

[49] 이에 대해서는 Turner, Bryan S. "Outline of a Theory of Citizenship," Sociology vol. 24(1990), in edited by Bryan Turner and Peter Hamilton, Citizenship I. (London: Routledge, 1994). 참조.

평등성 요구가 시작되었다. 그리고 남성과 여성의 차이를 고려하지 않은 획일적 기준에 따른 경쟁이 곧 남성에게 유리하게 기울어진 운동장에서 치러지는 경주로 귀결되기 때문에 점차 여성주의는 차이의 인정을 요구하기에 이른다. 이렇듯 여성주의 철학은 사회운동과 결부된 여성해방 운동과 더불어 비로소 체계를 만들어 왔고, 실체화되었다. 여성이 직면한 시대적 과제 속에서 여성운동이 태동하고 성장한 것이다.

한국 사회에서 제1세대 여성주의가 주력했던 참정권 운동의 기회는 없었다. 앞서 살펴보았듯이 만민평등에 기초한 신분해방과 인도주의가 자리한 동학사상이 근대의 비등점에 육박할 정도로 성장해 있었지만, 일제 강점기를 맞아 굴절될 수 밖에 없었다. 우리 참정권은 해방 후 1948년 일거에 정치적 권리가 부여되는 방식으로 제도화되었다. 따라서 한국 사회에서 1세대 여성운동의 평등성과 2세대 차이의 인정이 순차적 과제로 대두되지 않았다. 한국 여성운동은 기울어진 운동장에 균형을 맞추는 것과 동시에 부여된 권리의 실질을 회복하는 이중적 과제를 수행해야 했다. 여성의 역할을 제한하는 남성중심주의의 구태와 더불어 군부독재가 유린한 민주헌정질서의 확립이 중요한 과제로 대두되었다. 권리는 어떤 형태로든 국가의 제도 영역과 사회적 요구를 매개하는 기능을 수행한다. 독재정치 하에서는 권리의 실질을 회복할 수 없었기 때문에 무엇보다 민주화의 토대가 중요했고, 남성중심주의라는 구태가 갖는 여성억압적 구조를 타파하기 위해서 인도주의와 인권의 보편적 확대가 필요했다. 한국 여성운동도 서구와 마찬가지로 여성이 직면한 시대적 과제와 직면했지만, 그 과제는 한층 더 이중적이었다. 여성주의 정치이념에서 1987년 6월 민주항쟁이 중요한 이유는 이 이중적 난제로 얽힌 실타래를 풀어갈 수 있는 민주화의 토대가 마련되었기 때문이다. 이 민주화의 기반

위에서 전개된 여성운동의 대표적 제도화 성과가 가족법 개정이다.

4. 가족법 개정의 의미

민주화는 1980년대 말부터 여성관련 법 제·개정운동이 활발하게 전개될 수 있는 기반이 되었고, 여성문제를 중요한 사회문제로 부각시켰을 뿐만 아니라 법적·제도적 차원에서 권리확보를 통해 양성관계 및 가부장적 권력관계에 변화를 가져올 수 있는 토대로 작용했다.[50] 김대중의 여성주의 정치이념은 1987년 민주화 이행 이후 비제도영역의 여성운동과 제도영역을 매개하고, 추동하는 역할을 했다. 한국 여성운동의 발전과 관련하여 민주화 이후 국가와 정치의 역할도 여성에 의한 여성운동만큼이나 중요한 또 다른 동력으로 작용했다. 그 대표적인 사례가 1989년 가족법 개정이다.

참고로 〈가족법〉은 가족의 생활관계를 규율하는 사법으로, 통상 민법 제4편 친족(제767조 내지 제996조)과 제5편 상속(제997조 내지 제1118조)을 모두 포괄하는 의미로 사용된다. 가족법의 제정과 개정 시에는 항상 전통과 개혁이 대립하기 마련인데 우리 가족법은 전자를 중시하는 입장에서 제정되었다.[51] 여성운동계의 노력으로 1977년 가족법이 일부 개정되기는 했지만 남녀평등 원칙에 입각한 개정에까지 이르지는 못했다.[52] 1983년 5월 정부가 'UN여성차별 철폐협약'

---

50) 윤이화, 2010, 〈한국여성운동의 전략변화에 대한 영향요인분석〉(경북대학교 대학원 정치학과 박사학위논문). 3쪽. 참조.
51) 안경희, 〈가족법 개정사와 여성운동〉, 《이화젠더법학》 제6권 제2호(2014), 75쪽.
52) 개정 가족법은 공화당의 가족법 개정방침을 토대로 촉진회에서 제출한 가족법 개정안과 이 개정안에 대한 유도회 등 보수세력의 반대의견을 일부 반영한 절충안이었다. 따라서 제정법 및 1962년의 개정법에 비하면 성년의제제도의 신설, 부부의 소유불명 재산의 부부공동소유추정, 협의이혼요건에 가정법원의 확인절차 부가, 부모친권공동

에 서명했지만 가족법상 남녀차별규정들과 상충되는 조항을 유보하면서 국내 비준을 둘러싼 논쟁이 촉발되고, 여성연합회를 비롯한 여성계에서 여성차별 철폐가 이슈로 등장했다. 그러나 민주화의 기반 없이 실효성 있는 입법으로 관철되기는 어려웠다. 1988년 2월 25일 제6공화국이 출범하고 6월 항쟁의 여파로 1988년 제13대 총선에서 헌정사상 처음으로 제13대 국회가 여소야대로 구성되었고, 비로소 가족법 개정 논의가 본격화될 수 있었다.

김대중은 1987년 6월 항쟁 직후부터 가족법 개정의 필요성을 강력하게 피력했다. "우리 가족법은 50년대 중반에 제정됐는데 헌법에 위반된 것, 조문 자체끼리 모순된 것도 있고 동성동본 혼인 금지 등 문제가 많습니다. 헌법에는 남녀평등을 규정해 놓았지만 가족법은 남성 우위로 돼 있어요. 여성뿐 아니라 국민 기본권 입장에서도 가족법은 고쳐 나가야 한다고 생각합니다."[53] 대선기간 동안에도 "어머니의 권리를 아버지와 같게, 아내의 권리를 남편과 같게, 딸의 권리를 아들과 같게, 가족법을 개정해야 합니다!"라고 가족법 개정을 호소했다.

1987년 10월 30일 열린 관훈토론회에서는 "가족법이나 동성동본 불혼 제도 같은 법적인 차별문제가 있어도 역대 국회의원들의 대부분이 가족법 개정의 필요성을 인정하면서도 유림 세력을 의식해서 개정작업을 미뤄 온 것이 사실"[54]이라고 밝혔다. 그리고 헌법정신에

행사, 동일가적 내에 있는 딸과 처의 법정상속분 상향조정, 유류분제도의 신설 등을 통하여 여성의 지위가 다소 향상되었으나, 촉진회 개정안의 핵심적 내용이었던 호주제도 및 호주상속제도의 폐지, 친족범위의 조정(4촌 이내의 혈족, 3촌 이내의 인척, 배우자), 동성동본불혼제도의 폐지, 적모서자관계와 계모자관계의 폐지, 가를 위한 양자제도의 폐지 등이 개정법에 반영되지 않음으로써 여전히 법문에 성차별적인 규정이 산재하게 되었다. 안경희, 〈가족법 개정사와 여성운동〉, 《이화젠더법학》 제6권 제2호(2014), 106쪽.

53) 김대중인터뷰, 〈성병욱 편집부국장 외 4인과의 대담: 정치보복 앞장서서 막겠다(1987. 8. 18)〉, 《중앙일보》(1987. 8. 25), 《김대중 전집Ⅱ》, 12권.

입각해 가족법이 개정되어야 한다는 입장과 더불어 자신의 여성주의 정치이념을 더 구체화해 여성의 사회경제적 불이익을 해소하고 동등한 권리를 보장하기 위한 구상을 제시했다.

> "여성의 지위문제, 가족법을 포함해서 근본적으로 헌법이 만민평등, 남녀동등을 규정한 이상 이 헌법정신대로 실천돼야 한다고 생각합니다. 여성이 여성이기 때문에 받는 불이익, 이것은 여성만의 손실이 아니라 크게 보면 국가 전체의 손실입니다. 동일한 노동에 동일한 임금을 주어야 하고, 동일한 학력에 동일한 월급을 주어야 하고, 또 똑같이 근무한 연한이면 똑같이 승진해야 한다고 생각합니다. 가족법 문제는 다음 정부가 헌법정신에 입각해서 충분한 대화를 거쳐 합리적으로, 또 남녀평등의 원칙 하에서 해결해 나가야 한다고 생각합니다."[55]

민주화의 진전과 함께 제13대 국회에 들어서는 1970년대 개화된 여성이나 몇몇 단체를 중심으로 소규모로 진행되던 가족법 개정운동에서 벗어나, 거의 대부분의 여성단체들이 연합하여 범여성가족법개정촉진회를 결성하고, 체계적으로 가족법 개정운동을 전개했다. 가족법 개정운동과 관련하여 1987년 민주항쟁을 예비하던 1987년 2월, 21개 여성운동단체들의 연합체인 한국여성운동단체연합이 발족하는 등 여성주의 관점을 가진 여성단체가 대거 확대된 것도 중요한 동력이 되었다.[56] 여성계에서는 이태영 변호사가 중요한 역할을 했

---

54) 김대중토론회, 〈관훈클럽 초청 토론회: 민주주의의 십자가를 지고(1987. 10. 30)〉, 《김대중 전집Ⅱ》, 12권.
55) 김대중토론회, 〈관훈클럽 초청 토론회: 민주주의의 십자가를 지고(1987. 10. 30)〉, 《김대중 전집Ⅱ》, 12권.
56) 정현백, 〈한국의 여성운동 60년: 분단과 근대성 사이에서〉, 《여성과 역사》(4) (2006), 1-42쪽. 참조.

고, 정치권에서는 당시 평민당 김대중 총재가 가족법 개정을 주도했
다. 김대중 총재는 1988년 11월 10일부터 이틀간 진행된 평화민주
당 창당 기념 심포지움에서 여성문제를 정책세미나 4가지 주제 가운
데 가장 앞선 주제로 잡았다.[57] 그리고 앞선 관훈토론회 당시의 입
장을 재차 확인하고, 가족법 개정과 더불어 여성의 직장내 정당한
지위 보장을 위한 입법을 추진하겠는 의지를 강력하게 피력했다.

> "확실한 그리고 완벽한 남녀평등이 헌법만이 아니라 그 하위법, 현실 사
> 회의 모든 제도와 운영에서 이루어질 때, 인구의 반을 점하는 여성이 이
> 나라에서 충분히 자기 역량을 발휘할 때, 우리는 이 나라에 진정한 민주
> 주의가 있고 사회발전이 있고 여성해방이 있다고 확신하고 있습니다. 이
> 런 의미에서 우리 당은 앞으로 이 가족법 개정 혹은 여성이 직장에서 정
> 당한 지위를 보장받는 법을 강력히 추진할 생각입니다."[58]

  그동안 남녀차별에 분명한 독소조항이 있음에도 불구하고 이 문제
가 해소되지 못한 채 이를 개정하는데 37년이나 걸렸다. 민주화의
기반 조성 없이 여성해방이 어렵다는 것을 실감한 기간이었다. 가족
법 개정은 호주제 대폭 수정(상속에서 남녀평등원칙), 배우자 재산분할
청구권 신설, 재산상속의 남녀평등원칙을 반영함으로써 한국 사회에
서 남성주의적 구태를 청산하는 데 있어 중요한 진전을 보여준 사건
이다.

---

57) 김대중의 여성주의 정치이념은 후순위나 부록이 아니었다 "정책세미나 네 가지 중에
  첫째로 우리가 여성문제를 주제로 잡은 것을 자랑스럽게 생각합니다." 김대중, 〈평화
  민주당 창당 1주년 기념 심포지엄 제1부 인사말(1988. 11. 10)〉, 《정책과 전망》
  (1988), 《김대중 전집 Ⅱ》, 13권.
58) 김대중, 〈평화민주당 창당 1주년 기념 심포지엄 제1부 인사말(1988. 11. 10)〉, 《정책
  과 전망》 (1988), 《김대중 전집 Ⅱ》, 13권.

이희호 여사는 1989년 12월 19일 가족법 개정안이 통과된 당시를 이렇게 회고한다. "단지 딸이라는 이유만으로 여성들은 할아버지와 아버지는 물론 아들과 손자에게 법률상 종속적인 존재였다. 가족법 개정에 가장 적극적이었던 정치인 김대중이 제1야당 총재였다. 헌법은 남녀평등을 보장하고 있으나 실제 권리를 규정하는 가족제도 민법은 일제가 만든 것이 그대로 지속되고 있었다. 새 가족법은 여성의 지위를 남성과 거의 동등한 수준으로 끌어올려 부부 중심의 민주적 가족제도를 지향했다. 상속에서 남녀 차별적 요소를 없앴을 뿐만 아니라 이혼할 때 재산분할청구권을 신설하고 자녀에 대한 친권 규정을 개정하여 이혼한 어머니도 친권자가 될 수 있게 했다."59)

5. 국민의 정부에 투영된 여성주의 정치이념

1997년 12월 치러진 15대 대통령 선거는 여느 대선보다 여성정책에 대한 관심이 높았다. 여성운동 진영이 대선 사상 처음으로 진보와 보수를 아우르는 연대(총88개 여성단체 참가)를 이루고, '15대 대선후보 초청 여성정책토론회'(1997년 11월 3~7일)를 개최했다. 당선이 확정되자 1970년대부터 여성주의 정치이념을 공약으로 제시한 김대중 후보였고, 선거 기간 내내 여성정책에 적극적 의사를 표현하고, 부인 또한 여성운동과 밀접한 인물이었기 때문에 새 정부의 여성정책에 대한 기대감이 높을 수밖에 없었다.60)

일찍부터 발전시켜온 김대중의 여성주의 정치이념은 집권 직후부

---

59) 이희호, 《동행》(서울:웅진지식하우스, 2008), 290-292쪽.
60) 권수현, 〈여성운동과 정부, 그리고 여성정책의 동학〉, 《아시아여성연구》 제50권 1호 (2011), 26쪽. 참조.

터 주요 연설과 기념사에서 구체적인 여성정책으로 제시되었고, 대부분 정책으로 구현되었다. 대통령 김대중의 여성주의 정치이념의 주요 골격이 제시된 것은 1998년 집권 뒤 처음 맞는 여성주간 기념식 연설에서였다.[61]

첫째, 국가발전을 위해 남녀의 차별을 타파하고 여성의 힘을 끌어내야 한다는 것이다. 둘째, 이를 위해 여성의 인권이 보장되고 능력이 발휘되는 민주주의 사회가 필요하다는 것이다. 이는 앞서 살펴본 여성주의 정치이념의 핵심 내용이기도 했다.

> 21세기는 여성의 섬세한 감각과 예민한 직관력이 더욱 빛을 발할 수 있는 그런 시대입니다. 육체적 힘이 경제를 이끄는 것이 아니라 창의적인 아이디어가 경제를 좌우하는 시대에 남녀간의 차별이란 국가발전을 가로막는 장애물일 뿐이라고 생각합니다. 그런 의미에서 여성의 힘을 끌어내는 일이야말로 국가발전의 주요한 전략이 되어야 할 때입니다. 또한 여성의 인권신장이 없이 민주주의의 발전은 있을 수 없습니다. 여성의 인권이 보장되고 여성의 능력이 발휘될 수 있는 사회가 바로 민주주의 사회입니다.

셋째, 정권교체를 통해 여성의 권익이 향상될 수 있는 민주적 기초가 마련되었다. 그동안 기대치로만 제안되던 것과 달리 정책구현을 위한 기반이 마련된 것이다.

> 이제 50년 만의 여야간 정권교체를 통해 '여성의 권익 향상과 민주주의가 함께 발전'할 수 있는 토양이 마련되었습니다. 그런 의미에서 '국민의 정

---

61) 김대중, 〈제3회 여성주간 기념식 연설(위대한 한국 여성의 힘)〉(1998.07.03.)《김대중대통령연설문집》제1권/대통령비서실/대통령기록관 검색(20230213).

부' 출범 후 처음 맞는 이번 여성주간의 의의가 깊지 않을 수 없습니다.

넷째, 여성주의 정치이념을 실현하기 위해 1970년대 대통령 선거에서부터 제안하던 대통령 직속 여성특별위원회가 설치되었다.

'국민의 정부'는 여성의 인권과 권익향상에 많은 관심과 애정을 가지고 노력하고 있습니다. 우선 대통령 직속으로 여성문제를 전담하는 '여성특별위원회'를 최초로 설치하였습니다. 이는 여성과 함께 발전하려는 '국민의 정부'의 강력한 의지입니다. 정부는 여성특별위원회를 중심으로 '남녀가 더불어 사는 사회'를 만들어가는데 최선을 다할 것입니다.

다섯째, 여성주의 정치이념의 핵심인 '남녀가 더불어 살아가는 사회'에 대한 구체적인 내용이 가사노동 가치의 제도적 반영, 모성권리 보호로 제시되었다.

또한 새 정부는 출범과 동시에 정부의 5개 부처에 여성정책 담당관을 신설하여, 각 분야에서 남녀차별의 개선을 비롯한 여러가지의 여성정책을 체계적으로 추진하고 있습니다. 앞으로도 주부 가사노동의 가치를 제도적으로 반영하고, 모성의 권리를 보호하며 사회참여를 실현하는 방안을 강구해 나갈 것입니다.

그리고 1998년 9월에 열린 제35회 전국여성대회 연설에서는 '남녀가 더불어 살아가는 사회'와 관련하여 여성의 대표성 확대, 직장내 차별 철폐, 여성실직자를 위한 지원 등의 방향이 제시되었다.

앞으로 국회의원 비례대표의 30%를 여성에게 배분하여 여성의 정계진출을 확대함으로써, 우리 사회 전반에 이러한 여성참여에의 문호가 활짝 열리기를 기대해마지 않습니다. 저는 지금 우리 여성이, 당면한 경제난국으로 인해 가정과 직장에서 2중, 3중의 고통을 겪고 있다는 것을 잘 알고 있습니다. 여성이라는 이유만으로 취업이나 직장에서 부당한 대우를 받지 않도록 하겠으며, 여성 실직자를 위한 생활지원과 취업보장에도 각별한 관심을 가질 것입니다.[62]

그리고 여성주의 정치이념의 중요한 과제인 한국사회 구태 극복의 견인차 역할을 당부했다.

여러분은 의식개혁과 생활개혁의 주체로서 우리 사회의 묵은 때를 깨끗이 씻어내고 활기찬 사회를 만들어가는 견인차가 되어주시기 바랍니다.[63]

이 과제는 2001년 제28회 전국여성대회를 비롯하여 여러 번 강조되었다.

사회 일각에는 아직도 남성위주의 관행과 여성에 대한 편견이 남아 있습니다. 여성의 권익 보호와 여성인력의 교육, 개발 면에서도 부족한 점이 많습니다.[64]

62) 김대중, 〈제35회 전국여성대회 대통령 연설문〉(1998.09.29.)《김대중대통령연설문집》제1권/대통령비서실/대통령기록관 검색(20230213).
63) 김대중, 〈제35회 전국여성대회 대통령 연설문〉(1998.09.29.)《김대중대통령연설문집》제1권/대통령비서실/대통령기록관 검색(20230213).
64) 김대중, 〈제28회 전국여성대회 대통령 연설문(여성의 자부심과 희망)〉(2001.10.12.)《김대중대통령연설문집》제4권/ 대통령비서실/ 대통령기록관 검색(20230213).

관점에 따라서 조금씩 차이가 있지만 민주주의가 진행될수록 국가와 여성의 관계가 친밀해지고, 여성운동이 과거 국가에 대한 견제와 비판에서 정치적 지지와 협조의 태도를 취하게 되는 것은 자연스러운 전개였다. 한국의 민주화는 여성운동이 조금 더 활발하게 활동할 수 있는 토대가 되었고, 짧은 시간 동안 여성의제가 제도화되는 등 여성운동에 기회를 제공했으며, 민주정부는 그 기회의 공간을 제공했다.

여성운동은 많은 변화를 겪어왔는데, 특히 김영삼 정부에서 김대중 정부로 정권이 바뀌면서 여성운동의 전략이 획기적으로 바뀌었다. 김대중 정부 이전 여성운동은 여성문제 및 여성의 불평등을 해소하기 위한 입법운동이 주였다. 앞서 살펴본 1987년 6월 항쟁의 성과에 힘입은 〈가족법〉 개정(1989)이 대표적이다. 김대중 정부에 들어서면서 여성운동은 입법운동에서 대표성 확대 운동에 주력하였다. 김영삼 정부시기에는 주로 여성관련 법안의 제·개정을 중심으로 정치권에 영향력을 행사하기 위한 '영향의 정치'가 주를 이루었다면, 김대중 정부시기부터는 비례대표 여성후보 공천할당제를 통하여 여성의 의회대표성이 확대되는 등 그동안의 간접적인 참여를 넘어서는 직접적인 '참여의 정치'가 가능한 토대가 만들어졌다.[65]

국민의 정부가 들어서면서 나타난 여성정책의 가장 큰 변화는 1998년 정부조직법 개정에 따라 그동안 여성정책을 전담했던 정무장관(제2)실을 대통령이 직접 관할할 수 있는 대통령 직속 여성특별위원회로 개편한 것이다. 이는 김대중 대통령이 1971년 제7대 대통령 선거유세에서 '대통령직속 여성지위향상위원회'를 공약한 지 꼭 27년 만에 이루어진 성과다.

---

65) 윤이화, "한국여성운동의 전략변화에 대한 영향요인분석," 〈경북대학교 대학원 정치학과 박사학위논문〉(2010), 1~4쪽. 참조.

대통령직속 여성특별위원회(역대 위원장 윤후정, 강기원, 백경남) 출범 시점에 대통령령으로 정한 여성특별위원회 소관사무는 다음과 같다.

① 여성정책에 대한 종합적인 기획 · 조정에 관한 사항

② 여성의 지위향상과 관련한 대통령 자문기능의 수행

③ 여성발전기본법 제15조 내지 제28조의 규정에 의한 여성정책의 기본 시책을 시행을 위한 제반조치에 관한 사항

④ 여성발전기본법 제36조의 규정에 의한 정부의 사무

⑤ 남녀평등촉진 및 여성발전을 위한 여성단체의 활동 및 여성관련 시설 의 운영지원에 관한 사항

⑥ 남녀평등촉진 및 여성발전을 위한 정책개발 및 조사연구에 관한 사항

⑦ 각종 법제도, 행정조치 및 관행 등에 나타나는 여성차별에 대한 조사 및 차별시정에 관한 사항

⑧ 기타 남녀평등촉진 및 여성발전을 위하여 대통령의 명을 받아 여성특 별위원회 위원장이 지정하는 사항[66]

그리고 여성특별위원회는 원활한 부처간 여성정책의 조정을 위해 교육인적자원부, 노동부, 농림부, 법무부, 보건복지부, 행정자치부 등 6개 부처에 여성정책담당관실을 설치했다. 그러나 집권하자마자 한 술에 배부를 수는 없는 일이었다. 여성특별위원회가 대통령 직속 으로 설치되었지만 차별에 대한 분쟁조정과 처분, 준사법−준입법 기 능과 정책 집행 기능에서 기대만큼의 권한을 갖지 못했고 위상과 예 산, 인력의 부족 등으로 여성정책의 효과적 집행에 한계가 있었 다.[67]

---

66) 〈대통령령: 여성특별위원회 규정안〉(1998. 2. 28).(공포번호: 제15693호).

67) 김현희, 〈'국민의정부'의 여성정책〉,《여/성이론》(2), (2000), 126−127쪽; 권수현,

김대중 대통령은 이런 요구를 반영하여 2000년 신년사에서 재경경제부 장관의 부총리 승격, 교육부 장관의 부총리 승격과 더불어 여성특별위원회를 여성부로 바꾸고 여성 관련 업무의 일괄 관리 및 집행이 가능하도록 하겠다는 포부를 밝혔다.

> 여성특별위원회를 여성부로 바꾸어 정부 각 부처에 분산되어 있는 업무를 일괄해서 관리, 집행하도록 함으로써 21세기에 그 역할이 크게 증대될 여성의 시대에 대비하고자 합니다.[68]

정부조직법이 2000년 12월 국회를 통과했고, 2001년 1월 법령 제정권과 실질적인 집행 권한을 갖는 여성부가 출범했다. 여성부 신설과 함께 교육부, 행자부, 법무부, 농림부 등 6개 부처에 여성정책 담당관실을 설치하고 여성정책의 유기적 연계와 확산을 도모하고자 했다. 국민의 정부 시기 남녀평등 및 남녀가 더불어 사는 사회를 위해 개정 또는 제정된 주요 법률은 다음과 같다.

> 1998. 12. 〈국민연금법〉 개정: 5년 이상 혼인 기간 이혼시 배우자 분할 연금수급권 부여
>
> 1999. 2. 5. 〈여성기업지원에 관한 법률〉 제정: 중소기업청에 여성기업 활동촉진위원회 설치_한국여성경제인협회 설립
>
> 1999. 2. 8. 〈남녀차별금지및구제에관한법률〉 제정: 1989년 가족법개정이 가족관계에서 남녀차별을 없애는 것이라면, 동법은 사회 모든 영역에서 남녀차별 금지 규정
>
> 2000. 2. 16. 〈정당법〉 개정: 비례후보자 중 여성 30% 이상 공천

〈여성운동과 정부, 그리고 여성정책의 동학〉, 《아시아여성연구》 제50권 1호(2011), 26–27쪽.

68) 김대중, 〈새천년신년사〉(2000. 1. 3.).

2000. 12. 〈국가유공자법〉 개정: 출가한 딸과 외손자녀 유족보상수급권 인정으로 남녀차별 요소 없앰

2001. 8. 14. 〈근로기준법〉, 〈남녀고용평등법〉, 〈고용보험법〉 개정: 모성 보호 비용의 사회적 분담 근거 규정 마련

맺음말 : 남녀가 더불어 사는 사회를 꿈꾼 사상가

정치인 김대중에게 정치는 시대적 소명이었다. 그는 정치를 통해 한국 사회에 인도주의, 인권, 민주주의의 가치를 구현하고자 했다. 이 장에서는 특히 김대중의 여성주의 정치이념에 대해 살펴보았는데, 그의 여성주의 정치이념의 토대 역시 인도주의, 인권, 민주주의 사상에 기반을 두고 있음을 확인했다.

가장 가까이에서 동반자로서, 여성주의자로서 지내온 이희호 여사는 남편 김대중의 여성주의 정치이념을 어떻게 평가할까? 이 여사는 남편 김대중을 "남성과 여성이 동등한 인격으로 차별받지 않고 사는 평등한 사회를 꿈꾸는 페미니스트였다"고 평가한다. 그리고 이렇게 덧붙였다. "너무 일찍 꾼 꿈이었으리라." 실제 그랬다. 1970년 제7대 대통령 선거에서 이루고자 했던 대통령 직속 여성지위향상위원회가 여성특별위원회로 실현되기까지 자그마치 27년이 걸렸다. 제15대 대통령이 되어서야 '너무 일찍 꾸었던 꿈'을 실현할 수 있었다. 그러나 남녀평등 세상을 향한 꿈이 그 사이에 멈추어 있었던 것은 아니다. 그 꿈은 살아 움직였고, 한국 사회에 선한 영향을 미쳤다. 그리고 이 여사는 그걸 옆에서 지켜본 사람으로서 이제 행복하다고 말했다. "그러나 지금의 눈부신 변화는 사뭇 감격적이다. 민주주의의 발전만큼 여성들은 스스로 진화를 거듭하고 있는 중이다. 지켜보

는 사람으로서 행복하다."[69]

  정치인으로 살았던 평생 동안 여성주의 정치이념은 사상가 김대중에게 부록이나 후순위가 아니었다. 여성주의 정치이념은 청산하고 싶었던 시대의 구태, 마주하고 싶었던 세상을 만들기 위해 항상 우선순위에 있었다. '남녀평등', '남녀가 더불어 사는 사회'를 만들기 위해 때로는 여성운동과 입법의 가교가 되고, 때로는 행정의 가교를 자처했다. 그리고 집권 기간 동안 꿈에 그리던 여성정책 전담부서를 신설하면서 축하자리에서 그는 "여성부의 탄생을 축하하지만 빨리 없어질수록 좋습니다"라고 했다. 양성평등이 실현되면 사라져야 할 시한부 부서라는 것이다. 기울어진 운동장이 평평해지면, 즉 남녀가 더불어 사는 사회가 도래하면 김대중의 주요 여성정책은 그의 바람대로 필요 없어질 것이다. 여성부가 그렇고 여성할당제 등 평등을 조성하기 위해 도입된 적극적 조치들이 그럴 것이다.

  그런데 아직 남녀가 더불어 사는 사회가 도래하지 않았고, 해결되어야 할 많은 과제들이 산적해 있다. 기울어진 마당은 여전한데 균형을 잡으려던 시도들이 '공정'과 '경쟁'의 미명 아래 위기에 직면해 있다. 사상가 김대중이 가졌던 여성주의 정치이념의 본질인 인간존중 사상이 더 절실해지는 시점이다. 21세기 대한민국에 여성을 위해, 그리고 남성을 위해 공존, 인정, 배려의 가치가 필요하다.

---

69) 이희호, 《동행》(서울:웅진지식하우스, 2008), 6쪽.

【참고문헌】

[김대중 문헌]

김대중 인터뷰, 〈아내의 생각과 단절된 남편은 불행한 사람〉, 《여성동아》
　　　9월호 (1987. 9.).

연세대학교출판문화원, 《김대중 전집》Ⅰ·Ⅱ.

김대중, 《나의 길 나의 사상》(파주: 한길사, 1994).

김대중, 《새로운 시작을 위하여》(파주: 김영사, 1993).

《김대중대통령연설문집》제1권/대통령비서실/대통령기록관 검색(2023. 02.
　　　13).

《김대중대통령연설문집》제4권/대통령비서실/대통령기록관 검색(2023. 02.
　　　13).

[국문문헌]

김　원, 《여공》(서울:이매진, 2006).

김엘림, 《남녀평등과 법》(한국방송통신대학교출판문화원, 2006).

김종욱, 《근대의 경계를 넘은 사람들》(서울: 모시는 사람들).

윤석산 주해, 《東學經典》(서울: 동학사, 2009).

이영재, 《공장과 신화》(서울: 학민사, 2006).

이희호, 《동행》(서울: 웅진지식하우스, 2008).

장신기, 《김대중과 현대사》(서울: 시대의창, 2021).

권수현, 〈여성운동과 정부, 그리고 여성정책의 동학〉, 《아시아여성연구》
　　　제50권 1호(2011).

김현희, 〈'국민의정부'의 여성정책〉, 《여성이론》(2)(2000).

민주화운동기념사업회, 〈1980년대 가족운동 구술자료〉(2021).

박용옥, 1981, 〈東學의 男女平等思想〉, 《歷史學報》(91).

안경희, 〈가족법 개정사와 여성운동〉, 《이화젠더법학》 제6권 제2호(2014),

양삼석, 〈제6장 수운(水雲) 최제우의 남녀평등관〉, 《민족사상》6(4) (2012).

윤이화, 〈한국여성운동의 전략변화에 대한 영향요인분석〉, 경북대학교 대학원
　　　정치학과 박사학위논문(2010).

이성숙, 〈서양 근대혁명과 여성〉, 김은하·윤정란·권수현 편 《혁명과
　　　여성》(서울: 선인, 2010).

이영재, 〈다층적 이행기 정의의 포괄적 청산과 화해 실험〉, 《정신문화연구》
　　　38(4)(2016).

이영재, 〈이행기 정의의 본질과 형태에 관한 연구〉, 《민주주의와 인권》 제12권
　　　1호(2012).

이현재, 〈진보/보수에서 여성주의/반여성주의 구도로〉. 《哲學硏究》第100輯,
　　　(2006)

정현백, 〈한국의 여성운동 60년: 분단과 근대성 사이에서〉, 《여성과 역사》(4)
　　　(2006).

[영문문헌]

Gilligan, Carol. 1993. *In a Different Voice: Psychological Theory and
　　　Women's Development*. Cambridge: Harvard University
　　　Press(1stedition, 1982).

Turner, Bryan S. "Outline of a Theory of Citizenship," *Sociology* vol.
　　　24(1990), in edited by Bryan Turner and Peter Hamilton,
　　　Citizenship I. (London: Routledge, 1994).

Young, Iris Marion. "Humanism, Gynocentrism and Feminist Politics"
　　　in *Women's Studies International Forum*, Vol. 8, Pergamon
　　　Press, 1985,

[사료 및 자료]

〈대통령령: 여성특별위원회 규정안〉(1998. 2. 28).(공포번호: 제15693호).

1971년 4월 18일 장충단공원 선거유세 영상자료

https://www.youtube.com/playlist?list=PLM3KYQ3ld15FS1VbLvJotxYLv2e-EPntP

【저자 소개】

호프 엘리자베스 메이(Hope Elizabeth May)

 센트럴미시간대학교(Central Michigan University)의 철학과 교수이다. 미시건주립 대학교(Michigan State University)에서 철학박사(아리스토텔레스의 윤리학에 대한 박사학위논문 작성) 및 법학학위(J.D.)를 취득하였다.

그녀의 연구는 다학제적 성격을 띠고 있다. 그녀는 고대 그리스 철학, 국제형사법, 평화사 및 한국지역연구(특히 한국의 평화와 민주주의 역서를 중심으로) 부문에서 논문을 발표했다. 또한 그녀는 노벨연구소(Nobel Institute), 캄보디아 크메르루즈 특별재판소(The Extraordinary Chambers in the Courts of Cambodia), 국제형사재판소(The International Criminal Court), 헤이그 국제법 아카데미(The Hague Academy of International Law), 평화궁(The Peace Palace)을 비롯한 국제기구, 그리고 한국의 여러 기관에서 연설한 바 있다. 또한 메이 교수는 변호사로서 국제형사재판소 검찰국(Office of the Prosecutor of the International Criminal Court)의 방문전문인력(Visiting Professional)으로 활동했으며, 2017년부터 2018년까지는 경희대학교 평화복지대학원에서 풀브라이트 학자로 활동했다.

그녀는 그녀가 말하는 '긍정적 역사'로 이어지는 숨겨진 이야기를 드러내는 데 흥미를 가지고 있다. '긍정적 역사'란 헤이그 전통의 "법을 통환 평화"로 연결되는 국제적 협력, 단결, 격려에 관한 진실된 이야기를 말한다. 특히 국제시민사회가 1907년 헤이그평화회의에서 조선의 특사 일행을 지원한 역사와 관련된 이야기는 한국현대사에 대한 그녀의 흥미를 불러일으켰다.

2019년 메이 박사는 코라디브라자재단(Cora di Brazzà Foundation, coradibrazza.com)을 설립하였으며, 재단의 미션은 도덕에 관련된 역사에 대한 대중 교육이며, 특히 "법을 통한 평화" 운동에 기여하였으나 잘 알려지지 않은 개인들에 중점을 두었다. 이 재단은 이러한 역사에 관한 대중 연구를 여러 방면에서 참여하고 있으며, 그중에서 "Forward Into Memory"는 한국의 평화와 민주주의 역사에 중점을 두었다 (forwardintomemory.com).

황태연

1977년 서울대 외교학과를 졸업하고, 3년 군복무 후 1983년 같은 대학원에서 논문《헤겔의 전쟁 개념》으로 석사학위를 받았다. 1984년 독일로 건너가서 1991년 프랑크푸르트 괴테대학교에서 논문《최근 기술변동 속에서의 지배와 노동(Herrschaft und Arbeit im neueren technischen Wandel)》으로 정치학 박사학위를 받았다. 1994년 동국대학교 정치외교학과 교수로 초빙되어 30년 가까이(1994-2022) 가르치며 연구했고, 2022년 이래 명예교수로 강의와 연구·집필활동을 계속하고 있다. 정치·사회분야에서는 김대중대통령 자문 정책기획위원회 위원(1998-2002), 새천년민주당 국가전략연구소장(2003-4, 2006-7), 민주당대표비서실장, 민주당 국가비전위원장 등으로 활동했다. 지금까지 *Herrschft und Arbeit*, 《지배와 이성》, 《실증주역》, 《공자와 세계》, 《감정과 공감의 해석학》, 《갑오왜란과 아관 망명》,《백성의 나라 대한제국》,《갑진왜란과 국민전쟁》,《공자의 충격과 서구 자유·평등사회의 탄생(1-3)》,《극동의 격몽과 서구 관용국가의 탄생》,《유교국가의 충격과 서구 근대국가의 탄생(1-3)》,《한국 금속활자의 실크로드》,《책의 나라 조선의 출판혁명》,《근대 영국의 공자숭배와 모럴리스트들》,《공자와 미국의 건국》,《유교적 근대의 일반이론》,《대한민국 국호와 태극기의 유래》 등 총 44부작 73권(역서 12권 포함)의 저서를 출간했다.

한상진

서울대학교 사회학과 명예교수이자 중민재단 이사장, 중국 장춘, 길림대 객좌교수다. 중국 북경대학교, 뉴욕 컬럼비아대학, 베를린 사회과학 센터, 파리 고등사회과학원의 초빙교수, 한국정신문화연구원장, 김대중대통령자문정책기획위원회 위원장을 역임했다. 비판이론 전공자이며 코로나19 관련 수차례 30대 이상 도시시민 설문조사를 진행하여 근대의 종언과 제2근대의 대두를 논하고 있다. 주요 저서는 《한국사회와 관료적 권위주의》,《중민이론의 탐색》,《386세대의 빛과 그늘》,《탈바꿈: 한반도와 제2광복》, *Habermas and Korean Debate*, *Divided Nation and Transitional Justice*, *Asian Tradition and Cosmopolitan Politics*, *Beyond Risk Society*, *Confucianism and Reflexive Modernity* 등이 있다.

노명환

노명환은 1977년부터 한국외대에서 아랍어를 전공하여 학사학위를 취득하였으며, 1984년부터는 독일 뮌스터대학교에서 학부·석사 과정으로 역사학을 전공, 정치학·이슬람학을 부전공하여 1988년 석사학위를 취득하였다. 1988년부터 에센대학교에서 역사학으로 박사과정을 시작하여 1991년 '아데나워 시대의 서유럽통합, 동서독 관계' 관련한 논문으로 학위 취득을 하였다.

1995년부터 한국외대 사학과에서 전임교수로 근무해 오고 있으며 '빌리 브란트의 동방정책'과 관련한 연구들을 그의 사상에 역점을 두어 수행해 오고, 이와 함께 김대중의 햇볕정책 및 그의 사상 전반에 대해 연구해 오고 있다. 특히, 이들의 사상과 정책을 동양의 음양 사상으로 '성리학적 구성주의' 개념 정립과 함께 조명해 보는 연구 작업을 수행해 오고 있다. 이들을 적용하여 유럽 기독교 세계와 중동 이슬람 세계의 화해와 평화에 기여할 수 있는 방안들을 고심해 오고 있다. 영국의 엑시터대학교, 미국의 조지타운대학교, 우드로 윌슨 센터 등에서 방문학자로 근무하면서 연구를 심화시킨 바 있다.

최근에는 김대중의 사상과 정책을 4차 산업혁명 시대와 연결하여 해석하고 세계의 평화와 민주주의를 위한 미래 방향을 위해 고심해 오고 있다. 이에 대한 실천적인 방법으로 2001년부터 시작한 한국외대 대학원의 정보·기록학과의 교수 활동을 통해 디지털 공론장으로서 '평화와 상생을 위한 아카이브 플랫폼' 구축과 운영을 위해 노력해 오고 있다.

대표 저서로는 공저 Carole Fink, Bernd Schaefer, eds. *Ostpolitik, 1969-1974, European and Global Responses*, Cambridge

University Press 2009, 《역사를 통해 본 유럽의 서로 다른 문화 읽기》 (신서원, 2011), 공저 Peter Nitschke (Hg.), *Der Prozess der Zivilisationen: 20 Jahre nach Huntington. Analysen fur das 21. Jahrhundert*, Frank &Timme(2014)가 있으며, 최근 저서로는 《4차 산업혁명 시대를 위한 김대중 생애 · 사상 · 정책의 의미: 빌리 브란트와의 관계 · 비교 속에서》, 신서원 (근간)이 있다.

김귀옥

1987년 서울대학교 사회학과를 졸업하고 대학원에서 석사학위와 박사학위를 받았다. 현지조사와 구술사방법론을 통해 〈정착촌 월남인의 생활경험과 정체성—속초 '아바이마을'과 김제 '용지농원'을 중심으로〉를 발표하여 1999년 서울대학교 사회과학대학 우수논문상을 받은바 있다. 2004년 임용된 한성대학교 소양 · 핵심교양학부 교수로 재직 중이며, 학술정보관 관장을 역임했다. 역사사회학, 분단사회학, 평화연구 등에 관심을 갖고 있고 구술사(oral history) 방법론을 통해 분단에 의해 피해받은 사람들, 민중이나 여성, 이산가족과 디아스포라를 연구하여 한국현대사의 주요 문제를 접근해왔다. 통일부와 여성가족부의 정책자문위원과 한국연구재단 이사 등을 역임했고, 한국구술사학회 회장과 성신학원 법인이사, 한국여성평화연구원장, 경제 · 인문사회연구회 인문특별위원 등으로 활동 중이다. 지금까지 저서로는 《그곳에 한국군'위안부'가 있었다》(2019), 《이산가족, '반공 전사도'도 '빨갱이도 아닌'》(2004) 등 140여편의 저서, 논문, 편저 등이 있다.

이영재

2004년 동국대학교 일반대학원(정치학과)에서 《하버마스의 소통적 권력과 민주주의의 상관성에 관한 연구》로 박사학위를 받았다. 2000년 대통령직속 여성특별위원회에서 2001년 여성부가 출범한 직후까지 근무했다. 2002년부터 2009년까지 민주화보상심의위원회 전문위원으로 재직하고, 2009년부터 현재까지 한양대학교 제3섹터연구소 (학술)연구교수로 연구와 강의, 집필 활동을 계속하고 있다. 주요 저서로 《공장과 신화》(2016), 《근대와 민》(2018)을 출간하고, 연구논문으로 〈근대 평등사상의 전통과 확산을 통해 본 한국 시민성 형성의 특성〉(2023), 〈공감장의 개념화를 위한 비판적 고찰〉(2022) 외 다수가 있다.

【찾아보기】

400